SERGEJ O. PROKOFIEFF

Friedrich Schiller
und die Zukunft der Freiheit

Fr. Schiller

SERGEJ O. PROKOFIEFF

FRIEDRICH SCHILLER
UND DIE ZUKUNFT DER FREIHEIT

Zugleich einige Aspekte seiner okkulten Biographie

BEITRÄGE ZUR GEISTESGESCHICHTE MITTELEUROPAS BD. II

Der vom Autor auf Deutsch verfaßte Text
wurde lektoriert von Ute Fischer

Umschlag: Friedrich Schiller. Pastell von Ludovike Simanowiz (1759–1827),
Schiller-Nationalmuseum, Marbach

Frontispiz: Friedrich Schiller. Büste von Johann Heinrich Dannecker, 1794
Auf dem Buchumschlag hinten eine Strophe aus dem Gedicht von Goethe
«Epilog zu Schillers Glocke» und ein Textauszug aus: Rudolf Steiner,
«Einführung zu ‹Schiller›. Auswahl aus seinen Werken», enthalten in GA 33.

Einbandgestaltung von Gabriela de Carvalho

ISBN 978–3–7235-1309-5

Inhalt

Vorwort   9

I   Der geistige Auftrag Schillers zwischen Goethe und Novalis   11

II   Friedrich Schiller und die Zukunft der Freiheit   63
    1. Das Ideal der Freiheit und sein geistiger Ursprung   63
    2. Der Kampf um die Freiheit des Menschen   99
    3. Schillers vorzeitiger Tod und seine geistesgeschichtlichen
       Folgen   136

III Das «Demetrius»-Fragment als Drama des menschlichen Ich   157
    Nachtrag zu Teil III:
    Über die Gestalt von Michail Romanow   201

Anstelle eines Nachwortes:
    «Die Wissenschaft Goethes nach der Methode Schillers»   204

Anhang
    1. Beispiele für die Beziehung zwischen den «Ästhetischen
       Briefen» und der «Philosophie der Freiheit»   211
    2. Schiller über den «Sündenfall» und die Freiheit   224
    3. Die Geistgestalt Schillers in seinen eigenen Zeugnissen   235

    Novalis über Friedrich Schiller   251
    Rudolf Steiner: Auszug aus dem Vortrag vom
    18. Dezember 1920   256
    Rudolf Steiner: «Friedrich Schiller»   263

Anmerkungen   268
Literaturverzeichnis   282

Er wurde der Welt in der vollendetsten Reife
seiner geistigen Kraft entrissen
und hätte noch Unendliches leisten können.

Wilhelm von Humboldt

Schillers Bestattung

Ein ärmlich düster brennend Fackelpaar, das Sturm
Und Regen jeden Augenblick zu löschen droht.
Ein flatternd Bahrtuch. Ein gemeiner Tannensarg
Mit keinem Kranz, dem kargsten nicht, und kein Geleit!
Als brächte eilig einen Frevel man zu Grab.
Die Träger hasteten. Ein Unbekannter nur,
Von eines weiten Mantels kühnem Schwung umweht,
Schritt dieser Bahre nach. Der Menschheit Genius war's.

Conrad Ferdinand Meyer

Schiller hat aus seiner Begeisterung heraus
der Welt viel zu sagen gehabt.
Er ist unter merkwürdigen Umständen gestorben.

Rudolf Steiner am 20. Juli 1924

Das Schiller-Leben ist
von verborgenen dramatischen Geschehnissen durchzogen,
von denen sich die üblichen Schiller-Biographien
nichts träumen lassen.

Emil Bock

Vorwort

In der vorliegenden Arbeit ist im wesentlichen der Inhalt der Vorträge zusammengefaßt, die ich im Schiller-Jahr 2005 in Dornach und Weimar gehalten habe. Wegen vieler anderer Verpflichtungen war es mir nicht möglich, sie unmittelbar danach schriftlich niederzulegen, damit das Buch noch im selben Jahr hätte erscheinen können. Der Grund, warum ich mich dennoch entschlossen habe, sie aufzuschreiben, liegt darin, daß in diesen Vorträgen auf einige Eigenschaften der Persönlichkeit und des Werkes von Friedrich Schiller hingewiesen ist, die auch unabhängig von seinem Jubiläum Bedeutung haben mögen. Hinzu kommt, daß bei der Bearbeitung des Textes der Vorträge viele Ergänzungen gemacht werden konnten, die eine wesentliche Vertiefung und Erweiterung des Themas bewirkten. Denn aus meiner Beschäftigung mit diesem großen deutschen Dichter und Denker konnte ich feststellen, daß das wirkliche Verständnis seiner Persönlichkeit und seines Werkes nur im Lichte der Anthroposophie, das heißt mit Hilfe der Geistesforschungen Rudolf Steiners, überhaupt möglich ist.

Selbstverständlich kann es sich hier nur um einzelne Aspekte dieses großen Themas handeln, ohne jeglichen Anspruch auf Vollständigkeit. Weitere wichtige Gesichtspunkte kann der Leser in dem ausgezeichneten Buch von Peter Selg «Friedrich Schiller. Die Geistigkeit des Willens» finden.

Es muß noch erwähnt werden, daß unter den großen Geistern des mitteleuropäischen Kulturlebens sich kein einziger so intensiv und gründlich mit Rußland, seiner Kultur, Geschichte, Eigenart und vor allem mit dem Wesen des russischen Menschen selbst befaßt hat wie Friedrich Schiller zur Zeit der Arbeit an seinem letzten Drama, dem «Demetrius». Man kann sogar ohne Übertreibung sagen, daß er von dem russischen Wesen in seiner Seele ganz erfüllt die Schwelle des Todes überschritten hat, als ob er innerlich dasjenige in seiner ganzen Tragweite erlebt hätte, was Rudolf Steiner später in den Worten zusammengefaßt hat: «Alle Kulturentwickelung der Zukunft ist eine Frage dieser Verbindung Mitteleuropas mit Osteuropa» (GA 174b, 12.3.1916).

Dieses Ziel kann aber nur dann erreicht werden, wenn eine solche Verbindung gegenseitig wird, das heißt, daß von Osteuropa her eine ähnliche Hinwendung, dasselbe Interesse und die gleiche Liebe zu dem Geistesleben Mitteleuropas und seinen besten Repräsentanten entstehen, wie sie die Seele Schillers in bezug auf Osteuropa in den letzten Jahren seines Lebens erfüllten.

Vor allem durch seinen ganz von individuell erzeugter moralischer Kraft durchpulsten Idealismus und seine feurige Begeisterung für alles Wahre, Schöne und Gute in der Welt ist Friedrich Schiller, wie kein anderer mitteleuropäischer Dichter, der Seele des russischen Menschen nah.

So möchte das vorliegende Buch auch als ein Zeichen tiefster Dankbarkeit und höchster Anerkennung dem großen Werk, besonders aber der *einmaligen Persönlichkeit Friedrich Schillers* gegenüber, die noch viel größer ist als ihr Werk, seitens eines Osteuropäers verstanden werden.

Neben meinem Buch über Novalis («Ewige Individualität. Zur karmischen Novalis-Biographie», Band I dieser Reihe) ist diese Arbeit ein weiterer Beitrag zur Geistesgeschichte Mitteleuropas im Lichte der Anthroposophie, dem später noch ein Band über Goethe folgen soll.

Dornach, Februar 2007   *Sergej O. Prokofieff*

I

Der geistige Auftrag Schillers zwischen Goethe und Novalis

«Er fühlt sich als Priester der Kunst,
dem das Schaffen etwas Heiliges war»

Rudolf Steiner, 1900

Die Zeit, in der Schiller lebte, ist in Mitteleuropa vor allem durch das Wirken einer nie zuvor dagewesenen Fülle von Menschen mit hervorragender Geistigkeit geprägt, in deren Zentrum zweifellos der größte Zeitgenosse und später vertrauteste Freund Friedrich Schillers, Johann Wolfgang von Goethe, steht. Mit seinem umfassenden Schaffen befruchtete er fast alle Gebiete der Kunst und Wissenschaft seiner Zeit und stand als ausgezeichneter Vertreter eines wahren Menschentums vorbildlich für eine große Anzahl seiner Zeitgenossen. Deshalb ist es durchaus berechtigt, daß diese einmalige Zeit in der Geschichte Mitteleuropas auch seinen Namen trägt und «Goethe-Zeit» genannt wird. Von daher kann man sich sehr angeregt fühlen, die Grundzüge seiner Biographie mit der Schillers zu vergleichen. Denn gerade aus einem solchen Vergleich können bestimmte Eigenschaften der Persönlichkeit und des Werdeganges von Schiller noch klarer in Erscheinung treten.

Nun kann man sagen, Goethe durfte seine damalige Inkarnation als ein echter Liebling des Schicksals antreten. Von Anfang an gingen fast alle seine Wünsche und Bestrebungen in Erfüllung, die bereits in frühester Kindheit für sein Leben erkannt hatte, und nichts stand seiner dichterischen und menschlichen Bestimmung im Wege.

Schiller hingegen lebte in solchen Umständen, die durch Jahrzehnte allem, was sein innerstes Bemühen und Trachten war, auf das Entschiedendste zuwiderliefen. Dieser Mensch, der später ein fast legendäres Sinnbild für das Streben nach menschlicher Würde und individueller Freiheit wurde, war in eine Familie hineingeboren und wuchs in einem Milieu auf, wo diese Ideale so gut wie nicht zu finden waren.

11

Der gestrenge Vater, der beim Militär diente, wollte seinen Sohn von Geburt an ebenfalls «militärisch» erziehen. So wurde Schiller bereits als Fünfjähriger in die Dorfschule geschickt und schon von seinem sechsten Lebensjahr an mit dem Erlernen der lateinischen Sprache regelrecht gequält. Und das bei seiner schwachen Gesundheit, der zarten leiblichen Konstitution und außergewöhnlichen seelischen Empfindsamkeit.

Vor allem zwei besondere Eigenschaften waren Schiller wie angeboren: Ein tief religiöser Zug seines ganzen Wesens und eine ausgesprochene Redebegabung. Vielleicht wollte er deshalb ursprünglich das Theologiestudium ergreifen. «Sein Hang zu edler geistiger Tätigkeit zeigte sich schon in frühester Jugend. Die Psalmen und die Lehren der Propheten, geistliche Lieder und Dichtungen regten seinen auf alles Ernste gerichteten Geist an. Er wäre am liebsten Geistlicher geworden» – schrieb Rudolf Steiner über diesen Zug des Schillerschen Charakters («Friedrich Schiller», in GA 33). Schon als Knabe hielt er seinen Geschwistern eindringliche Predigten und wurde sofort zornig, wenn sie nicht ernst und andächtig genug entgegengenommen wurden. Diese Gabe verwandelte sich in späteren Jahren in die Genialität seiner Gesprächsführung und eine große Vorliebe für polemische Auseinandersetzungen. So wird auch von der Großartigkeit seiner Vorlesungen über Weltgeschichte an der Universität Jena berichtet, die er meistens frei und mit viel innerem Feuer vortrug. Denn «in seinem schwächlichen Körper wohnte ein starker Geist, der nur auf Erhabenes und Ideales gerichtet war» (ebd.).

In seinem Elternhaus fand er kaum Verständnis für seine Bestrebungen, noch weniger in der «Lateinschule», die sein Vater für ihn gewählt hatte und erst recht nicht in der «Militär-Pflanz-Schule» von Herzog Carl Eugen (1728–1793). Die «geist- und herzlose Erziehung» (W., Seite 89), die ihm, nach seinen eigenen Worten, dort aufgezwungen wurde, die qualvoll und widerwillig erfüllte Pflicht des Erlernens der lateinischen Sprache sowie die sozialen Mißstände, in die er sich wie in spanische Stiefel geschnürt fühlte, ließen ihn seine Schuljahre wie ein «Gefängnisdasein» erleben (ebd.). Darauf folgten das ihm aufgenötigte Jurastudium und anschließend das lange Studium der Medizin. Vor allem auf das letztere reagierte der junge Schiller mit den verzweifelten Worten: «Lieber tot als Medizin» (W., Seite 63). So haben wir es mit dem merkwürdigen Phänomen zu tun, daß der Mensch, der im 19. Jahrhundert zu dem größten Herold der Freiheit und Menschenwürde werden sollte, sein Leben unter Umständen großer Unfreiheit und zunehmender Unwürde begann.

Diese vielen Jahre des ihm aufgezwungenen Lernens erlebte er als ein «hartes Verhängnis» (W., Seite 67), als totale Ausweglosigkeit, der er nur durch seinen früh erwachten Drang zum dichterischen Schaffen entfliehen konnte. Zu guter Letzt wird ihm auch noch die Veröffentlichung seiner lateinischen Dissertation zum Thema «Philosophie der Psychologie» (1779) verweigert. Und nach Abschluß des Medizinstudiums schickt man ihn als Militärarzt in das abgelegenste und schlechteste Regiment, ohne jegliche Hoffnung auf eine baldige Versetzung oder Änderung seiner Lebensverhältnisse. Über all das wird er später sagen: «Es waren die Verhältnisse, die mir zur Folter waren» (W., Seite 68). Und noch später, seine Jugend überschauend, wird er seinen Lebensweg wie folgt beschreiben: «Von der Wiege meines Geistes an … habe ich mit dem Schicksal gekämpft, und seitdem ich die Freiheit des Geistes zu schätzen weiß, war ich dazu verurteilt, sie zu entbehren». (W., Seite 74).

Und dennoch, welche Souveränität und innere Freiheit atmen die Worte Schillers am Grabe des soeben verstorbenen Herzogs Carl Eugen, dem er alles verzeiht, und von dem er nur Gutes denken und sprechen will, trotz aller Qualen und Hindernisse, die dieser ihm zugefügt hatte. Denn von frühester Jugend an war Schiller in alledem, was Menschenbeziehungen betraf, immer aufrichtig und treu. Von seinen Kameraden wurde er vor allem für seine Großmut und Furchtlosigkeit stets geachtet und zuweilen sogar bewundert. Das große Ideal wahrer Freundschaft stand unablässig vor seiner Seele und bekam in seinen reifen Jahren, wie wir noch sehen werden, einen fast sakramentalen Charakter.

Wie aber ein harter Stein umso härtere Schläge benötigt, um einen Feuerfunken hervorzubringen, so gehörten alle diese Prüfungen untrennbar dem Schicksal Friedrich Schillers an. Er sollte sich in seiner Jugend durch diese größte Unfreiheit und Not hindurchringen, um dann, wie ein Diamant aus der Kohle entsteht, zu seinem Bild des freien Menschen zu kommen.

So war die Folge seiner ununterbrochenen Anstrengungen eine gründliche Willensschulung, die von da an einer seiner wesentlichsten Charakterzüge wurde. Als ausgesprochener Willensmensch arbeitete er ständig an sich selbst, um in seinem Leben durch eigene Willensanstrengungen all das zu erreichen, was Goethe, im Gegensatz dazu, fast ohne eigenes Bemühen wie gnadevoll gewährt wurde. Später berichtete Goethe von Schiller: «Er behauptete, der Mensch müsse können, was er wolle, und nach dieser Manier verfuhr er auch» (Band 23, Seite 80). Deshalb war die Initiation, vor der Schiller am Ende seines Lebens stand, eine Willenseinweihung. (Wie dies Peter Selg in seinem Buch über Schiller überzeugend dargestellt hat.)

Als ein Beispiel dafür, wie Schiller auch in reiferen Jahren beständig an sich selbst arbeitete, können die folgenden Worte aus seinem Brief vom 3. Juli 1785 an Christian Körner angeführt werden, aus denen folgt, wie er «zu einem herkulischen Gelübde» gekommen war, durch eigene, bewußte Anstrengungen alle Versäumnisse seiner früheren Erziehung nachzuholen, alle Mißgeschicke seines Schicksals zu verwandeln und auch seine eigenen Fehler aus der Vergangenheit zu korrigieren. «Ich fühle die kühne Anlage meiner Kräfte, das mislungene (vielleicht große) Vorhaben der Natur mit mir. *Eine* Hälfte wurde durch die wahnsinnige Methode meiner Erziehung und die Mißlaune meines Schiksals, die *zweite* und *größere* aber durch mich selber zernichtet. Tief, bester Freund, habe ich das empfunden, und in der allgemeinen feurigen Gährung meiner Gefühle haben sich Kopf und Herz zu einem herkulischen Gelübde vereinigt – die Vergangenheit nachzuhohlen, und den edlen Wettlauf zum höchsten Ziele von vorn anzufangen» (HK., Seite 233; kursiv Schiller). In jeder Zeit seines Lebens ist Schiller somit bereit, kritisch auf sich selber zu schauen, aus den begangenen Fehlern zu lernen und seine Willenskräfte, trotz aller Widerstände, zur Erlangung seines «höchsten Zieles» – der vollkommene und freie Mensch – einzusetzen.

Diese Kraft der ständigen Selbsterziehung und der immerwährenden Selbstverwandlung Schillers konnte am stärksten Goethe als der feine Beobachter und Menschenkenner, der er war, erleben. So erinnerte er sich viele Jahre nach dem Tod des Freundes: «Alle acht Tage war er ein anderer und ein vollendeterer; jedesmal wenn ich ihn wiedersah, erschien er mir vorgeschritten in Belesenheit, Gelehrsamkeit und Urteil» (An Eckermann, Band 24, Seite 144). Und an anderer Stelle äußerte er sich in dieser Beziehung noch radikaler: «Wenn ich ihn drei Tage nicht gesehen hatte, so kannte ich ihn nicht mehr; so riesenhaft waren die Fortschritte, die er in seiner Vervollkommnung machte» (Band 23, Seite 80).

Es ist in dieser Beziehung charakteristisch, wie verschieden das Verhältnis dieser beiden großen Geister zu einer Untugend war, die vor allem unter Künstlern so recht verbreitet ist: Eifersucht und Neid. So hat Goethe sich einmal dahingehend geäußert, daß er in seinem Leben etlichen Leidenschaften anheimgefallen sei, dieses unwürdige Gefühl jedoch nie gehabt habe.

«Und was ich auch für Wege geloffen,
Auf'm Neidpfad habt ihr mich nie getroffen»

(«Sprichwörtlich», Band I, Seite 433).

Das mag auch deshalb so gewesen sein, weil er bereits von Jugend an wie durch eine Gnade des Schicksals auf die Spitze des künstlerischen Olymps gestellt war und in Wirklichkeit in seinem Leben nie jemanden neben sich hatte, der ihm ebenbürtig bzw. im Bereich der Kunst ein «Konkurrent» gewesen wäre. Auch Goethes anfängliche Abneigung Schiller gegenüber war nicht durch Eifersucht, sondern und vor allem durch die Ablehnung der noch stark von jugendlichem Übermut geprägten Werke Schillers bedingt, die für Goethe von einer Seelenverfassung zeugten, die er für sich selbst schon längst (und nicht ohne Mühe) überwunden hatte und deshalb für die weitere Entwicklung der Kunst nur als schädlich erachten mußte.

Schiller hingegen war, vor allem in den Jahren, die der Freundschaft mit Goethe vorangingen, von wirklichem Neid seinem großen Zeitgenossen gegenüber ergriffen. Und das nicht so sehr das Werk betreffend, welches er bewunderte, sondern vor allem der vielen Schicksalsbegünstigungen wegen, von denen Goethe in den Augen Schillers nahezu überschüttet war. So schrieb Schiller an Körner: «Dieser Mensch, dieser Göthe ist mir einmal im Wege, und er erinnert mich so oft, daß das Schicksal mich hart behandelt hat. Wie leicht ward *sein* Genie von seinem Schicksal getragen, und wie muß *ich* biss auf diese Minute noch kämpfen!» (HK., Brief vom 9.3.1789; kursiv Schiller). Doch finden sich im gleichen Brief auch andere Töne. Schiller hofft auf die Verwandlung seines Geistes, die er als von ihm angestrebte innere «Revolution» aus eigener Kraft noch bewirken möchte. «Aber» – so schreibt er weiter – «ich habe noch guten Muth, und glaube an eine glückliche Revolution für die Zukunft.» Und schon bald darauf beginnt in Schiller diese innere Verwandlung. Er findet in sich die innere Kraft und seelische Größe, sein unwürdiges Gefühl Goethe gegenüber in der Seele vollständig zu überwinden, wodurch die darauffolgende Annäherung an ihn überhaupt erst möglich wird. Hier vor allem zeigt sich an Schiller die ganze Kraft seines Willens, mit der er ständig an sich selbst arbeitet. Und sie erlaubt ihm, diesen großen Sieg über sich selbst davonzutragen. – Was nun Novalis betrifft (von dem in diesem Kapitel noch weiter die Rede sein wird), so war seine Seele von Anfang an so rein und «himmlisch», daß er von diesem dunklen Gefühl gar nie berührt werden konnte.

Diesen großen Sieg über sich selbst brachte Schiller etwas später auf die Formel, die, sucht man sie esoterisch zu verstehen, die echten Abgrundtiefen eines Weltmysteriums offenbaren kann. So schrieb er in einem Brief vom 2. Juli 1796 an Goethe: «Wie lebhaft habe ich bey dieser Gelegenheit erfahren, daß das Vortrefliche eine Macht ist, daß es auf selbstsüchtige Gemüther auch nur als eine Macht wirken kann, daß es, *dem Vortreflichen gegenüber keine Freyheit giebt als die Liebe*» (HK., Seite 485). Die Tiefe und die metaphysische Tragweite der Erkenntnis, die Schiller hier erreichte, läßt sich nur mit Hilfe der Anthroposophie ergründen.

In dem Vortrag vom 23. August 1909 stellt Rudolf Steiner eine Legende aus Überlieferungen des esoterischen Christentums dar, an die sich noch weitere Legenden anschließen. Es geht um den Fall Luzifers als einem Wesen vom Anfang der Weltentwicklung, das dem Thron Gottes am nächsten stand, und das aus Neid und Hochmut in bezug auf die alles übersteigende Herrlichkeit Gottes die Liebe und Ergebenheit Ihm gegenüber nicht bewahren konnte. Folglich verlor er seine höhere Freiheit und Selbständigkeit, die vor dem Antlitz Gottes nur in der Liebe ihre Grundlage finden, und wurde in den Abgrund gestürzt.[1] Daher sind es vor allem die Seraphim, die seit dem Urbeginn dem göttlichen Urgrund am nächsten stehen. Denn nur durch ihre allumfassende feurige Liebe zu dem höchsten Gott, aus der ihr ganzes Wesen besteht, können sie überhaupt Seine Nähe und Seine über allem stehende Vortrefflichkeit ertragen. Und es war der Neid, welcher bei Luzifer zum Versiegen seiner ursprünglichen Liebe zu Gott führte und somit seinen Sturz aus dem Himmel bewirkte. Aus demselben Grund kann er heute die Anwesenheit des Christus in seiner Nähe nicht ertragen und stürzt bei Dessen Anblick in den Abgrund, wie Rudolf Steiner es aus den Quellen seiner Geistesforschung in der Skulpturgruppe dargestellt hat.

Damit wurde auf den Ursprung des Abfallens von Gott hingewiesen, der seitdem in jedem Menschenherzen lauert und nur durch die freien Taten des Menschen, der jeglichen Neid in sich in Liebe verwandelt hat, überwunden werden kann.

So vollzog Schiller durch seine moralische Tat nicht nur die höchste Selbstüberwindung, wodurch die Grundlage seiner Freundschaft mit Goethe gelegt wurde, sondern orientierte sein ganzes Leben in die Richtung von Freiheit und Liebe, das heißt des hehren Ideals der Menschheit als zehnter Hierarchie. Denn nur durch die Liebe bleibt man in Wirklichkeit frei, und nur in der Freiheit ist wahre Liebe überhaupt möglich.

Auf diese Weise war Schiller in dem Moment, als in seiner Seele diese sich gegenseitig tief bedingenden Kräfte der Liebe und der Freiheit aufleuchteten, innerlich besonders nah an das Wesen des Christus und Seiner Tat im Mysterium von Golgatha herangetreten. Denn überall dort, wo diese beiden Kräfte sich in der Seele eines Menschen verbinden und ihn zu einer freien, moralischen Tat erheben, ist der Christus immer unsichtbar anwesend – Er, als der einzige «Gott, der die Tat [auf Golgatha] aus freiem Willen – das heißt aus Liebe – vollbracht hat, damit die Erde und die Menschheit an ihr Ziel kommen können» (GA 131, 14.10.1911).

Davon, daß Schiller bereits von frühester Jugend an, neben dem ihm wie angeborenen Freiheitsstreben, diese Kraft der wahren Liebe, die durch ihre Verbindung mit der Weisheit zur höchsten Tugend aufsteigt, in sich trug, zeugen die folgende Zeilen, welche der 19-jährige, noch als Schüler der unglückseligen «Pflanz-Schule», in einer Festrede aussprach: «So ist also Liebe und Weisheit das Wesen Gottes in Beziehung auf seine Geschöpfe! – Tugend ist Nachahmerin Gottes. Tugend ist das harmonische Band von Liebe und Weisheit! ... So redet der Gesetzgeber aus dem Donner von Sina! – so der Gottmensch auf dem Tabor» (Band V, Seite 244). Und dann noch einmal wie ein Hymnus an die Liebe: «Und du, gleich ewig in Gott, gleichen Adels im Unendlichen mit ihr [der Weisheit] – und du, o Liebe! Herrliche Tochter des Himmels! Beuge dich nieder, o Mensch! Beuge dich, Seraph am Thron! – Betet an vor der Liebe! Durch sie seid ihr, lebet ihr, jauchzet ihr! Durch sie die Liebe! Beuget euch – betet an vor der Liebe! Betet an vor der Liebe und Weisheit! Tugend ist das harmonische Band von Liebe und Weisheit! Betet an vor der Tugend» (Seite 248).[2] Mit diesen Worten faßt Schiller die ganze Evolution der Menschheit zusammen, die Rudolf Steiner in der kurzen Formel ausdrückt: «Erst Weisheit, dann Liebe, dann von der Liebe durchglühte Weisheit» (GA 102, 24.3.1908). Oder im Schillerschen Wortgebrauch: Die Tugend als das größte Gute, das im Menschen aus der Verbindung von Weisheit und Liebe entsteht, wodurch das Christentum seine ursprüngliche Form der Religion sprengen wird. Rudolf Steiner formuliert es so: «Denn das Christentum ist zwar an seinem Anfang Religion gewesen, aber das Christentum ist größer als alle Religion! Das ist die Rosenkreuzerweisheit» (ebd.). Und aus dieser geheimen Rosenkreuzerweisheit hat der junge Schiller diese Worte ausgesprochen.

In dem Vortrag von 1. Oktober 1911 weist Rudolf Steiner aus dem Quell seiner rosenkreuzerischen Forschung auf die zukünftige Epoche der Moralität (oder der Tugend nach Schillerschem Wortgebrauch) hin, die ungefähr in der zweiten Hälfte der sechsten Kulturperiode beginnen und in der tatsächlich dasjenige eintreten wird, «wovon Sokrates [er wird auch in der Rede Schillers erwähnt] geträumt hat, daß die Tugend lehrbar sei» (GA 130). Dann werden «die zwei Pole..., der intellektuelle und der moralische, immer mehr eins werden, zu einer Einheit verschmelzen» (ebd.), was auch als eine höhere Verbindung von Weisheit und Liebe bezeichnet werden kann. Und die ganze Erde wird von einer «moralischen Äther-Atmosphäre», umgeben sein, von der die stärksten Inspirationen zum Guten oder zur Tugend in Form eines «moralischen Feuers» (ebd.) ausgehen werden, von dem die Individualität Schillers etwas wie einen prophetischen Abglanz in ihrem Herzen trug. Deshalb träumte – in den zitierten Worten – der junge Schiller von dieser kommenden Epoche.

Die besondere Beziehung, welche der noch junge Schiller zu dieser von ihm tief ersehnten Verbindung von Weisheit und Liebe zeigte und die ihn wie ein geheimes Schicksalsmotiv durch sein ganzes Leben begleitete, weist geisteswissenschaftlich betrachtet auf das hin, was er in seinem nächsten Erdenleben vollbewußt erreichen wird. Gemeint ist die wesenhafte Vereinigung des Menschen-Ich mit dem geistigen Abbild des Ich des Christus in den Hüllen des Jesus von Nazareth. Was zur Zeit Schillers noch nicht möglich war, wozu er in seinem kurzen Leben jedoch eine gründliche Vorarbeit geleistet hat, das wird ihm bei seiner kommenden Inkarnation zuteil werden. Darauf weisen die folgenden Worte des modernen Geistesforschers hin: «Es warten [von unserer Zeit an] im Hinblick auf die künftige Menschheitsentwickelung in der geistigen Welt auf uns die Kopien des Ich des Jesus von Nazareth. Solche Menschen, die sich hinaufringen können zu den Höhen der spirituellen Weisheit und Liebe, sie sind Kandidaten für die Kopie des Ich des Jesus von Nazareth, sie sind dann Christus-Träger, die wahren Christophoren. Sie sollen auf dieser Erde die Vorbereiter sein für sein Wiedererscheinen» (GA 109/111, 31.5.1909). Ein solcher Kandidat» ist Schiller in seinem letzten Erdenleben geworden.[3] Denn es war unter seinen Zeitgenossen vor allem er, der sein Leben lang zu diesen «Höhen der spirituellen Weisheit und Liebe» hinaufstrebte. Deshalb wird er auch in seiner nächsten Inkarnation ein «wahrer Christophorus» werden sowie auch ein großer «Vorbereiter» der Menschheit zur ätherischen Wiederkunft des Christus.

*

Es ist nach Schiller nur die reine und selbstlose Liebe des Menschen, die ihn seine innere Freiheit gegenüber dem Höheren und Vortrefflicheren voll bewahren läßt und somit eine unerschütterliche Grundlage bildet für echte, wirkliche Freundschaft als eine Bruderschaft im Geiste, die sogar über die Grenze des Todes hinausreicht. Davon schrieb der junger Schiller bereits zur Zeit seines Aufenthaltes in der Karlsschule, man möchte sagen, wie prophetisch auf seine zukünftige Freundschaft mit Goethe schauend: «Dieses allgemeinen Geisterzusammenhangs erste Folge sind gegenseitige Ausbildung der Seelenfähigkeiten, Ergänzung, Erweiterung, Verfeinerung der Begriffe, Richtung des Willens nach dem Vollkommenen. So kann die Wissenschaft des einen in die Seele des andern fließen; so kann der rohe Gedanke des einen durch die schärfere Denkkraft des andern verfeinert werden. So kann ein doppelter Verstand das zur Reife bringen, was einem einfachen undurchdringlich war. So kann das jugendliche Feuer eines brausenden Geistes durch den bedachtsamern Ernst des reifen Mannes milder und mäßiger werden. So kann der ersterbende Trieb zur Tugend in diesem durch die wärmere Tugendliebe in jenem in neue Flammen auflodern. So kann sich Seele in Seele spiegeln. So der Schöpfer selbst sein großes Bild in menschlichen Seelen zurückwerfen. So kann Wonne des Freunds in die Seele des Freunds hinüberjauchzen – Vollkommenheit der höhern Geisteskraft wäre also die erste Folge dieses Zusammenhangs. Dieser Zusammenhang ist die Folge der Liebe» (Band V, Seite 283).

Erst viel später wird Schiller dieses Ideal der Freundschaft, in der «sich die Seele in der Seele spiegelt», in seiner Beziehung zu Goethe voll verwirklicht finden. (Siehe «Anstelle eines Nachwortes».) Zunächst bleibt dies für ihn wie eine noch unbestimmte Ahnung der Zukunft. Die Gegenwart aber sieht noch ganz anders aus. So läßt die erste

Begegnung mit dem von ihm vergötterten Goethe, der in der Militär-Pflanzschule am 14. Dezember 1779 als Gast erscheint, bei Schiller nur ein tiefes Trauma zurück. Wie sehr ersehnte er, der bei diesem Stiftungsfest unter vielen anderen Mitschülern auftrat, von Goethe bemerkt zu werden! Dieser nimmt ihn jedoch nicht wahr. Und unter den vielfältigen Beiträgen der Mitschüler schenkte Goethe Schillers Vortrag kaum Aufmerksamkeit.

Im Gegensatz zu Goethe, der in seiner Jugend die besten Studienmöglichkeiten in Leipzig und Straßburg genoß, endeten für Schiller die unerträglichen Leiden seiner Jugend mit der verzweifelten Flucht nach Mannheim (September 1781) – ohne Mittel, ohne Zukunft, ohne jegliche Lebenssicherheit, zusätzlich noch von der Angst begleitet, gefaßt und gewaltsam nach Hause zurückgebracht zu werden. Unter diesen extremen Lebensumständen entsteht aber sein erstes großes Werk, «Die Räuber», worin er zunächst auf mehr äußerliche Weise das Urmotiv seines Lebens ergreift: Die auf Freiheit sich gründende Menschenwürde. Es wird jedoch noch lange dauern, bis er, nach vielen harten Prüfungen und herben Enttäuschungen, vor allem nach der großen Lektion durch die Französische Revolution, in welcher die höchsten Menschheitsideale der Freiheit, Gleichheit und Brüderlichkeit schlußendlich in Unfreiheit, Ungleichheit und blutigen Terror ausarteten, wieder daran anknüpfen kann. Diese Niederlage des äußeren Freiheitsideals wird aber in Schiller sein hehres, geistiges Ideal der Freiheit zum Aufleuchten bringen.

Nicht nur mit äußeren Umständen wie Armut oder Obdachlosigkeit muß Schiller jahrzehntelang kämpfen (erst als Dreißigjähriger und bereits bekannter Dichter wird er endlich einen eigenen Schreibtisch bekommen, ein eigenes Haus noch viel später – erst mit zweiundvierzig Jahren); von frühester Jugend an bis zum Ende seines Lebens muß er, fast ohne Unterbrechung, einen ebenso harten Kampf mit seiner leiblichen Hülle führen. Auch hier besteht ein großer Unterschied zu Goethe. Der letztere geht in seiner diesmaligen Inkarnation ein einziges Mal durch eine gefährliche, ihn an die Schwelle des Todes bringende Krankheit, die jedoch für das vollständige Ergreifen des Leibes durch seinen mächtigen Geist notwendig war. Nach dieser schweren Krankheit ist Goethe voll auf der Erde angekommen, ist ganz da, ausgerüstet mit all seinen vielfältigen Begabungen und Fähigkeiten. Schiller hingegen muß sein ganzes Leben hindurch um die volle Inkarnation, die ihm nicht als Schicksalsgnade gewährt wird, ringen, sich fast lebenslang von Krankheit zu Krankheit schleppen, ohne sein Ziel jedoch ganz zu erreichen. Folglich kann er das, was seinen Geist erfüllt und bewegt, nicht vollständig auf der Erde verwirklichen. Und dieses Gefühl, immer auf halber Strecke bleiben zu müssen, quält ihn ununterbrochen. Die großartige Harmonie und Abgeschlossenheit des Lebens und Werkes von Goethe fehlt ihm gänzlich. (Dieser wird, drei Monate nach Abschluß seines Lebenswerkes, dem «Faust», mit dem Gefühl, seine Lebensaufgabe erfüllt zu haben, die Todesschwelle überschreiten.) Deshalb erscheint bei Schiller, trotz vielem, was er zum Abschluß bringen konnte, gegen Ende seines Lebens zunehmend das Motiv des Unvollendeten, so vor allem die beiden letzten Dramen, die zweifellos, hätten sie nur vollendet werden können, zum Großartigsten seines dramatischen Werkes zu zählen gewesen wären. Aber die «Malteser» und der «Demetrius» wurden nicht vollendet, trotz einer fast an die Grenze des Möglichen gesteigerten Anstrengung des Dichters. Rudolf Steiner sagt diesbezüglich: «Es ist bei Schiller ... der eiserne Wille vorhanden, als er die «Malteser» entwirft, vorwärtszukommen; aber er kann nicht» (GA 310, 17.7.1924). Noch stärker tritt dies bei seinem «Demetrius» hervor.

Zur Vollendung dieser beiden Dramen hätte Schiller eine für seinen Geist vollumfängliche Erdeninkarnation gebraucht. Diese konnte er seinem physischen Leibe jedoch nicht abringen. «Er konnte einfach, wie sich das in seinen Krämpfen und in seiner ganzen Statur zeigte, ... er konnte mit seinem Seelisch-Geistigen, das tief drinnenstand im spirituellen Dasein, nicht in seine Körperlichkeit hinein» (ebd.).

Goethe, der durch seine karmischen Voraussetzungen eine vollendete Inkarnation und dadurch die volle Präsenz seines Geistes im Leibe erreichen durfte, konnte folglich diesen ganz beherrschen und aus seinen Tiefen ständig die Willensimpulse holen, die sich vor allem in seiner einmaligen sinnlich-sittlichen Verbindung zur Natur sowie in der Fähigkeit der anschauenden Urteilskraft äußerten. Anders gesagt: Der bei Goethe nicht ganz in das Bewußtsein kommende Wille durchdrang seine Sinneswahrnehmungen und ließ ihn die Ur-Pflanze, wie er sich Schiller gegenüber ausdrückte, «mit eigenen Augen sehen».

Schiller hingegen, in seinem ständigen Ringen um die volle Inkarnation, mußte den Willen immer wieder seinem Leibe abringen. Dadurch aber konnte er die Willenskräfte in sich viel bewußter ergreifen, sie aus dem zerfallenden Leib befreien und in das Gebiet des Ästhetisch-Sittlichen erheben, was ihn in seinem Leben und Werk zu der zentralen Frage nach der menschlichen Freiheit führte. Was Goethe durch sein Eindringen in die geistigen Grundlagen der Natur zu finden hoffte, das wollte Schiller aus dem Wesen des Menschen selbst ergründen. Deshalb schreibt Goethe in seinem Aufsatz «Einwirkung der neueren Philosophie» über diesen Unterschied zwischen Schiller und sich: «Er predigte das Evangelium der Freiheit, ich wollte die Rechte der Natur nicht verkürzt wissen».[4]

Dieses ungebrochene Streben Schillers «zur höchsten Entfaltung der Freiheit» im Menschenleben, das in der Zeit seiner anfänglichen Bekanntschaft mit Goethe die höchste Intensität erreicht hatte, charakterisiert Rudolf Steiner in folgenden Worten: «Schiller rang gerade in der Zeit, in der sich der Freundschaftsbund mit Goethe entwickelte, mit jener Frage, die man etwa so formulieren kann: Wie gelangt der Mensch zur höchsten Entfaltung der Freiheit? Wie ist es dem Menschen möglich, seine inneren Seelenkräfte harmonisch zu entwickeln, so daß er aus seinem Innersten heraus sich über sich selbst erheben kann, ein höheres Selbst, einen höheren Menschen – wie Schiller sagt – in dem gewöhnlichen Menschen zu entwickeln vermag?» (GA 113, 28.8.1909).

Und das Schicksal wollte es, daß gerade in der nächsten Umgebung Schillers ein junger Mann lebte, der um diese Zeit wie durch eine höhere Gnade sein «höheres Selbst, einen höheren Menschen» in sich vollbewußt finden und ergreifen konnte. Dieser Mensch war Novalis. Deshalb sei hier, um ein noch vollständigeres Bild von Schiller zu zeichnen, neben ihm und Goethe auch diese dritte Gestalt eingeführt, um sie mit den beiden anderen zu vergleichen.

Das Problem der Inkarnation betreffend, nimmt Novalis die polare Position zu Goethe ein: Dieser ist voll inkarniert – Schiller nur zum Teil, ringt aber ununterbrochen um seine volle Inkarnation –, Novalis hingegen berührt seinen eigenen Leib und somit die irdische Welt überhaupt nur ganz leise. Er fühlt sich ständig mehr in der geistigen Welt beheimatet als in der physischen.[5] Die auffallende Konsequenz dieser Tatsache tritt in den Werken der drei Heroen des deutschen Geisteslebens in Erscheinung: Die vollkommene Ausgestaltung bei Goethe; das Zusammenweben von Abgeschlossenem und Unvollendetem bei Schiller; bei Novalis aber bleibt praktisch alles nur Fragment, in wunderbar keimhaftem Zustand. Auch in bezug auf die leibliche Konstitution wird dies bei Novalis offenbar. Im Gegensatz zu Schiller kämpft er kaum um seine völlige Inkarnation, denn das liegt für dieses Leben von Anfang an nicht in seinem Karma. Und so entfaltet sich bei ihm eine schleichende, immer stärker werdende Krankheit, die ihn, ohne Kampf und Widerstand seinerseits, schon in jungen Jahren in die geistige Heimat zurückruft.

In den «Xenien» finden sich die folgenden Zeilen, mit denen Schiller und Goethe den grundsätzlichen Unterschied zwischen sich beschreiben:

«Wahrheit suchen wir beide; du außen im Leben, ich innen
In dem Herzen, und so findet sie jeder gewiß.»

(«Die Übereinstimmung», Band I; Seite 305)

Diese Worte weisen klar darauf hin, wie Goethe, im Sinne des bereits Gesagten, vor allem in den ihn umgebenden Naturprozessen der «Wahrheit», das heißt dem Geist, nachspürte; Schiller hingegen suchte ihn im Menschen, in den verborgenen Tiefen von dessen Herzen. Novalis hingegen wollte nach seinem Einweihungserlebnis am Grabe Sophie von Kühns, in dem er das Wesen seines höheren Ich bewußt ergreifen konnte, ihr im weiteren Leben nur nachsterben, das heißt, er trachtete die «Wahrheit» allein in der geistigen Welt, die er jetzt als die einzige Heimat seines höheren Wesens erkannte, zu finden.

So kann man sagen: Alle drei suchten in ihrem Leben das Geistige; Goethe in der Natur, Schiller im Menschen und Novalis in der ewigen Heimat seines höheren Ich. Stellt man diese drei Individualitäten in eine Reihenfolge, die ihrem Alter und ihrer Lebensdauer entspricht:

Goethe – Schiller – Novalis,

dann vertreten sie alle drei Inkarnationsmöglichkeiten des Menschen: eine volle, eine teilweise und eine solche, bei der sich der Geist für die leibliche Hülle als zu groß erweist und nicht wirklich damit verbinden kann.

Bei einem Vergleich dieser drei Individualitäten hinsichtlich ihrer Verbindung zu der trinitarischen Geistigkeit der Welt kann man noch eine weitere Beziehung entdecken. Goethe strebte in seinem langen und reichen Leben vor allem die Verbindung zu den geistigen Urquellen der Natur und somit zu den Vaterkräften zu finden und bewußt zu erleben; Schiller suchte aus seiner immerwährenden «Christus-Tendenz» das Wesen des freien Menschen, das im Bereich des Sohnes urständet, zu ergründen; und Novalis, von dem Impuls des Geistes unmittelbar ergriffen, war um die Schaffung einer bewußten Brücke zur geistigen Welt und den sie bewohnenden Geistern bemüht.

Das Gesagte findet eine unerwartete Bestätigung in dem Vortrag vom 28. April 1923, in dem Rudolf Steiner von der Beziehung der Erdenmenschen spricht, die zu den Geistern der dritten Hierarchie, den Engeln, Erzengeln und Archai, durch die Kraft des wahren Idealismus möglich wird. Dabei erwähnt er Goethe und Schiller als besonders hervorragende Beispiele dafür. Zu diesen beiden braucht man nur noch den dritten, Novalis, hinzuzufügen, um ein vollständiges Bild zu erhalten.

So unterscheidet Rudolf Steiner drei Arten des Idealismus:

- den «Idealismus in unserem Denken» (oder den «Idealismus durch Vergeistigung der Gedankenwelt»);
- den «Idealismus der Gesinnung», welcher sich auch in dem «idealistischen» Gebrauch der «Sprache» äußert;
- und den «Idealismus in den Handlungen», der mit dem richtigen Ausleben des Erdenschicksals verbunden ist.

Auf diese Weise begegnen uns in den drei Arten des Idealismus in verwandelter Form die Ur-Fähigkeiten eines jeden Menschen, die er bereits in frühester Kindheit erlernen muß: das Gehen (sich Aufrichten), das Sprechen und das Denken. Und wenn wir uns daran erinnern, daß die Entwicklung dieser drei Fähigkeiten unter dem unmittelbaren Einfluß des Christus stattfindet (siehe GA 15, Kapitel I), dann können wir verstehen, warum Rudolf Steiner vor allem den wahren Idealismus in eine direkte Beziehung zu dem Wirken des Christus-Impulses im Menschen bringt. (Siehe darüber ausführlicher in Kapitel II, 3.)

Im weiteren verbindet Rudolf Steiner diese drei Formen des Idealismus mit den drei Wesensarten der dritten Hierarchie, zu denen der Mensch jede Nacht während des Schlafes in Beziehung kommt. So beschreibt er, wie sich der Mensch «durch den Idealismus in seinen Gedanken in die Nähe der Angeloi bringt, wie er durch seine Worte, durch das, was an idealistischer Gesinnung enthalten ist im Sprechen, in die Nähe der Archangeloi bringt, durch das, was in seinen Handlungen an Idealismus enthalten ist, in die Nähe der Archai bringt» (GA 224).

Von den drei Wesensarten der dritten Hierarchie vertreten in der mit dem Menschen am nächsten verbundenen geistigen Welt die Archai die Kräfte des Vaters, die Archangeloi die des Sohnes und die Angeloi die des Heiligen Geistes. In dem Vortrag vom 20. Februar 1917 (GA 175) beschreibt Rudolf Steiner, wie auf diese Weise für den Menschen die Begegnung mit dem Heiligen Geist durch die Vermittlung des Engels jede Nacht, mit dem Sohn durch die Erzengel im Jahreslauf und mit dem Vater durch die Archai einmal in der Mitte des Erdenlebens stattfindet.

Es läßt sich in dieser Beziehung leicht erkennen, daß von den drei großen idealistischen Dichtern Novalis vor allem in einer Beziehung zur Engelwelt stand. Er berichtet selbst in vielen seiner Gedichte und Fragmente von seinen übersinnlichen Begegnungen mit den Engeln.[6] Aus diesem Quell schöpfend, erreicht er einen hohen Grad der Vergeistigung seines Denkens, das nach seiner Einweihung am Grabe Sophie von Kühns zu einer Art intellektueller Hellsichtigkeit emporsteigt.

Den Idealismus, aus dem heraus Schiller lebte und schaffte, finden wir ganz besonders intim mit seiner Sprache verbunden. Wenn Goethe in seinem Werk nicht allein bei diesem blieb, sondern sich von der Romantik durch die klassische Dichtung bis hin zum okkulten Realismus im zweiten Teil des «Faust» bewegte, so vertrat Schiller sein ganzes Leben lang konsequent nur eine rein idealistische Auffassung von Kunst und Sprache. Nach dem Tod seines Freundes erinnerte sich Goethe diesbezüglich: «Schillers eigentliche Produktivität lag im Idealen, und es läßt sich sagen, daß er sowenig in der deutschen als einer andern Literatur seinesgleichen hat» (G., Band 24; Seite 215).

Deshalb auch gingen die Ansichten der beiden Dichter oft auseinander: «Schiller war im höchsten Grade Idealist und reflektierend, schon in unsern Absichten über Poesie gingen wir durchaus voneinander ab» (G., Band 22, Seite 465). Dennoch erlebte Goethe in seinem Freund selbst etwas von dem «reinen idealischen Menschen», den Schiller in seinen «Ästhetischen Briefen» so überzeugend dargestellt hat (4. Brief). Und angeregt durch die Berichte von anderen schilderte auch Goethe: «Schiller erscheint hier, wie immer, im absoluten Besitz seiner erhabenen Natur; er ist so groß am Teetisch, wie er es im Staatsrat gewesen sein würde. Nichts geniert ihn, nichts engt ihn ein, nichts zieht den Flug seiner Gedanken herab; was in ihm von großen Ansichten lebt, geht immer frei heraus ohne Rücksicht und ohne Bedenken. Das war ein rechter Mensch, und so sollte man auch sein!» (G., Band 24; Seite 279).

Diese durch und durch idealistische Einstellung nicht nur in der Kunst, sondern in seinem ganzen Leben bis in das alltägliche Verhalten («am Teetisch») erlaubte es Schiller, während der Nacht in ein besonders intimes Verhältnis zu den Wesen der Archangeloi zu treten. Auch die weiter oben erwähnte außergewöhnliche Redebegabung (die Goethe zum Beispiel überhaupt nicht besaß) förderte zusätzlich diese Verbindung mit den Archangeloi während des Schlafes. Durch diese besondere Beziehung zu den Volksgeistern erwarb sich Schiller die besondere Fähigkeit, in die verschiedensten Völker und Geschichtsepochen untertauchen zu können und sich überall wie zu Hause zu fühlen. Seine Darstellungskraft war dabei so groß und überzeugend, daß die folgenden Dramen in dem jeweiligen Land als ein kostbares Nationalgut angenommen wurden:

«Don Carlos»	–	Spanien
«Wallenstein»	–	Deutschland
«Maria Stuart»	–	England
«Die Jungfrau von Orleans»	–	Frankreich
«Die Braut von Messina»	–	Italien
«Wilhelm Tell»	–	Schweiz
«Demetrius»	–	Polen und Rußland

Bei Goethe hingegen, dessen Genius fast alle Gebiete des Lebens umfaßte, kann man deutlich Spuren der Inspiration aus dem Reiche der Archai oder Zeitgeister finden. Wie kein anderer prägte er eine ganze Epoche, die deshalb auch allgemein als «Goethe-Zeit» bezeichnet wird. (Man kann nicht im gleichen Sinn von einer «Schiller- oder Novalis-Zeit» sprechen.) Auch hat nur er, im Vergleich zu seinen beiden jüngeren Zeitgenossen, sich die objektive Voraussetzung mitgebracht, in seinem Leben die Begegnung mit dem Vaterprinzip voll auszugestalten. Denn nach Rudolf Steiner muß man dazu ein Alter von 70 Jahren erreicht haben. Hier war für Schiller vor allem Goethe das lebende Vorbild für dasjenige, was durch die Verbindung mit den Archai in Erscheinung tritt als die volle Ausgestaltung und das vollkommene Ausleben des eigenen Schicksals, das zum Offenbarwerden des wahren Menschen führt, der in innerer Harmonie mit der Welt und mit sich selber steht. Deshalb war Goethe durch seine Person von Anfang an wie dazu prädestiniert, für Schiller in seinen «Ästhetischen Briefen» das Idealbild eines Dichter-Menschen zu sein. Wie kein anderer lebte Goethe in völligem Einklang mit seiner Zeit, und seine Berühmtheit und sein Einfluß erstreckten sich weit über Mitteleuropa hinaus, von Rußland bis nach Nordamerika. Auch ist in diesem

26

Sinne bezeichnend, wie Schiller in seiner Abhandlung «Über naive und sentimentalische Dichtung» von Goethe als dem «naiven Dichter» sagt, man müsse bei einem solchen Dichter nicht auf die Einzelheiten, sondern auf das Ganze seines Lebens schauen, um das innere Wesen desselben wirklich zu begreifen. Denn, so können wir hinzufügen, gerade im Ganzen des Lebens und Schicksals eines Menschen offenbaren sich die karmagestaltenden Kräfte der Archai.

Ein weiterer Aspekt der ausgeführten Beziehung des Menschen zu den Wesenheiten der dritten Hierarchie besteht in Folgendem: «Das Gehen, in dem sich das persönliche Schicksal ausprägt, haben wir von den Archai aus deren eigenen Kräften. Die Sprachkräfte hat der Mensch von den Erzengeln, aber diese richten sich dabei nach der zweiten Gruppe der Hierarchien [Exusiai, Dynamis, Kyriotetes]. Von den Angeloi hat der Mensch die Denkfähigkeit, aber diese geben sie ihm unter dem Einfluß der höchsten Hierarchien [Throne, Cherubim, Seraphim]» (ebd.). Auch das läßt sich bei allen drei Dichtern gut verfolgen. Weil Goethe im wesentlichen aus den Kräften der Archai schöpft, ergibt sich ihm die Möglichkeit, deren Kräfte in besonderer Fülle und Vollkommenheit auszuleben, denn die Impulse der Archai, als der höchsten Ordnung der dritten Hierarchie, umfassen auch die ihnen dienenden Erzengel und Engel. Darauf beruht auch das Allumfassende von Goethes Wesens.

Bis zu dieser Höhe reicht die Kraft Schillers nicht. Er bekommt hingegen, jedoch tief unbewußt, die Inspirationen aus dem Bereich der ganzen zweiten Hierarchie. Deshalb erscheint uns die Persönlichkeit Schillers so sonnenhaft und doch zugleich, weil die Sonne auch der Quell der Intellektualität ist, stark dem Philosophischen zugeneigt. Außerdem trägt er durch seine innere Verbindung zu der Sonnenhierarchie die schon erwähnte «Christus-Tendenz» in sich, auch wenn diese für ihn noch weitgehend unbewußt bleibt.

Und Novalis, der wegen seiner Nähe zu der Engelhierarchie die Realität der geistigen Welt am unmittelbarsten zu erleben und zu erfassen vermag, erhält dabei wie im Hintergrund die Inspirationen der höchsten, der ersten Hierarchie, welche allein die geistige Kraft besitzt, bis in die Materie hinein zu wirken (siehe GA 26, Leitsatz 71). Unter diesem Einfluß verwandelt sich bei Novalis der Gedanken-Idealismus in seinen «magischen Idealismus», der ihm erlaubt, das Geistige in allem Materiellen zu erblicken.

*

Die Stellung Schillers zwischen Goethe und Novalis wird besonders aus der Charakteristik der beiden letzteren in dem Vortrag Rudolf Steiners «Die Psychologie der Künste» deutlich. Dort wird deren volle Polarität offenbar. Goethe, der ganz intensiv durch seine Sinnesorgane aus sich selbst heraustritt und das Geistig-Seelische der Natur in Raum und Zeit objektiv wahrnehmen kann, wird von Rudolf Steiner Novalis gegenübergestellt, der in den Grenzen seiner Haut bleibt und folglich viel intensiver an der inneren Verwandlung des eigenen Wesens arbeitet. In dessen Bewußtsein fließen daher Raum und Zeit zusammen, und er kann die Inspirationen aus der geistigen Welt, die er als die Sphäre der Dauer erlebt, bewußt empfangen. Zwischen dieser Polarität steht Schiller. Daher kann er diese beiden so polaren Menschen gleichermaßen verstehen (Goethe und Novalis hingegen haben es nicht leicht miteinander). Man kann auch sagen: Goethe, vor allem als Naturwissenschaftler, sucht das Geistige im Raumerleben (denn die Sinneswahrnehmungen sind immer auf den Raum angewiesen); Schiller lebt als Historiker ganz im Strom der Zeit; und Novalis darf in seinen mystischen Einweihungserlebnissen die Ewigkeit an ihrem Saum berühren.

Alle drei fühlten sich vor allem als Dichter; Goethe neigte jedoch zunehmend auch zur Wissenschaft und Novalis zur Religion. Nur Schiller blieb beständig in der Mitte, indem er versuchte, im Künstlerisch-Ästhetischen das Gleichgewicht zwischen dem Natürlichen und dem rein Geistigen zu halten.

*

Auch in ihrer Beziehung zum Wesen des Todes kann man diese drei großen Geister miteinander vergleichen. In diesem Falle wird man die denkbar größte Polarität zwischen Goethe und Novalis feststellen. Goethe wollte in seinem langen Leben nie wirklich mit dem Tod konfrontiert werden. In den tiefsten Tiefen seiner Seele erschien er ihm immer als etwas Unmögliches, fast Widernatürliches. So vermied er auch lebenslang jedes Anschauen eines Leichnams, der für ihn nur ein entstelltes Bild des Menschen war. Und traf der Tod einen mit ihm verbundenen Menschen in nächster Nähe, dann pflegte er sich in sein Zimmer zurückzuziehen, es manchmal tagelang nicht zu verlassen, um damit jeglicher Berührung mit dem Tod aus dem Wege zu gehen. Das geschah sogar beim Tod seiner Gattin, beim Hinscheiden von Frau von Stein und schließlich auch, obwohl noch von anderen Gründen mitbestimmt, beim Tode Schillers. Sein

Leben lang war Goethe durch und durch ein Mensch des Tages, der besonders stark in seinen Sinnesbeobachtungen lebte und der Welt mit seiner «anschauenden Urteilskraft» gegenüberstand.

Ganz polar dazu war die Beziehung von Novalis zum Tod. Schon von Jugend an, jedoch vor allem nach dem Hinscheiden seiner Verlobten, Sophie von Kühn, erlebte er durch die große Offenbarung des Geistes, die ihm an ihrem Grab zuteil geworden war, die Welt der Verstorbenen als seine geliebte und begehrte Urheimat. Sein weiteres Leben war von da an nur dem «Nachsterben» seiner verstorbenen Braut gewidmet. Jedoch nicht im Sinne einer gewaltsamen Beendigung seines Lebens, sondern als mächtiger Drang der Seele, sich mit seiner geistigen Heimat wieder zu verbinden. Als den weltumspannenden und der physischen Welt allein ihren Sinn gebenden Schoß der Nacht erlebte Novalis das Wesen des Todes. Man möchte fast sagen, daß er eigentlich schon von Jugend an mit ihm vermählt war, nicht so sehr seiner Krankheit wegen, sondern durch die ganze ursprüngliche Einstellung und Beschaffenheit seiner Seele. Diese innere Stimmung drückte sich vor allem in seinem ausgesprochen hohen dichterischen Vermögen aus, was sich besonders in seinen «Hymnen an die Nacht» offenbarte. Daher rührte auch sein tiefes Verständnis und die innige Verbindung zu dem Tod und der Auferstehung des Christus.

Zwischen diesen beiden Dichtern stand Schiller, der durch seine Krankheit mehrere Male an die Schwelle des Todes geführt worden war, so daß die Auseinandersetzung mit ihm wie ein untrennbarer Bestandteil seines ganzen Lebens und zu einem immer wiederkehrenden tragischen Motiv desselben wurde. Weder war er wie Goethe imstande, sich voll und ganz mit dem Leben zu verbinden, da die ihn verfolgenden und quälenden Krankheiten wie ein Menetekel ihn immer an den Tod gemahnten, noch konnte ihm die Gnade der geistigen Erleuchtung von der Todesschwelle her zuteil werden, um wie Novalis jenseits derselben eine neue Heimat zu finden. Denn in dem Schicksal Schillers war von Anfang an veranlagt, daß er nicht eine ihm von oben gnadevoll gewährte, sondern von unten selbst errungene Einweihung erlangen sollte. Und sein eiserner und unbeugsamer Wille war die notwendige Voraussetzung dazu. So mußte Schiller seinen inneren Weg zeitlebens wie zwischen Tod und Leben stehend suchen, ohne diese beiden Polaritäten des menschlichen Daseins aufgrund seines zu frühen Todes in einer vollgültigen Initiation verbinden zu können.

* * *

Stellt man die drei großen Namen folgendermaßen zusammen:

Goethe – Novalis – Schiller,

dann ergibt sich wieder eine andere Wesensbeziehung, die vor allem einen erhellenden Blick auf die karmischen Hintergründe dieser Individualitäten ermöglicht.

Den Geistesforschungen Rudolf Steiners zufolge findet sich die letzte maßgebliche Inkarnation Goethes auf dem Höhepunkt der griechischen Kultur in der Gestalt eines jungen Bildhauers, der zu dem näheren Umkreis des schon betagten Platon gehörte. Novalis entscheidende Inkarnation als Johannes der Täufer lag unmittelbar an der Zeitenwende. Und die wichtigste Inkarnation Schillers findet sich, fast spiegelbildlich zu Goethe, im 2. bis 3. Jahrhundert in Italien, wo er – selbst bereits Christ – Zeuge der grausamen Christenverfolgungen durch die römischen Wahnsinns-Cäsaren wurde.

Wenden wir uns nun der seelischen Konfiguration der drei Dichter zu, so finden wir, daß sich bei Goethe das Bestreben ergibt, ständig mit seinem Denken in den Bereich des Willens einzudringen, um dadurch für die geistige Seite der Sinneswahrnehmungen wach zu werden. Schiller hingegen entwickelt sich zu einem scharfen Denker. Ohne eine systematische Ausbildung in Philosophie wird er in seinen «Ästhetischen Briefen» zu einem Philosophen, der seinen Willen immer bewußter ergreift und im Bereich des Denkens anwendet. Er ist zeitlebens zur wahren Meditation und somit zu einer regelrechten Einweihung wie prädestiniert. «Er trug, wenigstens bis zu einem gewissen Grade, die Bedingungen zur Initiation in sich» (GA 310, 18.7.1924). Bei diesem Spiel vom Wollen im Denken (Schiller) und vom Denken im Wollen (Goethe) steht Novalis in der Mitte mit seinem übersensiblen Fühlen, das er als «Herzensdenken» zu einem neuen Wahrnehmungsorgan für die höheren Wirklichkeiten ausbildet. So wird er zu einem wahren Mystiker, der die Kraft der Liebe als die höchste im Universum erkennt und sich auf ihren Flügeln bewußt in die geistige Welt emporzuschwingen vermag.

Es ist interessant festzustellen, daß Goethe und Schiller auch im Berufsleben einander polar gegenüberstehen. Schiller bleibt lebenslang vor allem Dichter. Goethe hingegen ergreift einen Beruf. Als Minister im Dienste von Herzog Carl August muß er seine irdischen Verpflichtungen erfüllen, welche oft seiner dichterischen Berufung im Wege stehen. Zwischen Goethe als dem größten Künstler seiner Zeit und dem Geheimrat von Goethe am Weimarer Hof entsteht zunehmend eine innere Kluft, die verschiedene Widersprüche und Kompromisse in seinem Leben verursacht. Allein Novalis gelingt es, mit Hilfe seines «magischen Idealismus» den Beruf als Salinenassessor mit seiner dichterisch-mystischen Berufung harmonisch zu verbinden und so auszugestalten, daß er ohne Störung beide Wege zugleich in innerer Einheit zu gehen vermag. Auch verläuft seine Jugend genau zwischen der von Goethe, dem alle Wege und Möglichkeiten von Anfang an zur Verfügung stehen, und der von Schiller, dem zunächst alle Türen des Lebens verschlossen scheinen. In dieser Beziehung finden wir bei Novalis eine besondere Harmonie zwischen dem Äußeren und dem Inneren. Die äußeren Hindernisse in seinem Leben sind nie so groß und lähmend wie bei Schiller, jedoch stark genug, um immer wieder seine innere Initiative und seine Willenskräfte anzuspornen. Hinzu kommt, daß Schiller von frühester Jugend an, zunächst um sich selber und später auch seine Familie zu unterhalten, ständig um den Gelderwerb besorgt sein muß. Diesen Zwang kennt Goethe überhaupt nicht. Auch hier halten sich bei Novalis beide Tendenzen im Gleichgewicht. Zwar besteht eine gewisse Notwendigkeit, das berufliche Leben zu ergreifen, um sein tägliches Brot zu verdienen und unabhängig zu sein, jedoch bleibt ihm zugleich für seinen Berufsweg die freie Entscheidung anheimgestellt. Er kann ihn aus innerer Neigung wählen.

Auch die Beziehung der drei Dichter zu dem Wesen der Freiheit ist sehr unterschiedlich. Goethe sucht sie während seines Lebens in zunehmendem Maße in der Verbindung des Menschen mit der Natur. Novalis entdeckt sie mehr und mehr in seiner Beziehung zur geistigen Welt, mit der er sich immer tiefer verbunden fühlt. Nur für Schiller ist das Wesen der Freiheit eine rein menschliche Angelegenheit hier auf der Erde. Deshalb ist die Schillersche Auffassung der Freiheit dem jungen Rudolf Steiner, als er die ersten Ideen zu seiner späteren «Philosophie der Freiheit» faßt, am naheliegendsten. Schon in dem Brief vom 27. Juli 1881 erwähnt der Zwanzigjährige, daß er nur auf die «nötige Ruhe» warte, um in den Sommerferien «einen großen Teil meiner [seiner] lieben Freiheitsphilosophie zu Papier zu bringen» (GA 38, Seite 18). Und im gleichen Brief bezieht sich Rudolf Steiner vor allem auf Schillers Aufsatz «Über naive und sentimentalische Dichtung» in dem Sinne, daß bei diesem auch eine «Form der Freiheitsphilosophie» zu finden sei (ebd., Seite 19).[7] Aus dem gleichen Jahr stammen auch seine besonders herzlichen Äußerungen über «unseren großen und lieben Schiller» und dessen «weltumspannende Gedanken» (Brief vom 3.8.1881, GA 38, Seite 22).

In diese Zeit, als Rudolf Steiner sich besonders intensiv mit der Philosophie des deutschen Idealismus befaßt, fallen auch die seine höchste Wertschätzung bekundenden Worte über Schiller. In dem Brief vom 26. August 1881 schreibt er von ihm, der «vielleicht einer der gedankenreichsten und tiefsten Philosophen aller Zeiten [ist] – denn was Hegel und Schelling betrifft, so sind sie zwar sehr scharfsinnig, aber nicht besonders *reich ...*» (GA 38, Seite 42; kursiv Rudolf Steiner). Und überhaupt erwähnt er in der Zeit, als in ihm selbst seine Freiheitsphilosophie aufzukeimen beginnt, Schiller weit öfter als Goethe.[8]

Man kann sich zum Beispiel vorstellen, wie etwa solche Äußerungen Schillers den jungen Rudolf Steiner begeistert haben mögen: «Zur moralischen Schönheit der Handlungen ist Freiheit des Willens die erste Bedingung, und diese Freiheit ist dahin, sobald man moralische Tugend durch gesetzliche Strafen erzwingen will. Das edelste Vorrecht der menschlichen Natur ist, sich selbst zu bestimmen und das Gute um des Guten willen zu tun» («Die Gesetzgebung des Lykurgus und Solon», Band IV; Seite 830). Und fast wie eine Fortsetzung davon klingen die Worte aus dem Brief des zwanzigjährigen Rudolf Steiner: «In der höchsten Freiheit manifestiert sich das höchste Glück, die vollste Zufriedenheit. Der Mensch hat seine Bestimmung erkannt; er ist mit allem versöhnt» (GA 38, Brief vom 16.8.1881).

Fünf Jahre später formuliert Rudolf Steiner in dem Brief an Friedrich Theodor Vischer seine jetzt schon beide, Goethe *und* Schiller, umfassende Beziehung: «Goethes und Schillers wissenschaftliche Darlegungen sind für mich eine Mitte, zu der Anfang und Ende zu suchen ist». Und dann beschreibt er, wie er diesen Anfang und dieses Ende gestalten möchte, den «Anfang: durch Darstellung der prinzipiellen Grundlage, von der wir uns diese Weltansicht getragen denken müssen». Dies verwirklicht Rudolf Steiner in seinem Buch «Grundlinien einer Erkenntnistheorie der Goetheschen Weltanschauung mit besonderer Rücksicht auf Schiller», von dem eine direkte Entwicklungslinie zur «Philosophie der Freiheit» führt. Und «das Ende: durch Auseinandersetzung der Konsequenzen, die diese Betrachtungsweise für unsere Anschauung über Welt und Leben hat» (GA 38, Seite 141). Diese Richtung führt mit dem Beginn des 20. Jahrhunderts weiter zur Begründung der Anthroposophie.

Am Ende seines Lebens, im dritten Kapitel seiner Autobiographie «Mein Lebensgang», erinnert er sich an seine Eindrücke, die er um diese Zeit beim Lesen der «Ästhetischen Briefe» Schillers hatte, und faßt sie in folgenden Worten zusammen: «Schiller hat von dem Bewußtseinszustand gesprochen, der da sein muß, um die *Schönheit* der Welt zu erleben. Könnte man nicht auch an einen solchen Bewußtseinszustand denken, der die Wahrheit im Wesen der Dinge vermittelt?» (GA 28, Seite 71; kursiv Rudolf Steiner). Die Antwort auf diese Frage wurde dann in der kleinen Schrift «Wahrheit und Wissenschaft» gegeben, welche zugleich ein «Vorspiel» zu seiner «Philosophie der Freiheit» sein sollte. Damit war zu der «Mitte» von Schiller und Goethe auch der notwendige «Anfang» hinzugefügt.

Was Schiller in seinen «Briefen» in bezug auf die *Schönheit* vollzog, das verwirklichte Rudolf Steiner in bezug auf die *Wahrheit* in seinem philosophischen Frühwerk, das in der «Philosophie der Freiheit» gipfelte. Bereits als Zwanzigjähriger gab er sich dieses Ziel: «Ich bin durchaus kein Mensch, der in den Tag hinein lebt, *wie ein Tier in Menschengestalt*, sondern ich verfolge ein ganz bestimmtes Ziel, ein ideales Ziel, die Erkenntnis der Wahrheit» (Brief vom 27.7.1881, GA 38, Seite 17; kursiv Rudolf Steiner). Und drei Wochen später formuliert er diesen Gedanken noch direkter: «Der Schein muß zerstört, der Schleier gehoben werden und die Wahrheit, die Gottheit steht vor uns» (ob Rudolf Steiner zu dieser Zeit die Isis-Mysterien von Sais schon bekannt waren?), und er fährt fort: «Nennen wir dieses Erkennen der höchsten Wahrheiten: das Zusammengehen des Menschen mit dem Absoluten, so finden wir, daß in diesem Zusammengehen seine höchste Freiheit erblüht» (Brief vom 16.8.1881, GA 38, Seiten 30f.).

Solche Worte könnte zweifellos auch Schiller ausgesprochen haben. Nur würde er dieses «Zusammengehen mit dem Absoluten» und die daraus «erblühende höchste Freiheit» nicht primär mit dem Streben nach Wahrheit, sondern mit dem nach Schönheit verbinden. Deshalb konnte Rudolf Steiner später von dessen «Ästhetischen Briefen» schreiben: «*Geisteswissenschaften sind im eminenten Sinne daher Freiheitswissenschaften. Die Idee der Freiheit muß ihr Mittelpunkt, die sie beherrschende Idee sein.* Deshalb stehen Schillers ästhetische Briefe so hoch, weil sie das Wesen der Schönheit in der Idee der Freiheit finden wollen, weil die Freiheit das Prinzip ist, das sie durchdringt» (GA 2, Kapitel 17; kursiv Rudolf Steiner).

Und viel später, am Anfang des 20. Jahrhunderts, wird zu der von Schiller und Goethe geleisteten «Mitte» auch «das Ende» durch die Begründung der Anthroposophie hinzugefügt. In ihr tritt zu den Bewußtseinszuständen des Erfahrens der Schönheit und Wahrheit der dritte hinzu, mit dem man gleichermaßen das Wesen des *Guten* in seinen geistigen Ursprüngen ergründen kann. In dem Buch «Wie erlangt man Erkenntnisse der höheren Welten?» ist dieser Weg in seinen anfänglichen Stufen beschrieben, der den modernen Menschen bewußt in die geistige Welt führt, wo die Quellen des Guten gefunden werden können, aus denen eine freie sittliche Handlung auf der Erde möglich wird.

Als eine Art Kulmination dieses Weges können die Worte verstanden werden, mit denen der Grundsteinspruch endet:

«Daß gut werde,
Was wir aus Herzen
Gründen,
Was wir aus Häuptern
Zielvoll führen wollen»
            (GA 260, 25.12.1923).

Dieser rein geistige Bewußtseinszustand, der den Quell des Weltenguten in der übersinnlichen Welt zu finden und zu erforschen vermag, führte Rudolf Steiner um die Jahrhundertwende zu seinem «geistigen Gestanden-Haben vor dem Mysterium von Golgatha» (GA 28, Kapitel XXVI).

Schiller, der in seiner Zeit (vor dem Ablauf des Kali-Yuga) zu diesem höchsten Quell des Wahren und Guten noch nicht bewußt durchdringen konnte und ihn deshalb ausschließlich im Reich der Schönheit suchte, trug in sich jedoch eine starke Ahnung davon, daß dies den Menschen in der Zukunft einmal möglich sein wird. So schrieb er in seinem Gedicht «Die Künstler» über eine solche zukünftige Beziehung zur Wahrheit:

«Was wir als Schönheit hier empfunden,
Wird einst als *Wahrheit* uns entgegengehn»
        (Band I, Seite 175; kursiv Schiller).

Dieses Ziel, wie wir bereits gesehen haben, hat Rudolf Steiner in seinem Frühwerk tatsächlich erreicht. Und in bezug auf das bewußte Eintreten in die geistige Welt, wo allein der Quell des Guten gefunden werden kann, schrieb Schiller in dem gleichen Gedicht weiter:

«Freut euch der ehrenvollen Stufe,
Worauf die hohe Ordnung euch gestellt:
In die erhabne Geisterwelt
Wart ihr der Menschheit erste Stufe!»

(ebd., Seite 176).

Auch diese von Schiller nur geahnte höhere Stufe der geistigen Entwicklung erreicht Rudolf Steiner nicht nur für sich selbst, sondern durch die Begründung der Anthroposophie für alle geiststrebenden Menschen der Gegenwart und stellt sie in seinem anthroposophischen Werk ausführlich dar.

Zusammenfassend kann man sagen:

Quell des Schönen – «Ästhetische Briefe» Friedrich Schillers,
Quell des Wahren – «Die Philosophie der Freiheit»,
Quell des Guten – Anthroposophie.

*

Was die Weltanschauung der drei Dichter betrifft, so ist sie zunächst von der reinsten Kraft des Idealismus stark getragen. Deshalb heißt auch die von ihnen maßgeblich geprägte Epoche «Blütezeit des deutschen Idealismus». Dann aber schreitet Goethe weiter zu einer Art spirituellem Realismus, den er vor allem in der zweiten Hälfte seines Lebens stufenweise entfaltet. Und Novalis, nach seinem Einweihungserlebnis am Grabe von Sophie von Kühn, begründet einen besonderen Spiritualismus, der am Schluß zu seinem «magischen Idealismus» wird. Nur Schiller bleibt sein Leben lang beim Idealismus, den er aber nicht nur in seinem Werk, sondern vor allem und wie vorbildlich für alle kommenden Generationen mit seinem ganzen Wesen vertritt. In ihm wird der Idealismus Ausdruck seiner irdischen Persönlichkeit. Dadurch wird der Idealismus selber zu etwas Neuem. Er ist nicht mehr eine angeborene oder vererbte Eigenschaft der menschlichen Seele (bei Schiller wäre dies ohnehin unmöglich, schaut man allein auf seine Eltern sowie die Lebensumstände seiner Kindheit und Jugend), sondern eine durch freie Willensanstrengungen vollbewußt anerzogene, ganz neue innere Fähigkeit. Aus der einmaligen, nur Schiller eigenen Begeisterungskraft, die stets auf die höchsten Ideen und Ideale des Menschen und der Menschheit ausgerichtet war, wurde sein feuriger Idealismus gespeist und getragen. Deshalb sagt Rudolf Steiner von ihm: «Schiller hat aus seiner Begeisterung heraus der Welt viel zu sagen gehabt» (GA 260a, 20.7.1924). Denn besonders bei Schiller war jeder Erkenntnisprozeß, den er unternahm, von der Kraft der Begeisterung als dem Ur-Impuls seiner Seele nicht zu trennen.

So gehört es zu seiner festen Überzeugung, daß dem wahren Idealisten, für den er sich selbst zu Recht hält, diese Fähigkeit immanent ist, denn, so sagt er, «der Idealist … vermag nichts, als insofern er begeistert ist» (Band V, Seite 774). Auch darf den wahren Dichter im Moment der Begeisterung nichts Zeitliches oder Gegenständliches mehr begrenzen. «Aus dem Moment der Begeisterung muß also jede Spur eines zeitlichen Bedürfnisses entfernt bleiben, und der Gegenstand selbst … darf den Dichter nicht beschränken» (Seite 754).

In den Karma-Vorträgen aus dem Jahre 1924 stellt Rudolf Steiner dar, woher diese besondere Begeisterungskraft für die geistigen Ideen und Ideale bei Schiller stammt. Diese urständet in der Tatsache, daß er seine diesmalige Inkarnation als Schiller im Vorgeburtlichen vor allem in der Saturnsphäre vorbereitet hat.

Das lange Verweilen in dieser Sphäre während des Lebens zwischen dem Tod und einer neuen Geburt ist zwar vor allem mit einer Art kosmischer Rückschau verbunden, jedoch wandelt sich in der folgenden Inkarnation diese Rückwärtsgewandtheit in die besonderen Begeisterungskräfte der Seele, die stark zukunftsorientiert und nur auf die höchsten Ideale ausgerichtet sind. «Dann, wenn der Mensch heruntersteigt in die irdische Sphäre, dann zeigt sich in gewisser Beziehung das negative Abbild desjenigen, was man da [in der Saturnsphäre] durchlebt hat. Das intensive Zurückschauen verwandelt sich in ein tatkräftiges Streben nach Idealen, die nach vorwärts, nach der Zukunft gehen, so daß gerade Menschen, die aus der Saturnsphäre herunter die Ausarbeitung ihres Karmas bringen, zukunftsbegeisterte Menschen sind, also wirken wollen in Idealen, die nach der Zukunft hinstreben, weil sie in der Saturnsphäre in einem rein geistigen Leben vorzugsweise ins Vergangene hineinschauen» (GA 239, 10.6.1924).

Auch eine gewisse Neigung zur Melancholie und die mit starken Zweifeln an den eigenen Kräften erfüllten Phasen seines Lebens, die Schiller immer wieder durchmachte und bewußt zu überwinden hatte, haben ihren Ursprung in dieser seiner vorgeburtlichen Verbindung mit der Saturnsphäre. Aber nicht nur das, sondern vor allem die außergewöhnliche Willensentwicklung, welche er in seinem kurzen Erdenleben absolvierte, ist mit diesem langen Aufenthalt in der Saturnsphäre verbunden. Denn in ihr sind noch die lebendigen Erinnerungen an die Anfänge unseres ganzen Kosmos vorhanden, als dieser in der Ur-Vergangenheit aus der Wärmesubstanz der Geister des Willens (Throne) auf dem alten Saturn erschaffen wurde.

Deshalb konnte nur so jemand wie Schiller, der sein Erdenkarma vorzugsweise in der Saturnsphäre ausgestaltet hatte, auf der Erde solche Zeilen prägen:

«Aber flüchtet aus der Sinne Schranken
In die Freyheit der Gedanken,
Und die Furchterscheinung ist entflohn,
Und der ewge Abgrund wird sich füllen;
Nehmt die Gottheit auf in euren Willen,
Und sie steigt von ihrem Weltenthron»

(«Das Ideal und das Leben», Band I, Seite 204).

*

Auch die Beziehung zur Natur ist bei den drei Dichtern ganz unterschiedlich. Goethe kann sich mit ihrem Wesen in feinsten Beobachtungen verbinden, die er daraufhin als innere Impulse in seinen Schaffensprozeß hineinträgt. Er möchte als Künstler so schaffen, wie draußen die Göttin Natura selbst es tut. Deshalb hat er nach seinen eigenen Worten eine gewisse Abneigung dem Philosophieren gegenüber, das er weitgehend nur als Folge des abstrakten, rein verstandesmäßigen Denkens erlebt. Schiller hingegen ist in der Welt der philosophischen Abstraktionen unmittelbar zu Hause, zeigt jedoch kein Interesse an dem, was Goethe so wichtig ist: Die genaue Beobachtung der Naturphänomene, die bei ihm, wie im Falle der Urpflanze, sogar zu deren hellseherischer Wahrnehmung führt.

Die Stärke von Schillers Genius liegt hingegen in etwas anderem. Im Gegensatz zu Goethe hat er nie der Schweiz bereist, ist aber dennoch mittels der Kraft seiner exakten Phantasie in der Lage, ohne große Anstrengung aus sich selber die Landschaften, Menschencharaktere und das ganze Ambiente des ihm unbekannten Landes und Volkes in seinem «Wilhelm Tell» darzustellen. Und das tut er so wahrheitsgetreu und überzeugend, daß die Schweizer dieses Drama als ihr «National-

Epos» erleben können. Seine vom Gefühl belebten und durchfeuerten Gedanken vermag der Wille so zu ergreifen, daß die daraus entstehenden Bilder in seiner künstlerischen Phantasie so exakt und real werden, als ob er alles wie «hellseherisch» geschaut hätte.

Und genau zwischen diesen beiden Wesensarten steht diejenige von Novalis. In vollkommenem Gleichgewicht verfügt er über die Stärke des Denkens wie Schiller und über die Feinheit des Goetheschen Wahrnehmens, um – wie später auch Rudolf Steiner – durch ihre Synthese zu eigenständigen Forschungen in der geistigen Welt zu gelangen.

Als auf eine mehr äußerliche Tatsache kann noch auf die ganz unterschiedliche Reiselust bei den drei Dichtern hingewiesen werden. Goethe, in bestimmten Phasen seines Lebens jahrelang unterwegs, kam bis nach Sizilien. Schiller hingegen bewegte sich nur in dem eingeschränkten Gebiet zwischen Stuttgart, Mannheim, Weimar, Leipzig und Berlin. Der Lebensbereich von Novalis war noch kleiner. Seine größte Reise war wahrscheinlich der Besuch von Dresden.

Eine ähnliche Gesetzmäßigkeit spiegelt sich in der zeitlichen Abfolge ihres Lebens, deren Mittelpunkt die Jahrhundertwende bildet als die zeitliche Mitte der damaligen Wirkensepoche des deutschen Volksgeistes.[9]

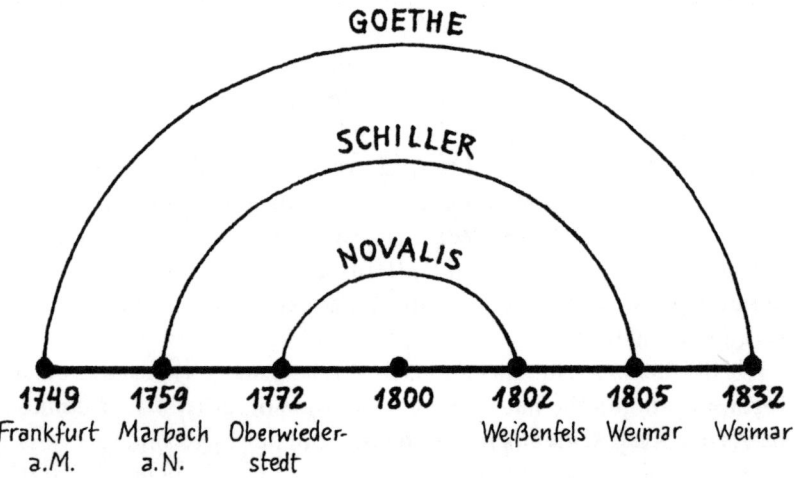

*

Noch in einer weiteren Beziehung bilden Schiller und Goethe eine bemerkenswerte Polarität. Im Vortrag vom 10. Mai 1924 (GA 236) beschreibt Rudolf Steiner, wie man an der äußeren Konstitution des physischen Leibes etwas über das Leben eines Menschen zwischen seinem letzten Tod und der neuen Geburt erfahren kann. Es geht um die Proportionen des Rumpfes in der Beziehung von seinem oberen Teil (vom Hals bis zur Brustmitte) und dem unteren Teil (von der Brustmitte bis zum Ende des Rumpfes). Ist der obere Teil beim Menschen kürzer, dann ist er nach seinem letzten Tod sehr schnell bis zur Weltenmitternacht aufgestiegen und hat langsam und «bedächtig» den Weg zu einer neuen Geburt absolviert. Der Mensch hingegen, dessen oberer Teil des Rumpfes länger ist, legte den ersten Teil des Weges sehr langsam zurück, um sich danach rasch zu einer neuen Inkarnation anzuschicken. Auch äußern sich diese Eigenschaften des nachtodlichen Lebens bei ersterem in einem eher erhöhten Schlafbedürfnis während des Erdenlebens und bei dem zweiten in einem viel geringeren.

Unschwer lassen sich hinter dieser Beschreibung die Gestalten von Goethe und Schiller erkennen. Die viel gedrungenere Gestalt Goethes entsprach eher der ersteren Art der leiblichen Konstitution. Auch war er in seinem Leben viel schlafbedürftiger. Schiller hingegen gehörte zur zweiten Kategorie. Über dessen, mit fieberhafter Arbeit erfüllten Nächte hinterließ uns Goethe die folgenden wunderbaren Zeilen:

«Seine durchgewachten Nächte
Haben unsern Tag erhellt.»

Es ist bekannt, wie Schiller, seine Schreibarbeit Nacht für Nacht nur wenige Stunden unterbrechend, den Kopf auf die Arme gelegt, am Schreibtisch sitzend einschlief.

Trifft unsere Annahme zu, so erlaubt sie bedeutende Schlußfolgerungen. Es ergibt sich daraus, daß die Entelechie Goethes nach ihrer vorletzten Inkarnation recht schnell in die geistige Welt aufgestiegen war, um daraufhin in aller Ruhe und sehr gründlich die kommende «Goethe-Inkarnation» vorzubereiten. So benutzte sie viel Zeit, um vor allem ihren physischen Leib so sorgfältig aus den kosmischen Kräften zu gestalten, daß dieser über achtzig Jahre lang den mächtigen Geist Goethes tragen konnte. Deshalb strahlte er jene ganz einmalige Harmonie aus, die alle, welche ihm im Leben begegneten, sofort spürten.

Obwohl von eher kleiner und gedrungener Gestalt machte diese und vor allem sein Antlitz auf den Beobachter einen so ausgeglichenen und vollkommenen Eindruck, daß man wie selbstverständlich geneigt war, ihn mit einem griechischen Gott zu vergleichen.

Und wie er den Weg in seine Goethe-Inkarnation langsam, alles genau überblickend und folgerichtig gestaltend ging, so stand er auch auf der Erde hinsichtlich der ihn umgebenden Natur, sie liebevoll betrachtend und mit seinem Geist durchleuchtend, um auf diesem Wege zu den immer tieferen Hintergründen derselben vorzudringen.

Schiller hingegen war in seinem vorgeburtlichen Dasein in einer ganz anderen Situation. Als habe er in den geistigen Höhen von den göttlichen Mächten eine ganz bestimmte Aufgabe erhalten, eilte er mit der Kraft seines Willens durch die himmlischen Sphären zur Erde hin, um sich so schnell wie möglich zu verkörpern. Diese Eile mag auch die Ursache für seine fast immer kranke Leiblichkeit gewesen sein, da er sich nicht genügend Zeit nehmen konnte, um seinen physischen Leib als Träger seines feurigen Geistes voll auszubilden. Eine andere, jedoch positive Folge dieses eiligen Heruntersteigens zur Inkarnation war bei Schiller seine ausgesprochene Fähigkeit des schnellen Erfassens kompliziertester philosophischer Probleme und des Überblickens verwickeltster geschichtlicher Zusammenhänge. Da, wo Goethe oft Monate und Jahre brauchte, um ein Schauspiel zu vollenden, benötigte Schiller für ein Drama oder einen philosophischen Aufsatz nur wenige Tage oder Wochen. Wie die Menschenseele aus der Saturnsphäre in der geistigen Welt das ganze Sonnensystem auf einmal zu umfassen und zu überschauen vermag, so konnte Schiller auf der Erde mit seinen Gedanken und Ideen umgehen. Auf einmalige Weise besaß er die Fähigkeit, die Willenskräfte in seinem Denken und in seiner Phantasie zu höherer Entfaltung und künstlerischer Vollendung zu führen.

In dem geschilderten Zusammenhang kann man nun bei Novalis ein Wesen vermuten, das ganz gleichmäßig und ohne Eile beide Wege, zur Weltenmitternacht und wieder zurück zur Erde, auf seine «Novalis-Inkarnation» zugehend, absolvierte. Folglich konnte er die Naturbeobachtungsgabe Goethes mit dem idealistischen Feuer Schillers in seinem «magischen Idealismus» harmonisch verbinden.

Wie Goethe nach der Geistesforschung Rudolf Steiners im Vorgeburtlichen sein Karma vor allem in der Jupitersphäre ausgestaltete, so daß er auf der Erde durch sein harmonisches und weisheitserfülltes Wesen wie ein inkarnierter Jupiter erschien, so war Schiller ein nicht weniger typischer Saturn-Mensch. Und Novalis war in seinem kurzen Erdenleben wie eine einmalige Sonnen-Erscheinung, wie ein kaum erkannter Herold des Sonnen-Geistes des Christus.

* * *

Zum Schluß wollen wir noch auf eine dritte Reihenfolge blicken:

Schiller – Goethe – Novalis.

Hier steht Schiller vor uns als die einzelne, hart mit ihrem Schicksal ringende Persönlichkeit, wie dies besonders dem heutigen Menschen eigen ist. Deshalb kann man sein Leben als wegweisend für die wichtigsten Fragen der Gegenwart empfinden.[10] Ganz polar dazu war das Leben von Novalis bereits zu seinen Lebzeiten zu einer Legende geworden, die nach seinem frühen Tod vor allem im Umkreis von Ludwig Tieck weitergepflegt wurde. Bei Goethe fließen diese beiden Elemente zusammen. Er wird von seinen Zeitgenossen sowohl als Urbild des modernen Menschen als auch wie eine lebende Legende erlebt. Darum trägt zu Recht eine ganze Epoche der europäischen Entwicklung seinen Namen.

In dem Vortrag vom 29. Juli 1922 (GA 214) beschreibt Rudolf Steiner, wo geisteswissenschaftlich betrachtet die inneren Aufgaben Schillers und Goethes lagen. Der erstere, der in seinem Denken stark philosophischen Abstraktionen zuneigte, sollte in seinem Leben den Übergang von der philosophischen zur imaginativen Erkenntnis finden. Goethe hingegen, der von Anfang an eine ausgesprochene Neigung zur Imagination besaß, hätte den nächsten Schritt, den zur inspirativen Erkenntnis, vollziehen sollen. Novalis schließlich, der von Anfang an mit Inspirationen in Hülle und Fülle begnadet war, wäre in der Lage gewesen, hätte er nur etwas länger gelebt, einen Übergang zur Intuition und somit zur Begründung eines neuen Christentums aus seiner Wesensbegegnung mit Christus zu finden.

Aus dem berühmten Gespräch Goethes mit Schiller im Juli 1794 in Jena über die «Urpflanze», geht klar hervor, was dem letzteren zu diesem Zeitpunkt noch fehlte. Nachdem Goethe in wenigen Worten ihm die sinnlich-übersinnliche Form der Pflanze charakterisiert hatte, meinte Schiller, wohl noch unter dem Einfluß seiner Kant-Studien, daß dies nur eine gedachte Idee sei, worauf Goethe die bekannten Worte aussprach, daß in diesem Falle er seine Ideen mit den Augen sehe. So stand in diesem Gespräch die abstrakte Philosophie des 18. Jahrhunderts dem lebendigen Wahrnehmen der Imaginationen gegenüber. Was aber Schiller vor dem Verharren in diesem Intellektualismus rettete, waren sein Dichtergenie und die schöpferischen Kräfte seiner Phantasie. So stand er am Ende seines Lebens, als er an die Werke heranging, die sicher eine Kulmination seines Gesamtwerkes darstellen sollten, «Die Malteser» und «Demetrius», an der Schwelle, wo er, um diese Dramen zu vollenden, einen Schritt von der Phantasie zu den bewußten Imaginationen hätte machen sollen.

Eine weitere Perspektive ergibt sich aus der Bemerkung Rudolf Steiners in dem Vortrag vom 24. Oktober 1920 (GA 200), wo er darauf hinweist, daß die Fortsetzung des Weges, den Schiller mit seinen «Ästhetischen Briefen» begonnen hatte, in unserer Zeit unmittelbar in die Schrift «Wie erlangt man Erkenntnisse der höheren Welten?» (GA 10) mündet. Und die Bilder des Goetheschen Märchens «Von der grünen Schlange und der schönen Lilie» führen bei ihrer weiteren Ausarbeitung in unsere Zeit in diejenige soziale Gestaltung der Menschheit hinein, die Rudolf Steiner als soziale Dreigliederung in seinem Buch «Die Kernpunkte der sozialen Frage» (GA 23) darstellt.[11] Mit anderen Worten, bei Schiller geht es um «die Dreigliederung des Menschen» als Ausgangspunkt eines zeitgemäßen Einweihungsweges, bei Goethe hingegen um «die Dreigliederung des sozialen Gemeinwesens» als einer Grundlage des geistgemäßen Zusammenlebens der Menschen (GA 200, 24. 10. 1920).

So eröffnet Schiller in seinen «Ästhetischen Briefen» die Wege der inneren Entwicklung, die zum Erleben des höheren Ich des Menschen führen. (Siehe darüber weiter in diesem Kapitel.) Und Goethe entwirft in seinem «Märchen» das Bild der drei Könige als Repräsentanten der das soziale Leben der Zukunft gestaltenden Kräfte. In dieser Reihe war Novalis sicherlich prädestiniert, aus seinen Geistesschauungen die neue christliche Kosmologie mit dem Wesen des Christus in ihrer Mitte zu entwickeln. (Erste Ansätze dazu kann man in seinen «Hymnen an die Nacht», vor allem in dem fünften Hymnus, sowie in einigen seiner Fragmente finden.) Diese Aufgabe wurde dann im zwanzigsten Jahrhundert von Rudolf Steiner mit seiner «Geheimwissenschaft» (GA 13) als Umriß einer neuen, christlichen Kosmologie erfüllt.

Während seines langen Lebens befand sich Goethe, obwohl für ihn selbst weitgehend unbewußt, bereits jenseits der Schwelle zur geistigen Welt. Rudolf Steiner spricht deshalb von der Grals-Stimmung, die in den Untergründen von Goethes Seele lebte und die tiefsten Aspekte seines Werkes bestimmte. (Siehe GA 185, 3.11.1918). Denn in dieser Zeit (Anfang des 19. Jahrhunderts) konnten die wahren Grals-Mysterien nur auf der anderen Seite der Schwelle gefunden werden. Und mit ihnen stand Goethe in einer ständigen, wenn auch unbewußten Beziehung. Schiller näherte sich erst am Ende seines Lebens bewußt der Schwelle zur geistigen Welt, konnte sie aber zu seinen Lebzeiten nicht überschreiten. Jedoch hatte er, wie in diesem Buch noch gezeigt werden wird, in der Zeit unmittelbar vor seinem Tode ein entscheidendes Erlebnis an der Schwelle. Novalis hingegen lebte bereits während seines Lebens bewußt in der geistigen Welt, konnte aber, wegen der Kürze seiner Inkarnation, die Brücke zurück zur Erde nicht voll ausbauen. Deshalb blieben seine geistigen Erlebnisse weniger die Errungenschaft seiner irdischen Persönlichkeit (wie bei Schiller), sondern waren vielmehr die Folge einer höheren Gnade. «Mit seiner wie durch Gnade ihm verliehenen Einweihung» (GA 108, 22.12.1908) gewinnt Novalis eine bewußte Beziehung zur geistigen Welt und erlebt allein diese als seine wahre Heimat.

Auch die Zukunft dieser drei Individualitäten wird sich ganz unterschiedlich gestalten. Goethe, der in seiner letzten Inkarnation alles, was er aus seinen früheren Erdenleben in sich trug, zur vollen Entfaltung und in seinem Werk zu einem großartigen Abschluß bringen konnte, wird im nächsten Erdenleben, um Neues zu erfahren und dadurch in seiner Entwicklung weiterzukommen, wieder einen Anfang machen müssen. «Er [Goethe] wurde ja so alt, weil er alles, was in ihm karmisch veranlagt war, wirklich herausbringen konnte. ... Man hat bei ihm den Eindruck: Da hat sich eigentlich alles ausgelebt, was karmisch veranlagt war; da ist eigentlich nichts geblieben, und Goethe muß neu anfangen, wenn er wieder in einem Erdenleben erscheint, unter ganz neuen Bedingungen» (GA 310, 18,7.1924). Anders sieht es bei Schiller aus. «Schiller hat es immer schwer, seine großen Schöpfungen zustande zu bringen; er muß gegen das Karma anstürmen, und die Art, wie er anstürmt, wird sich erst wieder im folgenden Erdenleben ausleben» (ebd.). Schiller, der in den letzten Jahren seines Lebens tatsächlich an die Schwelle einer wahren, neuzeitlichen Initiation gekommen war, konnte diese aber noch nicht überschreiten. Deshalb wird er den Weg zum Erlangen einer echten Einweihung gewiß in seinem nächsten Erdenleben fortsetzen. Und Novalis, falls sich für ihn überhaupt ein passender Erdenleib finden wird, der die mächtigen Kräfte seines Geistes ertragen und beherbergen kann, wird als ein führender Eingeweihter in der Menschheit mit den großen spirituellen Aufgaben erscheinen, die bereits an anderer Stelle von mir ausführlich beschrieben worden sind.[12]

Über die Freundschaft zwischen Schiller und Goethe wurde schon manches geschrieben und gesagt. In dem bereits erwähnten Buch von Peter Selg ist ihr ein ganzes Kapitel gewidmet. So möchte ich nur noch auf einen weiteren Aspekt dieser Beziehung hinweisen. «In dem, was wir an Goethe und Schiller haben, haben wir nicht nur Goethe und Schiller, sondern wir haben noch ein Drittes: Goethe *plus* Schiller. Wer den Gang des Geisteslebens verfolgt, sieht darin *ein* Wesen, das nur dadurch entstehen konnte, daß in der selbstlosen Freundschaft, aus der gegenseitigen Hingabe, sich etwas entfaltete, was als neues Wesen über der Einzelpersönlichkeit stand» (GA 51, 28.1.1905; kursiv Rudolf Steiner). Es geht hier um einen ganz bestimmten okkulten Prozeß, der die zukünftige Gemeinschaftsbildung zwischen den Menschen wie prophetisch in Erscheinung bringt. Eine echte geistig-seelische Verbindung von Menschen – was schon von der Antike her als wahre Freundschaft galt – bewirkt die Inkarnation eines Geistwesens in die seelisch-geistige Substanz der Befreundeten, was die schöpferischen Kräfte beider befruchtet und erhöht, so daß dadurch etwas ganz Neues im Weltenall entstehen kann.

Eine solche Freundschaft hätte mit der Zeit auch zwischen Schiller und Novalis entstehen können, was jedoch durch den vorzeitigen Tod des letzteren unterblieb. (Der Altersunterschied zwischen Novalis und Schiller war nur drei Jahre größer als der zwischen Schiller und Goethe.) Eine Szene, aus der Zeit der ersten schweren Erkrankung Schillers (Mai 1791) überliefert, gehört vielleicht zu den großen welthistorischen Bildern. Damals brachte ihn die Krankheit, von deren Folgen er sich nie mehr ganz erholen sollte, an die Todesschwelle und bewirkte, daß sehr bald sogar Gerüchte über sein Ableben verbreitet wurden. Das Bild ist so: Der sehr kranke Schiller im Bett liegend, bisweilen sogar bewußtlos. Und neben ihm sitzt Novalis als sein treuer Pfleger, auch die Nachtwache bei seinem hochverehrten und geliebten Lehrer haltend, ihm Wasser reichend und die Schweißtropfen von der Stirn wischend. Wie hätte sich *diese* Geistesfreundschaft wohl entfaltet, wenn beide hätten länger leben können? Daraus wäre wohl noch etwas ganz anderes entstanden als in der Freundschaft mit Goethe: Schiller mit seiner «angeborenen Christus-Tendenz» (Goethe im Brief an Zelter), auf die noch weiter in diesem Buch eingegangen werden wird, und Novalis mit seiner mystisch-magischen Beziehung zu Christus, beide auf dem Wege zu einer neuen christlichen Einweihung und in der Vorahnung eines freien Christentums der Zukunft, hätten einen wirklichen Durchbruch in der Geschichte des Christentums bewirken können.

Wie von vielen Menschen aus dem Umkreis Schillers bezeugt wird, war er zeitlebens ein echtes «Genie der Freundschaft». Seine Freundschaften waren immer auf einen unerschütterlichen Grund gebaut und wurden von ihm lebenslang treu gepflegt. Aber auch auf diesem Gebiet brachte der erste Schritt dem noch 19-jährigen Schiller nur eine enttäuschende und beinahe niederschmetternde Erfahrung: Der Verrat seines Jugendfreundes Scharffenstein. Jedoch überwand er diesen Schlag und blieb selbst dem Ideal der Freundschaft unverbrüchlich treu. Später wird Schiller von der «heiligen Freundschaft» sprechen, deren Wesen er in dem Brief vom 3. Juli 1785 an Christian Körner als eine «Einsetzung des Abendmahls» bezeichnet.[13] In diesem Sinne schreibt er über seine Begegnung mit dem Freund: «Stillschweigend sahen wir uns an, unsere Stimmung war feierliche Andacht, und jeder von uns hatte Tränen in den Augen, die er sich zu erstiken zwang … Und ich dachte mir die Einsetzung des Abendmahls – ‹Dieses thut, so oft ihrs trinket, zu meinem Gedächtniß.› Ich hörte die Orgel gehen und stand vor dem Altare … Der Himmel hat uns seltsam einander zugeführt, aber in unserer Freundschaft soll er ein *Wunder* gethan haben» (HK., Seite 234; kursiv Schiller).

Man spürt in diesen Zeilen, wie im Hintergrund solcher «heiligen Freundschaften» für Schiller noch ein anderes Wort sanft mitklingt: «Denn wo zwei oder drei im Namen meines Ichwesens versammelt sind, da bin Ich selbst in ihrer Mitte» (Matth., 18,20; Übers. E. Bock). In diesem Sinne ist für Schiller die ganze Entwicklung des Menschen von solcher Art Freundschaften abhängig. So schreibt er an Körner: «Unsere künftig erreichte Vollkommenheit soll und darf auf keinem anderen Pfeiler als unserer Freundschaft ruhen» (HK., Seite 233).[14]

In seinem Brief an Goethe vom 2. Juli 1796 berührt Schiller aus seinem Verständnis der Dinge noch eine weitere Grundeigenschaft des Wesens der Freundschaft. Er schreibt: «Und das schöne Verhältniß, das unter uns ist, macht es mir zu einer gewißen Religion, ihre Sache hierinn zu der meinigen zu machen, alles, was in mir Realität ist, zu dem reinsten Spiegel des Geistes auszubilden, der in dieser Hülle lebt, und so, in einem höheren Sinne des Wortes, den Namen Ihres Freundes zu verdienen» (HK. Seite 485). Hier wird die Begegnung und die daraus folgende Freundschaft zwischen zwei großen Menschen zu einer Art Religion erhoben, womit Schiller, ohne es zu wissen, das zum Ausdruck bringt, was nach Rudolf Steiner die Engel im menschlichen Astralleib anstreben, und was einmal in der Zukunft (in der sechsten Kulturepoche) die das ganze Gemeinschaftsleben der Menschheit sozial prägende Kraft sein wird. «Denn dann wird die Begegnung jedes Menschen mit jedem Menschen von vornherein eine religiöse Handlung, ein Sakrament sein, und niemand wird durch eine besondere Kirche, die äußere Einrichtungen auf dem physischen Plan hat, nötig haben, das religiöse Leben aufrechtzuerhalten» (GA 182, 9.10.1918). Und weil Schiller und einige seiner Freunde dieses Ideal bis zu einem gewissen Grade in ihrem Leben bereits verwirklicht hatten, brauchten sie keine Kirche oder institutionalisierte Religion, um zu wirklichen religiösen Empfindungen und Erfahrungen zu kommen. Diese konnten sie aus den Tiefen ihrer Seele und in ihrem Leben miteinander frei entfalten. So bildete sich in ihrer wahren, über den Tod hinausgehenden Freundschaft der allererste Beginn eines neuen, zukünftigen Sakramentalismus.

In dem zitierten Auszug aus dem Brief Schillers an Goethe sind seine Worte von besonderer Bedeutung, daß er sich «zu dem reinsten Spiegel des Geistes» von Goethe selber «auszubilden» gedenke und daß allein *eine solche* Beziehung zu ihm den Namen der Freundschaft verdiene. Es ist damit keinesfalls auch nur der geringste Verlust der eigenen künstlerischen oder menschlichen Identität verbunden und noch weniger ein Epigonentum gemeint, sondern Schiller möchte Goethe seine innere Ergebenheit und Opferbereitschaft in ihrer Beziehung bekunden, die darin besteht, daß Schiller dem Freund seine Seele freiwillig als eine Art Spiegel zur Verfügung stellt, damit dieser, dort hineinschauend, zu einer höheren Bewußtseinsstufe erwachen könne, um dadurch noch größere schöpferische Leistungen zu vollbringen. Und das weitere Leben zeigte, daß Goethe freiwillig das gleiche, jedoch auf seine Weise, auch für Schiller tat.

Damit haben beide diejenigen Seelenqualitäten in ihrer Freundschaftsbeziehung geübt, die auf dem okkulten Pfad von den Meistern der Weisheit und des Zusammenklanges der Empfindungen am meisten geschätzt werden. Denn «sie stellen ... die selbstlose Hingabe und Opferwilligkeit allen anderen Fähigkeiten voran» (GA 10).

Wie weit der seelische Spiegel Schillers für Goethe von Bedeutung war, zeigt, neben vielem anderen, auch die folgende Äußerung Rudolf Steiners: «Goethe strebte [in seinem Werk] überall danach, den Menschen einzugliedern in einen großen geistigen Zusammenhang. Allein konnte er es nicht mehr. Schiller war ihm genommen» (GA 210, 25.2.1922). Denn nur durch die Spiegelung seines Wesens in der Seele des Freundes konnte Goethe zum Ergreifen der größeren geistigen Zusammenhänge der Welt gelangen.

Damit ist in der Freundschaft zwischen Schiller und Goethe etwas entstanden, was in den Menschenbeziehungen, ja auf sozialem Gebiet überhaupt, ganz neue, zukunftsträchtige Perspektiven eröffnet. An einem weiteren Beispiel muß dies noch klarer gezeigt werden.

So kann man an der Freundschaft zwischen Schiller und Goethe in keimhafter, jedoch urbildlicher Form dasjenige beobachten, was Rudolf Steiner später als den «umgekehrten Kultus» bezeichnete. Dieser vollzieht sich dadurch, daß die Menschen in ihrem Zusammenleben immer wieder zum Erwachen am Seelisch-Geistigen des anderen kommen. Dadurch erheben sie ihre Freundschaft auf eine neue, geistige Ebene, auf der jede menschliche Begegnung zur Religion wird. Ihre Grundlage bildet die Kraft, die vor allem bei Schiller (er vertrat bei der Freundschaft mit Goethe die aktivere Seite) außergewöhnlich stark entwickelt war. Rudolf Steiner nennt sie «spirituellen Idealismus». Und Schiller war in der Tat ein großer Lehrer desselben. «Die Kraft zu diesem Erwachen, sie kann dadurch erzeugt werden, daß in einer Menschengemeinschaft spiritueller Idealismus gepflanzt wird.... Denn der wirkliche Idealismus ist nur vorhanden, wenn der Mensch sich bewußt werden kann, daß er ... etwas, das er im Irdischen erschaut, im Irdischen erkennt und verstehen gelernt hat, in das Übersinnlich-Geistige hinaufhebt, indem er es ins Ideal erhebt» (GA 257, 27.2.1923). Man könnte sagen, daß das Leben und der seelische Verkehr zwischen Goethe und Schiller vor allem darin bestand, alles, was sie erlebten, im gemeinsamen Bemühen zum Ideal zu erheben. Dadurch konnten sie immer wieder seelisch-geistig aneinander aufwachen, um auf diese Weise die jeweilige innere Entwicklung des anderen anzuregen und zu fördern.

Diese gegenseitige geistige Befruchtung der beiden Freunde durch die Kraft des echten Idealismus charakterisiert Rudolf Steiner an einem konkreten Beispiel: «Schiller öffnete ihm die Augen, indem er ihm [über die Urpflanze] sagte: sie ist eine *Idee*. Von jetzt ab ist sich Goethe seines Idealismus erst bewußt. ... Dabei ist aber festzuhalten, daß Schiller Goethen nicht diesem Fremdes überlieferte, sondern vielmehr sich selbst erst durch die Betrachtung des Goetheschen Geistes zur Erkenntnis des *objektiven Idealismus* durchrang» (GA 1, Kap XI; kursiv Rudolf Steiner). So wachten die beiden Dichter an dem Seelisch-Geistigen des jeweils anderen zu einem wahren Idealismus und damit zu dem inneren Vollzug des umgekehrten Kultus auf.

Und wenn Rudolf Steiner bei der Charakterisierung des umgekehrten Kultus darauf hinweist, daß durch die Kraft eines «wirklichen Idealismus» beim Zusammensein von Menschen «ein wirkliches real-geistiges Wesen anwesend» ist (GA 257, 27.2.1923), so können diese Worte ein ganz neues Licht auf das Geheimnis der Freundschaft von Schiller und Goethe werfen, in der ebenfalls ein geistiges Wesen mitwirkte. (Siehe die Worte Rudolf Steiners auf Seite 44.)

Auch wenn in ihrer Freundschaft beide an dem umgekehrten Kultus gleichermaßen beteiligt waren, so war Goethe im übrigen Leben bezüglich seiner Annäherung an andere Menschen ganz anders als Schiller. Sein Wesen war viel verschlossener und konnte anderen gegenüber sogar als abweisend erscheinen. Es war gar nicht leicht, sein wirklicher Freund zu werden (worauf auch die lange Anlaufzeit seiner Freundschaft mit Schiller hindeutet), und er hatte deren nicht so viele wie Schiller. Bei Novalis, der wie Schiller einen sehr geselligen und offenen Charakter hatte, waren fast alle Freundschaften nur im «Aufbau» begriffen, jedoch bereits mit einer nicht zu übersehenden Tendenz zur geistigen Führung veranlagt. Nicht, weil er es selber bewußt verlangte, sondern einfach durch die Kraft und Erhabenheit des Geistes, der ihm innewohnte. So ist anzunehmen, daß, hätte er länger gelebt, er schließlich ein geistiger Lehrer, nicht nur in bezug auf das Künstlerische, sondern auch auf mystisch-religiösem Gebiet geworden wäre. (Bereits zu seinen Lebzeiten wurde er diesbezüglich im Kreis der Romantiker zu einer Legende.)

An dieser Stelle muß noch erwähnt werden, daß die deutschen Romantiker nach dem Tod von Novalis, der trotz seiner Jugend schon eine führende Figur in ihrem Kreis gewesen war (und mehr und mehr werden sollte), nun, wie ohne eine weitere geistige Orientierung, zunehmend in den Katholizismus und dann sogar in ein bürgerliches Philistertum versanken. Somit waren sie in der Gestalt des unablässig vorwärtsstrebenden Schiller wie mit einem lebendigen Vorwurf konfrontiert, der für sie immer unerträglicher wurde. Folglich geschah es, daß sie Schillers Gedicht «Das Lied von der Glocke» nach seiner Herausgabe als Vorwand nahmen, um ihn massiv in der Öffentlichkeit anzugreifen. Vor allem zeigten sich in diesem unwürdigen Tun die Gebrüder und auch Caroline Schlegel als rechte Eiferer. Sie behaupteten, er habe «ein spießbürgerliches philiströses Gedicht verfaßt» (GA 51, 4.3.1905). Auch Schleiermacher reihte sich bald in diese Hetze gegen Schiller ein.

Für Schiller waren solche unberechtigten Angriffe aus den Reihen der jüngeren Generation sehr schmerzlich. Denn es war doch besonders die Jugend, die er mit seinem Werk und den darin enthaltenen Idealen ansprechen wollte. Allein Novalis bewahrte unverbrüchlich bis zu seinem Tod die tiefste Verehrung und Liebe für Schiller, ohne ein einziges Wort der Kritik. Auch Ludwig Tieck, der unter den Romantikern am meisten vom Geiste von Novalis aufgenommen hatte, versuchte später, die unberechtigte Kritik etwas zu mildern. Jedoch war diese so scharf gewesen, daß selbst Hegel sich veranlaßt fühlte, den angegriffenen Schiller vor den Romantikern in Schutz zu nehmen. (Siehe ebd.) In Wirklichkeit hätten solche Vorwürfe, die hier Schiller gegenüber geäußert worden waren, besser auf seine Angreifer selbst gepaßt. Denn im Gegensatz zu ihnen war Schiller *nie* ein Philister, sondern bis zum Schluß ein werdender und strebender Mensch des Geistes.

Auch in seinem dichterischen Werk blieb Schiller sich selbst immer unverbrüchlich treu. Rudolf Steiner schrieb diesbezüglich: «Und was bei allen seinen Werken tief in die Seele dringt, das ist sein Hochhalten der Ideale. Immer ist sein Blick auf die höchsten Güter der Menschheit gerichtet» («Friedrich Schiller», GA 33). Eben das konnten die Vertreter der romantischen Richtung, die schon bald nach einer kurzen Zeit der Begeisterung für ihre Ideale begannen, diese zu vergessen, bei Schiller nicht ertragen.

Wohl auch in Anbetracht dieser unberechtigten Attacken griff Goethe, um seinen Freund zu würdigen, einige Tage nach Schillers Tod allem zum Trotz zur Feder und schloß, seine Position klar darlegend, gerade daran an, was die Romantiker meinten, kritisieren zu müssen. So schrieb er eine Art Fortsetzung des angefochtenen Gedichtes, nannte es «Epilog zu Schillers Glocke» und widmete es dem verstorbenen Freund. Dieses Gedicht wurde dann bei der Gedenkfeier nach dessen Tode und nochmals zehn Jahre danach, am 10. Mai 1815, öffentlich vorgetragen. Die Kulmination des Gedichtes bilden die Zeilen:

«Indessen schritt sein Geist gewaltig fort
Ins Ewige des Wahren, Guten, Schönen,
Und hinter ihm, in wesenlosem Scheine,
Lag, was uns alle bändigt, das Gemeine»

(G. Band 1, Seite 96).

Dabei bedeutet hier aus dem Munde Goethes das Wort «Gemeine» nur dasjenige, was Schiller selbst darunter in seinem Leben verstanden hatte: «*Gemein* ist alles, was nicht zu dem *Geiste* spricht und kein anderes als ein sinnliches Interesse erregt» (Band V, Seite 537; kursiv Schiller).

Wie tief vor allem Novalis das übergeordnete Wesen Schillers vom ersten Augenblick an erkannt hatte, folgt aus einer Stelle seines Briefes vom 5. Oktober 1791, in dem er von seiner allerersten Begegnung mit dem großen Dichter berichtet: «Sein Blick warf mich nieder in den Staub und richtete mich wieder auf. Das volleste, uneingeschränkteste Zutrauen schenkte ich ihm in den ersten Minuten und nie ahndete mir nur, daß meine Schenkung zu übereilt gewesen sey».[15] Was Novalis sich schon beim Lesen der Werke Schillers als ein Idealbild von ihm in seiner kühnsten Phantasie entworfen hatte, wurde bei der ersten Begegnung «weit übertroffen» (ebd.).

Seinen weiteren Eindruck von Schiller schildert Novalis in dem gleichen Brief mit folgenden Worten: «Schiller, der mehr ist, als Millionen Alltags Menschen, der den begierdelosen Wesen, die wir Geister nennen, den Wunsch abnötighen könnte, Sterbliche zu werden, dessen Seele die Natur con amore gebildet zu haben scheint, dessen sittliche Größe und Schönheit allein eine Welt, deren Bewohner er wäre, vom verdienten Untergange retten könnte; Schiller der … einer der seltenen Menschen ist, denen die Götter das hohe Geheimnis von Angesicht zu Angesicht offenbarten». Und er fährt fort: «Ich erkannte in ihm den höheren Genius, der über Jahrhunderte waltet und schmiegte mich willig und gern unter dem Befehle des Schicksals. Ihm zu gefallen, ihm zu dienen, nur ein kleines Interresse für mich bey ihm zu erregen war mein Dichten und Sinnen bey Tage und der lezte Gedanke, mit welchem mein Bewußtseyn Abends erlosch. … Stolzer schlägt mein Herz, denn dieser Mann ist ein Deutscher; ich kannte ihn und er war mein Freund». So wurde Schiller von seinem jüngeren Zeitgenossen, der selbst schon krank war und deshalb drei Jahre früher als er den physischen Plan verlassen mußte, eingeschätzt.[16]

50

Das war jedoch an Schillers Lebensende keinesfalls die allgemeine Meinung. Denn wie war die wirkliche Beziehung der Zeitgenossen zu diesem deutschen Genie? In seinem Buch über Schiller faßt Herbert Hahn in einem erschreckenden und symbolhaften Bild die tragische Geschichte von dessen Begräbnis wie folgt zusammen: «Und nachts kamen dann einige Männer aus den Handwerkerzünften Weimars, die trugen den Sarg hinaus zum Landeskassengewölbe. Weder der Herzog, noch Goethe, noch sonst einer der bekannten Freunde folgten diesem Zuge. So wurde Schiller beigesetzt in einer Art Massengrab. Und so moderten dort, zusammenstürzend mit anderen, seine Gebeine: erschütterndes Symbol, wie eine Zeit das Opfer eines ihrer größten Söhne aufnahm und ehrte» (HH., Seite 98).

In der Geschichte dieser Zeit gab es noch ein weiteres Schiller ebenbürtiges Genie, Wolfgang Amadeus Mozart, dem am 7. Dezember 1791 ebenfalls die fragwürdige Ehre, in einer Nacht- und Nebelaktion in einem Massengrab spurlos zu verschwinden, zuteil wurde.

*

Zum Schluß dieses Kapitels muß noch auf die ganz besondere Beziehung Schillers zur Rosenkreuzerströmung hingewiesen werden. Die Einmaligkeit dieser Beziehung wird vor allem aus einem Vergleich derselben mit Goethe und Novalis offenbar. Bei Goethe geht es mehr um die Verbindung mit der traditionellen Form dieser Strömung. Davon zeugen die Symbolik seines «Märchens», das unvollendete Gedicht «Die Geheimnisse», einiges in seinem Roman «Wilhelm Meister», mehrere Stellen des «Faust» (vor allem im 2. Teil) und vieles andere mehr.[17] Auch in seinem Leben, wie sich das auch in vielen anderen Dingen in seiner Biographie zeigt, wird ihm diese Verbindung mit der Rosenkreuzerströmung wie durch eine weise Schicksalsführung gnadevoll zuteil. Bereits in jungen Jahren wird er in Frankfurt mit Susanna von Klettenberg und ihrem kleinen mystisch-rosenkreuzerischen Kreis bekannt. Dort wird Goethe in die rosenkreuzerische Weisheit eingeführt, die er später immer weiter vertiefen wird, was ihn allmählich zu einem echt Wissenden auf diesem Gebiet macht. Auf diese Weise kommt das Rosenkreuzertum fast ohne sein Zutun und mehr von außen an ihn heran. (Dies ist unter anderem darin begründet, daß er lebenslang ein ausgesprochener Sinnesmensch war.)

Bei Novalis lebte der rosenkreuzerische Impuls von Anfang an wie auf natürliche Weise in den Tiefen seiner Seele, sein ganzes Gefühlsleben erfüllend und durchdringend. Die Wurzeln dieser inneren Beziehung zum Rosenkreuzertum müssen wir bereits in seiner Inkarnation an der Zeitenwende und ihren weiteren Folgen suchen, nämlich in der übersinnlichen Verbindung von Johannes dem Täufer mit Johannes-Lazarus nach dem Tode des ersteren.[18] So trägt Novalis diese geheime Beziehung zum Rosenkreuzertum wie auf selbstverständliche Weise in sich, was sich vor allem in seiner ganzen mystisch-magischen Einstellung zur Welt offenbart. Die äußere Berührung mit dem traditionellen Rosenkreuzertum seiner Zeit braucht er daher nicht.

Auf ganz andere Weise, und man möchte sagen noch viel verborgener, gestaltet sich diese Beziehung im Leben Friedrich Schillers. Um sie richtig zu verstehen, muss man ein wichtiges Ereignis in der Geistesgeschichte der Rosenkreuzer berücksichtigen, von dem man heute nur aus den Quellen der Geistesforschung Rudolf Steiners etwas wissen kann. Es geht hier um das Folgende.

In dem Vortrag vom 6. Januar 1924 berichtet Rudolf Steiner davon, wie in der zweiten Hälfte des 15. Jahrhunderts in einem engen Kreis der wahren Rosenkreuzer im Auftrag der Menschheitsführung in einer feierlich kultischen Handlung die alte Sternenweisheit geopfert wurde. Das sollte aus dem Grunde geschehen, weil sie in ihrer alten Form nicht mit der menschlichen Freiheit zu vereinbaren war. Damals sagten sich diese wahren Rosenkreuzer: «Deshalb, damit die Menschheit wiederum zurückkommen kann zu ihrem Range der vierten [in der Anthroposophie – zehnten] Hierarchie und im freien Willen dasjenige finden könne, was früher Götter für sie und mit ihr versucht haben, sei geopfert die höhere Erkenntnis für eine gewisse Zeit» (GA 233a). Und dann weist Rudolf Steiner auf das Entscheidende hin, daß erst nach diesem Opfer und als dessen unmittelbare Folge die Freiheit in die Menschheitsentwicklung einziehen konnte: «Den Menschen aber wurde dafür der Impuls zur Freiheit aus der geistigen Welt möglich» (ebd.).

Nun brachte Friedrich Schiller in seiner persönlichen Entwicklung den Freiheitsimpuls so weit über die Grenzen seiner Zeit hinaus, daß die Frage nach dem Erringen einer neuen Sternenweisheit, die mit der menschlichen Freiheit vereinbar wäre, in seiner Seele aufzudämmern begann. Deshalb hatte er bereits in seinem «Wallenstein» versucht, das Motiv der Sternenweisheit einzuführen, weil er nach Rudolf Steiner «in seiner Seelenverfassung die Notwendigkeit fühlte, den Menschen in den Kosmos hineinzustellen» (GA 210, 25.2.1922). Und diese «Notwendigkeit» erlebte Schiller so stark, daß er auch Goethe in die gleiche Richtung impulsieren konnte. Denn unter Schillers Einfluß entstanden im «Faust» der «Prolog im Himmel» und später einige Szenen aus dem zweiten Teil, bis hin zu Fausts «Himmelfahrt».

Es ist offenkundig, daß Schiller in seinem «Wallenstein» sich nicht um die alte, sondern um eine neue Sternenweisheit bemüht. So läßt er ihn zuerst im alten Sinne die Sterne befragen, aber nur, um dann festzustellen, daß sie eigentlich «lügen». Der Quell des Irrtums aber liegt in Wallensteins Herz. Denn in der Epoche der Freiheit sind es nicht mehr die Sterne, die auf den Menschen wirken, sondern umgekehrt, der Mensch wirkt zunehmend auf die Sterne. Und das soll einmal die Grundlage der neuen Sternenweisheit werden. Rudolf Steiner faßt das in folgenden Worten zusammen: «Doch nein, die Sterne können nicht lügen: Der Mensch, der gegen die heiligsten Gesetze des Gefühls und Herzens verstößt, *er bringt die Harmonie der Sterne in Unordnung*. Es kann keine Ordnung in der Natur geben, die den Gesetzen des menschlichen Geistes widerspricht. Wer in dieser Weise den Charakter Wallensteins betrachtet, wird Schillers eigene Person in tiefer Bedeutung durch die Person Wallensteins hindurchblicken sehen» (GA 51, 11.2.1905). So tritt hier Schiller vor uns hin als derjenige, für den «doch die Freiheit des Menschen das Höchste bleibt» (ebd.).

Die übersinnliche Wahrheit, die Schiller hiermit berührt, stellte Rudolf Steiner viel später durch seine Geistesforschung klar vor die Menschheit hin. Es geht darum, daß in der geistigen Welt ein Teil der Engel, die das Karma der Menschen leiten, vom 9. Jahrhundert an das kosmische Reich Michaels verließ, wodurch im Gebiet des Karma diejenige Unordnung entstand, welche die ganze Entwicklung der Bewußtseinsseele auf der Erde begleitet. (Siehe darüber GA 237, 8.8.1924.) Durch diese Abspaltung einer gewissen Anzahl von Engeln ist die Situation entstanden, auf die Schiller in seinem «Wallenstein» in der Form hindeutet, daß die Sterne, die der äußere Ausdruck der karmischen Tätigkeit der Engel sind, nicht mehr dem irdischen Schicksal der Menschen entsprechen.

Die beschriebene Unordnung im Menschheitskarma entlud sich auf der Erde vor allem in den verschiedenen geschichtlichen Ereignissen. Und Schiller, als feinfühlender Historiker, konnte dies besonders stark empfinden. Vielleicht wählte er deshalb für seine geschichtlichen Hauptwerke solche dramatischen und konfliktreichen Themen wie «Geschichte des Abfalls der vereinigten Niederlande von der spanischen Regierung» oder «Geschichte des Dreißigjährigen Krieges». Wie kein anderer Historiker seiner Zeit vermochte Schiller in diesen Werken das zum Ausdruck zu bringen, was Rudolf Steiner in folgenden Worten beschreibt: «Und das Chaotische der neueren Geschichte, was in die neuere Geschichte immer mehr und mehr soziales und anderes Chaos, Kulturchaos hineinbringt, was nicht zu einem Ziel kommen läßt, das ist die Unordnung, in die Karma gebracht worden ist, weil eine Spaltung eintrat in der zu Michael gehörenden Hierarchie der Angeloi» (ebd.). Und gerade solche Situationen der Weltgeschichte verfolgte Schiller mit besonderer Aufmerksamkeit, als ob in den verborgenen Tiefen seiner Seele diese erschütternde Wahrheit wie inspirierend wirkte.

Und doch bleibt Schiller überall sich selber treu. In diesem sozialen und Kultur-Chaos will er unbeirrt und zielstrebig sein Freiheitsideal ganz im michaelischen Sinne begründen. Ist doch nach Schiller nur die äußere Hülle des Menschen, der physische Leib, den dunklen Kräften des Schicksals unterworfen, nicht aber das seelisch-geistige Wesen. Und derjenige, der seine Abhängigkeit von der Sinnlichkeit des Leibes überwindet, gelangt zur inneren Freiheit. In den «Ästhetischen Briefen» beschreibt Schiller, wie durch eine höhere Macht in der Seele, die er den Spieltrieb nennt, sich eine sittlich-ästhetische Stimmung in dieser bildet, in der sich die wahre Freiheit in dem mittleren Zustand, zwischen dem Zwang des Leibes (Instinkt) und dem Zwang des Verstandes (logische Notwendigkeiten), ausleben kann. Dafür aber muß der Mensch seine Instinkte und Triebe so veredeln und vergeistigen, daß er sich jederzeit voll darauf verlassen kann, weil sie ihn von selbst nur zum Guten, Wahren und Schönen führen. «Beherrschung der Triebe durch die moralische Kraft ist *Geistesfreiheit*, und *Würde* heißt ihr Ausdruck in der Erscheinung», – schreibt Schiller in seiner Abhandlung «Über Anmut und Würde» (Band V, Seite 475; kursiv Schiller). Und das Verstandesleben des Menschen muß so stark von den innersten Kräften seiner Seele ergriffen und belebt werden, daß er ihm ohne jeglichen Zwang zu folgen vermag, oder mit anderen Worten, daß der Mensch ganz aufrichtig dasjenige lieben kann, was er aus der freien Erkenntnis seiner Pflichten auszuführen hat.

Man kann auch sagen: Ein solcher Mensch ist bestrebt, mit dem Erkenntnislicht seines vergeistigten Denkens die Tiefen seines Willens zu durchleuchten und mit der Liebewärme seiner geläuterten Willenstriebe sein Vorstellungsleben zu beleben und zu befeuern. Der Gleichgewichtszustand, der dadurch im mittleren Gebiet des Menschenwesens erreicht wird, ist bei seiner vollen Ausgestaltung zugleich der Seelenzustand, welcher der Stufe des höheren Ich, wie sie die Geisteswissenschaft beschreibt, entspricht. (Siehe darüber weiter in diesem Buch.) Auf dieser Stufe kann der Geistesschüler bewußt in die geistige Welt eintreten, wo er dann als Ich-Wesen mit den anderen Ich-Wesenheiten der Götter oder höheren Hierarchien zusammensein kann und zu wirken vermag. Deshalb bezeichnet Rudolf Steiner dasjenige, was Schiller in seinen «Briefen» darstellt, als die «ästhetisch-künstlerisch gewordene Mystik» (GA 35, 4. 6. 1906), das heißt als einen inneren Zustand des Verkehrs mit der göttlich-geistigen Welt.

Wie stark sogar solch ein selbstbewußter und kritischer Geist wie Fichte von den ersten philosophischen Werken Schillers beeindruckt war und von ihm etwas Großartiges in dieser Hinsicht erwartete, folgt aus seiner Äußerung an Humboldt, wonach Schiller «sehr viel für die Philosophie» bedeute und daß von ihm auf diesem Gebiet «schlechterdings eine neue Epoche zu erwarten» sei.[19]

*

Wie kein anderer wußte Schiller, daß der Mensch nur durch die ununterbrochene Arbeit an sich selbst in das Reich der Götter bewußt aufzusteigen vermag, das heißt, anthroposophisch betrachet, in den Kreis der Engel, die dem Michael-Reich treu geblieben sind, um mit ihnen in der geistigen Welt gemeinsam zu wandeln und zu wirken. Das brachte er in den folgenden poetischen Zeilen zum Ausdruck:

«Nur der Körper eignet jenen Mächten,
Die das dunkle Schicksal flechten,
Aber frei von jeder Zeitgewalt,
Die Gespielin seliger Naturen
Wandelt oben in des Lichtes Fluren,
Göttlich unter Göttern, die *Gestalt*»
(«*Das Ideal und das Leben*», Band I, Seite 201; kursiv *Schiller*).

Dieser zentralen Wahrheit der neuen Sternenweisheit kommt Schiller schon recht nahe. Er ahnt bereits, daß die zukünftige Beziehung der Menschen zu den Sternen nicht mehr eine passiv leidende, sondern eine aktive und schöpferische, weil von einem bewußten Willen getragene, sein wird. Dasjenige, was später wie ein Motto der neuen Sternenweisheit Rudolf Steiner formulieren wird, lebt in der Seele Schillers schon auf prophetische Weise als eine Art Willenserkenntnis auf.

In dem Spruchwort für Marie Steiner formulierte Rudolf Steiner das Motto dieser neuen Sternenweisheit so:

«Sterne sprachen einst zu Menschen,
Ihr Verstummen ist Weltenschicksal;
Des Verstummens Wahrnehmung
Kann Leid sein des Erdenmenschen;

In der stummen Stille aber reift,
Was Menschen sprechen zu Sternen;
Ihres Sprechens Wahrnehmung
Kann Kraft werden des Geistesmenschen»

(GA 40).

Diese zukünftige Einstellung des Menschen zu den Sternen, aus welcher er zu ihnen «spricht», aber nicht in Worten, sondern mit freien, schöpferischen Taten, erfüllte mächtig als ein hehres Ideal die Seele Schillers.

An dieser Stelle muß noch auf die besondere Bedeutung der letzten Zeile des zitierten Gedichtes hingewiesen werden, wo das Wort « Gestalt» von Schiller selbst hervorgehoben wird. Was ist diese Gestalt, die «Göttlich unter Göttern» in den Höhen der geistigen Welt wandelt? In dem Gedicht selbst entwickelt Schiller diesen Gedanken so weiter:

«Jugendlich, von allen Erdenmalen
Frei, in der Vollendung Strahlen
Schwebet hier *der Menschheit Götterbild*»

(Band I, Seiten 201–202).

Worauf Schiller vor allem mit der letzten Zeile eigentlich hinweisen möchte, auch wenn er ohne eine volle Einweihung dieses Geheimnis des Menschheitswerdens nur ahnend berühren konnte, ist dasjenige, was Rudolf Steiner aus den Quellen seiner Geistesforschung wie folgt beschreibt: «Den Göttern schwebte als das Ziel ihrer Schöpfung das Menschenideal vor, und zwar jenes Menschenideal, welches wirklich sich nicht so auslebt, wie jetzt der physische Mensch ist, sondern so, wie höchstes menschliches Seelen-Geistesleben in den vollkommen ausgebildeten Anlagen dieses physischen Menschen sich ausleben könnte. So schwebt als Ziel, als höchstes Ideal, als die Götterreligion den Göttern ein *Bild* der Menschheit vor. Und wie am fernen Ufer des Götterseins schwebt für die Götter der Tempel, der als höchste künstlerische Götterleistung das Abbild des göttlichen Seins im Menschenbilde hinstellt» (GA 153, 10.4.1914).

Besonders die Worte, welche Rudolf Steiner an dieser Stelle verwendet, wie «Menschenideal», «höchstes Ideal», «ein Bild [man könnte hier auch sagen «eine Gestalt»] der Menschheit», die «höchste künstlerische Götterleistung», oder «das Abbild des göttlichen Seins im Menschenbilde», das zum «Menschheitsideal» wird, entsprechen ziemlich genau der inneren Gestimmtheit der Schillerschen Seele, aus der das oben zitierte Gedicht entstand. Denn «das ist das Eigentümliche, daß der Mensch, während er sich in dem Geisterlande zwischen dem Tod und einer neuen Geburt heranbildet, sich nach und nach dort immer reifer und reifer macht zum Schauen dieses Menschheitstempels, dieses hohen Menschheitsideals. ... Je mehr wir in die zweite Hälfte der Zeit zwischen dem Tod und einer neuen Geburt hineinleben, desto deutlicher steht vor uns, so daß wir es nicht übersehen können, so daß es immer vor unserem geistigen Blicke ist, das hehrste Menschenideal, das Götterziel der Welten» (ebd.).

Es geht hier um die kosmische «Götterreligion», welche Schiller in seinem vorgeburtlichen Dasein (das heißt in der zweiten Hälfte des Lebens zwischen dem letzten Tod und der neuen Geburt) durch seine tiefe Beziehung zu der Sternenweisheit außerordentlich stark und bewußt erlebte, so daß die unbewußte Erinnerung an dieses Erlebnis, die er dann auf der Erde in den Tiefen seiner Seele trug, für ihn ein nie versiegender Quell seines feurigen Idealismus und unerschütterlichen Glaubens an die Menschheit war, daß sie dieses hehre Ziel doch einmal erreichen werde.

Das geistige Bild des Menschen oder der idealen Menschengestalt, das in der geistigen Welt die höchste Götterreligion darstellt und erst in der entferntesten Zukunft von den Menschen verwirklicht werden wird, ist einmal auf der Erde vollgültige Wirklichkeit geworden. Dies geschah in der Auferstehung des Christus, durch welche die neue Schöpfung in die Menschheitsentwicklung eintrat. «Denn das Wichtige ist nicht, was der Christus gelehrt hat, sondern was er der Menschheit gegeben hat. Seine Auferstehung ist ein Geborenwerden eines neuen Gliedes der menschlichen Natur: eines unverweslichen Leibes» (GA 131, 11.10.1911). Diesen bezeichnet Rudolf Steiner als «Phantom» des physischen Leibes. Es wurde von Christus in seiner Auferstehung für die ganze Zukunft der Menschheitsentwicklung gerettet, so daß es in seiner ursprünglichen Form weiter in ihr wirken kann. Auch bezeichnet Rudolf Steiner dieses Phantom als die «wahre Gestalt» des physischen Leibes. Er sagt: «Herübergekommen ist von Saturn, Sonne und Mond jener Kräftezusammenhang, der uns im unsichtbaren Phantom des physischen Leibes in seiner *wahren Gestalt* entgegentritt» (ebd., 10.10.1911).

Diese unsichtbar in der Menschheitsentwicklung waltende geistige Gestalt des auferstandenen Leibes ahnt Schiller, wenn er davon spricht, wie einmal in der Zukunft die menschliche Gestalt in der geistigen Welt unter den Göttern (Engeln) wandeln wird. Und indem sich der Mensch die Kräfte des Auferstehungsleibes aneignet, wird er einstmals tatsächlich dazu fähig sein.

Wie weit Schiller, innerlich schon von dem Geheimnis der Auferstehung berührt, jetzt durch seine inspirierte Gedankenführung, die noch von der Schärfe seiner Dialektik getragen und unterstützt wird, an die Wirklichkeit des Phantoms herangekommen war, zeigt die folgende Stelle aus seinen «Ästhetischen Briefen». Nachdem er zuerst das Wesen des Stoff- und Formtriebes dargestellt hat als die beiden Grundpole der menschlichen Natur, deren Verbindung und Erhöhung (im Sinne der Goetheschen Polarität und Steigerung) durch die Arbeit des Menschen an sich selbst in der freien Entfaltung des Spieltriebes angestrebt werden muß, weist er auf eine ganz besondere Möglichkeit ihres Zusammenschlusses hin: «Der Gegenstand des sinnlichen Triebes, in einem allgemeinen Begriff ausgedrückt, heißt *Leben* in weitester Bedeutung; ein Begriff, der alles materielle Sein und alle unmittelbare Gegenwart in den Sinnen bedeutet. Der Gegenstand des Formtriebes, in einem allgemeinen Begriff ausgedrückt, heißt *Gestalt*, sowohl in uneigentlicher als in eigentlicher Bedeutung; ein Begriff, der alle formalen Beschaffenheiten der Dinge und alle Beziehungen derselben auf die Denkkräfte unter sich faßt. Der Gegenstand des Spieltriebes, in einem allgemeinen Schema vorgestellt, wird also *lebendige Gestalt* heißen können; ein Begriff, der allen ästhetischen Beschaffenheiten der Erscheinungen und mit einem Worte dem, was man in weitester Bedeutung *Schönheit* nennt, zur Bezeichnung dient» (Band V, Seite 614; kursiv Schiller).

Hinter dieser Beschreibung kann man die Wirklichkeit der Auferstehung erleben, hier aber von Schiller in rein philosophischer Form (durch sein inspiriertes Denken, in dem die ganze Hegelsche Dialektik bereits vorausgenommen wird) zum Ausdruck gebracht. Denn die Wiederherstellung des Phantoms bestand eben darin, daß die ursprünglich rein übersinnliche menschliche *Gestalt*, die durch den Sündenfall mit dem Stoff (in der Terminologie Schillers mit dem Stofftrieb) erfüllt und dadurch den Todeskräften verfallen war, auf neue Weise mit den Kräften des *Lebens* durchdrungen wurde. In diesem Sinne kann man sagen, daß ein wesentlicher Aspekt des Auferstehungsleibes gerade in dieser Durchdringung der Gestalt des Menschen mit den höchsten Kräften des Lebens bestand. Und weil Schiller diese Durchdringung vor allem im mittleren Gebiet des Menschen erlebte, sprach er, ohne sich dessen voll bewußt zu sein, über die «ästhetische» Seite der Auferstehung, über die neue kosmische *Schönheit*, die dadurch in die Menschheitsentwicklung eingeflossen ist. Diese ist nach Schiller die Folge der vollkommenen Offenbarung des Geistes in der und durch die irdische Materie und somit die Geburt einer neuen Ästhetik, die von den moralischen Impulsen ganz durchdrungen ist, welche aber den Menschen vollkommen freilassen. Deshalb ist nach Schiller die wirkliche Erziehung des Menschen zu Moralität und Sittlichkeit – wenn die Freiheit des Individuums dabei vollumfänglich bewahrt bleiben soll – nur durch die Wirkung der Schönheit oder durch die höchste Kunst möglich.[20]

Noch ein weiteres Geheimnis leuchtet hinter den zitierten Worten Schillers auf. Man kann diese in der Terminologie der «Philosophie der Freiheit» so zusammenfassen, daß das hier gemeinte *Leben* die ganze Welt der Wahrnehmungen umfaßt. Dagegen weist die *Gestalt*, welche für Schiller zunächst ein höherer «Begriff» ist, der aus den «Denkkräften» entsteht, auf die Welt der Ideen hin. Die Verbindung der beiden zu der *lebenden Gestalt* entspricht dem Entstehen der neuen Wirklichkeit im Erkenntnisvollzug aus der Verbindung von Wahrnehmung und Begriff. Mit anderen Worten, dasjenige, was Rudolf Steiner in seinem Buch als einen Prozeß beschreibt, der auf der Ebene des menschlichen *Bewußtseins* sich abspielt, ist nur deshalb möglich geworden, weil einmal an der Zeitenwende in der Auferstehung des Christus der gleiche Prozeß, jetzt aber auf der Ebene des *Weltenseins*, stattgefunden hat. Man kann auch im Sinne der «Philosophie der Freiheit» sagen, daß Christus aus der reinen «*Liebe* zu dem Objekt» (GA 4; kursiv Rudolf Steiner), in diesem Falle zu der ganzen Menschheit und zugleich zu jedem menschlichen Ich, in dem die Potenz lebt, die Götterreligion zu verwirklichen, durch den Tod und die Auferstehung gegangen ist.

Was in dieser Beziehung bei Schiller noch wie eine Ahnung der höheren Wahrheit bleibt, das wird von Rudolf Steiner in seiner «Philosophie der Freiheit» als ein konkreter Weg dargestellt, auf dem das moderne Bewußtsein zu der vollen Wirklichkeit der Auferstehung gelangen kann. Und im Leben Rudolf Steiners finden wir die Vollendung dieses Weges, der für alle Menschen, die ihn heute gehen oder in der Zukunft gehen werden, vorbildlich ist.[21]

*

Das Verhältnis der alten und der neuen Sternenerkenntnis hat Rudolf Steiner in den beiden kleineren Motiven des grünen Fensters im Norden des Goetheanum dargestellt. Auf dem ersten ist ein Mensch abgebildet, der noch ganz in die Sternenkonstellation eingesponnen ist. Sein Leben und Schicksal sind noch ganz von den Sternen bedingt, was die Entfaltung der individuellen Freiheit ausschließt. Auf dem zweiten Motiv, das die Worte trägt «Es ist der Wille geboren» und somit auf die Geburt des freien Willens hinweist, hat der Mensch die Abhängigkeit von den Sternen überwunden. Er wendet sich freiwillig der geistigen Sonne und damit der neuen Sternenweisheit zu, die jetzt aber mit der vollen Freiheit des mündig gewordenen Menschen vereinbar ist. Folglich versinken die ahrimanischen Geister der Schwere, die zuvor die Freiheit des Menschen durch dessen Eingesponnensein in das feste Netz der Gesetze, Gebote, Verhaltensnormen und Pflichtzwänge verhindert hatten, in die Tiefen der mineralischen Erde.[22] (Siehe Seite 62.)

Sein Leben lang war Schiller auf der inneren Suche nach dieser geistigen Sonne, aus deren Kräften er jedoch unablässig auf der Erde wirkte. Und an ihrer weiteren Entfaltung, in sich und in jedem Menschen, wird er auch in seinen zukünftigen Inkarnationen als seiner wichtigsten Aufgabe weiterarbeiten. Denn nach dem Mysterium von Golgatha können die Quellen der neuen Sternenweisheit nicht mehr in den Weiten des Kosmos gefunden werden, sondern nur im Inneren des Menschen und zwar dort, wo in seiner Seele die Freiheit urständet. Dieses Geheimnis des Menschenwerdens kannte Schiller. Und sein Freund Goethe ahnte, daß es den Kern von dessen Wesen bildete. Deshalb schrieb er am Ende seines Lebens darüber: «Schiller war eben diese Christus-Tendenz eingeboren». Das heißt, Schiller hatte sie aus dem

Vorgeburtlichen auf die Erde mitgebracht als Folge seiner tiefen Verbundenheit mit Christus in demjenigen geistigen Reich, wo «das kosmische Wesen der *Freiheit*» urständet und seine Impulse von Michael aufbewahrt werden.[23]

Damit wurde Schiller in der vormichaelischen Zeit, in der er lebte, der bedeutendste Wegbereiter des zukünftigen Michael-Wirkens in der Menschheit und im Menschenwesen. Denn in seiner damaligen Inkarnation nahm er wie prophetisch den inneren Zustand bereits vorweg, der erst mit dem Beginn des gegenwärtigen Michael-Zeitalters für alle Menschen zugänglich geworden ist. Rudolf Steiner beschreibt dieses innere Erlebnis in folgenden Worten: «Das Sonnenhafte, das der Mensch durch lange Zeiten nur aus dem Kosmos in sich aufnam, wird im Innern der Seele leuchtend werden. Der Mensch wird von einer ‹inneren Sonne› sprechen lernen. Er wird sich deshalb in seinem Leben zwischen Geburt und Tod nicht weniger als Erdenwesen wissen; aber er wird das auf der Erde wandelnde eigene Wesen als *sonnengeführt* erkennen» (GA 26; kursiv Rudolf Steiner).

In diesem Erleben der inneren Sonne liegt der Urquell der neuen Sternenweisheit. Jedoch konnte sie in der vormichaelischen Epoche, in der Schiller lebte, noch nicht begründet werden. Diese Inaugurationstat war Rudolf Steiner im 20. Jahrhundert durch die Erschaffung der Anthroposophie vorbehalten. Aber das Aufleuchten dieser rosenkreuzerischen Aufgabe, das Wesen der Freiheit mit der neuen Sternenerkenntnis zu verbinden, die in dem Werk und der Persönlichkeit Schillers zum ersten Mal sichtbar geworden war, ist von großer Bedeutung. Denn an dieser Stelle wird man noch einmal gewahr, auf welch tiefe und verborgene Art Schiller in seiner Zeit ein Vorläufer und Vorbereiter der späteren Anthroposophie war.

Als ein Beispiel von Schillers Suche nach der neuen Sternenweisheit kann hier noch das folgende Gedicht angeführt werden:

Zenit und Nadir

Wo du auch wandelst im Raume, es knüpft dein Zenit und Nadir,
An den Himmel dich an, dich an die Achse der Welt.
Wie du auch handelst in dir, es berühre den Himmel der Wille,
Durch die Achse der Welt gehe die Richtung der Tat

(Band I, Seite 244).

61

Zusammenfassend kann man die oben skizzierte Beziehung der drei großen mitteleuropäischen Geister zum wahren Rosenkreuzertum wie folgt charakterisieren:

Goethe – Die Beziehung zum Rosenkreuzertum im *Denken* (Erkenntnis der Natur),

Novalis – Die Beziehung zum Rosenkreuzertum im *Fühlen* (Verwandlung des Lebens),

Schiller – Die Beziehung zum Rosenkreuzertum im *Wollen* (Erleben der Freiheit).

Die Seitenflügel des grünen Fensters im Norden des Goetheanums
(Radierung von Assja Turgenieff)

II

Friedrich Schiller und die Zukunft der Freiheit

1. Das Ideal der Freiheit und sein geistiger Ursprung

«Gottgleichheit ist die Bestimmung des Menschen. Unendlich zwar ist dies sein Ideal: aber der Geist ist ewig»

Friedrich Schiller (Band V, Seite 250)

Wenn wir heute anläßlich seines 200. Todesjahres an Schiller denken, dann können wir nicht nur eine große Freude an seinem Werk erleben, sondern müssen uns auch bewußt sein, daß hinter seinem Leben, das vorzeitig beendet wurde, sich eine tiefe Tragik verbirgt. Denn Schiller kam durch seine besondere Schicksalsführung den Ursprüngen des großen Kampfes ganz nah, der noch viele Jahrhunderte die Menschheit begleiten wird, des Kampfes um die menschliche Freiheit als Hauptimpuls der ganzen fünften nachatlantischen Kulturepoche.

Am klarsten hat Emil Bock auf diesen inneren Strom der Schillerschen Biographie hingewiesen: «Das Schiller-Leben ist von verborgenen dramatischen Geschehnissen durchzogen, von denen sich die üblichen Schiller-Biographien nichts träumen lassen» (B., Seite 93). Wie bereits erwähnt, ist diese Dramatik vor allem mit dem Impuls der Freiheit verbunden, den Schiller, wie kein anderer in seiner Zeit, und zugleich über seine Epoche weit hinaus in die Zukunft schauend, in der Seele trug. Rudolf Steiner weist darauf mit folgenden Worten hin: «Die Frage der Freiheit tritt vor Schillers Seele, so tief wie sie vielleicht im ganzen deutschen Geistesleben niemals gestellt und bearbeitet worden ist» (GA 53, 4.5.1905).

Die Möglichkeit der Freiheit ist in der Zeit der Bewußtseinsseele untrennbar mit der völligen Entwicklung des Ich oder der menschlichen Persönlichkeit verbunden. Die Bedeutung der letzteren wurde in der zweiten Hälfte des neunzehnten Jahrhunderts mit nie zuvor dagewesener Kraft von Friedrich Nietzsche (1844–1900) ins Zentrum seiner Weltanschauung und seines geistigen Ringens gestellt. Noch radikaler wurde sie allerdings von Max Stirner (1806–1856) postuliert. In gewisser Beziehung könnte man sogar sagen, daß die ganze Problematik der individuellen Entwicklung noch extremer sich kaum formulieren läßt. Weiß man dies und kennt vor allem den Kontext, in dem Rudolf Steiner diese beiden Denker in seinem Aufsatz «Individualismus in der Philosophie» betrachtet (in GA 30), dann kann man die Bedeutung seiner folgenden Worte über Schiller wirklich ermessen: «In Schillers ‹Ästhetischen Briefen› wird die Forderung der Befreiung der menschlichen Persönlichkeit *fast noch radikaler* [als bei Stirner] erhoben. Weniger spießbürgerlich als Stirner hat Schiller dieses Ideal aufgestellt» (GA 51, 5.3.1905).

Man braucht hier nur die folgenden Stellen aus den ästhetisch-philosophischen Werken Schillers anzuführen: «Ich trage also schon diese Allheit in mir, die ich darzustellen suche, eben weil ich sie darzustellen suche. Das Große also ist in mir, nicht außer mir. Es ist mein ewig identisches, in jedem Wechsel bestehendes, in jeder Verwandlung sich selbst wiederfindendes Subjekt. Ich kann die Auffassung ins Unendliche fortsetzen: heißt also nichts anders, als in unendlichen Veränderungen meines Bewußtseins ist mein Bewußtsein identisch, die ganze Unendlichkeit liegt in der Einheit meines Ichs. …Es ist zwar das Objekt, welches mich verändert, aber ich, das vorstellende Subjekt, bin es, der das Subjekt zum Objekte macht, und durch sein Produkt also sich selbst verändert. In allen diesen Veränderungen aber muß etwas sein, was sich nicht verändert, und dieses ewig unwandelbare Prinzipium ist eben das reine und identische Ich, der Grund der Möglichkeit aller Objekte, insofern sie vorgestellt werden. Was also nur immer in den Vorstellungen Großes liegt, liegt in uns, die wir diese Vorstellungen erzeugen. Welches Gesetz uns auch für unser Denken oder Handeln gegeben werden mag, es wird uns gegeben *durch uns*; und auch wenn wir als sinnlich beschränkte Wesen es unerfüllt lassen *müssen*, wie hier im Theoretischen das Gesetz der Totalität in der Größendarstellung, oder wenn wir als freie Wesen mit Willen es brechen, wie das Gesetz der Sitten im Praktischen, so sind *wir* es doch immer, die es aufgestellt haben. Ich mag also in der schwindelnden Vorstellung des allgegenwärtigen Raumes oder der nimmer-endenden Zeit mich verlieren, oder ich mag in der Vorstellung der absoluten Vollkommenheit meine eigene Nichtigkeit fühlen – *ich* selbst bin es doch nur, der dem Raum seine unendliche Weite und der Zeit ihre ewige Länge gibt, ich selbst bin es, der die Idee des Allheiligen in sich trägt, weil ich sie aufstelle, und die Gottheit, die ich mir vorstelle, ist meine Schöpfung, so gewiß *mein* Gedanke der meinige ist» (Band V, Seiten 563 f.[24]).

Und an anderer Stelle kommt die Verwandtschaft Schillers mit Stirner, bei allem grundsätzlichen Unterschied, von dem weiter die Rede sein wird, noch deutlicher zum Ausdruck: «Aus sich selbst schöpft sie [die Vernunft] alles, und auf sich selbst bezieht sie alles. Was durch sie geschieht, geschieht nur um ihrentwillen; eine absolute Größe ist jeder Begriff, den sie aufstellt, und jeder Entschluß, den sie bestimmt» (Band V, Seite 772[25]). Und wenn man heute nach dem echten Vorläufer und Wegbereiter des philosophischen Frühwerkes von Rudolf Steiner sucht, so sind es weder Stirner noch Nietzsche, sondern es ist – allen voran – Friedrich Schiller.

Es gibt jedoch noch einen weiteren Denker, der als Gegenpol der Ausrichtung Stirner-Nietzsche hier in Betracht gezogen werden muß, Johann Gottlieb Fichte (1762–1814), weil uns dadurch die Bedeutung des philosophischen Ansatzes von Schiller noch verständlicher werden kann. Die extreme «Ich»-Bezogenheit und der zugleich größtmögliche Gegensatz dieser beiden Denker – Fichte und Stirner – können eigentlich nur auf Grundlage der Schillerschen Triade aus seinen «Ästhetischen Briefen» richtig verstanden werden. Dort zeigt Schiller, wie der Mensch nur im mittleren Gebiet seiner Seele bzw. in dem dort erreichten Gleichgewicht zwischen dem Zwang der moralischen Gesetze von oben und dem Zwang der leiblichen Instinkte von unten zum Erlebnis der wahren Freiheit kommt.

Von diesem Gesichtspunkt aus versuchte Fichte, die Freiheit des menschlichen Ich nicht in dem beschriebenen Gleichgewicht, sondern mehr auf einseitige Weise nur in dem oberen Gebiet voluntaristisch zu erzwingen. Auf dem philosophisch-spekulativen Weg versuchte er, sein Ich bis an die Grenzen des Weltenalls zu erweitern, um sich in ihm als Gott-gleich zu erleben. Die Folge davon war, daß das eigentlich reale (nicht bloß gedachte) Ich des konkreten leiblichen Menschen – «das empirische Ich», wie Fichte es nennt – bei ihm fast gänzlich in seinem metaphysischen oder «absoluten Ich» als dem einzig existierenden «absoluten Subjekt» aufgelöst wurde. Vor einer solchen Philosophie waren die Jenaer Philister so erschrocken, daß dieser kühne Denker mit nichts weniger als dem Vorwurf der Gottlosigkeit bezichtigt wurde, die er in seinen Vorlesungen den Studenten angeblich vorgetragen habe. Und obwohl es vor allem Schiller war, der sich für ihn und sein Verbleiben an der Universität von Jena besonders einsetzte, mußte Fichte schließlich die sächsische Universitätsstadt verlassen und ins preußische «Exil» nach Berlin auswandern.

Mit der Selbstbehauptung des Ich als des alleinigen Regenten des Alls war zwar seine Freiheit und Selbständigkeit gesichert, jedoch kein weiteres Feld für die Betätigung gefunden, außer dem ständigen sich selbst «ins Sein-Setzen». Damit war bei Fichte «jeder Weg abgeschnitten, um vom Unbedingten zum Bedingten zu kommen» (GA 3). Diese Sackgasse, in die Fichte mit seinem Philosophieren gelangt war, wurde ihm zunehmend bewußt, weshalb er in späteren Jahren den Standpunkt des extremen Individualismus selbst zum Teil verließ.

Erst Rudolf Steiner findet die endgültige Lösung für dieses Dilemma und führt damit das Fichtesche Ich auf eine zugleich einfache und geniale Weise aus seiner Sackgasse heraus. Sofern das Ich als Zentrum der Welt für den Einsatz seiner Kräfte ein Feld der Betätigung finden möchte, muß es das der *Erkenntnis* sein. Als tätiges Wesen übt das Ich nur eine Tätigkeit aus: «Das Ich setzt das Erkennen» (ebd.). Mit diesem Wort war der Weg für die weitere individuelle Entwicklung des Ich freigelegt.

Auf ganz andere Weise hatte sich Schiller der Lösung dieses Problems genähert. Er fand ebenfalls einen Ausweg aus der Fichteschen Sackgasse und wußte, daß das Ich außer sich selbst noch etwas anderes «setzen» muß, um aus seiner transzendentalen Abgeschlossenheit und einseitigen Fixierung auf sich selbst herauszukommen. Die Antwort Schillers an Fichte lautete: Das Ich setzt das schöpferische (künstlerische) Schaffen. In der künstlerischen Aktivität, der Fichte als strenger Denker recht fern stand, oder im freien Spiel sah Schiller die eigentliche Betätigung des menschlichen Ich, die es mit der Außenwelt verbindet. Damit konnte er die Philosophie Fichtes aus den geistigen Höhen, wo die menschliche Freiheit nur als das theoretisch Gedachte erscheint, aber nicht wirklich geübt werden kann, in das Gebiet ihrer freien Verwirklichung herunterbringen und zwar dorthin, wo im seelischen Schaffen das Gleichgewicht von oben und unten hergestellt wird.

Völlig anders, aus einer Fichte gegenüber polaren Einseitigkeit, versuchte auch Stirner, zu einem extremen Individualismus und der grenzenlosen Ich-Freiheit durchzubrechen. In seinem Hauptwerk «Der Einzige und sein Eigentum» versuchte er, nicht weniger kühn als Fichte, den entgegengesetzten Weg einzuschlagen: Die ganze unendliche Welt auf seine eigene bürgerliche Ich-Persönlichkeit in ihrer konkreten leiblichen Erscheinung hin zu konzentrieren. Dabei gelangte er in die andere Einseitigkeit. Wenn Fichte dachte, mit seinem absoluten Ich wie ein Schöpfergott zu der übrigen Welt zu stehen und sie zu regieren, «zwang» Stirner denselben ewigen Gott, sein Stirnersches, im Alltagsleben mehr als bescheidenes Wesen und seine in der äußeren Erscheinung durchaus unscheinbare physische Gestalt anzunehmen. Und solche, über alles hinausragenden kühnen und auf ihre Weise sogar großartigen Gedanken wurden in Wirklichkeit von einem in einer ausgesprochen bürgerlichen Lebensumgebung befangenen Archiphilister (von einem Menschen, der in seinem Leben weiter nichts erreicht hatte als die Begründung einer kleinen Milchhandelsfirma, die bald darauf bankrott gegangen ist), zum Ausdruck gebracht.

Man kann auch sagen, Fichte konnte, im Sinne des ersten Teiles der «Philosophie der Freiheit», nicht zum Begriff des freien Menschen kommen, weil der Mensch selber für ihn als konkretes irdisches Subjekt in dem Allwalten seines transzendentalen Ich aufging; Stirner hingegen konnte, im Sinne des zweiten Teiles der «Philosophie der Freiheit», nicht zur Wahrnehmung des freien Menschen gelangen, denn ohne den Willen, sich selber weiterzuentwickeln, mußte er bis zum Ende seines Lebens als Mensch ein unverbesserlicher Philister bleiben.

Auch ihm hätte Schiller einen gültigen Ratschlag zu geben gewußt, damit dieser aus der Sackgasse seiner grauen, philiströsen Existenz herausfände. Wie auch zu Fichte hätte er sagen können: Der Ausweg und zugleich die Rettung für dein transzendentales Ich ist das künstlerische Schaffen, um mit der gleichen Überzeugungskraft weiter zu verkünden: Dein einziger Ausweg und somit auch die Rettung deines Ich aus seinem Befangensein in dem bürgerlichen Sumpf ist deine innere Arbeit an dir selbst. Und solange du diese Arbeit scheust, bist du selber als der «Einzige» nur eine klägliche Karikatur deiner eigenen kühnen Ideen, die sie ständig in realiter widerlegt. Mit dieser Antwort hätte Schiller ihm einen Ausweg aus dem unteren Bereich zeigen können, wo im grauen Alltag die Freiheit nur ein unerreichbarer Traum bleibt, in den Bereich der Mitte, des Gleichgewichtes hinein, wo sie von einer starken, schöpferischen Persönlichkeit praktisch gelebt und verwirklicht werden kann.

Goethe brachte den innersten Kern dieses Weges auf dichterische Weise in den folgenden Zeilen zum Ausdruck:

«Von der Gewalt, die alle Wesen bindet,
Befreit der Mensch sich, der sich überwindet»

(«Die Geheimnisse», G., Band 3, Seite 27).

Eine solche Arbeit an sich selbst interessierte Stirner aber keinesfalls. Mehr noch, seine ganze Biographie zeigt, daß ihm nichts ferner lag als gerade dieses.

Einige Jahrzehnte später, ohne jedoch von seinem Vorgänger etwas zu wissen, überschritt ein anderer deutscher Denker, man möchte sagen auf fast gewaltsame Art, die Brücke zwischen der Idee und der Wirklichkeit. Was Stirner nur dachte, das versuchte er, ohne nach der Schillerschen Mitte zu fragen, einfach selber zu sein. Dieser Denker war Friedrich Nietzsche. Aber sein tragischer Versuch, ein «Übermensch» zu werden, endete bekanntlich mit seinem Sturz in den Abgrund und der daraus folgenden geistigen Umnachtung. Zu ihm hätte Schiller sagen können: Nicht in dem unteren (leiblichen) Bereich, wo nur die Leibesinstinkte und die Kräfte des unbewußten Lebens wurzeln, kann die echte Würde und die wahre Freiheit des Menschen gefunden werden. Dort läßt sich zwar (wie bei Stirner) abstrakt denken, jedoch nicht leben. Versucht man es, so ist ein Sturz in den Abgrund unvermeidlich. Um dieser Gefahr zu entgehen, muß man durch die Selbstverwandlung aus den Notwendigkeiten des Leibes in das mittlere Gebiet des seelischen Gleichgewichts aufsteigen, wo allein die Kräfte wirksam sind, aus denen die Impulse der moralischen Phantasie geschöpft werden können, die nach Rudolf Steiner die einzige Rettung für Nietzsche und der Ausweg aus seiner Lebenssackgasse gewesen wären. (Siehe GA 39, Brief vom 23.12.1894.)

Auf diese Weise kann man bei Schiller die beiden Einseitigkeiten Fichtes und Stirners in ein Gleichgewicht gebracht und auf eine höhere Stufe gehoben finden. In der Anwendung der Schillerschen Philosophie wird das Ich des Menschen durch die Kunst schöpferisch, allerdings so, daß dabei die konkrete menschliche Persönlichkeit in einen Prozeß der Vervollkommnung mit einbezogen wird. Denn die höchste Kunst ist für Schiller die Verwandlung des Menschen durch sich selbst. Die ästhetische Wirkung wird hier zu einer moralischen erhoben, jedoch unter voller Berücksichtigung der menschlichen Freiheit.

Sowohl den für die wahre Würde des Menschen unerträglichen Zwang der Naturgesetze, die in seinem leiblichen Triebleben sich offenbaren, und die Stirner, um zur Freiheit des Individuums durchzustoßen, auf seine einseitige Art vergeblich zu besiegen suchte, als auch der ebenfalls unerträgliche Zwang der sittlichen Normen und Gebote, die Fichte zu überwinden meinte, indem er seinem Ich die geistige Macht über das ganze All übergab – diesen doppelten Zwang überwindet Schiller ganz praktisch und konkret durch das schöpferische Tun an sich selbst und in der ihn umgebenden Welt. Damit konnte er in seinem Leben die erste Stufe der Verwirklichung der Freiheit erreichen und so den Weg weisen, auf dem weniger als ein Jahrhundert später Rudolf Steiner den Freiheitsimpuls zur höchsten Entfaltung und Kulmination bringen wird.

In den «Ästhetischen Briefen» schreibt Schiller: «Sowohl der materielle Zwang der Naturgesetze als der geistige Zwang der Sittengesetze verlor sich in ihrem höhern Begriff von Notwendigkeit, der beide Welten zugleich umfaßte, und aus der Einheit jener beiden Notwendigkeiten ging ihnen erst die wahre Freiheit hervor» (Band V, Seite 618). So kann Schiller als der große Freiheitsbote in den jeweils einseitigen Welten von Fichte und Stirner betrachtet werden und ist zugleich der bedeutendste Vorläufer der «Philosophie der Freiheit» Rudolf Steiners.

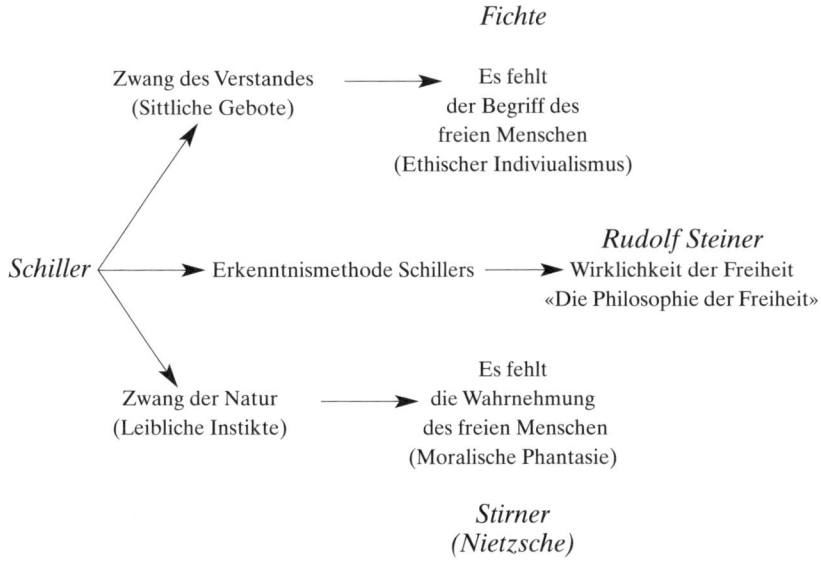

Fichte

Zwang des Verstandes ⟶ Es fehlt
(Sittliche Gebote)   der Begriff des
                               freien Menschen
                               (Ethischer Indiviualismus)

                               Rudolf Steiner
Schiller ⟵ ⟶ Erkenntnismethode Schillers ⟶ Wirklichkeit der Freiheit
                               «Die Philosophie der Freiheit»

                               Es fehlt
Zwang der Natur ⟶ die Wahrnehmung
(Leibliche Instikte)   des freien Menschen
                               (Moralische Phantasie)

Stirner
(Nietzsche)

Aus dem Inhalt dieses Exkurses ergibt sich, daß Schiller am Ende des 18. Jahrhunderts als erster das eigentliche Problem der ganzen fünften nachatlantischen Kulturepoche – das der menschlichen Individualität und Freiheit – vor die Menschheit stellte. Mehr noch, er formulierte es nicht bloß theoretisch, sondern zeigte einen konkreten Weg zu seiner Lösung. Und vor allem versuchte er sein ganzes Leben lang, soweit das zu seiner Zeit überhaupt möglich war, diesen Weg selbst zu gehen, das heißt, seine Ideale in der eigenen Person zu verwirklichen. Deshalb diese Nebenbemerkung Rudolf Steiners: «Weniger spießbürgerlich als Stirner», der, wie bereits gesagt, außer seinen großen philosophischen Deklarationen und radikalen Ansichten, im Alltagsleben ein eher unscheinbarer Kleinbürger war und auch blieb.

Schiller hingegen war ein Mensch, der lebenslang von dem beseelt war, was Rudolf Steiner dann später im IX. Kapitel seiner «Philosophie der Freiheit» zum Ausdruck brachte: «Wir können … den Begriff des Menschen nicht zuende denken, ohne auf den *freien Geist* als die reinste Ausprägung der menschlichen Natur zu kommen. Wahrhaft Menschen sind wir doch nur insofern wir frei sind» (GA 4, Seite 168; kursiv Rudolf Steiner). Man kann bei diesen Worten, die zugleich das höchste Ideal Schillers am besten zum Ausdruck bringen, kaum anders denken, als daß bei deren Verfassen dem jungen Rudolf Steiner die geistige Individualität Schillers helfend und inspirierend aus der geistigen Welt zur Seite stand. Noch stärker kann dieses Gefühl bei den weiteren Zeilen Rudolf Steiners werden: «Der Mensch muß selbsttätig seinen Begriff mit der Wahrnehmung Mensch vereinigen. Begriff und Wahrnehmung decken sich hier nur, wenn sie der Mensch selbst zur Deckung bringt.» Denn «es ist in dem Wahrnehmungsobjekt Mensch die Möglichkeit gegeben, sich umzubilden.» Und «ein *freies* Wesen kann er nur *selbst* aus sich machen» (ebd., Seiten 168/170; kursiv Rudolf Steiner).

Im Sinne dieser Worte arbeitete Schiller sein ganzes Leben lang bewußt und unermüdlich an sich selbst, um das von ihm erkannte Ideal (Begriff) der Freiheit durch seine eigene Persönlichkeit (Wahrnehmung) so vollständig wie möglich zur Deckung zu bringen.

Auch kam er in seinem philosophischen Hauptwerk «Briefe über die ästhetische Erziehung des Menschen» von all seinen Vorgängern dem am nächsten, was Rudolf Steiner in der «Philosophie der Freiheit» als moralische Phantasie beschreibt. Für jeden Künstler bilden die Kräfte der Phantasie den treibenden Impuls alles schöpferischen Tuns. Schiller aber wollte im künstlerischen Bereich nicht allein die ästhetischen, sondern durch sie auch die moralischen Kräfte des Menschen anregen. Denn er wußte, daß nur durch die Kunst eine solche Anregung in voller Freiheit stattfinden kann. Dem Künstlerischen als solchem schrieb er diese Zaubermacht zu. Er betrachtete es als den freien Raum zwischen den beiden der wahren Freiheit widerstrebenden Gesetzmäßigkeiten: der Notwendigkeit des Geistes und der des Leibes; im ersteren durch das sittliche Gesetz und im zweiten durch die niedere Triebnatur. Schiller erlebte, «daß sich das Gemüt [nur] bei Anschauung des Schönen in einer glücklichen Mitte zwischen dem Gesetz und Bedürfnis befindet» (15. Brief). Es schwebte ihm vor, die Kraft der künstlerischen Phantasie, die mit den Mitteln der Kunst die moralische Entwicklung bewirken kann, so zu stärken, daß aus ihr die freien Taten des Menschen, die aus seinem eigenen Wesen entspringen, hervorgehen können. Er träumte von der ethischen Ästhetik («sittlichen Grazie»), die den inneren Menschen zu befreien vermag. Damit ist Schiller, wie kein anderer vor Rudolf Steiner, dem Geheimnis der moralischen Phantasie nahegekommen.

Er schlug von sich aus den Weg ein, den Nietzsche, daran verzweifelnd, am Ende des 19. Jahrhunderts nicht finden konnte, weshalb er in den Abgrund stürzte. Auf diesen Nietzsche fehlenden Zugang zum Wesen der moralischen Phantasie als der einzigen festen Grundlage für dessen desolaten Seelenzustand in den späteren Jahren wies Rudolf Steiner in folgenden Worten hin: «Ich empfinde Nietzsches Erkrankung besonders schmerzlich. Denn ich habe die feste Überzeugung, daß meine ‹Freiheitsphilosophie› an Nietzsche nicht spurlos vorübergegangen wäre. Er hätte eine Menge von Fragen, die er offengelassen hat, bei mir weitergeführt gefunden und hätte mir gewiß in der Ansicht recht gegeben, daß seine Moralansicht, sein Immoralismus, seine Krönung erst in meiner ‹Freiheitsphilosophie› findet, daß seine ‹moralischen Instinkte› gehörig sublimiert und auf ihren Ursprung verfolgt das geben, was bei mir als ‹moralische Phantasie› figuriert. Dieses Kapitel ‹Moralische Phantasie› meiner ‹Freiheitsphilosophie› fehlt geradezu in Nietzsches ‹Genealogie der Moral›, trotzdem alles, was in derselben steht, darauf hinweist» (GA 39, Brief vom 23.12.1894, Seiten 238f.).

Es ist aber auffallend, daß Schiller (wie auf seine Weise auch Goethe) bei seinem Erleben der Freiheit sich nur im seelischen bzw. empfindenden Element bewegte. Zu seiner Zeit konnte er nicht zu einem erkenntnismäßigen Ergreifen der Freiheit emporsteigen und folglich auch nicht die Möglichkeit zu ihrer vollen Verwirklichung in konkreten Taten finden. Für das Ausleben der Freiheit blieb er hauptsächlich im

Bereich des künstlerischen Schaffens. Damit haben diese großen Persönlichkeiten die weitere Ausarbeitung dieser Frage sowie ihre praktische Umsetzung im Menschenleben der Geisteswissenschaft überlassen. «Das müssen wir uns erst erringen durch die Einführung anthroposophischer Geisteswissenschaft, daß die Freiheit auch anerkannt werden konnte auf dem Gebiete des Denkens und auf dem Gebiete des Wollens. Denn Schiller und Goethe erkannten sie nur an auf dem Gebiete des Fühlens» (GA 210, 19.3.1922).

In der Terminologie der «Philosophie der Freiheit» haben Schiller und Goethe von den drei Grundgebieten der Freiheit, die Rudolf Steiner als moralische Intuition, moralische Phantasie und moralische Technik (die dem Denken, Fühlen und Wollen im Menschen entsprechen) bezeichnet, sich nur dem mittleren Gebiet genähert. Deshalb mußte Rudolf Steiner in seinem Werk nicht nur die Idee der moralischen Phantasie formulieren und weiter ausbilden, sondern auch die Wege in die Gebiete der moralischen Intuition und der moralischen Technik begründen.

Man kann im Sinne seiner oben angeführten Worte sagen, daß er zu dem Schiller-Goetheschen Erleben der Freiheit im Fühlen ihr Ergreifen im Denken (erster Teil der «Philosophie der Freiheit») und ihre praktische Ausführung im Wollen (zweiter Teil der «Philosophie der Freiheit») hinzugefügt hat.

*

Es ist bemerkenswert, daß Schiller durch die richtige Lokalisierung der menschlichen Freiheit und somit des eigentlichen Menschenwesens, in der Mitte zwischen dem Zwang des Verstandes und den Gesetzen der Logik sowie den äußeren Normen der Sittlichkeit von oben und dem Zwang des Leibes und seiner Triebe von unten, auf philosophische Weise schon an dasjenige herangetreten war, was Rudolf Steiner später aus den Quellen seiner Geistesforschung als neue Weltendreiheit entdeckte und in seiner Skulpturgruppe künstlerisch dargestellt hat: Der Menschheitsrepräsentant (idealer freier Mensch) zwischen den von oben wirkenden luziferischen und von unten wirkenden ahrimanischen Mächten, die ihn von zwei polaren Seiten her unfrei zu machen versuchen. So lebt keimhaft das Bild der Skulpturgruppe hinter der Grundidee der Schillerschen «Briefe über die ästhetische Erziehung».[26]

Dadurch bekommt dieses Schillersche Werk seine außerordentliche Bedeutung für den ganzen Rest der fünften Kulturepoche, welche die

Begegnung mit dem Bösen als ihre Aufgabe hat und nur durch das Herstellen des beschriebenen Gleichgewichtszustandes von möglichst vielen Menschen als eine freie, innere Tat erfüllt werden kann. Denn nur auf diese Weise wird sich die in unserer Zeit zu entwickelnde Bewußtseinsseele zur späteren Aufnahme des Geistselbstes vorbereiten. «Dieses Bewußtsein von einem Gleichgewichtszustand, der angestrebt wird, der immer in der Gefahr lebt, nach der einen oder nach der anderen Seite auszuschlagen, das muß das Wesentliche werden der Weltanschauung für diesen fünften nachatlantischen Zeitraum. Indem der Mensch durchgeht durch die Bewußtseinsseele, entwickelt er sich nach dem Geistselbst hinauf» (GA 186, 7.12.1918). Und in seinen «Ästhetischen Briefen» hat Schiller die erste Grundlage zu dieser Entwicklung gelegt.

Das Gesagte kann man in ihnen ganz genau verfolgen. Schiller schreibt: «Die Aufgabe ist also, die Determination des Zustandes zugleich zu vernichten und beizubehalten, welches nur auf die einzige Art möglich ist, daß man ihr *eine andere entgegensetzt*. Die Schalen einer Waage stehen gleich, wenn sie leer sind; sie stehen aber auch gleich, wenn sie gleiche Gewichte enthalten» (20. Brief, Band V, Seite 633; kursiv Schiller). Diese Worte kann man jetzt mit den folgenden Rudolf Steiners vergleichen: «Wir Menschen stehen mit unserem Seelenleben wirklich so, daß dieses Seelenleben wie ein Waagebalken ist, der das Gleichgewicht zunächst suchen muß zwischen dem luziferischen Element auf der einen Seite, dem ahrimanischen Element auf der anderen Seite. Nur daß das luziferische Element in unserem hellen Kopfe liegt, das ahrimanische Element unten liegt in der Weisheit, die unseren Willen durchzieht. Dazwischen müssen wir das Gleichgewicht suchen in etwas, was eigentlich zunächst uns nicht als von etwas durchzogen erscheint» (GA 194, 28.11.1919). Und an dieser Stelle seines Vortrages macht Rudolf Steiner, um diesen Gedanken noch deutlicher zu machen, eine entsprechende Zeichnung:

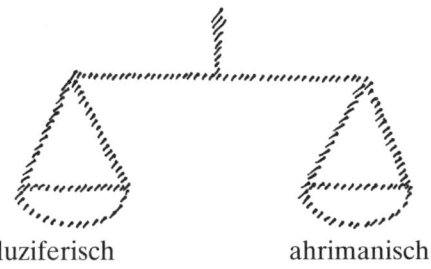

luziferisch   ahrimanisch

Im weiteren Verlauf des Vortrages weist Rudolf Steiner darauf hin, daß dieses mittlere Gebiet im Menschen, welches vor allem mit seinem Herzbereich verbunden ist, «durch den Christus-Impuls, durch dasjenige, was in die Erdenkultur übergegangen ist durch das Mysterium von Golgatha» (ebd.) erfüllt werden muß. Mehr noch, dieses innere Gleichgewicht, wenn nur der Mensch es in seinem mittleren Wesen, wie Schiller dies beschreibt, selbst herstellt, macht die Anwesenheit und Wirksamkeit des Christus-Impulses im Menschen überhaupt erst möglich. Denn «diesen Gleichgewichtszustand können wir nur herbeiführen dadurch, daß wir uns immer mehr und mehr durchdringen mit dem Christus-Impuls, der den Gleichgewichtszustand hervorruft zwischen dem luziferischen und dem ahrimanischen Elemente» (ebd.). Es geht hier folglich um einen zweifachen Prozeß. Der Mensch muß die ersten Schritte zu dem beschriebenen Gleichgewicht selbst tun, um auf diesem Weg Christus zu begegnen und in sich aufzunehmen, der dann diesen Prozeß in ihm zum Abschluß bringt. Und weil in Schiller das alles so intensiv lebte, kann man daraus entnehmen, wie stark der Christus-Impuls in seiner Seele anwesend war. In diesem Sinne darf man von Schiller sagen: Es ging ihm in seinen «Briefen», wenn man sie nur richtig anthroposophisch versteht, eigentlich auf ganz neue Weise um die Durchdringung des Menschen mit dem Christus-Impuls. Und wenn auch der Name des Christus in ihnen nicht direkt erwähnt ist, so rang Schiller doch bei ihrem Verfassen in den tieferen Schichten seiner Seele um das moderne und rein michaelische Verständnis des Christentums im Lichte der Freiheit.

Denn nur in diesem inneren Gleichgewicht urständet nach Schiller das Wesen der menschlichen Freiheit. «Das Gemüt geht also von der Empfindung zum Gedanken durch eine mittlere Stimmung über, in welcher Sinnlichkeit und Vernunft *zugleich* tätig sind, eben deswegen aber ihre bestimmende Gewalt gegenseitig aufheben und durch eine Entgegensetzung eine Negation bewirken. Diese mittlere Stimmung, in welcher das Gemüt weder physisch noch moralisch genötigt und doch auf beide Art tätig ist, verdient vorzugsweise eine freie Stimmung zu heißen, und wenn man den Zustand sinnlicher Bestimmung den physischen, den Zustand vernünftiger Bestimmung aber den logischen und moralischen nennt, so muß man diesen Zustand der realen und aktiven Bestimmbarkeit den *ästhetischen* heißen» (20. Brief, Band V, Seite 633; kursiv Schiller). Die hier beschriebene «freie Stimmung» ist nach Schiller die wahre Wurzel der Freiheit auf der Erde, welche im mittleren Bereich des Menschen verankert ist.

Man darf an dieser Stelle eine Andeutung wagen, von *woher* Schiller wohl seine geistige Inspiration zu *diesem* Freiheitsverständnis als Hauptidee seiner «Ästhetischen Briefe» erhalten haben könnte. Betrachtet man den esoterischen Aspekt dieser Frage, so darf man auch annehmen, daß Rudolf Steiner beim Verfassen seiner «Philosophie der Freiheit» aus den gleichen übersinnlichen Quellen schöpfte. Jedoch dasjenige, was bei Schiller noch wie tastend und ganz anfänglich in Erscheinung trat, das kam später bei Rudolf Steiner zu seiner höchsten Kulmination und vollen Ausgestaltung.

Dieses Schillersche Werk, wie früher bereits erwähnt, wurde der irdische Inspirationsquell für das «Märchen» von Goethe. Über das letztere berichtet Rudolf Steiner, daß es dadurch entstanden sei, daß Goethe, für sich selbst weitgehend unbewußt, eine Inspiration aus dem übersinnlichen imaginativen Michael-Kultus empfangen durfte, der vom Ende des achtzehnten bis zum Anfang des neunzehnten Jahrhunderts in der an die Erde angrenzenden geistigen Welt stattfand (siehe GA 240, 19.7.1924). Dieser Hinweis Rudolf Steiners legt nahe, daß der gleiche Inspirationsquell auch für die «Ästhetischen Briefe» vermutet werden darf, was bedeutet, daß Schiller, um zu seiner Idee der Freiheit zu gelangen, bei deren Verfassen die Inspirationen aus dem gleichen geistigen Ort empfangen durfte.

Noch viel weiter konnte Rudolf Steiner diesbezüglich gehen, weil er um die genannte Zeit selber in der geistigen Welt an diesem übersinnlichen Kultus maßgeblich beteiligt war und somit nicht nur dessen Impulse, sondern auch die Inhalte auf die Erde bringen konnte. Aus diesem Grunde darf man vermuten, daß an den Inspirationen, welche zuerst Schiller und dann Goethe aus dem übersinnlichen Kultus empfingen, auch die geistige Individualität des späteren Rudolf Steiner unmittelbar mitwirkte. Mit anderen Worten: Könnte es nicht sein, daß die beiden Dichter aus der geistigen Welt von der Individualität des späteren Rudolf Steiner wie prophetisch zu dem inspiriert worden waren, was von ihm selbst dann auf der Erde wiederum aufgegriffen und weitergeführt werden sollte: die Schillerschen Gedanken in der «Philosophie der Freiheit» und die Bilder des «Märchens» bei der Entwicklung der Anthroposophie?[27]

Wenn dem so wäre, dann war Rudolf Steiner als der direkt daran Beteiligte der einzig Berufene, um in den Karmavorträgen 1924 den Mitgliedern der Anthroposophischen Gesellschaft davon zu berichten, wenngleich er bei dieser Gelegenheit zunächst nur auf Goethes «Märchen» Bezug nahm.[28] Des weiteren ist in diesem Kontext von Bedeutung, daß Rudolf Steiner seinen ersten anthroposophischen Vortrag, an Michaeli 1900, dem esoterischen Inhalt von Goethes «Märchen» widmete.

Nach den Berichten Rudolf Steiners wurden in dem übersinnlichen Kultus die gesamten Inhalte der Michael-Schule aus dem 15.–17. Jahrhundert von den Menschenseelen und Göttern nochmals gemeinsam gestaltet und «in mächtigen realen Imaginationen das hingestellt, ... was im *neuen Christentum* im 20. Jahrhundert auf spirituelle Art wieder begründet werden soll» (GA 240, 19.7.1924) und auch begründet wurde – als Anthroposophie. Zu diesem «neuen Christentum» gehört vor allem dasjenige, was Rudolf Steiner als die «wirkliche Trinität Christus-Luzifer-Ahriman» bezeichnete (GA 194, 29.11.1919) und in einer künstlerischen *Imagination* als der Skulpturgruppe, die den Mittelpunkt des ersten Goetheanum bilden sollte, schuf. Denn «der Christus-Impuls ist nur zu begreifen, wenn man ihn als den Gleichgewichtsimpuls ansieht zwischen dem Ahrimanischen und dem Luziferischen, wenn man ihn in die Trinität richtig hineinzustellen weiß» (GA 194, 21.11.1919). Und nachdem Rudolf Steiner diese neue «Trinität» beschrieben hat, fährt er fort: «Alles das hängt zusammen mit der Sendung des Michael gegenüber denjenigen Wesen der höheren Hierarchien, mit denen er wiederum in Verbindung steht» (ebd.). Daraus folgt, daß diese Grundlage der neuen Christus-Erkenntnis als untrennbarer Teil des kosmischen Christentums zu dem Inhalt des übersinnlichen Kultus gehört, der von Michael geleitet wurde. Auch ist damit die Grundidee der «Ästhetischen Briefe» verbunden, die, ohne es wörtlich zu benennen, das Geheimnis des neuen kosmischen Christentums, welches das Christentum der Freiheit und Liebe auf der Erde werden muß, aus dem übersinnlichen Michael-Kultus in sich trägt.

Zwar spricht Rudolf Steiner nur über die Beziehung dieses übersinnlichen Kultus zu Goethes Märchen, man weiß jedoch, daß es gleichzeitig von Goethe als Antwort auf Schillers «Briefe» geschrieben wurde und somit den gleichen Inspirationsquell hat. Das bestätigt Rudolf Steiner mittelbar, indem er sagt, daß dasjenige, was Schiller in seinen «Briefen» als den freien «mittleren Zustand charakterisierte, Goethe dann in der Aufrichtung des Tempels» in seinem Märchen zur Darstellung gebracht hat (GA 200, 24.10.1920). Denn hier geht es um den Tempel der Freiheit und Liebe der neuen Mysterien. So gab Rudolf Steiner für Hermann Lindes Illustrationen zu Goethes «Märchen» an, daß als überirdischer Tempel das erste Goetheanum (das damals noch Johan-

nes-Bau hieß) gemalt werden solle, mit dem Bild des Menschheitsre-
präsentanten in der Mitte zwischen Luzifer und Ahriman,[29] was auch
als eine höhere geistige Realität hinter Schillers «Briefen» steht. In dieser Beziehung sagte Rudolf Steiner: «So haben wir am Ende des
18. Jahrhunderts zwei Darstellungen ein und derselben Sache» (ebd.),
die «Briefe» von Schiller und das «Märchen» von Goethe. Nur stehen
natürlich die künstlerischen Bilder des Märchens dem Wesen des imaginativen Michael-Kultus näher als die philosophischen «Verstandes-
begriffe» Schillers.[30] Deshalb knüpft Rudolf Steiner in den Karmavorträgen vor allem an das erstere an. Damit ist nochmals dokumentiert,
daß alle diese Erkenntnisse und Imaginationen, welche Schiller und
Goethe bewegten, aus dem übersinnlichen Michael-Kultus stammen.

Vom Gesichtspunkt des übersinnlichen Kultus aus läßt sich nicht nur
Schillers früher Tod, sondern auch der von Novalis in einem ganz neuen
Licht betrachten. Denn über den zeitlichen Rahmen des übersinnlichen
Kultus teilt Rudolf Steiner mit, daß er vor allem «in der ersten Hälfte
des 19. Jahrhunderts» stattfand (GA 240, 18.7.1924). Da er zusätzlich
in der unmittelbar an die Erde angrenzenden geistigen Welt vollzogen
wurde, ist anzunehmen, daß vor allem Novalis, der so intensiv mit der
Michael-Strömung in der geistigen Welt verbunden war (siehe GA 238,
28.9.1924.), sogleich nach seinem Tode (1802) an der Arbeit dieses Kultus teilnehmen konnte. Auch kann man vermuten, daß Novalis, durch
die enge karmische Beziehung zu Schiller, seinem Lehrer und Freund,
der kurz nach ihm (1805) die Todesschwelle überschritt, diesen in der
geistigen Welt empfing und ebenfalls zur Beteiligung an dem übersinnlichen Kultus führte. In dem Kultus selbst wurde die «himmlische» Vorbereitung der Anthroposophie vollzogen. Und aus der gemeinsamen
Teilnahme daran wird sich eine enge Verbindung der beiden Individualitäten für das Wirken der Anthroposophie auf der Erde in ihren zukünftigen Inkarnationen ergeben.

Mit dem Gesagten ist aber der esoterische Ursprung des Freiheitsimpulses bei Schiller noch nicht ganz geklärt. Denn aus dem übersinnlichen Kultus kam vor allem die besondere Form, welche die Offenbarungen des neuen Christentums (Rudolf Steiner sollte sie später in
seiner Skulpturgruppe darstellen) in den «Ästhetischen Briefen» angenommen haben. Aus der Biographie Schillers geht jedoch ganz klar
hervor, daß sein überaus starker Freiheitsimpuls ihm schon von frühester Jugend an eigen war, das heißt, er hatte die Veranlagung dazu offensichtlich aus seinem vorgeburtlichen Leben mitgebracht.

Darüber hinaus machte Schiller in seiner Beziehung zur Freiheit im Laufe seines Lebens eine bedeutende Entwicklung durch. Dies konnte Goethe, der ihm so nahestand, besonders intensiv miterleben. Später äußerte er sich diesbezüglich zu Eckermann: «Durch Schillers alle Werke geht die Idee von Freiheit, und diese Idee nahm eine andere Gestalt an, so wie Schiller in seiner Kultur weiter ging und selbst ein anderer wurde. In seiner Jugend war es die physische Freiheit, die ihm zu schaffen machte und die in seine Dichtungen überging; in seinem späteren Leben die ideelle» (G., Band 24, Seite 216).

Diese entscheidende Metamorphose der Einstellung Schillers zur Freiheit, auf die Goethe hier anspielt, wurde bereits im ersten Kapitel erwähnt. Nach seiner Enttäuschung bezüglich der Ideale der Französischen Revolution wandte sich Schiller ganz der Suche nach der Realisierung des Freiheitsimpulses im Inneren des Menschen zu. Es beschäftigte ihn nicht mehr die allgemeine, sozusagen programmatische Idee der Freiheit, so wie die Französische Revolution sie zu Beginn auf ihre Fahnen geschrieben hatte, sondern jetzt ging es ihm vor allem um die individuell erkannte und persönlich verwirklichte Freiheitsidee. Diese Verwandlung Schillers faßt Rudolf Steiner in folgenden Worten zusammen: «Und Schiller ist nicht zum Revolutionär geworden, sondern zum Erzieher des inneren Menschen» (GA 200, 24.10.1920). Von da an suchte er das Wesen der Freiheit nicht mehr äußerlich, sondern innerlich zu begreifen und durch Selbstverwandlung zu verwirklichen.

Erst am Ende seines Lebens wirft Schiller nochmals einen Blick auf Europa, in der Hoffnung, die praktischen Ansätze der Freiheit auch im sozialen Leben der Menschen zu entdecken. Er schaut jedoch nicht mehr auf Frankreich, sondern auf die Schweiz. Dieses Land der freien «Tell-Menschen», die inmitten der hohen Berge leben und ihre Unabhängigkeit und Freiheit über alles stellen, wollte Schiller, bereits von seiner letzten Todeskrankheit betroffen, noch unbedingt bereisen. Dies war ihm aber nicht mehr vergönnt.

In den nachgelassenen Papieren Schillers findet man, daß er die berühmten Worte seiner «Ode an die Freude» zunächst nicht als: «Freude, schöner Götterfunken ...», sondern als: «Freiheit, schöner Götterfunken ...» konzipiert hatte. Später wurde über diese Änderung viel gerätselt. Jedoch kann man aus der Beziehung Schillers zur Freiheit und aus dem, was er auf dem Wege ihrer inneren Verwirklichung in seinem Leben erreicht hatte, gut verstehen, was er mit dieser Änderung ausdrücken wollte. Ihm zufolge war das volle Ausleben der Freiheit in einem

Menschenleben und somit die Erfüllung dieses hohen Ideals des freien Menschen die höchste Freude, deren man auf der Erde überhaupt teilhaftig werden kann.

Seinem ureigensten Wesen nach gehörte Schiller zu den Menschen, die ihr Leben lang unermüdlich durch ständige «Selbsterziehung der Seele» zu dem Ideal des freien und ständig sich innerlich entwickelnden Menschen emporsteigen wollen. Von frühester Jugend bis zu seinem Tod blieb er diesem Ideal treu und bemühte sich, es auch praktisch zu verwirklichen. Deshalb konnte Rudolf Steiner von ihm sagen: «Seine ganze Lebensführung, sein ganzes Streben ist nichts anderes als eine große Selbsterziehung, und in diesem Sinne ist Schiller ein praktischer Theosoph [Anthroposoph]. Im Grunde genommen ist die Theosophie [Anthroposophie] nichts anderes als Selbsterziehung der Seele» (GA 53, 4.5.1905).

So lebte die von ihm heiß ersehnte Freiheit schon lange wie ein verzehrendes Feuer in seiner Brust. Denn bereits Jahre zuvor war in ihm das Erlebnis der wahren Freiheit gereift und die ganze unbeugsame Kraft seines Willens auf ihre Verwirklichung in der eigenen Seele gerichtet.

In der «Philosophie der Freiheit» beschreibt Rudolf Steiner, daß der Mensch, der in seinem Leben den Begriff des «freien Geistes» wirklich erfaßt hat, im weiteren Verlauf desselben nur *ein* Ideal haben kann, diesen freien Geist in seiner eigenen Person auch zu verwirklichen, das heißt, ihn aus sich selbst zu bilden. In der Terminologie der «Philosophie der Freiheit» bedeutet dies, daß er zu dem von ihm gefaßten Begriff (des freien Geistes) die entsprechende Wahrnehmung durch die Arbeit an sich selbst hinzufügen will. Im gewöhnlichen Leben geschieht der Prozeß der Vereinigung von Wahrnehmung und Begriff so, daß die erstere dem Menschen zuerst von außen zukommt. An ihrem Entstehen hat er keinen Anteil. In dem oben erwähnten Vorgang geschieht dies jedoch nur infolge einer freien Tat des Menschen bzw. seiner Arbeit an sich selbst. Denn er muß selbst das Wahrnehmungsobjekt «Mensch», wie wir gesehen haben, vollkommen umgestalten, damit es sich dann mit dem von ihm gefaßten Begriff des «freien Menschen» zur Deckung bringt. Deshalb ist «in dem Wahrnehmungsobjekt Mensch die Möglichkeit gegeben, sich umzubilden, wie im Pflanzenkeim die Möglichkeit liegt, zur ganzen Pflanze zu werden» (GA 4, Kapitel IX). Dieses Ziel, sich selber gänzlich zu verwandeln, verfolgte Schiller sein Leben lang und nannte es am Ende seines Lebens: «eine große und allgemeine Geistesrevolution» in sich selber, die er in seinem Leben noch «zu vollenden» hoffte (HK., Brief an Goethe vom 31.8.1794). Denn wie kein anderer Mensch seiner Zeit kannte Schiller aus eigener Erfahrung, was in der «Philosophie der Freiheit» wie folgt formuliert ist: «Die Natur macht aus dem Menschen bloß ein Naturwesen; die Gesellschaft ein gesetzmäßig handelndes; ein *freies* Wesen kann er nur *selbst* aus sich machen» (GA 4, Kapitel IX; kursiv Rudolf Steiner).[31] So daß die Frage, welche Schiller sein Leben lang am stärksten bewegte, bei Rudolf Steiner so lautet: «Was muß der Mensch an sich selbst tun, um zu einem wahrhaft freien Wesen zu werden?» (GA 200, 24.10.1920).

An dieser Stelle ist folgende wesentliche Frage angebracht: Von woher brachte die Individualität Schillers diese nie zuvor dagewesene innere Beziehung zu dem Wesen der Freiheit mit? Nur die Anthroposophie mit der Geistesforschung Rudolf Steiners kann darauf eine befriedigende Antwort geben. In dem Vortrag vom 15. September 1922 und in seinem Autoreferat dazu spricht er davon, daß sich in jedem Menschen während seines Erdenlebens in den unbewußten Tiefen seines Gefühls und vor allem seines Willens eine Art «moralisch-geistiges Wertwesen» (GA 25, Kapitel X) bildet, welches das moralische Fazit bzw. den moralischen Wert des Menschen beinhaltet. Dieses Wesen, das den «Schicksalskern» des Erdenlebens darstellt, wird nach dem Tod von der inneren Bindung an den Willen des Menschen befreit und weist seine Verwandtschaft mit den Kräften der Mondensphäre aus. Dort können die höheren Wesenheiten an der Beschaffenheit dieses Karma-Wesens das verflossene Erdenleben des Menschen moralisch beurteilen und dementsprechend das folgende karmisch ausgestalten.

Nachdem der Mensch die Kamalokazeit in der Seelenwelt absolviert hat und bereit ist, in das Geisterland hinüberzugehen oder, kosmologisch betrachtet, von der Mondensphäre in die Sonnen-Sternensphäre aufzusteigen, läßt er sein karmisches Wertwesen in der Mondenregion zurück, um sich unmittelbar vor seiner nächsten Inkarnation mit ihm aufs neue zu verbinden. Diese Vereinigung mit dem eigenen Schicksalskern vor der Geburt hat nach Rudolf Steiner eine außerordentliche Bedeutung für das kommende Erdenleben des Menschen und ist unmittelbar davon abhängig, wie er in dem vorherigen vor allem gefühlsmäßig zu dem Christus und dem Mysterium von Golgatha gestanden hat. Wurde diese Beziehung als «eine Gefühlsverbindung» (GA 215, 15.9.1922) auf der Erde hergestellt, dann kann die Menschenseele in der geistigen Welt daraus die Kraft schöpfen, ihr künftiges

Schicksal in bewußter und selbständiger Art auf sich zu nehmen. Dann ist die Verbindung mit dem Schicksalskern eine freie Geistestat, auch wenn das Schicksal selber in seinem Ausleben auf der Erde schwierig sein mag.

Dagegen bewirkt das Fehlen einer solchen Verbindung mit Christus im vorhergehenden Leben, daß die Vereinigung mit dem in der Mondensphäre verbliebenen Schicksalskern oder moralischen Wertwesen von der menschlichen Seele als eine eiserne Notwendigkeit und sogar als ein innerer Zwang, mit dem sie sich dann lebenslang nicht abfinden kann, empfunden wird. «Das ist das Wesentliche im neuen Erleben des nachtodlichen Mondensphären-Erlebens, daß es da im kosmischen Dasein einen Augenblick gibt, wo der Mensch in selbständiger Weise sein Schicksal, sein Karma mit seiner fortschreitenden Wesenheit in Zusammenhang bringt». So geschieht es durch die früher hergestellte Beziehung zum Christus-Impuls, daß der Mensch «wenn er wieder zur Mondensphäre zurückkehrt und ihm sein Schicksalskern begegnet, in einer freien Weise als eine freie Geistestat sich diesen Schicksalskern eingliedert». Das nennt Rudolf Steiner «den Schicksalskern in der richtigen Weise aufzunehmen» (ebd.).

Diese «richtige» Verbindung mit dem Schicksalswesen hat dann für das kommende Erdenleben eine ganz entscheidende Folge. «Und das irdische Abbild dieser im Irdischen vollbrachten Tat im nachherigen irdischen Leben ist die menschliche Freiheit, das Freiheitsgefühl während des Erdendaseins» (ebd.). Und unmittelbar danach weist Rudolf Steiner darauf hin, daß man hier auch die geistigen Quellen seines Buches «Die Philosophie der Freiheit» suchen muß, das er als «eine wirkliche Philosophie der Freiheit» einer jeglichen «Determinationsphilosophie» entgegenstellt. Damit bezeugt Rudolf Steiner, daß er selbst in seinem vorgeburtlichen Leben durch dieses karmische Erlebnis der Freiheit auf vorbildliche Weise hindurchgegangen war, was ihm später die Möglichkeit gab, «Die Philosophie der Freiheit» zu schreiben.[32] Und sein Vorläufer in dieser Beziehung war Friedrich Schiller.

Auf Grundlage der Karmaforschung Rudolf Steiners über die Individualität Schillers können wir das Gesagte besonders auf sie anwenden. So berichtet Rudolf Steiner, daß sie im 2.–3. christlichen Jahrhundert in Italien als eine im griechischen Sinne hoch gebildete Persönlichkeit lebte, die sich zum noch jungen Christentum hinwendete, zugleich aber alle Grausamkeiten, die an den Christen verübt wurden, miterleben mußte. Dadurch war ihre Beziehung zu Christus sehr vertieft worden, und aus dieser vertieften Beziehung enstand in ihrer Seele zugleich eine große Frage: Wie kann auf Grundlage des Christus-Impulses ein Gleichgewicht oder «Mittelmaß» zwischen dem Guten und Bösen erreicht werden? (Siehe GA 240, 1.6.1924).

Mit solchen Erfahrungen im Hintergrund ging diese Persönlichkeit in der geistigen Welt eine außerordentlich starke «Gefühlsverbindung» mit dem Christus-Impuls ein. Und als Folge davon konnte sie sich vor ihrer Schiller-Inkarnation im 18. Jahrhundert mit ihrem Schicksalskern auf ganz freie und selbständige Weise vereinigen, um daraufhin auf der Erde den wahren Freiheitsimpuls in sich aufzunehmen und mit besonderer Kraft zu tragen.[33]

Aus dem Gesagten wird die ganze Auseinandersetzung Schillers (so wie später auch Rudolf Steiners) mit der Philosophie Immanuel Kants verständlich. Denn wie kein anderer in der Geschichte der neueren abendländischen Philosophie förderte Kant die «Determinationsphilosophie» und stellte vor allem die Pflichterfüllung ins Zentrum der sittlichen Entwicklung des Menschen. Fast sieben Jahre beschäftigte sich Schiller intensivst mit der Kantischen Philosophie, was für ihn die größte Prüfung seines Freiheitsgefühls bedeutete, bis er allmählich diese große Verführung überwinden konnte.

Dieser Sieg über Kant in der eigenen Seele gehört zu den großartigsten geistigen Leistungen Schillers, der ihm den Weg freimachte zur vollen Entfaltung seines eigenen seelisch-geistigen Wesens, wodurch er auch in seinem künstlerischen Schaffen das Höchste erreichen konnte. «So stellt sich Schiller auf seine Höhe, indem er über Kant hinauswächst. Er wendet sich gegen Kant, der den Menschen nicht zum freien Wesen, sondern zum Sklaven machen will, gebeugt unter das Joch der Pflicht» (GA 51, 28.1.1905). Damit war in der geistigen Entwicklung Schillers der Weg zum Ergreifen des wahren Wesens der Freiheit geöffnet.

Die Worte Schillers, die Rudolf Steiner in dieser Beziehung besonders gern zitiert, bringen dessen neue Einstellung wie folgt zum Ausdruck: «Gerne dien' ich den Freunden, doch tu' ich es leider mit Neigung, und so wurmt es mir oft, daß ich nicht tugendhaft bin» (Band I, Seite 299). Was sich hier bei Schiller noch als innere Neigung entfaltete, das wird bei Rudolf Steiner zur vollen Reife und Ausgestaltung kommen. Deshalb schreibt er in seiner «Philosophie der Freiheit» von den freien Taten des Menschen, die nicht allein aus *Neigung*, sondern aus der reinen *Liebe* zur Tat entspringen. Damit wird das Wesen der Freiheit zu seinem eigentlichen geistigen Ursprung geführt.

Was Rudolf Steiner in seiner «Philosophie der Freiheit» als Gegenbild zur Kantischen Huldigung der Pflicht anführt, könnte genausogut von Schiller, wenn nicht geschrieben, dann doch zumindest unterschrieben sein: «So erwidert der Mensch aus dem Bewußtsein des freien Geistes: ‹Freiheit! du freundlicher, menschlicher Name, der du alles Sittlich-Beliebte, was mein Menschentum am meisten würdigt, in dir fassest, und mich zu niemandes Diener machst, der du nicht bloß ein Gesetz aufstellst, sondern abwartest, was meine sittliche Liebe selbst als Gesetz erkennen wird, weil sie jedem nur aufgezwungenen Gesetze gegenüber sich unfrei fühlt.› Das ist der Gegensatz von bloß gesetzmäßiger und freier Sittlichkeit» (GA 4, Kapitel IX).

Aus dem Gesagten kann jetzt auch verständlicher werden, von woher Schiller seine Beziehung zu der neuen Sternenweisheit mitgebracht hat. Denn in Wirklichkeit entstammt sie dem gleichen kosmisch-irdischen Ursprung wie seine tiefe Beziehung zur Freiheit. So beschreibt Rudolf Steiner als das zweite Resultat der freiwilligen Vereinigung des Menschen mit seinem Schicksalskern unmittelbar vor der Geburt (neben der erhöhten Empfindsamkeit auf der Erde dem Impuls der individuellen Freiheit gegenüber) noch das Folgende: «Und der neuzeitliche Mensch kann erleben, indem er den Christus in sich erlebt, die Freiheit, und im Zusammenhange mit der Freiheit auch das Gefühl der Gottdurchdrungenheit, jener Gottdurchdrungenheit, die auf der Erde ein Abglanz desjenigen sein kann, was beim Durchgang durch die Sternenwelt zur Mondensphäre und in der Mondensphäre durchgemacht wird» (GA 215, 15.9.1922). Deshalb, neben der bereits charakterisierten und für seine Zeit einmaligen Beziehung Schillers zu dem Freiheitsimpuls, begleitete ihn auch das Gefühl der Gottdurchdrungenheit schon von Jugend an. Man braucht diesbezüglich nur auf seine «Theosophie des Julius» zu schauen, um das bestätigt zu finden. Dort findet man zum Beispiel solche Zeilen: «Das Universum ist ein Gedanke Gottes» (Band V, Seite 344); oder: «Alle Vollkommenheiten im Universum sind vereinigt in Gott. Gott und Natur sind zwei Größen, die sich vollkommen gleich sind» (Seite 352); dann weiter: «Vier Elemente sind es, voraus alle Geister schöpfen, ihr *Ich*, die *Natur*, *Gott* und die *Zukunft*» (Seite 358; kursiv Schiller). So versteht Schiller «die Lehre von einer Allgegenwart Gottes» (Seite 345), die er auf folgende Weise charakterisiert: «Wir haben Begriffe von der Weisheit des höchsten Wesens, von seiner Güte, von seiner Gerechtigkeit – aber keinen von seiner Allmacht. Seine Allmacht zu bezeichnen, helfen wir uns mit der stückweisen Vorstellung dreier Successionen: Nichts, sein Wille und Etwas. Es ist wüste und finster – Gott ruft: Licht – und es wird Licht. Hätten wir eine Real-Idee seiner wirkenden Allmacht, so wären wir Schöpfer, wie Er» (Seiten 347 f.).

Und die andere Eigenschaft, die vorgeburtlich-kosmische Verbindung zu Christus, äußert sich in der Seele des jungen Schiller in seiner intensivsten Beziehung zu dem Prinzip der Liebe. Schon zur Zeit seines Aufenthaltes in der Karlsschule bezeichnet er sie als die zentrale schöpferische Kraft des Alls, welche nicht nur alle irdischen, sondern auch die geistigen Wesenheiten zusammenhält und bewegt. «Nicht geringer als die allwirkende Kraft der Anziehung in der Körperwelt, die Welt um Welten wendet und Sonnen in ewigen Ketten hält, nicht geringer, sag ich, ist in der Geisterwelt das Band der allgemeinen Liebe. Liebe ist es, die Seelen an Seelen fesselt; Liebe ist es, die den unendlichen Schöpfer zum endlichen Geschöpfe herunterneigt, das endliche Geschöpf hinaufhebt zum unendlichen Schöpfer; Liebe ist es, die aus der grenzenlosen Geisterwelt eine einzige Familie und soviel Myriaden Geister zu so viel Söhnen *eines* allliebenden Vaters macht. Liebe ist der zweite Lebensodem in der Schöpfung; Liebe das große Band des Zusammenhangs aller denkenden Naturen» (Seiten 282 f.; kursiv Schiller).

In diesen Worten, wie von seraphischem Liebesfeuer durchglüht, deutet Schiller – obwohl er vordergründig über Gottvater spricht – eigentlich auf das Geheimnis des Christus hin. Denn nur dadurch, daß er als schöpferisches Weltenwort an der Zeitenwende Mensch geworden ist, lebt von dieser Zeit an in der Menschheitsentwicklung die Kraft, durch die am Ende derselben der Mensch von der Stufe des «endlichen Geschöpfs» hinaufsteigen wird zur höchsten Würde des «unendlichen Schöpfers».[34] Und in der gleichen Abhandlung fährt er fort: «Groß also sind die Folgen der Liebe. Die ganze Sphäre der Geister ist ihr unendlicher Kreis» (ebd.). Abermals schaut Schiller wie aus dem seraphischen Zentrum der Welt, das aber die ganze Schöpfung umfaßt, auf den ins Unendliche sich weitenden Kreis der geistigen Hierarchien.

In der «Theosophie des Julius», entwickelt Schiller später diesen Gedanken weiter: «*Liebe* also – das schönste Phänomen in der beseelten Schöpfung, der allmächtige Magnet in der Geisterwelt, die Quelle der Andacht und der erhabensten Tugend – Liebe ist nur der Widerschein dieser einzigen Urkraft, eine Anziehung des Vortrefflichen, gegründet auf einen augenblicklichen Tausch der Persönlichkeit, eine Verwechslung der Wesen» (Seite 348; kursiv Schiller), und er fährt fort: «Also Liebe ... ist die Leiter, worauf wir emporklimmen zu Gottähnlichkeit» (Seite 353).

«Liebe, Liebe leitet nur
Zu dem Vater der Natur,
Liebe nur die Geister»
(Seite 354).

Auch an anderen Stellen seines Werkes spricht Schiller immer wieder über die zentrale Bedeutung der Liebe. Zum Beispiel in seiner Abhandlung «Über Anmut und Würde» finden sich darüber die Worte: «Bei der Liebe ist das Objekt sinnlich, und das Subjekt die moralische Natur [im Menschen]» (Band V, Seite 483). Hier liegt nach Schiller der wahre Quell der freien Handlung des Menschen. (Nach der «Philosophie der Freiheit» (Kapitel IX), entspricht es der aus der Liebe zum Objekt handelnden moralischen Intuition des Subjekts (des Menschen)). Und daraufhin fährt Schiller fort: «Die Liebe allein ist also eine freie Empfindung, denn ihre reine Quelle strömt hervor aus dem Sitz der Freiheit, aus unserer göttlichen Natur» (Band V, Seite 483); und weiter: «Der Gute [kann] wenig achten, was er nicht zugleich mit Liebe umfinge. Der reine Geist kann nur lieben, nicht achten» (Seite 484), denn die Liebe «empfängt von ihrem Gegenstande nichts, sondern gibt ihm alles da der reine Geist nur geben, nicht empfangen kann» (ebd.). Als die geistige Sonne der Welt, welche die Freiheit als ihren Ursprung hat und das Gute nach überall hin ausstrahlt, erlebt Schiller die umfassende Kraft der Liebe, welche die höhere Natur des Menschen als des «reinen Geistes» oder seine «göttliche Natur» zur Offenbarung bringt.

Aber kehren wir für einen Moment zurück zur «Theosophie des Julius». Die hinter der ganzen Abhandlung stehende allumfaßende Empfindung Schillers von der «Gottdurchdrungenheit» faßt Rudolf Steiner in den folgenden Worten zusammen: «Die Welt ist [für Schiller] ein Gedanke Gottes; alles lebt nur in der unendlichen Liebe Gottes; alles in mir und außer mir ist nur eine Hieroglyphe des höchsten Wesens. Wie Goethe in seinem Prosahymnus an die Natur es ausgedrückt hatte, daß der Mensch ungefragt und ungewarnt in den Kreislauf des Lebens durch die Natur gestellt sei, daß sie selbst in ihm rede und handle, so kommt Schiller in gewisser Weise in dieser Theosophie des Julius zu einem ähnlichen Standpunkt» (GA 51, 11.2.1905).

Diese Gottdurchdrungenheit, die auch bei Goethe mehr die seelisch-unbewußte Grundlage seines Wesens bildet, geht bei Schiller noch weiter. Denn aus diesem umfassenden Gefühl seiner Verbundenheit mit Gott stellt er im weiteren Verlauf seiner Entwicklung die Frage nach dem Wesen des Menschen und vor allem die nach dem Wesen der geistigen Freiheit. «Das Welträtsel ist ihm zum Menschenrätsel geworden; das Problem der Freiheit ist es zunächst, das ihn beschäftigt. Die Frage tritt vor seinen Geist: Wie kann der Mensch seine Vollkommenheit erlangen?» (ebd.). Dies ist der Weg, der ihn in sich selbst zur Überwindung des Einflusses von Kant und zum Erschaffen der ersten Ansätze seiner eigenen Freiheitsphilosophie in den «Ästhetischen Briefen» führt.

Durch diese ganz besondere Verbindung Schillers mit dem Freiheitsimpuls erfährt seine Gottdurchdrungenheit, die bei Goethe noch weitgehenden Naturcharakter hat, eine derartige Vertiefung und zunehmende Verwandlung, daß sie in seiner Seele zur bewußt-unbewußten Erinnerung an den Durchgang durch die Sternenwelt bis zur Mondensphäre wird. Denn nach Rudolf Steiner sind diese Erlebnisse der wahren Freiheit und der inneren Verbundenheit mit der Sternenwelt in ihren kosmisch-tellurischen Ursprüngen untrennbar miteinander verbunden und bilden auf der Erde die Grundlage der neuen Sternenweisheit.[35]

Aus dem Gesagten wird auch verständlich, in welcher entscheidenden Richtung Schiller durch sein ganzes Wesen und Streben inspirierend auf Goethe wirken konnte. Schon bald nach dem Beginn ihrer Freundschaft erweckte Schiller in der Seele Goethes den Impuls, seinen «Faust» fortzusetzen, jedoch nicht mehr im alten Stil, sondern so, daß Goethe unter dem Einfluß Schillers jetzt immer bewußter dahin strebt, seinen «Faust» in die kosmischen oder Welt-Zusammenhänge zu stellen. Rudolf Steiner beschreibt diesen Einfluß Schillers auf Goethe in folgenden Worten: «Wir haben durchaus schon ein Hinstreben Goethes nach der geistig-seelischen Welt, aber was da zum Beispiel vollständig fehlt, was Goethe dazumal im Grunde genommen fern lag, das war das Hineinstellen des Faust in den ganzen kosmischen Zusammenhang. Der ‹Prolog im Himmel› war nicht da. Also, Faust war noch nicht hineingestellt in jenen Kampf des Gottes mit dem Satan. Das kam erst dazu, als Goethe die Anregung von Schiller bekam, seinen ‹Faust› fortzusetzen. Unter dieser Anregung suchte er jetzt Faust nicht mehr allein zu lassen, sondern ihn in den ganzen kosmischen Zusammenhang hineinzustellen» (GA 210, 25.2.1922).[36] Denn Schiller hatte von Anfang an eine so starke innere Hinneigung zur Sternenweisheit, «daß er in seiner Seelenverfassung die Notwendigkeit fühlte, den Menschen in den Kosmos hineinzustellen» (ebd.). Deshalb brauchte der in die geistigen Tiefen der Natur schauende Goethe den über die kosmischen Geheimnisse sinnenden Schiller neben sich, um die künstlerischen Imaginationen, die er in seiner Seele trug, in den wirklichen Weltzusammenhang zu stellen.[37]

Wie eine noch unbestimmte Erinnerung an diese kosmisch-vorgeburtlichen Erfahrungen in der geistigen Welt klingen die Worte, welche der 21-jährige am Ende seiner zum zweiten Mal eingereichten Abschlußarbeit in der Karlsschule schrieb: «Die Materie zerfällt [wenn der Mensch stirbt] in ihre letzten Elemente wieder, die nun in anderen Formen und Verhältnissen, durch die Reiche der Natur wandern, andern Absichten zu dienen. Die Seele fähret fort, in anderen Kreisen ihre Denkkraft zu üben und das Universum von andern Seiten zu beschauen. Man kann freilich sagen, daß sie diese Sphäre im geringsten noch nicht erschöpft hat, daß sie solche vollkommener hätte verlassen können, aber weiß man dann, daß diese Sphäre für sie verloren ist? Wir legen itzo manches Buch weg, das wir nicht verstehn, aber vielleicht verstehn wir es in einigen Jahren besser».[38] Hier haben wir einen ganz klaren Hinweis auf die Idee der Reinkarnation, zu welcher der junge Schiller nicht von außen, z.B. durch Lessing oder Goethe, sondern aus seiner eigenen inneren Inspiration gekommen ist. Das Leben in der Erdensphäre wird mit dem Lesen in einem Buch verglichen, aus dem der Mensch zuerst nur einen kleinen Teil entziffern kann («im geringsten noch nicht erschöpft») und noch auf recht «unvollkommene» Weise. Doch ist damit für ihn keinesfalls alles verloren, denn nachdem er für eine gewisse Zeit das Buch seines Erdenlebens abgelegt hat (um zwischen dem Tod und neuer Geburt eine Weile «das Universum von anderen Seiten zu beschauen»), kann er es «in einigen Jahren» von neuem ergreifen, um es gründlicher zu lesen und immer «besser zu verstehen».

Aber vielleicht ist noch wichtiger, daß wir in den zitierten Worten, man möchte sagen, einen ganz anthroposophischen Blick auf das Leben nach dem Tode haben, in dem die Seele des Menschen tatsächlich das ganze Universum, den ganzen Sternenhimmel während des größten Teils ihres Aufenthaltes zwischen zwei Inkarnationen «von anderen

Seiten» her beschaut. Dabei ist nach Schiller, wie auch gemäß der Anthroposophie, diese anschauende Tätigkeit der Seele kcinesfalls eine passive, sondern eine durchaus aktive oder, wenn wir hier das Wort Schillers benutzen, «mit dem Ausüben der Denkkraft» durchdrungen.

So spiegelt sich in diesen wenigen Worten des jungen Schiller eine tiefe Erinnerung an seinen geistigen Weg durch die Sterne, die er vor seiner Geburt auf der Erde von dem Christus-Impuls begleitet durchgemacht hat, denn ohne eine solche Begleitung kann der Mensch den Sternenhimmel nicht vollbewußt von der anderen Seite beschauen. Allein die Verbindung mit Christus, die der Mensch von der Erde her in die geistige Welt mitbringt, erlaubt es ihm, sein Bewußtsein bis in diese höhere Sphäre aufrechtzuerhalten und vor allem jegliche Verwirrung beim Durchgang durch die Sphäre der Fixsterne zu vermeiden. Denn wie man in der physisch-sinnlichen Welt immer die Sonne als Zentrum braucht, um in die den Kosmos umfassende Zwölfheit des Tierkreises eine Ordnung zu bringen, so ist es auch im geistigen Kosmos, den die Seele des Menschen zwischen zwei Inkarnationen durchläuft; auch hier muß sie unbedingt von der geistigen Sonne begleitet werden. «In der Tat … stehen wir gewissermaßen vor einer uns verwirrenden Welt, in welcher der Christus als eine geistige Sonne heraustritt und unser Führer wird, so daß die Verwirrung sich in einer Art harmonischen Verständnisses löst» (GA 214, 30.8.1922). Und nur, wenn durch die Gemeinschaft der Seele mit Christus dieses «harmonische Verständnis» hergestellt ist, kann die Sternenwelt von der anderen Seite, ohne Gefahr sich dabei zu verlieren, angeschaut werden.

Das letztere, wie schon gesagt, war mit der Seele des zukünftigen Friedrich Schiller der Fall. Deshalb konnte er später auf der Erde bezeugen: «die Wahrheit wohnt in der Sonne» (Band V, Seite 345) und aus dieser vorgeburtlichen Erfahrung nicht nur seinen überaus starken Freiheitsimpuls in der Seele entfalten, sondern auch, obwohl noch auf rudimentäre Art, aus diesen kosmischen Erinnerungen eine erste Ahnung des Wesens der kommenden neuen Sternenweisheit bekommen, welche aus dem neuen, von Christus hergestellten «harmonischen Verständnis» des geistigen Wesens des Sternenhimmels hervorgeht.[39]

Dieses neue Freiheitsgefühl, das in der wahren Sternenweisheit wurzelt und von dem Schiller in seinem Leben so beseelt war, nennt Rudolf Steiner «das königliche Freiheitsbewußtsein» (GA 215, 15.9.1922). Das meint auch Schiller in den Worten, mit denen er vielleicht auf schönste Weise seine Vorahnung des Lebens eines Menschen zum Ausdruck bringt, der bereits auf der Erde sich eine solche Freiheit und «Gottdurchdrungenheit» angeeignet hat, so daß er sie ins nachtodliche Dasein mitnehmen kann – wie dies bei ihm selbst der Fall war. In einem besonders intimen Brief an seinen Freund Wilhelm von Humboldt vom 30. November 1795 bezeichnet er als das Höchste, was die Kunst überhaupt erreichen kann, eine Darstellung dessen, was er als «Übergang des Menschen zum Gott» bezeichnet und weist dann darauf hin, was diesem Zustand in der geistigen Welt entspricht: «Denken Sie sich aber den Genuß, lieber Freund, in einer poetischen Darstellung alles Sterbliche ausgelöscht, lauter Licht, lauter Freiheit, lauter Vermögen – keinen Schatten, keine Schranke, nichts von allem mehr zu sein. – Mir schwindelt ordentlich, wenn ich an diese Aufgabe – wenn ich an die Möglichkeit ihrer Auflösung denke».[40]

Obwohl Schiller hier primär von einem Kunstwerk spricht, stellt er, vielleicht ohne es zunächst zu beabsichtigen, ein Ideal vor sich hin, das er selbst erst nach seinem Tode voll verwirklichen kann. Denn es ist eine unmittelbare Folge der schon hier auf der Erde harmonisch verbundenen Freiheit und «Gottdurchdrungenheit», was in der geistigen Welt zu einer bewußten Vereinigung mit dem Sternenkosmos und der daraus entstehenden schöpferischen Potenz führt. Das alles ist aber für die Menschen nur durch ihre Hinwendung zum Mysterium von Golgatha erreichbar. Deshalb wird dieses hohe Ideal der Kunst und des Lebens einmal zur Gundlage einer neuen Religion, welche vor allem Novalis bereits ahnte und durch seinen «magischen Idealismus» vorbereiten wollte.

Goethe	*Schiller*	*Novalis*
Neue Beziehung zur Natur	Neue Sternenweisheit	Neue Religion
Gottdurchdrungenheit	Freiheitsimpuls	Geisterwelt
Idealischer Realismus	Neuer Idealismus	Magischer Idealismus

*

Zum Schluß muß noch auf eine ganz besondere Eigenschaft Schillers hingewiesen werden, die vielleicht wie keine andere ihn mit den erhabensten Wesenheiten der geistigen Welt verbindet, deren kosmischer Wohnsitz über allen Planetensphären, sie bei weitem überragend, im Fixsternhimmel selbst liegt. Es geht um die beiden höchsten Hierarchien in unserem Kosmos, die Cherubim und die Seraphim.[41] Denn beide brauchen für ihre Tätigkeit in den Sternenwelten das geistige Licht und die geistige Wärme, die von den moralischen Taten der Erdenmenschen ständig in die übersinnliche Welt hinausstrahlen.

Nach den Zeugnissen vieler Freunde und Zeitgenossen Schillers waren die beiden Haupteigenschaften, die er schon von frühester Jugend an besaß und mit der Zeit durch die ununterbrochene Selbsterziehung noch weiterentwickelte, das klare und innerlich aktive Denken und der von ihm bewußt geleitete und zu moralischen Taten führende starke Wille. (Wie bereits an anderer Stelle beschrieben, entsprechen diese Qualitäten den beiden Teilen der «Philosophie der Freiheit».)[42] So berichtet Wilhelm von Humboldt über seinen Freund das Folgende: «Was jedem Beobachter an Schiller am meisten, als charakteristisch bezeichnend, auffallen mußte, war, daß in einem höheren und prägnanteren Sinn, als vielleicht je bei einem Anderen, der Gedanke das Element seines Lebens war. Anhaltend selbsttätige Beschäftigung des Geistes verließ ihn fast nie und wich nur den heftigeren Anfällen seines körperlichen Übels. Sie schien ihm Erholung, nicht Anstrengung» (Hum., Seiten 11/12). Auch seine lebenslange Beschäftigung mit der Philosophie, vor allem mit Kant und Fichte, bezeugt diese seine Fähigkeit. Schiller war allen zeitgenössischen Urteilen zufolge ein starker und innerlich aktiver Denker.

Zu gleicher Zeit war er auch ein ausgesprochen willensbetonter Mensch, was in seinem unermüdlichen Schaffensdrang und der künstlerischen Produktivität, die immer seiner siechen Leiblichkeit in hartem Kampf abgerungen werden mußten, seinen Ausdruck fand. Deshalb sprach Rudolf Steiner sogar von dem «eisernen Willen» Schillers. (GA 310, 18.7.1924).[43] Diese unermüdliche und fast nicht zu bremsende Aktivität Schillers, der ständig Wege zur Verwirklichung seiner im Denken erfaßten höchsten Ideale in der Kunst und vor allem in seinen moralischen Taten suchte, war Goethe zuweilen ganz zuwider und erzeugte erhebliche Schwierigkeiten in ihrer Freundschaft. Denn Goethe stand von Anfang an dem mehr philosophisch gearteten Denken, das leicht zu Abstraktionen neigt, eher mißtrauisch gegenüber. Auch lebte Goethe, was seinen Willen betraf, in einem anderen Rhythmus. Zuweilen brauchte er ganze Lebensabschnitte, um seine Impulse reifen zu lassen, bevor er überhaupt zur Tat schritt. Er war von seinem Wesen her eher ein beobachtender als ein handelnder Mensch.[44]

Auf diesen seinen Unterschied zu Schiller wies Goethe selbst in einem Gespräch mit C. F. A. Conta hin. «Ich – sagte Goethe – behauptete immer, der Dichter dürfe nicht eher ans Werk gehen, als bis er einen unwiderstehlichen Drang zum Dichten fühle. … Schiller dagegen wollte das nicht gelten lassen. Er behauptete, der Mensch müsse können, was er wolle, und nach dieser Manier verfuhr er auch» (G., Band 23, Seite 80).

Vor allem gegen Ende seines Lebens, als Schiller, um sein Werk trotz zunehmender körperlicher Beschwerden zum Abschluß zu bringen, immer größere Willensanstrengungen unternehmen mußte und somit alle seine Seelenkräfte auf das Äußerste anspannte, brachte ihn die ruhige Beschaulichkeit Goethes fast zur Verzweiflung. Bei seinem Freund, Wilhelm von Humboldt, beschwerte sich Schiller in dem Brief vom 17. Februar 1803: «Es ist zu beklagen, daß Goethe sein Hinschlendern so überhand nehmen läßt und weil er abwechselnd alles treibt, sich auf nichts energisch concentriert. Er ist jetzt ordentlich zu einem Mönch geworden und lebt in einer bloßen Beschaulichkeit, die zwar keine abgezogene ist aber doch nicht nach außen productiv wirkt. Seit einem Vierteljahr hat er, ohne krank zu seyn, das Haus ja nicht einmal die Stube verlassen» (HK., Seite 588).

So kann man sagen, daß bei Schiller, als einer durch und durch willenshaften Natur, die Beziehung seines scharfen, klaren Denkens zu dem Wirken aus einem starken moralischen Willen heraus in einem einzigartigen, jedoch weitgehend noch nicht harmonischen Zusammenhang stand. Denn hier fühlte sich Schiller ständig wie auseinandergerissen. Immer wieder schwankte er hin und her zwischen dem idealischen Gehalt seines Denkens und dem ständigen Bestreben, dieses auch in seine moralischen und schöpferischen Taten umzusetzen. Im Vergleich zu Schiller besaß Goethe eine viel harmonischere, in gewisser Beziehung sogar fast vollkommene Natur. Denn in seiner ruhigen Beschaulichkeit kamen alle Gegensätze seiner Seele zu einer höheren Synthese, die um ihn herum eine Atmosphäre ausbreitete, welche den anderen Menschen wie übermenschlich erschien. Schiller hingegen mußte bis zu seinem Lebensende, und zwar in zunehmendem Maße, sich seinen inneren Weg durch die größten Polaritäten hindurch bahnen. Daher bekam sein Leben einen nicht nur tragischen, sondern auch auf ganz besondere Art erhabenen Charakter. Denn die Folgen dieses einmaligen Zusammenspiels und Ringens der Kräfte des Denkens und des Willens in seiner Seele hatten nicht nur eine menschlich-irdische, sondern auch eine kosmische Bedeutung. Um dies zu verstehen, muß man die folgenden Resultate der Geistesforschung Rudolf Steiners hinzuziehen.

In dem Vortrag vom 19. Dezember 1914 spricht er davon, wie die beiden höchsten Hierarchien, die Cherubim und Seraphim, für den weiteren Unterhalt der ganzen Weltenordnung dasjenige brauchen, was die Menschen durch ihr idealistisches Denken und moralisches Handeln zustande bringen. Denn diese beiden Fähigkeiten der Menschen haben eine Bedeutung nicht nur für sie selbst, sondern für den ganzen Kosmos. So ist dasjenige, was vom menschlichen Denken, vor allem, wenn es auf die höchsten Ideale ausgerichtet ist, in die geistige Welt der Hierarchien emporsteigt, mit dem Geisteslicht zu vergleichen. Und «da kommen die Cherubim, sammeln dieses Licht und verwenden es zur weiteren Weltenordnung. Wir alle sind die Leuchter, die aufgestellt sind in der Weltenordnung. Und indem wir denken, wahrnehmen und vorstellen, sind wir die Leuchter der Cherubim in der Weltenordnung» (GA 156).

Bei diesen drei Qualitäten lag Goethes Stärke zweifellos im Wahrnehmen. So kann man sagen, daß seine Beteiligung am Prozeß des Versorgens der Cherubim mit geistigem Licht besonders aus seiner Fähigkeit der Beobachtung bzw. der Wahrnehmung des Lebens und Wesens der Naturphänomene hervorging. Beide Dichter, Schiller als der Denkende oder Sinnende und Goethe als der Wahrnehmende oder Schauende, konnten sich im Bereich der mittleren Qualität, der des Vorstellens, womit vor allem die künstlerische Phantasie verbunden ist, harmonisch begegnen.

In seiner weiteren Darstellung hebt aber Rudolf Steiner aus diesen drei Qualitäten, «denken, wahrnehmen und vorstellen», vor allem die erstere hervor: «Indem wir *denken*, strahlt Gedankenlicht aus uns aus, und das erleuchtet die Welt, in der die Cherubim leben» (ebd., siehe auch den Vortrag vom 20.12.1914). Dadurch kommt einem Menschen wie Schiller, der ein scharfer idealistischer Denker war, in diesem Prozeß eine besondere Bedeutung zu. Jedoch besteht seine Einmaligkeit in dieser Beziehung darin, daß er auch bei der zweiten Fähigkeit, welche vor allem die Seraphim benötigen, eine gleichermaßen hervorragende Rolle durch die Beschaffenheit seines Wesens einnimmt.

Bevor wir uns nun dieser zweiten Fähigkeit zuwenden, muß, um das Weitere richtig zu verstehen, noch ein kleiner Exkurs in die Beziehung Goethes und Schillers zu den verschiedenen Hierarchien während ihres vorgeburtlichen Daseins eingefügt werden.

In den Vorträgen vom 9. und 10. Juni 1924 (GA 239) spricht Rudolf Steiner davon, daß Goethe sein Karma vor allem in der Jupiter-, Schiller hingegen in der Saturn-Sphäre ausgebildet hat. Dann erwähnt er, wie innerhalb der Jupiter-Sphäre die Cherubim in die Karmagestaltung einwirken und innerhalb der Saturn-Sphäre auch die Seraphim. Jedoch konnte nur die Seele des zukünftigen Schiller aus der Saturn-Sphäre heraus, die unmittelbar an den kosmischen Bereich der Cherubim (den Sternenhimmel) angrenzt, ihre Impulse bis zu einem gewissen Grad empfangen. Die Seele des zukünftigen Goethe hingegen vermochte dies nicht in gleicher Weise. Denn die Jupiter-Sphäre grenzt nach oben an die Saturn-Sphäre und nicht an den Sternenhimmel an, wo die Cherubim und Seraphim ihre kosmische Heimat haben.[45] Deshalb war es auf der Erde so, daß Goethe und Schiller mehr in bezug auf ihre Ideale verbunden waren und im Willensbereich (im Gebiet des sittlichen Tuns) bis zum Schluß erhebliche Probleme miteinander hatten. (Siehe den zitierten Brief Schillers an W. Humboldt vom 17. 2. 1803.)

Auch die außergewöhnliche Kraft des inneren Enthusiasmus, die Schiller von Anfang an eigen war und bei ihm offensichtlich noch aus dem Vorgeburtlichen stammte, ist, wie wir bereits gesehen haben, auf seinen längeren Aufenthalt in der Saturn-Sphäre zurückzuführen. Denn in ihr begegnet die Menschenseele den Erinnerungen an den Urzustand des Weltenalls, den Rudolf Steiner als alten Saturn bezeichnet, der, bei seinem Entstehen aus der Willenssubstanz der Throne, von der höchsten Hierarchie, den Seraphim, wie in einen Schutzmantel der feurigen Begeisterung gehüllt worden war. «Die Seraphim hüllen das Ganze [des alten Saturn] in einen Begeisterungsmantel, der weithin in den Weltenraum strahlt» (GA 233a, 4. 1. 1924). Dieses, in dem Feuer der Begeisterung bestehende innere Leben der Seraphim, das ihnen aus ihrer Nähe zu der höchsten Gottheit eigen ist, wird in der Saturn-Sphäre des gegenwärtigen Sonnensystems aufbewahrt, so daß die Seele des Menschen ihr dort nach dem Tode jedesmal begegnet und davon – wie es bei dem späteren Schiller der Fall war – durchdrungen wird.

Und in demselben Vortrag, um den heutigen Menschen zumindest einen schwachen Eindruck von dieser Qualität der Seraphim zu vermitteln, weist Rudolf Steiner darauf hin, wie die letzte Erinnerung an dieses seraphische Feuer der Begeisterung vor allem in den Völkern von Ost- und Mitteleuropa noch bis ins 19. Jahrhundert hinein erhalten geblieben war. «Und durch dieses Element der Begeisterung, das insbesondere in Mittel- und Osteuropa recht heimisch war, durch diese *seelische Begeisterung*, indem dieses Element zum Bewußtsein erhoben ist, einheitliches Bewußtseinselement ist, hat man sich das innere Leben der Seraphim vorzustellen» (ebd.). Mit anderen Worten, was von den Menschenseelen vor der Geburt in der Saturn-Sphäre des Kosmos auf geistige Art aufgenommen wird, das lebt auf seelischer Ebene in der Erdeninkarnation weiter als «glühende Begeisterung», vor allem bei Persönlichkeiten wie Friedrich Schiller.

Daß Rudolf Steiner an dieser Stelle tatsächlich solche Menschen wie Schiller meinte, kann in seiner Beschreibung noch aus folgenden Worten entnommen werden: «Es ist sogar manchmal schwer, dem gegenwärtigen Menschen klar zu machen, was eine glühende Begeisterung ist, denn noch im Beginne des neunzehnten Jahrhunderts wußte man besser, was glühende Begeisterung ist, als heute. Da kam es schon noch vor, daß das oder jenes Gedicht von diesem oder jenem Dichter vorgelesen worden ist, und die Leute benahmen sich vor Begeisterung so, ... daß der gegenwärtige Mensch sagen würde: Die sind ja alle wahnsinnig geworden!» (ebd.). Man kann sich bei diesen Worten sofort einen Kreis von Menschen um Schiller oder Novalis vorstellen. Vor allem der erstere, als ein echt «idealistischer Mensch», wurde von vielen folgenden Generationen als die Personifizierung der Begeisterung für alles Wahre, Schöne und Gute in der Welt empfunden. Denn in ihm lebte diese innere Kraft der Begeisterung ganz in das moderne Bewußtsein hinaufgehoben und deshalb wie vorbildlich für viele Menschen der Gegenwart und Zukunft wirkend.

Durch diese feurige Begeisterung, die Schiller lebenslang innewohnte, konnte er, wie kein anderer seiner Zeitgenossen, die wichtigste Bedingung der Entwicklung der Bewußtseinsseele erfüllen, die, um nicht in den kalten und lieblosen Intellektualismus zu versinken, von der Liebe und Begeisterung des Menschenherzens ständig erwärmt und belebt werden muß.[46]

Ein weiterer wesentlicher Unterschied zwischen den beiden Dichtern bestand darin, daß Goethe, vor seiner Geburt am längsten in der Jupiter-Sphäre weilend, dort vor allem mit den Geistern der Weisheit (Kyriotetes) in Verbindung war, welche die *höchste* Ordnung der *zweiten* Hierarchie bilden. Daher war seine Seele später auf der Erde nicht nur voller Weisheit, sondern auch sehr harmonisch gebildet, denn in ihr wirkten die Impulse, welche die *ganze* zweite Hierarchie umfassen. Wenn wir uns hier zusätzlich daran erinnern, daß die zweite Hierarchie als Ganzes mit der Sonne verbunden ist, dann werden wir noch besser den ausgesprochen *sonnenhaften* Charakter von Goethe verstehen, der vor allem in seiner Beziehung zur Natur in Erscheinung trat.

Schiller lebte hingegen in der Saturn-Sphäre vor allem mit den Geistern des Willens (den Thronen) zusammen, welche zu der *untersten*

Ordnung der *ersten* Hierarchie gehören und dadurch zwar in dem hierarchischen Kosmos höher stehen als die Kyriotetes, jedoch nicht die ganze erste Hierarchie umfassen und deshalb nicht so harmonisch das Karma des Menschen gestalten wie die Geister der Weisheit, die in der Jupiter-Sphäre, wie wir bereits sahen, noch zusätzlich von den Cherubim als den Geistern der kosmischen Harmonie unterstützt werden. Deshalb trägt die Gestaltung des Karma in der Saturn-Sphäre immer etwas Heroisch-Tragisches an sich, wie wir das sehr genau am Leben Friedrich Schillers verfolgen können. In der Jupiter-Sphäre hingegen hat die Karmagestaltung weit mehr harmonisch-weisheitsvolle Züge, was man in Fülle am Leben Goethes ablesen kann.

Die von Rudolf Steiner erwähnte Beteiligung der Cherubim an der Karmagestaltung in der Jupiter-Sphäre bleibt in dieser jedoch wie ein mehr oder weniger fremder Einfluß, weil die Seele des Menschen sich hier immer noch im Bereich der zweiten Hierarchie befindet. Hingegen ist für die Seele, die ihr Karma vorzugsweise in der Saturn-Sphäre formt, eine engere Beziehung zu den Geistern der ersten Hierarchie durch eine direkte Verbindung mit den Thronen viel selbstverständlicher. Deshalb war Goethe sein Leben lang vor allem auf der Spur der Geister der zweiten Hierarchie, welche ihre Kräfte hinter den Naturphänomenen entfalten. Diese geheime Wirksamkeit strebte er in sich zu einem inneren Erlebnis, ja sogar bis zu einem geistigen Anschauen zu bringen, um auf diesem Wege zu den unerschöpflichen Quellen der Weisheit und der Harmonie in der Natur vorzudringen, die für ihn zum höchsten Vorbild wurden.

Dies geschah bei Goethe im vollen Gegensatz zu Schiller, der ständig auf eine mehr willenshafte Art, die aus seinem kosmischen Zusammenleben mit den Geistern des Willens entsprang, seine Ideale und Ideen durch das künstlerische Schaffen und sittliche Handeln in die ihn umgebende Welt, man möchte sagen, fast mit einem seraphischen Feuer der Begeisterung einzuprägen suchte. Denn in den geistigen Welten ist nur die erste Hierarchie imstande, die Geistimpulse bis in die Materie hineinzutragen und sie damit zu durchdringen.

Die höchsten Geister der ersten Hierarchie, die Seraphim, sind zugleich die Geister des kosmischen Feuers, das auf der Erde in der Seele Schillers sich mit seiner willensbetonten Natur verband und zu seinem Drang nach Freiheit wurde, der weitgehend seinen irdischen Charakter bestimmte.

Und wie Goethe immer wieder vor der Gefahr stand, ganz im Betrachten der Welt aufzugehen und nur durch eine Hinwendung zur

Kunst, die später durch Schiller stark in ihm angeregt wurde, davor bewahrt werden konnte, so stand Schiller in seinem Leben oft vor der Gefahr, zu voluntaristisch zu werden, wovor er nur durch den tiefen Freiheitsimpuls seiner Seele und die permanente Arbeit an sich selbst bewahrt wurde. Hier konnte ihm nun Goethe als ein großer Lehrer der weisen und harmonischen Lebensführung gleichermaßen hilfreich sein. An ihm konnte Schiller den «wahren Menschen» unmittelbar studieren und sein eigenes Ideal gestalten.

Zusammenfassend kann man die Polarität von Goethe und Schiller von diesem hierarchischen Gesichtspunkt aus noch folgendermaßen darstellen: Goethe bereitete sein Erdenleben vor allem gemeinsam mit den Geistern der Weisheit vor, die ihr zu Hause vor allem in der Jupiter-Sphäre haben. Bei dieser Arbeit aber bildeten die Geister der Harmonie (Cherubim) durch ihr inspirierendes Hineinleuchten in die Jupiter-Sphäre etwas wie einen Karma-gestaltenden Hintergrund. Dadurch erscheint vor uns das Erdenleben Goethes als Ganzes von einer Weisheit und Harmonie erfüllt, wie sie selten bei Erdenbewohnern in einer solchen Vollkommenheit und Abgeschlossenheit auftreten.

Die hierarchische Konstellation bei Schiller war eine ganz andere. Er bereitete seine Inkarnation in der Saturn-Sphäre vor, wo vor allem die Geister des Willens (Throne) zu Hause sind. Für diese Arbeit bildeten aber die Geister der Liebe (Seraphim) etwas wie einen mächtigen Hintergrund, aus dem die inspirierenden Impulse für die Karmagestaltung Schillers kamen. Dadurch flossen in seiner Seele die Willens-Impulse der Throne und die feurige Begeisterung der Seraphim zusammen, was sich in seiner beinahe grenzenlosen Ergebenheit dem Freiheits-Ideal gegenüber äußerte. Auch darf noch zusätzlich bemerkt werden, daß ein Echo dieses Zusammenlebens mit den Thronen, welche innerhalb der ersten Hierarchie die Kräfte des Vaters als dem Weltenschöpfer repräsentieren, und mit den Seraphim, die innerhalb derselben die Kräfte des Sohnes und der Liebe vertreten, in seiner «Theosophie des Julius», vor allem bei der Behandlung von solchen Themen wie «Liebe» und «Gott», gefunden werden kann.

Es ist in dieser Beziehung auch auffallend, wie in seiner Abhandlung «Über naive und sentimentalische Dichtung» Schiller bei dem Vergleich des naiven Dichters (Goethe) mit dem sentimentalischen (Schiller) darauf hinweist, daß bei ersterem das Wichtigste an seinem Wesen nicht in den einzelnen Taten in Erscheinung tritt, sondern in dem ganzen Bild seines Lebens, das vor allem die unverkennbare Prägung seines Genies trägt. Bei dem zweiten hingegen liegt die ganze Bedeutung seines Genies und inneren Wesens vor allem in den einzelnen und stark individuell geprägten Handlungen, welche als solche viel mehr von ihm offenbaren als sein Leben als Ganzes. Auch durch diese Selbstcharakterisierung zeigt Schiller seine Nähe zu dem Grundnerv der «Philosophie der Freiheit», wo im Zentrum der Freiheitsausübung immer die individuellen Taten des einzelnen Menschen stehen.

Um der Folgerichtigkeit willen muß hier noch kurz auf Novalis, der, wie im ersten Kapitel bereits dargestellt, mit Goethe und Schiller der Dritte in diesem Dreigestirn war, eingegangen werden. Wie aus der «Letzten Ansprache» Rudolf Steiners folgt, bereitete Novalis vor der Inkarnation sein zukünftiges Erdenschicksal besonders in der Sonnensphäre vor. Deshalb nennt Rudolf Steiner ihn «einen glänzenden Vorboten» der «Michael-Strömung», die ihren Ursprung auf der Sonne hat (GA 238, 28.9.1924). Die Sonne aber steht nicht nur in der Mitte des ganzen Sonnensystems und trägt damit in sich die Kräfte aller sieben Planeten, sie zu einer höheren Synthese vereinigend, sondern ist auch ein Stern. Und durch diese Qualität befindet sie sich mit allen Fixsternen in einer unmittelbaren Beziehung. Daher konnte Novalis in seinem Werk, das aber wegen seines frühen Todes nur eine Sammlung von Fragmenten blieb, praktisch alle Gebiete des Lebens und des Wissens berühren und wie im Lichte der Geistessonne eine Art weltumfassender Enzyklopädie entwerfen, die als Grundlage für die zukünftige geistige Synthese von Wissenschaft, Kunst und Religion dienen sollte.

Wie die Sonnenkraft alles in der Natur durchdringt und belebt, so erstrebte Novalis die ganze Erdenkultur in allen ihren Ausrichtungen mit seinem «magischen Idealismus» zu verwandeln und beleben. Noch wichtiger aber ist, daß der Quell, aus dem er die geistigen Kräfte für seinen «magischen Idealismus» schöpfte, Christus selbst war, den er als den Ich-Mittelpunkt des ganzen Sonnensystems, das er im Geiste aufzubauen suchte, erlebte.[47] Als ausgesprochener Sonnenmensch stand Novalis der Christus-Wesenheit am nächsten und zugleich genau zwischen dem Jupitermenschen Goethe und dem Saturnmenschen Schiller.

*

Nachdem wir diesen Exkurs in die vorgeburtlich karmisch-hierarchischen Beziehungen von Schiller, Novalis und Goethe eingeschaltet haben, können wir am Schluß dieses Kapitels noch auf die kosmischen

Hintergründe der zweiten Eigenschaft kurz hinweisen, um dadurch die ganze Weltbedeutung einer solchen Persönlichkeit wie Schiller (nicht allein als Künstler) zu verstehen. Denn in Schiller waren von Anfang an beide Eigenschaften – das Licht des Denkens und die feurige Begeisterung für das moralische Tun – auf einmalige Weise miteinander verbunden. Die Seraphim, die höchsten Geister der ersten Hierarchie, benötigen für ihre Taten im Weltenall die Kräfte der Wärme oder des Feuers. Und nur der Mensch kann sie ihnen aus seinen moralischen Handlungen hier auf der Erde entgegenbringen. Denn diese sind, insofern sie aus unseren Idealen entspringen, diejenigen Wärme- oder Feuerquellen, welche dann draußen im Kosmos die Seraphim benutzen, um aus diesen verborgenen Kräften des menschlichen Willens die ganze Weltenordnung zu unterhalten. «Alles was wir tun, geschieht dadurch, daß diese Willensimpulse in uns tätig sind. Da geschieht nicht nur dasjenige, was äußerlich in der Welt durch uns vor sich geht, sondern, insofern es moralisches Handeln ist, sammeln dieses moralische Handeln die Seraphim. Dieses moralische Handeln ist die Wärmequelle für die ganze Weltenordnung» (GA 156, 19.12.1914). Und in dem nächsten Vortrag formuliert Rudolf Steiner dieses Forschungsergebnis noch direkter: «Wenn ich denke, bin ich Leuchter der Cherubim, wenn ich handle, wenn ich wollend handle, bin ich Wärmeapparat für die Seraphim –, dann weiß er [der Mensch]: er lebt darinnen in dem ganzen geistigen Weltgefüge» (20.12.1914). Und in einem solchen «Weltgefüge», wenn auch mehr in den unterbewußten Kräften seiner Seele, erlebte sich Schiller. Daß dies tatsächlich bei ihm der Fall war, folgt aus den weiteren Worten, mit denen Rudolf Steiner diese Fähigkeiten charakterisiert. Denn auf diesem Weg verwandeln sich das Denken und Handeln (Wollen) des Menschen in etwas anderes. «Denken wird ihm selbst zur religiösen Gesinnung; Handeln wird ihm zum moralischen Gebet» (ebd.).

In diese kosmische Welt, in der das Denken zur religiösen Gesinnung und das Handeln zum moralischen Gebet wird, lebte sich Schiller Zeit seines Lebens immer stärker ein. Und durch seinen lichterfüllten Idealismus und seine feurige Begeisterung für alles Höhere wurde er unter seinen Zeitgenossen derjenige, der den Cherubim und Seraphim das meiste Licht und die meiste Wärme hinaufreichte. Somit kann er auch für uns heute eines der höchsten menschlichen Vorbilder dieser irdisch-kosmischen Bestimmung des Menschen sein.

2. Der Kampf um die Freiheit des Menschen

«Der Kampf gegen die Unmoral seiner Zeit
und die Begeisterung für die Freiheit,
die aus diesen Werken [Schillers] sprechen,
eroberten dem Dichter die Herzen seiner
Zeitgenossen»

Rudolf Steiner, 1900.

Im Leben von Schiller (wie auch später im Leben Rudolf Steiners) hatte die im vorigen Kapitel beschriebene Einstellung zum Wesen der Freiheit ganz konkrete Konsequenzen. Weil Schiller sie nicht nur denken, sondern in seiner eigenen Person verwirklichen wollte,[48] das heißt, den Übergang von der Erkenntnis zum Willen suchte, wurde er auch denjenigen zeitgenössischen Strömungen (auch denen der Vergangenheit), die dem Wesen der Freiheit widersprachen, ganz besonders empfindlich gegenüber. Denn Schiller erlebte die menschliche Freiheit nicht nur als die Krönung der Menschheitsentwicklung, sondern auch als den Wesenskern und die wichtigste Botschaft des wahren Christentums. In diesem Sinne schrieb er an Goethe in dem Brief vom 17. August 1795: «Hält man sich an den eigenthümlichen Charakterzug des Christenthums, der es von allen monotheistischen Religionen unterscheidet, so ligt er in nichts anderm als in der *Aufhebung des Gesetzes* [Moses] oder des Kantischen Imperativs, an deßen Stelle das Christenthum eine freye Neigung gesetzt haben will» (HK. Seite 473; kursiv Schiller).

Aus diesen Worten wird auch verständlich, warum Schiller sich so intensiv mit der Gestalt von Moses befaßt hat (siehe seine Abhandlung «Die Sendung Moses»), welcher als der größte Gesetzgeber in der Menschheitsgeschichte auftrat und dessen Rolle zu seiner Zeit von außerordentlicher Tragweite war. Heute aber muß dieser mosaische Impuls in der Seele des modernen Menschen überwunden werden, sonst wird er unvermeidlich bei dem Kantischen Dualismus mit seiner inneren Ablehnung der Freiheit zugunsten der Pflicht landen (siehe GA 4, Kapitel IX). Deshalb stellte Schiller diesen beiden die «freie Neigung» des Menschen als den «eigentümlichen Charakterzug des Christentums» gegenüber.[49]

Nach der Überwindung von Kant (vor allem als eine Versuchung in der eigenen Seele) wandte sich Schiller bei seiner weiteren inneren Entwicklung konsequenterweise denjenigen geistigen Strömungen zu, die sich in seiner Umgebung der Entfaltung der menschlichen Freiheit und somit dem Wesen der Bewußtseinsseele im Menschen am radikalsten entgegenstellten. Diese geistige Strömung ist diejenige, welche von dem sogenannten Jesuiten-Orden ihren Anfang genommen hat und aus dessen Quell sie bis heute gespeist wird.

Bevor wir nun auf den großen Kampf eingehen, den Schiller fast sein Leben lang gegen die Jesuiten als den gefährlichsten Gegnern der Freiheit und der wahren Menschenwürde führte, sollen hier auch die beiden Auseinandersetzungen, die ihm vorausgingen, genauer besprochen werden. In dieser Beziehung kann man im Leben Schillers drei Stufen entdecken, die in einem tieferen Sinne den drei Menschheitsepochen, des Vaters, des Sohnes und des Heiligen Geistes, entsprechen, von denen sein älterer Zeitgenosse, Gotthold Ephraim Lessing, in seiner «Erziehung des Menschengeschlechtes» bereits geschrieben hatte. Schiller jedoch ging es bei allen drei Auseinandersetzungen in erster Linie um das Wesen der menschlichen Freiheit.

Auf der ersten Stufe beschäftigte er sich mit der Gestalt und der Lehre des Moses, welche ihre Kulmination in seiner Abhandlung «Die Sendung Moses» fanden und die 1790 veröffentlicht wurde. Darin ging es um den großen Gesetzgeber und Eingeweihten, der in der Epoche des Vaters aus Dessen Kräften wirkte und dadurch im Einklang mit seiner Zeit eine große Mission in der Entwicklung der Menschheit erfüllte. Schiller war es ganz klar, daß für jene Phase der Weltgeschichte die Führung durch strenge Gebote notwendig und im Sinne des Menschheitsfortschritts voll berechtigt war.

Das zentrale Verdienst von Moses sah Schiller darin, daß dieser die geheimen Lehren der ägyptischen Mysterien, die zuvor nur einem kleinen «Zirkel» von Hierophanten bzw. dem das ganze ägyptische Volk aus der Weisheit der Mysterien heraus führenden geheimen «Priesterorden» zugänglich waren, entwendet und dann den Hebräern als Grundlage ihrer neuen Volksreligion übergeben hatte. «Moses, der selbst aus diesem Zirkel ist und nur diesem Zirkel seine bessere Idee von dem höchsten Wesen zu danken hat, Moses ist der erste, der es wagt, dieses geheim gehaltene Resultat der Mysterien nicht nur laut, sondern sogar zur Grundlage eines Staats zu machen. Er wird also, zum Besten der Welt und der Nachwelt, ein Verräter der Mysterien und läßt eine ganze Nation an einer Wahrheit teilnehmen, die bis jetzt nur das Eigentum weniger Weisen war» (Band IV, Seite 804).

Damit hatte Moses das Werk begonnen, welches Christus Jesus an der Zeitenwende durch die Auferweckung des Lazarus zur Kulmination und zugleich zu seinem Abschluß brachte. Nicht nur übergab Christus die geheime Weisheit der Mysterien einem ganzen Volk, sondern vollzog deren Allerheiligstes, die Einweihung selbst, vor aller Öffentlichkeit auf der Bühne der Weltgeschichte und brachte sie in ihrer vorchristlichen Form zu einem endgültigen Abschluß.[50] So war Moses für Schiller ein großer Vorläufer des Christus Jesus, dessen Menschheitsmission jedoch voll und ganz in vorchristlicher Zeit lag.

Deshalb war es für Schiller wichtig, daß die mosaische Gesetzgebung, welche ihre volle Berechtigung nur vor der Zeitenwende hatte, keine Fortsetzung in die christliche Zeit hinein fände. Denn für die Epoche des Sohnes wäre das eine rückläufige, dem Menschen nicht mehr angemessene und sein wahres Wesen sogar beeinträchtigende Entwicklung gewesen. Sagt doch Christus selbst im Evangelium: «Ein neu Gebot gebe ich euch» (Joh. 13,34). Mit diesem neuen Gebot der Liebe, das nur auf Grundlage der vollen Freiheit und Autonomie des Menschen überhaupt zu erfüllen ist, hat Christus das ganze mosaische Gesetz abgeschafft.

Von diesem Moment an wurde jegliche Anwendung des alten Gesetzes zu einem Hindernis auf dem Wege des Menschen zu Christus, welcher allein aus Freiheit und Liebe gegangen werden sollte. Am stärksten hat das Paulus, der große Apostel der Freiheit, empfunden und zum Ausdruck gebracht: «Als Pharisäer bin ich den Weg des Gesetzes gegangen. Aus Übereifer wurde ich zum Verfolger der Gemeinde. Soweit auf dem Wege des Gesetzes die Vollkommenheit erreicht werden kann, bin ich ihr fehlerlos gerecht geworden. Aber alles, was ich mir einst als Gewinn errungen habe, mußte ich auf dem Wege des Christus als Hindernis und Schädigung erkennen» (Phil. 3,5–7; Übers. E. Bock).

Wie seinerzeit Paulus, so sollte in einem bestimmten Moment seines Lebens auch Schiller sich von dem Schatten des größten Gesetzgebers des Altertums befreien, um den inneren Weg zu Christus und zu *Seiner* Freiheit antreten zu können. Emil Bock schreibt darüber: «Schiller befreit sich von Moses, der mit seinen Gesetzestafeln doch noch der Schutzheilige seiner bisherigen Moralstimmung gewesen ist» (B., Seite 92). Und die Schrift «Die Sendung Moses» ist wie ein Meilenstein in dem Prozeß seiner inneren Befreiung. So kam er zu der Erkenntnis, daß, bei aller Würdigung der ehemals berechtigten Mission von Moses, in der Epoche des Sohnes die Menschheit nicht weiter nach äußeren Geboten, Regeln und Gesetzen leben darf, sondern mehr und mehr aus dem eigenen Wesen frei diese selbst erschaffen muß. Denn nicht einen äußeren «Schutzheiligen» braucht der Mensch, sondern er muß ihn in sich selbst finden, ja für sich selbst sein.

Aus dem gleichen Grund wurde, nach einer kurzen Zeit der Würdigung und Anerkennung, die Beziehung Schillers zu Kant eine schroff ablehnende und zum Schluß sogar feindliche. Denn Kant war bestrebt, das mosaische Gesetz in Form der «Pflicht» und des «kategorischen Imperativs» für eine Epoche maßgebend zu machen, zu der beide nicht mehr gehören. Denn ihre Zeit war mit der Beendigung der Epoche des Vaters endgültig vorbei. In diesem Sinne erwiesen sich die Grundpfeiler der Kantischen Philosophie, im Sinne der angeführten Worte von Paulus, als das große «Hindernis» und die «Schädigung» auf dem Wege der Menschheit zu Christus und damit zur Erfüllung der Aufgabe, die Er der zweiten Epoche, der des Sohnes, gestellt hatte.

Auch Rudolf Steiner sprach stets in diesem ablehnenden Sinne über die Philosophie Kants. Er nannte sie «die äußerste Spitze des Nominalismus»[51] und bezeichnete sie als den «äußersten Niedergang der abendländischen Philosophie», ja sogar als den «vollständigen Bankrott des Menschen in bezug auf sein Wahrheitsstreben» (GA 74, 24.5.1920).[52] Denn Kant wollte nicht nur sein «unbedingt verpflichtendes Pflichtgebot» (GA 63, 12.2.1914) überall durchsetzen, sondern, indem er den Zentralbegriff seiner Philosophie, das prinzipiell unerkennbare «Ding an sich», einführte, auferlegte er nicht nur jeder wahren Erkenntnis eine absolute Grenze, sondern vernichtete sie in ihrem Kern selbst. Nach Kant sollte das «Ding an sich» seinem Wesen nach von Menschen nie erkannt werden können und somit jegliches Wahrheitsstreben nur noch eine subjektive Bedeutung haben. «Kant hat jede mögliche Erkenntnis zerstört, jedes mögliche Wahrheitsstreben zerstört, denn Wahrheit kann nicht bestehen, wenn sie nur im Subjekte gemacht wird» (GA 74, 24.5.1920).[53]

Aus dem Gesagten wird klar, und das darf hier noch hinzugefügt werden, warum Rudolf Steiner von Jugend an so radikal mit diesen beiden Irr-Richtungen der Kantischen Philosophie rang, vor allem in seinem Buch «Die Philosophie der Freiheit». Denn in ihrem ersten Teil werden die Grenzen, die Kant der Erkenntnis stellte, aufgehoben, und im zweiten Teil werden sein kategorischer Imperativ und das Pflichtgebot durch die Freiheit und die Liebe endgültig ersetzt.[54]

Man kann sagen, wenn wir in der «Philosophie der Freiheit» die christlichste Philosophie der Bewußtseinsseelenepoche haben, so haben wir in der Philosophie Kants ihren antichristlichsten Widerpart. Um diese zu widerlegen, sollte Rudolf Steiner «dem starren Pflichtbegriff» Kants die Liebe gegenüberstellen, welche so geläutert und vergeistigt ist, daß sie sogar die Pflicht selbst lieben kann. «Da, wo diese Liebe geistig wird, da saugt sie in sich die moralischen Intuitionen auf; und man ist ein moralischer Mensch, weil man die Pflicht *liebt*, weil sie etwas ist, was als ein unmittelbar Kraftendes aus der menschlichen Individualität [und nicht aus der Welt der ‹Dinge an sich›] selber herauskommt» (GA 78, 5.9.1921; kursiv Rudolf Steiner). Und an dieser Stelle des zitierten Vortrages knüpft Rudolf Steiner nicht nur unmittelbar an Schillers «Ästhetische Briefe» an, sondern sagt von ihrem Autor noch das Folgende: «Und es tritt das Gewaltige ins Menschenleben herein, daß diese moralischen Ideale, diese moralischen Intuitionen [wie sie in der «Philosophie der Freiheit» beschrieben sind] durchsetzt werden von dem, was sonst die Liebe ist, daß wir frei handelnde Menschen werden können aus der Liebe unserer Individualität heraus. Damit aber nähert sich die Geisteswissenschaft einem Ideal, das nun auch aus der Goethe-Zeit stammt; nur sprach es am deutlichsten Goethes Freund *Schiller* aus» (ebd.; kursiv Rudolf Steiner). Auf diese Weise bestätigt Rudolf Steiner, daß Schiller der größte Vorläufer und Vorverkünder des Ideals der Geisteswissenschaft ist.

Für das richtige Verstehen dieser zweiten Auseinandersetzung in der Biographie Schillers, die, wie wir wissen, sieben Jahre seines Lebens in Anspruch nahm, ist das Zeugnis von Wilhelm von Humboldt von Bedeutung, dem Schiller zur Zeit dieses geistigen Ringens mit Kant besonders nahestand. In seinen Erinnerungen an den verstorbenen Freund schrieb Humboldt diesbezüglich: «So geschah es, daß Schiller, als er zuerst Kants Namen öffentlich aussprach – in *Über Anmuth und Würde* –, als sein Gegner auftrat» (Hum., Seite 36; kursiv Humboldt). Auch war es Humboldt wichtig, darauf hinzuweisen, daß Schiller in seiner ganzen Ideenbildung bis zum Schluß völlig eigenständig bzw. von Kant unabhängig geblieben war: «Ohne große Divinationsgabe läßt sich ahnen, wie – ohne Kant – Schiller jene ihm ganz eigentümlichen Ideen ausgeführt haben würde. Die Freiheit der *Form* hätte wahrscheinlich dabei gewonnen» (Hum., Seite 37; kursiv Humboldt).

Aus dem Zitierten wird klar, daß die Auseinandersetzung Schillers mit Kant als Wegbereitung für den späteren großen Kampf anzusehen ist, den Rudolf Steiner geistig mit Kant führen mußte. Und in beiden Fällen ging es dabei in Wirklichkeit um den Sieg der christlichen über die antichristlichen Impulse innerhalb der Bewußtseinsseele des Menschen, sowie um ein Ringen darum, daß die großen Ideale der Epoche des Sohnes in der Menschheit erfüllt werden können.

Noch länger und nachhaltiger war der unerbittliche Kampf Schillers gegen die dritte und verhängnisvollste Form der Unfreiheit unserer Zeit, welcher nicht der künstlichen Verlängerung der Epoche des Vaters und nicht dem Ablehnen der des Sohnes galt, sondern gegen die Epoche des Geistes, das heißt wider die ganze Zukunft der Menschheit, gerichtet war. Wollten doch die hier wirkenden Mächte die Menschheit ihrer geistigen Zukunft und Bestimmung berauben, weshalb bereits die Heilige Schrift davon spricht, daß die Sünde gegen den Geist als einzige nicht verziehen wird. (Siehe Matth. 12,31–32.)

Diesen letzten Kampf führte Schiller nicht wie den mit Kant sieben Jahre lang, sondern bis zum Ende seines Lebens, vom ersten Konzept des «Don Carlos» (1783)[55] und dem Erscheinen seines Romans «Der Geisterseher» (1786) bis zu der Arbeit an seinem letzten Drama, dem «Demetrius», «über das er stirbt, bei dem er stirbt» (GA 282, 16.9.1924). Und in diesem Kampf waren seine Hauptkontrahenten – die Jesuiten.

Als ein Stoßtrupp, der äußerlich gegen die Reformation, in Wirklichkeit aber gegen das Aufleuchten der Bewußtseinsseele mit ihrem Freiheitsimpuls in der Menschheit gerichtet war, so trat der Jesuitenorden vor Schillers geistiges Auge. Die allgemein bekannten Worte seines Begründers, Ignatius von Loyola (1491–1556), sollten durch die totale Unterwerfung des Menschen jegliche Freiheit aus ihm mit Stumpf und Stiel ausrotten: «Alle Kräfte müssen für diese Tugend des Gehorsams angewendet werden, der zuallererst dem Papst entgegengebracht werden muß und dann dem Ordensobersten. Jeder muß sich führen und lenken lassen von der göttlichen Vorsehung, durch die Vermittlung seiner Oberen, als wenn er ein Kadaver wäre (perinde ac cadaver), den man überall hintragen und beliebig behandeln kann.» Und an anderer Stelle spricht er das Ideal aus, nach dem jedes Mitglied seines Ordens sich «führen und leiten» lassen muß «wie ein Leichnam, der weder Willen noch Verstand hat».[56] Um dieses Ziel zu erreichen, wurden von Ignatius von Loyola auch die sogenannten «geistlichen Übungen» ausgearbeitet, die den Menschen in eine totale Abhängigkeit von der kirchlichen Hierarchie bringen sollten, welche ihr Autor wie folgt beschreibt: «Wir müssen, um in allem das Rechte zu treffen, immer festhalten: ich glaube, daß das Weiße, das ich sehe, schwarz ist, wenn die hierarchische Kirche es so definiert».[57] Damit war jeglicher Freiheit des Menschen der radikalste Krieg in der Menschheitsgeschichte angesagt, dieses Mal auch mit okkulten Mitteln.[58]

Die unvermeidliche Konfrontation Schillers mit dem Jesuitenorden ist aus den Tatsachen zu erklären, die Rudolf Steiner 1911 im ersten Vortrag des Zyklus «Von Jesus zu Christus» ausführlich bei der Charakterisierung einer der größten geistesgeschichtlichen Polaritäten der neueren Menschheit dargestellt hat. «Es gibt wohl kaum einen größeren Gegensatz in der Kulturentwicklung der letzten Jahrhunderte, als den zwischen dem Jesuitismus und dem Rosenkreuzertum, weil in dem Jesuitismus nichts von dem enthalten ist, was das Rosenkreuzertum als das höchste Ideal der Beurteilug von Menschenwert und Menschenwürde ansieht; und weil sich das Rosenkreuzertum immer hat bewahren wollen vor einem jeglichen Einfließen, was auch nur im schwachen Sinne als ein jesuitisches Element bezeichnet werden kann» (GA 131, 5.10.1911). Diese Worte, obwohl Schiller nicht eigentlich ein Rosenkreuzer war,[59] können dennoch vorbehaltlos als Grund seiner Auseinandersetzung mit der Jesuitenströmung betrachtet werden. Auch waren Schiller und Goethe dermaßen bedacht darauf, jeglichen Einfluß dieser Strömung streng zu vermeiden, indem Goethe – und dies möglicherweise nach einer Beratung mit Schiller – die Veröffentlichung der Abhandlung von Novalis «Die Christenheit oder Europa» im «Athenaeum» abgelehnt hat. (Wohl wegen der darin enthaltenen Passagen über den Jesuitenorden.)

Der kardinale Unterschied zwischen den rosenkreuzerischen und den jesuitischen Einweihungsmethoden (denn die Jesuiten besitzen sie in Form der sogenannten «geistlichen Übungen» auch) besteht in dem Verhältnis dieser beiden okkulten Richtungen zu dem Wesen des Willens und somit zu der menschlichen Freiheit. Die Jesuiten suchen durch die Kraft, welche sie aus ihren okkulten Praktiken schöpfen, den freien Willen des Menschen direkt zu beeinflussen und auf diese Weise ihrer Macht, die okkulten Sonderinteressen dient, zu unterwerfen. Dagegen suchen die wahren Rosenkreuzer, die in ihrer inneren Arbeit ebenfalls das Element des Willens stark berücksichtigen, ihn nicht direkt, sondern einzig und allein auf dem Wege durch den Geist zu erziehen. Dadurch wird der individuellen Freiheit und somit der geistigen Würde des Menschen volle Anerkennung gezollt. Auch die Anthroposophie, die in dieser rosenkreuzerischen Richtung steht, sucht den Zugang zum Bereich des menschlichen Willens auf dem Wege des Geistes, das heißt durch die allgemeine Verbreitung der Geisterkenntnisse und die konsequente Schulung des Denkens.[60]

Diese polare Beziehung zum menschlichen Willen in Jesuitismus und Rosenkreuzertum, vor allem aber in der Fortsetzung des letzteren in der Anthroposophie, erreicht ihre ganze Bandbreite und besondere Aktualität in der 1879 eingetretenen neuen Michael-Epoche der Menschheitsentwicklung. Denn «es ist Michaels Aufgabe, den Menschen auf den Bahnen des Willens dahin wieder zu führen, woher er gekommen ist, da er auf den Bahnen des Denkens von dem Erleben des Übersinnlichen zu dem des Sinnlichen mit seinem Erdenbewußtsein heruntergestiegen ist» (GA 26, Leitsatz 105). Mit anderen Worten, auf den Wegen des Willens führt heute Michael die Menschen zu einem neuen und vollbewußten Erleben des Übersinnlichen. Dabei steht das Erhalten der individuellen Freiheit ganz im Vordergrund. Denn Rudolf Steiner zufolge wird Michael «der geistige Held der Freiheit» sein (GA 233a, 13.1.1924).

Auf diesen Bahnen des Willens, jedoch unter voller Berücksichtigung der individuellen Freiheit und somit ganz im michaelischen Sinne, strebte auch Schiller zu einer besonderen Art der Willenseinweihung. Daraus ergibt sich seine innere Nähe zu Michael, weshalb man ihn ohne Zögern als den bedeutendsten michaelischen Geist des 18. Jahrhunderts bezeichnen kann. Auch seine tiefe Beziehung zum Rosenkreuzertum liegt in dem gleichen Strom. Denn wie die Rosenkreuzer nie direkt auf den menschlichen Willen wirkten, sondern nur durch die Vermittlung des Geistes (siehe GA 131, 5.10.1911), so arbeitete auch Schiller an der Erziehung des menschlichen Willens immer durch die Vermittlung der großen geistigen und künstlerischen Ideale.

Dagegen gehörte es schon immer zu der Strategie der Gegenmächte zu versuchen, die auf berechtigte Weise in die Menschheit hineinkommenden Geistimpulse mit allen Mitteln aufzuhalten, und, wenn dies nicht mehr möglich war, sie im Nachhinein von innen her zu unterminieren und zu entstellen. Bei dem Jesuitenorden geschah dies dadurch, daß den Menschen ein anderer Weg gegeben wurde, bei dem man zwar ebenfalls mit den Kräften des Willens arbeitete, jedoch jegliche Freiheit von Beginn an durch den absoluten Gehorsam ersetzt war.[61] Deshalb ist es auch heute von entscheidender Bedeutung, ob die Menschheit den ihr bevorstehenden Weg in die geistige Welt hinein im Sinne Michaels vollzieht, das heißt auf Grundlage der geistigen Freiheit, wie das bereits von Schiller geahnt und in der «Philosophie der Freiheit» von Rudolf Steiner zur vollen Entfaltung gebracht wurde, oder ob es ohne sie zu beachten oder gar durch ihre Ausrottung geschieht.

Eine völlig ungenügende Berücksichtigung der Freiheit finden wir bei Kant und einen besonders heimtückischen Versuch, sie zu vernichten, in den okkulten Praktiken der Jesuiten. Vor allem im letzteren Fall wird den Menschen, ohne daß sie es bemerken, ein Weg angeboten, der nicht in die wahre geistige Welt führt, sondern in die sogenannte achte Sphäre, die im Okkultismus auch als die Sphäre des Bösen bekannt ist, in die hinein Luzifer und Ahriman die menschliche Freiheit für immer verschwinden lassen wollen. Von dieser achten Sphäre berichtet Rudolf Steiner das Folgende: «Luzifer und Ahriman haben aber das Bestreben, gerade des Menschen *freien Willen* hineinzuzerren in ihre achte Sphäre; gerade alles das, was aus des Menschen freiem Willen stammt, nicht daraus stammen zu lassen, sondern es hineinzuzerren in die achte Sphäre. Das heißt, der Mensch ist fortwährend der Gefahr ausgesetzt, daß ihm sein freier Wille entrissen und hineingezerrt werde in die achte Sphäre» (GA 254, 18.10.1915).

Im Dienste dieser verheerenden Entwicklung wirken bis heute – ob bewußt oder unbewußt – alle diejenigen okkulten Strömungen, die, aus welchen Gründen auch immer, die menschliche Freiheit bekämpfen. Und unter solchen Strömungen steht der Jesuiten-Orden bis heute an der Spitze.[62] Denn eine solche Unterbindung bzw. volle Erstickung des individuellen, freien Willens schon bei dessen Entstehen in der menschlichen Seele wird vor allem durch die jesuitischen Übungen der Unterwerfung und des Gehorsams angestrebt. Damit wird aber der Mensch gerade der «Gefahr» ausgesetzt, von der Rudolf Steiner am Ende der angeführten Worte spricht. So wird der Mensch innerlich an die achte Sphäre gebunden.

Die Gefahr, welche von dieser Seite der Menschheit droht, empfand Friedrich Schiller ganz besonders stark, ohne jedoch von ihren okkulten Hintergründen in der Art ein Wissen zu besitzen, wie das heute durch die Anthroposophie möglich ist. Dadurch stand er als ausgesprochener Willensmensch mit den unbewußten Tiefen seiner Seele bereits in der dem Jesuitismus polaren okkulten Strömung darin, die von dem wahren Rosenkreuzertum bis zur Anthroposophie sich erstreckt und in der «Philosophie der Freiheit» Rudolf Steiners zum ersten Male vollumfänglich in Erscheinung tritt. Der einzige wesentliche Unterschied in dieser Hinsicht ist, daß Schiller zur Umgestaltung seines Wollens als einen Vermittler die Welt seiner Ideale und sittlichen Ziele benutzte, während in der Anthroposophie eine direkte Wirksamkeit des Geistes stattfindet und somit die konkreten Resultate der Geistesforschung vorliegen.

So kann man sagen, gerade weil hier von zwei diametral entgegengesetzten Seiten her an dem Element des menschlichen Willens gearbeitet wurde – bei Schiller aus der Sphäre der Freiheit und der höchsten ästhetisch-moralischen Ideale, die er im reinen Denken zu erfassen suchte, bei den Jesuiten jedoch mit den Methoden des strengsten Gehorsams, die mit der Knechtung des fremden Willens verbunden sind, und des weiteren durch ihre geheimen Machtbestrebungen – war früher oder später ein Zusammenstoß unvermeidlich.

Als Dichter wollte Schiller zunächst mit den ihm zur Verfügung stehenden künstlerischen Mitteln vorgehen und schrieb in Fortsetzungen seinen unvollendet gebliebenen Roman «Der Geisterseher» (1787–1789). In ihm stellte er dar, wie ein Prinz, als Angehöriger und Thronfolger eines im protestantischen Deutschland regierenden Fürstenhauses, während seines Aufenthalts in Venedig in eine raffiniert gewobene und skrupellose Intrige einer katholischen Geheimgesellschaft verwikkelt wird, hinter welcher sich der Jesuitenorden verbirgt. Durch spiritistische Séancen und okkult-magische Machinationen wird der protestantische Prinz so weit seelisch verwirrt und von den Hintermännern vereinnahmt, daß er zur Konversion zum katholischen Glauben bereit ist. In weiteren, ungeschrieben gebliebenen Teilen des Romans wollte Schiller noch zeigen, wie der konvertierte Fürst, dem fremden Willen folgend, einen Versuch unternimmt, auf verbrecherische Weise sich der Krone seines Landes zu bemächtigen – und daran zugrunde geht. So werden in dem Roman zunächst menschenverachtende und die Freiheit gänzlich unterdrückende psychische Manipulationen dargestellt, mit denen ein Mensch zu einem willenlosen und gehorsamen Instrument für dunkle, okkult-politische Ziele gemacht wird.

Schiller wirft hier mit großer Kunstfertigkeit und Kraft die Frage nach einer absichtlich durch okkulte Mittel bewirkten Ichlosigkeit auf. (Später wird er dieses Thema in seinem «Demetrius» noch einmal auf eine viel tiefere Weise aufgreifen.) Es ist die gleiche Thematik, welche in der Gegenwart eine zur Zeit Schillers noch kaum geahnte Brisanz und Aktualität aufgrund der vielfältigen Aktivitäten verschiedener okkulter Bruderschaften und geheimer Gruppierungen bekommen hat,

108

die sich zunehmend in die Politik einmischen, um aus dem Hintergrund den Gang der Ereignisse auf der Bühne der Weltgeschichte zu bestimmen.[63]

Daß Schiller die Geschichte und viele Begebenheiten um den Jesuitenorden recht gut kannte, geht aus dem folgenden Detail des Romans hervor. Bei einer spiritistischen Séance wird von einem englischen Lord der Vorschlag gemacht, Papst Ganganelli aus der geistigen Welt zu zitieren. Dabei macht ein Engländer die Bemerkung: «Vielleicht hätten wir von ihm erfahren, an welcher Krankheit er gestorben ist». Es geht hier um Papst Clemens XIV., der 1773 unter dem wachsenden Druck der europäischen Königshäuser den Jesuiten-Orden offiziell aufgehoben hat und danach, wie vielfach angenommen wurde, an einer Vergiftung von Seiten der Jesuiten starb.

Der Roman stieß in der deutschen Öffentlichkeit auf großes Interesse und wurde damals in breitesten Kreisen gelesen. Schon 1789 erfolgte eine französische Übersetzung. Jedoch hatten sicherlich nicht viele Leser eine Ahnung davon, welcher Gefahr sich der Autor damit selbst ausgesetzt hatte. Denn von da an war er als ein ausgesprochener Gegner der Jesuiten exponiert.

Es ist in dieser Beziehung auch bezeichnend, daß Rudolf Steiner den einzigen großen Vortragszyklus, den er Anfang 1905 in Berlin anläßlich des 100. Todestages von Friedrich Schiller über dessen Leben und Werk hielt, und dessen Nachschriften er daraufhin in Buchform veröffentlichen ließ, unerwarteterweise mit einer ausführlichen Zusammenfassung des Romans beendete, womit er auf dessen innere Bedeutung hinwies. In diesem Roman, so Rudolf Steiner, zeigte Schiller die falschen Wege in die geistige Welt auf, aber auch die Absichten der die geistigen Kräfte mißbrauchenden okkulten Strömungen und geheimen Gesellschaften.

Seine Charakteristik des Romans und zugleich den ganzen Vortragszyklus schloß Rudolf Steiner in dem letzten, 9. Vortrag mit den Worten: «So hat Schiller als ein echter Geisterseher sich emporgehoben zur Anschauung des Geistigen. Er soll als ein Vorbild vor uns stehen» (GA 51, 25.3.1905). Und es besteht kein Zweifel daran, daß auch in dieser Beziehung vor allem Schiller mit seinem Mut und seiner Kompromißlosigkeit in Fragen der Wahrheit für Rudolf Steiner ein echtes «Vorbild» war, besonders dort, wo er später aus seiner Geistesforschung über die verderblichen Wirkungen der okkulten Methoden der Jesuiten und anderer geheimer Bruderschaften sprach.[64]

Aber die Jesuiten waren keinesfalls die einzige Strömung, die Schiller in seiner Sorge um die individuelle Freiheit und menschliche Würde aufdecken wollte. Fast gleichzeitig schrieb er das Drama «Don Carlos» (1787) und seine erläuternden «Briefe» dazu, um damit wie im polyphonischen Blick von zwei verschiedenen Seiten in den gleichen Abgrund des Bösen hineinzuschauen.

So ließ Schiller die wichtigste Gestalt des Dramas, Marquis Posa, zunächst als einen großen Verfechter der Freiheit auftreten. In einem Gespräch mit dem tyrannischen König Philipp II. von Spanien ruft er diesen auf, in seinem Reich die Freiheit des Denkens zuzulassen: «Geben Sie Gedankenfreiheit» (Band II, Seite 126). Doch im weiteren Verlauf des Dramas wirkt der freiheitsliebende und feinsinnige Marquis zunehmend nicht auf der Höhe seiner idealistischen Ansichten. Durch den Versuch, seinen besten Freund, Don Carlos, den Sohn und Thronfolger Philipps II., als Instrument für seine Ziele zu benutzen, bringt er ihn in größte Gefahr. Als er sich dessen am Schluß bewußt wird, versucht er ihn durch sein Opfer noch zu retten – jedoch vergeblich. Der edle Marquis stirbt, und Don Carlos gerät in die Hände der erbarmungslosen Inquisition.

Bei den Zuschauern des Stückes stieß die offensichtliche Widersprüchlichkeit des Charakters von Marquis Posa auf vielfaches Unverständnis. Wie konnte Schiller auf den Haupthelden seines Dramas einen solchen moralischen Schatten werfen? – Diese Begebenheit aufgreifend, schrieb Schiller zur Erläuterung seines Dramas eine Reihe von «Briefen» und legt dabei am Anfang des zehnten ein merkwürdiges Bekenntnis ab: «Ich bin weder Illuminat noch Maurer, aber wenn beide Verbrüderungen einen moralischen Zweck miteinander gemein haben, und wenn dieser Zweck für die menschliche Gesellschaft der wichtigste ist, so muß er mit demjenigen, den Marquis Posa sich vorsetzte, wenigstens sehr nahe verwandt sein.» Warum aber distanziert sich Schiller so ausdrücklich von den beiden Verbrüderungen, wenn ihre Ziele *zunächst* mit denen seines so idealistisch gesonnenen Helden weitgehend übereinzustimmen scheinen? Eine Antwort auf diese Frage wird schon im gleichen «Brief» unzweideutig gegeben.

Wie bekannt, ist in dem Drama Marquis Posa als Malteser dargestellt, das heißt als Mitglied einer bestimmten Verbrüderung. Schiller hingegen möchte sich mit seinen Worten ausdrücklich und in voller Öffentlichkeit von jeglicher Art okkulter Orden distanzieren und somit auch von der fragwürdigen Vorgehensweise seines Helden. Was er ihm vorwirft, wirft er auch den beiden von ihm genannten Geistesrichtungen vor: den Illuminaten und den Maurern. Den Vorwurf selbst formuliert er mit den folgenden Worten: «Nennen Sie mir, lieber Freund – um aus unzähligen Beispielen nur eins auszuwählen – nennen Sie mir den Ordensstifter oder auch die Ordensverbrüderung selbst, die sich – bei den reinsten Zwecken und bei den edelsten Trieben – von Willkürlichkeit in der Anwendung, von *Gewalttätigkeit* gegen fremde Freiheit, von dem Geiste der *Heimlichkeit* und der *Herrschsucht* immer reinerhalten hätte?» (Band II, 11. Brief; kursiv Schiller).

Aus diesen Worten geht klar hervor, was Schiller dem erwähnten Orden in aller Öffentlichkeit vorwirft: Gewalttätigkeit, Geheimnistuerei und Herrschsucht. Und in seinem Drama zeigt er eindeutig, daß sogar ein von hohen Idealen ehrlich beseelter Mensch, wenn er zu den Methoden solcher Verbrüderungen greift oder greifen muß, nur Unheil, Zerstörung und Tod anrichten wird.

So begründet Schiller selbst die Zwiespältigkeit seines Helden: «Auch gestehe ich, dieser Charakter ging mir nahe, aber, was ich für Wahrheit hielt, ging mir näher. Ich halte für Wahrheit, ‹daß *Liebe* zu einem *wirklichen Gegenstande* und Liebe zu einem Ideal sich in ihren Wirkungen ebenso ungleich sein müssen, als sie in ihrem Wesen voneinander verschieden sind – daß der uneigennützigste, reinste und edelste Mensch aus enthusiastischer Anhänglichkeit an *seine Vorstellung* von Tugend und hervorzubringendem Glück sehr oft ausgesetzt ist, ebenso willkürlich mit den Individuen zu schalten als immer nur der selbstsüchtigste Despot, weil der Gegenstand von beiden Bestrebungen *in* ihnen, nicht *außer* ihnen wohnt und weil jener, der seine Handlungen nach einem inneren Geistgebilde modelt, mit der Freiheit anderer beinahe ebenso im Streit liegt als dieser, dessen letztes Ziel *sein eigenes Ich* ist›. Wahre Größe des Gemüts führt oft nicht weniger zu Verletzungen fremder Freiheit als der Egoismus und die Herrschsucht, weil sie um der Handlung nicht um des einzelnen Subjekts willen handelt.» Und von Marquis Posa wird weiter gesagt, «daß er zu sehr nach seinem Ideal von Tugend in die Höhe und zu wenig auf seinen Freund herunterblickte, wurde beider Verderben» (ebd.; kursiv Schiller).

Die angeführten Worte Schillers stehen somit in einem wunderbaren Einklang mit der Beschreibung der freien Taten des Menschen im IX. Kapitel der «Philosophie der Freiheit». Nicht aus abstrakten Idealen, sondern aus der reinen «Liebe zu dem Objekt» handelt der freie Geist. Das ist es, was Schiller als «Liebe zu einem wirklichen Gegenstande» bezeichnet.

Noch näher kommt Schiller dem inneren Wesen der Freiheit in den weiteren Worten des 11. Briefes. Es geht ihm hier um die Erfahrung, «daß die moralischen Motive, welche von einem zu erreichenden Ideale von Vortrefflichkeit hergenommen sind, nicht natürlich im Menschenherzen liegen und eben darum, weil sie erst durch Kunst [gemeint ist künstlich] in dasselbe hineingebracht wurden, nicht immer wohltätig wirken, gar oft aber, durch einen sehr menschlichen Übergang einem schädlichen Mißbrauch ausgesetzt sind» (kursiv Schiller).

Mit anderen Worten, alle moralischen Motive, wie hoch sie auch an sich sein mögen, wenn sie nicht aus den Tiefen des Menschenherzens selbst entspringen, sondern von außen künstlich in den Menschen hineinversetzt werden, können schlußendlich für den Betreffenden und seine Umgebung nur Schaden hervorrufen, wie es das Schicksal von Marquis Posa unerbittlich zeigt. Nur der Mensch selbst muß als autonome Individualität der letzte Quell der moralischen Motive für seine Handlungen werden. Ein Ideal, das Schiller hier in vollem Einklang mit der «Philosophie der Freiheit» formuliert. Und aus demselben Grund muß er seinem Marquis Posa die Berechtigung zu diesem Vorgehen absprechen und selbst in aller Öffentlichkeit eine Gegenposition beziehen.

Später, im letzten Brief seines Werkes «Über die ästhetische Erziehung des Menschen», wird Schiller bei der Beschreibung des zukünftigen «ästhetischen Staates» seine Grundmaxime wie folgt postulieren: «*Freiheit zu geben durch Freiheit* ist das Grundgesetz dieses Reiches» (Band V, Seite 667; kursiv Schiller). Das mußte er bereits an der tragischen Geschichte der Französischen Revolution lernen: Wo die Freiheit als ein allgemeines, abstraktes Ideal an die Menschen herangebracht wird, ohne dabei die individuelle Freiheit des Einzelnen zu berücksichtigen, die sich nur in der Liebe zum Objekt, das heißt zu jedem konkreten Menschen, äußern kann, da endet eine solche «Freiheit» in schlimmstem Despotismus und in Tyrannei, die Schiller auch an dem Wirken des Illuminaten-Ordens sowie an einigen maurerischen Verbrüderungen beobachtet hatte.[65]

Hier weist Schiller auf ein tiefes Geheimnis der Freiheit hin, das darin besteht, daß diese nicht nur einmal, sondern *zweimal* von dem Menschen erreicht werden muß: zuerst ist die Freiheit *von* etwas zu erringen (was vor allem Marquis Posa beseelt und ins Unglück stürzt), dann aber muß diese Freiheit *für* etwas hingegeben werden. Durch letzteres geschieht eine wesentliche Verinnerlichung der Freiheit und zugleich ihre Erhebung von der seelischen auf die geistige Ebene. Damit allein wird die Freiheit zu dem, was der Mensch als seine eigene, von seinem Wesen nicht mehr zu trennende Errungenschaft, die allein auf der Erde zu erwerben ist, auch in die geistige Welt mitnehmen kann.

Schon von Jugend an, beginnend mit der Mannheimer Zeit, nachdem er als junger und vielversprechender Dichter der «Räuber» aufgetreten war, wurde Schiller Jahre hindurch von den verschiedensten Mitgliedern der Maurer-Orden, vor allem aber von der Bruderschaft der Illuminaten umschwärmt, die ihn zum Beitritt in ihre Vereinigungen zu verführen trachteten.

In seinem Buch «Die Brüder des Marquis Posa. Schiller und der Geheimbund der Illuminaten» resümiert Hans-Jürgen Schings nach gründlichen Recherchen diese Situation folgendermaßen: «Die Annäherungen des Ordens reichten von unverfänglichen Begegnungen bis zu gezielten Werbeaktionen, von fördernder ‹thätiger Freundschaft› bis zum fürstlichen Mäzenatentum, von schriftstellerischen und akademischen Kontakten bis zu geselligen Zirkeln im Salon und bei Freunden. Daran aber kann, objektiv betrachtet, kein Zweifel sein: der Illuminatenorden umkreiste Schiller. Auch in Mannheim bleibt es indes, trotz aller Anstrengungen, bei der für den Bund mißlichen Pointe: gewinnen konnte er Schiller nicht».[66]

Aber auch die Freimaurer-Brüder umwarben Schiller. So erwähnt er selber in einem Brief an Henriette von Wolzogen am 12. September 1783 aus Mannheim: «Wir haben einmal von der Freimäurerey miteinander gesprochen. Vor einigen Tagen hat mich ein reisender Maurer besucht, ein Mann von der ausgebreitetsten Kenntniß und einem grosen verborgenen Einfluß, der mir gesagt, daß ich schon *auf verschiedenen Freimäurerlisten stünde*, und mich inständig gebeten hat, ihm jeden Schritt den ich hierin tun würde vorher mitzutheilen, er versichert mich auch, daß es für mich eine außerordentliche Aussicht sei» (HK., Seite 131; kursiv Schiller). Auch später in Leipzig und Dresden wurden immer wieder Versuche unternommen, Schiller in die Freimaurerei zu «konvertieren». Aber alle blieben ergebnislos. Einer seiner besten und intimsten Freunde, Christian Gottfried Körner, schrieb diesbezüglich an Caroline von Wolzogen: «Schiller trat weder den Illuminaten noch einem anderen Geheimbund dieser Art bei, obwohl ihm manche Avancen gemacht wurden» (B., Seite 88).

Warum läßt Schiller sich, trotz aller möglicher Vorteile, die er dadurch haben könnte, so dezidiert nicht bekehren, zumal einiges darauf hinweist, daß er sich gerade in dieser Zeit recht viel mit dem Gedankengut und den Symbolen der Freimaurer auseinandersetzte und überhaupt mit unterschiedlichsten okkulten Zusammenhängen beschäftigte, wofür seine Werke «Die Theosophie des Julius», «Die Sendung des Moses» und auf eine etwas andere Art auch sein unvollendeter Roman «Der Geisterseher» beeindruckende Zeugnisse sind?

Die Antwort auf diese Frage wird von Schiller selbst klar und unmißverständlich in der vorletzten Szene seines «Don Carlos» gegeben. Dort findet ein Gespräch zwischen Philipp II., König von Spanien, und dem Großinquisitor statt. In diesem Gespräch geht es unter anderem auch um Marquis Posa. Der Großinquisitor, der im Zuge der Unterredung den schwachen spanischen König total in seine Gewalt bekommt, macht ihm in bezug auf den edlen Malteser eine überraschende Enthüllung.

«Großinquisitor:	Ich weiß ihn.
König:	Was weisset ihr? Durch wen? Seit wann?
Großinquisitor:	Seit Jahren
	Was *Sie* seit Sonnenuntergang.
König *(mit Befremdung)*:	Ihr habt
	Von diesem Menschen schon gewußt?
Großinquisitor:	Sein Leben
	Liegt angefangen und beschlossen in
	Der Santa Casa heiligen Registern.
König:	Und er ging frei herum?
Großinquisitor:	Das Seil, an dem
	Er flatterte, war lang, doch unzerreißbar.
König:	Er war schon außer meines Reiches
Grenzen.	
Großinquisitor:	Wo er sein mochte, war ich auch»
	(Band II, Seite 211; kursiv Schiller).

Mit dieser Szene deutet Schiller in aller Öffentlichkeit auf ein okkult-historisches Geheimnis hin, von dem man heute nur aus den Quellen der Anthroposophie erfahren kann. Es geht um folgendes: Wie bereits erwähnt, war der Jesuitenorden 1773 von Papst Clemens XIV. aufgehoben worden und blieb formal 41 Jahre geschlossen, bis er 1814 durch Papst Pius VII. wieder eingesetzt wurde. Diese Zwischenzeit aber nutzten die Jesuiten vor allem dafür, sich in die verschiedenen Hochgrade der freimaurerischen Verbrüderungen einzuschleichen, um sie dann in ihren Führungsebenen für sich und ihre Ziele einzusetzen. Dazu diente ihnen am besten der zu diesem Zwecke 1776 begründete Illuminatenorden. Aufgrund seiner alsbaldigen Schließung ergab sich dafür die beste Gelegenheit. «Im Jahre 1785 wurde auch der Illuminatenorden, jenes Zwischenwesen zwischen Jesuitismus und Freimaurerei, aufgehoben. Nun gab es zwei Orden, die nicht mehr nach außen sichtbar waren. Viele Illuminaten fanden infolge der scheinbaren Verwandtschaft mit dem Freimaurertum in den Logen der Freimaurer Aufnahme. Es gehört nicht viel Kombinationsgabe dazu, zu erkennen, daß von da ab jesuitische Elemente innerhalb des Freimaurertums Einfluß gewannen. Der Illuminatenorden hatte den Jesuiten als Brücke dahin gedient, wo sie ihre Ziele sogar besser verfolgen konnten, als sie das gekonnt hätten, wenn ihr eigener Orden nicht verboten worden wäre» (B., Seite 95).

Und Rudolf Steiner beschreibt diesen Prozeß in folgenden Worten: «In einem bestimmten Zeitpunkte, vom Ende des 18. Jahrhunderts ab, wimmelte es in den Freimaurerorden von Jesuiten, und die machten für gewisse Orden die Hochgrade. So daß Sie Jesuitismus nicht etwa nur da finden, wo über Freimaurertum geschimpft wird oder gegen das Freimaurertum gepredigt wird, sondern Sie finden in den Hochgraden sehr, sehr viel reinsten Jesuitismus. Das schadet ja alles nichts nach Ansicht des Jesuitismus, daß man über dasjenige, was man selber eingerichtet hat, herfällt, denn das gehört auf diesem Gebiete zur Politik, zur richtigen Menschenlenkung» (GA 198, 3.7.1920). Und in einem anderen Vortrag, in dem Rudolf Steiner ebenfalls den Prozeß der Zusammenarbeit gewisser «maurerischer Verbrüderungen» mit den Mitgliedern des Jesuiten-Ordens auf der Führungsebene der beiden Organisationen beschreibt, erwähnt er auch die Illuminaten in Deutschland. (Siehe GA 167, 4.4.1916.)

Gegen eine solche freiheitswidrige und somit die wahre Würde des Menschen verachtende «Menschenlenkung» wollte Schiller mit aller Entschiedenheit seiner Freiheitsliebe und seiner Charakterstärke auftreten. Es war sein Bestreben, über diese hintergründigen, okkulten Machinationen in den ihm zur Verfügung stehenden Formen der Kunst weiteste Menschenkreise aufzuklären. Deshalb ergriff er die nächstbeste Gelegenheit, um dieses streng gehütete Geheimnis des okkulthistorischen Werdegangs der Menschheit in höchst dramatischer Form am Ende seines «Don Carlos» zu enthüllen. Denn aus dieser kurzen Szene folgt das Ungeheuerliche: Marquis Posa, der von König Philipp in einem früheren Gespräch das Höchste aus seinem reinsten Idealismus und der größten Freiheitsliebe (heute würde man sagen aus Aufklärungsidealen) für das spanische Volk fordert: «Geben Sie Gedankenfreiheit» (Band II, Seite 126), «flattert» in Wirklichkeit an dem Seil des Großinquisitors, dessen Grundprinzip ist:

«Der Verwesung lieber als der Freiheit»
(Seite 215).

Diese geheimen Hintergründe der Weltgeschichte, in die Schiller hier durch seine geniale künstlerische Intuition vordringt, hat Rudolf Steiner aus den Quellen seiner Geistesforschung wie folgt charakterisiert: «Es ist geschehen, es ist historisch, daß die Jesuiten nicht nur sich in alle Logen eingeschlichen haben, daß hochgraduierte Jesuiten im Zusammenhange stehen mit Hochgraduierten der Logen, sondern es ist auch so, daß beide ... *aus dem selben wurzeln,* wenn sich auch das eine zum Papsttum [Großinquisitor], das andere zur Freiheit, zur Vernünftigkeit, zur Aufklärung [Marquis Posa] entwickelt hat» (GA 185, 3.11.1918). Und dieser gemeinsame Wurzelgrund ist derjenige, aus dem alle Impulse entspringen, welche die individuelle Freiheit und die menschliche Würde auf Leben und Tod bekämpfen.

Und so äußert sich Marquis Posa, trotz seines «idealistischen» Pathos, manchmal ganz im Sinne der späteren Diktaturen des 20. Jahrhunderts. Zum Beispiel an einer solchen Stelle:

«Mein Herz,
Nur einem einzigen geweiht, umschloß
Die ganze Welt! – In meines Carlos Seele
Schuf ich ein Paradies für Millionen»
(Band II, Seite 172).

Ein solches «Paradies für Millionen» haben später die Bolschewisten während ihrer siebzigjährigen Schreckensherrschaft in Rußland tatsächlich auf der Erde zu errichten versucht.

Es ist in dieser Beziehung wichtig, wie genau Schiller, obzwar nur in wenigen Worten, den Großinquisitor charakterisiert. Er ist «ein Greis von neunzig Jahren und blind, auf einen Stab gestützt und von zwei Dominikanern geführt» (Band II, Seite 210). Hier sind die allerkleinsten Details von Bedeutung, denn sie zeigen, wie gut Schiller mit solchen

Phänomenen von okkulter Seite her vertraut war. Der «Kardinal Groß-inquisitor» ist uralt und blind. Man denkt bei einer solchen Beschrei-bung an Homer, der auch in seinem Leben sehr alt und blind geworden war. Die Bedeutung dieser Merkmale ist hier aber in ihr Gegenteil ver-kehrt. Was in der Zeit von Homer (ca. 800 Jahre vor Christi Geburt) die hohen Auszeichnungen der damaligen Einweihung waren, das bedeu-tet nach fast 25 Jahrhunderten deren Gegenteil. Damals war die äußere Blindheit ein Zeichen des inneren geistigen Schauens, das den dazu auserwählten Menschen von den höheren Mächten aus der geistigen Welt verliehen wurde. In der Epoche der Bewußtseinsseele jedoch, ge-gen die zunächst die Inquisition und später der Jesuitenorden begrün-det wurden, wirkten diese längst atavistisch gewordenen, rückständi-gen geistigen Kräfte als die ganze Menschheitsentwicklung hemmende, da sie das selbständige Bewußtsein mit dem ihm innewohnenden Frei-heitsstreben zu unterdrücken suchten.

Zudem ist der Großinquisitor kaum in der Lage, selbständig zu gehen. Er stützt sich auf einen Stab und wird von zwei Ordensbrüdern geführt. Dies nicht allein wegen seines Alters oder seiner Blindheit, son-dern weil durch das unzählige Anschauen der grausamen Menschenfol-terungen und öffentlichen Verbrennungen sein Wille, noch zusätzlich gestählt durch lebenslange Übungen in Selbstkasteiung, Meditation und Gebet, sich aus seinem Leib wie herausgezogen hat und in einer ge-waltigen Zusammenballung nur auf die grenzenlose Beherrschung des fremden Willens konzentriert ist. Macht über die anderen Menschen auszuüben, ihre Seele und ihr Gewissen ständig in der eigenen Gewalt zu haben, ist ihm als einziges Ziel seines Lebens übriggeblieben. Alles bloß Menschliche ist in seiner Seele schon längst erstorben, ist gänzlich ausgelöscht. Wo auch immer er erscheint, diese Willensgewalt beugt un-widersprochen die ganze Umgebung. Schiller drückt es in folgender Re-gieanweisung aus: «Wie er durch ihre Reihe geht, werfen sich alle Gran-den vor ihm nieder und berühren den Saum seines Kleides. Er erteilt ihnen den Segen» (ebd.).[67] Nur ein solch eiserner und unbeugsamer Wille kann Marquis Posa, sogar während seines Aufenthaltes im Aus-land, außerhalb Spaniens, an dem unsichtbaren Seil halten.

Aber nicht nur auf Fürsten und Herzöge erstreckt sich der Wille des Großinquisitors. Der König selbst erscheint vor ihm wie ein höriger Knabe und ist in dessen Händen zu allem bereit, um seine Gunst zu ge-winnen. Ihm wirft der Großinquisitor vor, daß er durch seine Schwäche den Mord an Marquis Posa ermöglicht und damit der Kirche und vor

allem ihm, dem Großinquisitor als ihrem Oberhaupt in Spanien, das berechtigte Vergnügen genommen habe, den bösen Ketzer öffentlich
(und womöglich langsam) auf dem Scheiterhaufen zu verbrennen.

«König.   Er ist auch geopfert.
Großinquisitor. Nein!
     Er ist ermordet – ruhmlos! Freventlich! – Das Blut,
     Das unsrer Ehre glorreich fließen sollte,
     Hat eines Meuchelmörders Hand verspritzt.
     Der Mensch war unser – Was befugte *Sie*,
     Des Ordens heilge Güter anzutasten?
     Durch uns zu sterben war er da. Ihn schenkte
     Der Notdurft dieses Zeitenlaufes Gott,
     In seines Geistes feierlicher Schändung
     Die prahlende Vernunft zur Schau zu führen.

[Die Vernunft, im Gegensatz zum Verstand, ist wohl eine der wichtigsten Kräfte der Bewußtseinsseele.]

     Das war mein überlegter Plan. Nun liegt
     Sie hingestreckt, die Arbeit vieler Jahre!
     Wir sind bestohlen, und Sie haben nichts
     Als blutge Hände»
        (Band II, Seite 212; kursiv Schiller).

Jetzt muß der König diesen Mord, der als Folge seiner Schwäche und
Leidenschaft geschah, vor der Kirche sühnen. Und dies geschieht dann
ganz im Stile des Großinquisitors. Ein Mord dieser Art kann in seinen
Augen nur durch einen anderen, viel furchtbareren Mord gesühnt werden, und zwar durch den Mord an des Königs eigenem Sohn. Hier öff-
net sich plötzlich vor dem blutigen Philipp ein Abgrund, vor dem sogar
er ohnmächtig und verloren dasteht. Es bleibt ihm nichts anderes übrig,
als sich an den Großinquisitor zu wenden und ihn um Hilfe zu bitten.

«König.   Kannst du mir einen neuen Glauben gründen
     Der eines [des eigenen] Kindes blutgen Mord
     verteidigt?»   *(Seite 214).*

Die Antwort des Großinquisitors ist so grausam, als ob der Antichrist selber durch ihn zu sprechen begänne. (Hiergegen verblaßt sogar die Gestalt des Großinquisitors von Dostojewskij).

> «Großinquisitor. Die ewige Gerechtigkeit zu sühnen,
> Starb an dem Holze Gottes Sohn»
>
> *(ebd.).*

In einer unübertrefflich satanischen Dialektik soll der heilige Opfertod auf Golgatha die kaltblütige Ermordung des eigenen Sohnes durch den König rechtfertigen. Bis zu solchen Tiefen der abgründigen Psychologie des Antichrist ist vor Schiller noch kein Dichter vorgedrungen! Und dem Großinquisitor folgend, muß daraufhin das ganze kommende Reich des Antichrist auf der Erde begründet werden.

> «König.   Du willst
>   Durch ganz Europa diese Meinung pflanzen?
> Großinquisitor. So weit, als man das Kreuz verehrt»
>
> *(Seite 215).*

Das Symbolum des Kreuzes bekommt im Munde des Antichrist eine ganz andere, perverse Bedeutung. Es wird zum Sinnbild des Todes, nach dem keine Auferstehung möglich ist. Denn die Auferstehung des Christus rettet das menschliche Ich und eröffnet ihm unüberschaubare Horizonte der Freiheit, aus der allein eine neue, zukünftige Schöpfung der Liebe entstehen kann.

Für den Antichrist hingegen gilt ein anderes Gesetz.

> «Großinquisitor. Der Verwesung lieber als
>   Der Freiheit»   *(ebd.).*

Das heißt: Lieber der totale Verzicht auf die Auferstehung und die Identifikation der Seele mit der endgültigen Verwesung des Leibes als die wahre geistige Freiheit, in der allein die Verbindung mit der Wirklichkeit der Auferstehung möglich ist.

Das alles führt uns zurück zu dem geistigen Kampf Schillers mit den Jesuiten. Denn dasjenige, was der Großinquisitor mehr durch äußere Maßnahmen zu erreichen suchte (Folterkammer und öffentliche Massenhinrichtungen) – mit dem Ziel der Brechung des freien menschlichen Willens in der beginnenden Epoche der Bewußtseinsseele –, das versuchten später die Jesuiten in geänderter Zeitlage auf dem Weg einer entstellten Schulung, den sogenannten «geistlichen Übungen» ihres Ordensbegründers Ignatius von Loyola, zu erreichen. Hier ging es nicht mehr um eine brutale, äußere Unterdrückung jeglicher Freiheit, wie dies die Inquisition anstrebte, sondern um ihre Vernichtung auf dem inneren okkulten Weg bis in die geistigen Wurzeln hinein.

Rudolf Steiner hat an mehreren Stellen auf den antichristlichen Charakter dieser «geistlichen Übungen» hingewiesen,[68] deren Wesen und Methoden in krassestem Widerspruch zu den Grundzügen der Bewußtseinsseele stehen und damit die innerste Würde des Menschen in seiner Beziehung zur individuellen Freiheit und moralischen Autonomie zutiefst verletzen. Da bilden die jesuitischen Schulungsmethoden einen absoluten Gegensatz zu der inneren Arbeit der wahren Rosenkreuzer und, in unserer Zeit, zu dem geistigen Schulungsweg der Anthroposophie. Denn die geheime Grundlage der jesuitischen «Übungen» ist eine Willensbekehrung zu dem Tod des Erlösers, dem keine Auferstehung folgen kann. Im Bilde ausgedrückt, geht es bei ihnen um das Kreuz ohne Rosen, ohne das neue Leben, das auf dem Golgatha-Hügel aus dem Kreuzestod in der Auferstehung erblühte.

Hingegen steht im Zentrum der Anthroposophie sowie des wahren Rosenkreuzertums das Geheimnis der Auferstehung oder das Geheimnis der Rosen, die dem Kreuze seinen Sinn und seine höchste Vollendung verleihen. Das faßt Rudolf Steiner in folgenden Worten zusammen: «Da haben wir zwei neuzeitliche Strömungen [die Jesuiten und die Rosenkreuzer]. Die eine hat das Alte in die Gegenwart hineingesetzt und will dadurch den Fortschritt mit aller Gewalt hemmen. Die andere hat das alte Kreuz mit Rosen umgeben, hat ein neues Reis hineingesenkt. ... Diese beiden Strömungen gingen nebeneinander: der eine Orden mit dem Kreuz ohne Rosen; der andere, welcher die Rosen am Kreuz verehrt – ein Neues, das kommen soll. Das sind die Rosenkreuzer» (GA 93, 23.10.1905). Und, so fährt Rudolf Steiner fort, «auf dieser Strömung baut sich die anthroposophische Bewegung[69] auf: sie entstammt dem neuen, grünenden Reis der Rose, das in die Zukunft hinein wachsen soll» (ebd.).

In diesem Sinne ist der Jesuiten-Orden ein direkter Nachfolger der alten Inquisition, welche ihre brutalen Methoden nur in das Innere der menschlichen Seele verlegte. Hingegen ist der Orden der Rosenkreuzer der geistige Fortführer der Mysterien des Heiligen Grals,[70] deren hohes Ideal er in der beginnenden Epoche der Bewußtseinsseele auf neue Weise zu erfüllen sucht. Denn die Kraft der Rosen, die für die wahren Rosenkreuzer auf dem schwarzen Kreuz erblühen, entstammt dem Opferblut des Erlösers, das in der Grals-Schale aufbewahrt wurde.

Was nun den Gegensatz zwischen Jesuitismus und Anthroposophie betrifft, so charakterisiert ihn Rudolf Steiner von okkulter Seite her mit dem Ergebnis seiner Geistesforschung, indem «sie [die Jesuiten] einer anderen Wesenheit [in der geistigen Welt] folgen, als zum Heile der Menschheit Anthroposophie jetzt folgen muß» (GA 197, 30.7.1920). Zwar nennen die Jesuiten dieses geistige Wesen irrtümlich «Jesus», aber sie haben mit ihm in Wirklichkeit nichts zu tun (ebd.), denn sie stehen ihm gegenüber in denkbar krassestem Widerspruch. Dieser geheime Hintergrund des Jesuiten-Ordens führt aber dazu, daß seinen Mitgliedern in ihrem Bekämpfen der Anthroposophie, was für sie ein gnadenloser «geistiger Kampf» ist, «jedes Mittel recht» erscheint (ebd.).

So spricht aufgrund des Dargestellten schon einiges dafür, daß diese Schillersche Gestalt des Großinquisitors in Wirklichkeit eine Imagination des geistigen Wesens ist, das bis heute den Jesuiten-Orden inspiriert und leitet. So kann man vermuten, daß F. M. Dostojewskij die Hauptzüge des Großinquisitors in seiner berühmten «Legende vom Großinquisitor» in dem Roman «Die Brüder Karamasow» aus dem «Don Carlos» entnommen hat. Auch bezieht er sich in seiner «Legende» explizit auf den Orden der Jesuiten als dessen Prototyp.

Wie dem auch sei, es bleibt eine unumstößliche Tatsache, daß der Kampf zwischen dem jesuitischen «Kadaver-Gehorsam»[71] (Ignatius von Loyola) und dem «ethischen Individualismus» der «Philosophie der Freiheit», wofür Friedrich Schiller zweifellos der bedeutendste Vorläufer war, noch die ganze vor uns stehende Zeit der Bewußtseinsseelenepoche erfüllen wird, bis an diesem Kreuzweg die große Entscheidung der Menschheit endgültig fallen muß, mit der daraufhin folgenden unvermeidlichen Trennung der Geister.

*

Auf diese Weise hat sich Schiller den beiden okkulten Richtungen, sowohl im «Don Carlos» und in den «Briefen» darüber als auch später im «Demetrius», auf das Entschiedenste entgegengestellt und ihnen öffentlich vorgeworfen:

- den Illuminaten und ähnlichen freimaurerischen Verbänden den Vernunftzwang
- und den Jesuiten den Willenszwang.

Im Sinne seiner «Ästhetischen Briefe» sind hier vor allem die beiden Seiten der menschlichen Unfreiheit gemeint, die in der anthroposophischen Terminologie mit den Namen Luzifer und Ahriman bezeichnet sind. In der Skulpturgruppe Rudolf Steiners ist diese verhängnisvolle Verbindung der luziferischen und ahrimanischen Mächte im linken Seitenmotiv dargestellt.

Dort aber, wo Luzifer und Ahriman sich gegen die menschliche Freiheit und die menschliche Würde vereinigen, entsteht ein mächtiger Sog in die in diesem Kapitel bereits erwähnte achte Sphäre oder Sphäre des Bösen, aus der heraus die beiden Widersacher heute gemeinsam wirken.

Hier geht es jedoch nicht allein um irdische Angelegenheiten, sondern um etwas, das die ganze kosmische Zukunft der Menschheit betrifft. Denn die Freiheit kann sich der Mensch *nur* auf der Erde erwerben, ihre Bedeutung geht aber weit über die Grenzen der Erdentwicklung hinaus. «Auf dem Jupiter, auf der Venus und auf dem Vulkan werden die Menschen diese Freiheit brauchen» (ebd.). Und eine Ahnung davon trug Schiller in seiner Seele (auch wenn er es noch nicht in geisteswissenschaftlichen Begriffen zum Ausdruck bringen konnte). Deshalb war für ihn die Freiheit des Menschen so unendlich wichtig, und er wollte mit seiner ganzen geistigen Kraft für sie eintreten. Man kann auch sagen: Um das Wesen der menschlichen Freiheit auf der Erde zu retten, war Schiller, wie kaum ein anderer seiner Zeitgenossen, bereit, sich bewußt und furchtlos in das Zentrum des großen Kampfes um die wahre geistige Bestimmung der Menschheit in der Epoche der Bewußtseinsseele hineinzustellen.

Wie konsequent und mutig er sich sein Leben lang mit der menschlichen Freiheit und den ihr widerstrebenden Strömungen befaßt hat, zeigen die Themen seiner beiden unvollendet gebliebenen letzten Dramen: «Die Malteser» und «Demetrius». Im ersteren sollte das Thema des Maltesers Marquis Posa bis zu seinem spirituellen Ursprung zurückverfolgt und im «Demetrius» die jesuitischen Machinationen, jetzt aber auf der weltgeschichtlichen Bühne wirkend, dargestellt werden.[72]

In bezug auf «Die Malteser», wovon nur sehr spärliche Entwürfe vorliegen, da Schiller sich wohl vor allem auf seinen «Demetrius» konzentrierte, ist auffallend, daß Rudolf Steiner hier auch den Templer-Orden erwähnt. «Dieses Malteserdrama, wenn es Schiller hätte gestalten können, wäre wahrscheinlich auch etwas ganz Großartiges geworden. Der Kampf der Malteserritter, dieses geistigen Ritterordens ähnlich dem Templerorden, gegen den Sultan Soliman – dabei entfaltet sich das ganze Prinzip des Malteserordens. Es ist zweifellos, wenn Schiller das einmal ausgeführt hätte, wäre er vor die Frage gedrängt worden: wie kann man wiederum dazu kommen, die Anschauung der geistigen Welt hereinzubringen in das menschliche Schaffen? Denn die Frage stand ja schon ganz lebendig vor ihm da» (GA 210, 25. 2. 1922). Und im nächsten Vortrag fügt er hinzu: «Schiller … hätte bei seinem philosophischen Streben … zweifellos, wenn er dieses Drama zu Ende geführt hätte, sich einen Blick verschafft in die Art und Weise, wie gerade innerhalb eines solchen Ordens wie im Johanniter- oder Malteserorden oder im Templerorden, wie da die geistigen Welten mitgewirkt haben in den Taten der Menschen» (ebd., 26. 2. 1922).[73]

Und in einem späteren Vortrag fügt Rudolf Steiner noch hinzu: «Denn die ‹Malteser›, in Wirklichkeit gesehen, enthalten ja das, was von den Kreuzzügen her bewahrt worden ist an allerlei Okkultem, an Mystischem und an Initiationswissenschaft. Und an ein solches Drama, zu dessen Fertigstellung man die Erlebnisse der Initiation hätte wirklich in sich tragen müssen, geht Schiller heran» (GA 310, 18. 7. 1924).

In diesem Kontext bekommt die Erwähnung des Templerordens eine entscheidende Bedeutung. Denn wie im Falle von Goethes «Märchen» die geistigen Einflüsse, die von Schiller bzw. von seinen «Ästhetischen Briefen» auf Goethe wirkten, dessen tiefere Seelenkräfte weckten und ihn für die direkten Inspirationen aus der geistigen Welt empfänglich machten, so war es, jedoch in umgekehrter Richtung, mit dem Entwurf für «Die Malteser» bei Schiller. Jetzt wurde er für seine Arbeit an den «Maltesern» auf ähnliche Weise von Goethe innerlich so beeinflußt, daß er mehr und mehr unter eine bestimmte Inspiration aus der geistigen Welt kam, die in Goethe bereits lebte, die nun aber durch die Vermittlung des Freundes sich anschickte, auch die Seele Schillers zu ergreifen.

Rudolf Steiner weist auf diese besondere Inspiration, die in Goethe wirkte, in folgenden Worten hin: «Für den, der die Geschichte konkret betrachtet in ihrem geistigen Werden, für den ist es eine Anschauung, daß aus der geistigen Welt in die Seele Goethes auf Erden hineinfloß das, was die Templer, die durch des Todes Pforte auf so bedeutungsvolle, grausame Art gegangen waren, hinaufgetragen hatten in die geistigen Welten, und eben deshalb, weil sie so durch die Todespforte gegangen waren, herabfließen lassen konnten als Inspirationen in Menschenseelen» (GA 171, 2.10.1916). Man kann sagen, die Inspirationen der Templer aus der geistigen Welt gingen durch die immer weiter fortschreitende Freundschaft der beiden Dichter allmählich von Goethe auf Schiller über, und Schiller wollte diesen Inspirationen dann einen künstlerischen Ausdruck in seinem Drama «Die Malteser» geben. Denn «nicht nur in diese eine Goethesche Seele, wenn auch vielleicht in diese gerade bedeutsam, *in viele andere Menschenseelen* ist das eingeflossen und lebt [die geistige Inspiration der Templer], wenn auch von der äußeren Welt heute noch wenig beachtet» (ebd.). Und zu solchen «anderen Menschenseelen» gehörte in erster Linie Friedrich Schiller.

Nun aber lebten in diesem Templer-Orden bis zu seiner physischen Vernichtung in besonders reiner Form die tieferen Geheimnisse der christlichen Initiation. Zu dieser konnte Schiller mit Hilfe der Inspirationen der Templer aus der geistigen Welt und vor allem durch die eigene, schicksalsbedingte Annäherung an eine wahre Einweihung doch durchstoßen. Denn, so sagt Rudolf Steiner: «Er trug, wenigstens bis zu einem gewissen Grade, die Bedingungen zur Initiation in sich.... Er war ganz zweifellos dazu prädestiniert, Hochspirituelles aus sich heraus hervorzubringen» (GA 310, 18.7.1924), was selbstverständlich gewissen okkulten Kreisen der damaligen Zeit überhaupt nicht paßte.

Wenn man noch daran erinnert, daß in dem Roman «Der Geisterseher» und im «Don Carlos» Schiller seinen Fehdehandschuh den Antifreiheitsmächten bereits hingeworfen hatte, dann werden die Worte verständlich, mit denen Rudolf Steiner die um Schiller am Ende seines Lebens entstandene Situation beschreibt. «Und seit bekanntgeworden war, daß Schiller so etwas im Sinne hatte wie die ‹Malteser›, seit der Zeit vermehrt sich die Gegnerschaft in Deutschland gegen ihn außerordentlich. Man fürchtete sich vor ihm. Man fürchtete, daß er allerlei an okkulten Geheimnissen in seinen Dramen verraten könne» (ebd.).

In dieser schon von soviel Haß und Angst vergifteten Atmosphäre, die Schiller ohnehin umgab und die noch zusätzlich durch die bestochenen Zeitungen angeheizt wurde, die immer wieder über seinen bereits eingetretenen Tod berichteten, so daß er die üblen Gerüchte sogar schriftlich widerlegen mußte, erfuhren die gleichen okkulten Kreise, daß er jetzt am «Demetrius» arbeite. «Es wird bekannt – und noch größere Furcht haben die Menschen davor, daß nun Dinge zum Vorschein kommen können, an denen viele ein Interesse hatten, daß sie eine Weile noch der Menschheit verborgen bleiben» (ebd.).

Man muß sich diesbezüglich auch im klaren sein, daß Schiller in dieser Zeit zu den berühmtesten und beliebtesten dramatischen Dichtern nicht nur in Deutschland, sondern weit darüber hinaus gehörte, so daß jedes seiner Worte, noch verstärkt durch die Freundschaft mit Goethe, eine gewaltige Resonanz in den breitesten Kulturkreisen Europas fand. Und man wußte wohl, woraus diese große Liebe zu Schiller unter seinen Zeitgenossen entsprang. Es ging auch für sie um den Kampf, den er mutig und furchtlos allem Unmoralischen in seiner Umgebung erklärte, sowie um seine grenzenlose Begeisterung für die Freiheit und die menschliche Würde, die er, unsere Zeit bereits vorausahnend, in das Zentrum seines Lebens und seines Werkes stellte. (Siehe den Epigraph zu diesem Kapitel.) So war die «Gefahr», welche von Schiller für gewisse «geheime Verbrüderungen» ausging, tatsächlich sehr groß.

Zusammenfassend kann man die folgenden Beziehungen in den Werken Schillers feststellen. Was im «Don Carlos» und in den «Briefen» darüber begonnen worden war, wollte Schiller am Ende seines Lebens in den «Maltesern» fortsetzen, und was er in dem Roman «Der Geisterseher» nur angedeutet hatte, das sollte in seinem «Demetrius»-Drama zur vollen Ausgestaltung kommen. So finden wir in diesem ununterbrochenen Kampf Schillers gegen die ärgsten Feinde der menschlichen Freiheit eine eiserne Konsequenz und einen ungebrochenen Willen, die geheimen okkult-politischen Machinationen von gewissen Orden und Verbrüderungen ans Tageslicht zu bringen.

Wie weit die Befürchtungen der oben erwähnten Kreise tatsächlich berechtigt waren, daß Schiller vor allem mit seinem «Demetrius» auf sorgfältigst verborgengehaltene okkulte Geheimnisse stoßen könnte, die auf keinen Fall öffentlich bekannt werden sollten, wurde von mir an anderer Stelle bereits ausführlich beschrieben.[74] Hier wollen wir noch auf einige dort nicht besprochene Aspekte von Schillers vorzeitigem Tod eingehen.

Im Zusammenhang mit seinem zu frühen Tod wird gewöhnlich das Argument vorgebracht, er sei am Ende seines kurzen Lebens ein schon gebrechlicher und tiefkranker Mensch gewesen, bei dessen Obduktion nur wenige gesunde Organe festgestellt wurden. Vor allem wird mehrfach betont, daß sein Herz wie ein leerer Beutel war, dessen weitere Tätigkeit man sich überhaupt nicht vorstellen konnte. Auch seine Lunge war weitgehend zerstört. Man wunderte sich nur im Nachhinein, daß er mit solchen Organen überhaupt noch so lange hatte leben können und nicht schon längst gestorben war. Entgegen allen diesen Argumenten weist Rudolf Steiner darauf hin, daß Schiller aus der ungeheuren Kraft seines Geistes und seines «eisernen Willens» durchaus noch einige Jahre hätte leben können, zumindest bis seine beiden letzten Werke vollendet gewesen wären.

Auch Goethe äußerte nach Schillers Tod, daß dieser trotz seiner vielen Krankheiten die einmalige seelische Kraft besaß, sich immer wieder aus all seinen leiblichen Leiden wie ein Phönix aus der Asche emporzuschwingen, so daß man in seiner nächsten Umgebung schließlich überhaupt nicht mehr mit seinem baldigen Tod rechnete: «Es ist unglaublich wie dieser Mann sich in den letzten Jahren ausgebildet, wie frei er sich bewegt hat. Seit zehn oder zwölf Jahren glaubte man er könnte kein Jahr mehr leben; man hatte sich daran gewöhnt und glaubte nicht mehr, daß er sterben könnte» (G., Band 22, Seite 465). Und an einer anderen Stelle sagte Goethe: «Er war ein prächtiger Mensch, und bei völligen Kräften ist er von uns gegangen» (ebd., Band 24, Seite 144).

Dazu gehört noch, daß Schiller am Ende seines Lebens (wie ausführlicher im nächsten Kapitel gezeigt werden wird) tatsächlich an die Schwelle einer modernen Einweihung gekommen war. Schon neun Jahre vor seinem Tode ahnte er dies und bezeichnete es in seinem Wortgebrauch als die ihm bevorstehende volle Verwandlung seines Geistwesens. In diesem Sinne schrieb er an Goethe: «Eine große und allgemeine Geistesrevolution werde ich schwerlich Zeit haben, in mir zu vollenden aber ich werde thun was ich kann» (HK., Brief vom 31.8.1794). Zugleich wußte er aus dem inneren Miterleben seines Schicksals, daß er für die Vollendung seiner Erdenaufgabe noch mindestens vier Jahre gebraucht hätte, das heißt bis zu seinem fünfzigsten Lebensjahr. An seinen Freund Körner schrieb er noch zwei Wochen vor seinem Tode, am 25. April 1805: «Indeßen will ich mich ganz zufriedengeben, wenn mir nur Leben und leidliche Gesundheit bis zum 50 Jahr aushält» (HK., Seite 359).

Diese vier so notwendigen Jahre waren Schiller jedoch nicht vergönnt. Es hatte nach Rudolf Steiner eine fremde, feindliche Kraft in den normalen Lauf seines Schicksals frevelhaft eingegriffen, denn «auf irgendeine, wenn auch ganz okkulte Weise, [ist] mitgeholfen worden an dem schnellen Sterben Schillers!» (GA 310, 18.7.1924). Der in diesem

Buch nur angedeutete Ursprung dieses okkulten Angriffs auf Schiller wurde an anderer Stelle bereits ausführlich besprochen.[75] Hier muß noch darauf hingewiesen werden, daß Rudolf Steiner zufolge Schiller wenigstens noch einige Jahre mit seinem physisch zerstörten Herzen hätte leben können, weil dessen Tätigkeit schon weitgehend auf das Ätherherz verlagert war. Damit steht Schiller als das große Vorbild für dasjenige vor uns, was in der Zukunft alle Menschen in sich entwickel werden: das Leben mit dem Ätherherzen.

Ein solches Leben mit dem Ätherherzen beschreibt Rudolf Steiner ausführlich in seiner Ansprache für die Jugend im Juli 1924 in Arnheim: «Aber unsere Herzen sind auch anders geworden, wir tragen nicht mehr dieselben Herzen in der Brust. Unser physisches Herz ist hart, unser ätherisches Herz ist beweglicher geworden. Wir müssen die Möglichkeit finden, uns an unser übersinnliches Herz zu wenden» (GA 260a, 20.7.1924). Aber sich nicht nur zum Ätherherzen zu wenden, sondern dieses regelrecht neu aufzubauen, darum geht es in der Menschheitsentwicklung der Gegenwart und Zukunft. Und die notwendige seelische Qualität für eine solche Neuerschaffung des Herzens ist die Kraft der *Begeisterung*, welche sich vor allem an den spirituellen Angelegenheiten und Aufgaben der Welt entzündet.

An dieser Stelle führt Rudolf Steiner Schiller als Vorbild für die Erfüllung dieser Aufgabe an: «Schiller hat aus seiner Begeisterung heraus der Welt viel zu sagen gehabt. Er ist unter merkwürdigen Umständen gestorben. Aber man hat ihn doch seziert und sein Herz gefunden. Es war ein leerer Beutel, ganz vertrocknet, verbrannt. So werden alle Herzen verbrennen, die sich in ihrer Erneuerung ergreifen. Wollen wir mit der Spiritualität ernst machen, dann müssen wir selber uns mutvoll gestehen: Wenn es in uns nicht geht, mit der Welt mitzuleben, so kommt das davon her, daß wir *neue Herzen* haben müssen» (ebd.).

So steht Schiller vor uns als der große Vorbote der gegenwärtigen Michael-Epoche, von der an beginnend die Eigenschaften, welche er in seinem Leben wie prophetisch ausgebildet und dargelebt hat, zur Wesensart möglichst vieler Menschen, die sich heute an die michaelische Spiritualität wenden, werden müssen. Diese neue Fähigkeit, die Schiller in sich so vorbildlich entfaltet hatte und die heute schon von allgemeinmenschlicher Bedeutung ist, charakterisiert Rudolf Steiner als das Entfachen des Geistes-Feuers in der Menschenseele, welches zwar das physische Herz verbrennt – so daß es, wie bei Schiller, zu einem «leeren Beutel» wird –, zugleich aber das Ätherherz ausbildet, das diesen Flammen wesensverwandt ist und sie deshalb aushalten und in sich tragen kann. Von diesem «cor ardens» lebte Schiller am Ende scines Lebens und hätte damit noch einige Jahre auf der Erde bleiben können.

Man muß hier das Wesen dieser Begeisterungskraft, aus der es Schiller möglich war, weiterzuleben, auch als sein physisches Herz kaum mehr funktionierte, noch genauer ins Auge fassen. Von woher schöpfte er immer wieder die Lebenskräfte für seine irdische Existenz? Die Antwort darauf findet man in dem Buch «Wie erlangt man Erkenntnisse der höheren Welten?». Dort, am Ende des Kapitels «Bedingungen», schreibt Rudolf Steiner und hebt diesen Satz wegen seiner Wichtigkeit für den modernen Einweihungsweg in Kursiv hervor: *«Jede Idee, die dir nicht zum Ideal wird, ertötet in deiner Seele eine Kraft; jede Idee, die aber zum Ideal wird, erschafft in dir Lebenskräfte»* (GA 10, Seite 28). Diese besondere Fähigkeit, jede Idee zum Ideal zu erheben und daraus Lebenskräfte zu schöpfen, besaß Schiller wie kein anderer Mensch seiner Zeit. Deshalb hätte er, trotz der äußeren Zerstörung seines Herzens, noch einige Jahre allein aus der Kraft seines feurigen Idealismus und seiner Begeisterung für alles Wahre, Schöne und Gute, die sein ganzes Menschenwesen erfaßt hatten, leben und wirken können. Und es muß eine fremde und dunkle Macht gewesen sein, die in den Gang seiner letzten Krankheit hineinbrach, um den plötzlichen Tod zu bewirken.

In diesem Sinne und mit dem direkten Hinweis auf Schillers «merkwürdigen Tod» spricht Rudolf Steiner – selbst todkrank – zu einer kleinen Gruppe junger Anthroposophen, ihnen das michaelische Ideal beschreibend, welches er zugleich auch auf Schiller bezieht. Denn die folgenden Worte können vielleicht am besten den inneren Zustand dieses großen Menschen charakterisieren: «Innerlich zusammenwachsen mit der Flamme, die sich heute entzündet, auf daß die Michael-Impulse verwirklicht werden! Ohne daß Flammen da sind, können sie nicht verwirklicht werden. Aber um durchflammt zu leben und zu arbeiten, dazu ist notwendig, daß man selber Flamme wird. Nur die Flamme wird von der Flamme nicht verzehrt. Wenn wir so fühlen können, daß wir Flammen werden, die von den Flammen nicht verbrannt werden, dann können wir ruhig die physischen Herzen als leere Beutel zurücklassen [damit ist Schiller gemeint], denn wir haben das ätherische Herz, das verstehen wird, daß die Menschheit in ein neues Zeitalter hineinrückt: in das Leben der Geistigkeit» (GA 260a, 20.7.1924).

Bereits mehrere Jahre zuvor, in dem Vortrag vom 1. Mai 1915, beschrieb Rudolf Steiner ausführlich die Bildung des Ätherherzens im

Menschen. Dies geschieht bei dem Übergang vom Kopfdenken zum imaginativen Wahrnehmen auf dem Wege der Übungen, die in dem Buch «Wie erlangt man Erkenntnisse der höheren Welten?» beschrieben sind. Diese beiden Eigenschaften können wir im eminentesten Sinn bei Schiller entdecken. Seine jahrelange Beschäftigung mit der Philosophie (vor allem mit Kant) hatte sein eigenes Denken außerordentlich geschärft und verstärkt. Was aber seine ganze Wesensart betraf, so war er von Anfang an für ein intensives Leben in Gedanken wie prädestiniert. In den bereits zitierten Worten erinnert sich Wilhelm von Humboldt diesbezüglich: «Was jedem Beobachter an Schiller am meisten, als charakteristisch bezeichnend, auffallen mußte, war, daß in einem höheren und prägnanteren Sinn, als vielleicht je bei einem Andern, der Gedanke das Element seines Lebens war» (Hum., Seiten 11/12). Dadurch gehörte es zu seinen wichtigsten Lebensaufgaben, den Übergang von dem intellektuellen zu dem imaginativen Denken zu finden. Denn nicht umsonst trafen sich in ihm auf gleicher Höhe und mit der gleichen Kraft ausgerüstet: ein Denker und ein Dichter. Was ihm aber noch fehlte, und wo er immer bewußter hinstrebte, das war «bei Schiller das Beleben der abstrakten Begriffe mit der imaginativen Welt» (GA 214, 29.7.1922). Auch führte seine innere Arbeit an sich selbst im Sinne des erwähnten Buches in die Richtung der Initiation. So spricht alles dafür, daß Schiller auf dem Wege der Ausbildung seines Ätherherzens war, mit dem er am Ende des Lebens tatsächlich sich erhalten konnte.

Nun berichtet Rudolf Steiner über das Ätherherz weiter, daß es sich nicht im Leibe, sondern außerhalb desselben befindet, etwas hinter und über dem Kopf und bei seiner allmählichen Entfaltung das neue, zukünftige Hellsehen im Menschen bewirkt. «Wie unser gewöhnliches Gehirn mit unserem physischen Herzen zusammenhängt, so hängt dasjenige, was draußen, im Astralleibe, als Gedanke sich entwickelt, mit diesem Ätherherzen zusammen. Das ist höheres Hellsehen: Kopfhellsehen» (GA 161, 1.5.1915). Dies war genau das, was mit Schiller geschah. Deshalb stand er am Ende seines Lebens zugleich an der Schwelle der Initiation und des neuen Hellsehens.[76]

Über die weiteren Eigenschaften dieses Hellsehens äußerte sich Rudolf Steiner in dem gleichen Vortrag noch wie folgt: «Alles das, was ich jetzt als normalen Gang zum Hellsehertum beschrieben habe, besteht darinnen, daß der Mensch seinen Ätherleib, ja selbst auch die höheren Glieder der Organisation, heraushebt aus dem physischen Leibe, daß er sich ein Herz eingliedert außerhalb des Umfangs des physischen Leibes» (ebd.).

Damit ist ein spiritueller Prozeß gemeint, dessen Verwirklichung nur dadurch möglich wurde, daß zu Beginn des 18. Jahrhunderts eine bedeutende Änderung in der ganzen Konstitution des Menschen stattgefunden hat. In dieser Beziehung weist Rudolf Steiner darauf hin, daß um das Jahr 1721 eine zunehmende Lockerung des Zusammenhanges zwischen dem physischen und dem ätherischen Teil des menschlichen Herzens begonnen hat, so daß das letztere von dem ersteren zunehmend unabhängig wird und sich seitdem in Richtung der geistigen Welt entfalten kann. «Aber seit dem Jahre 1721 lockert sich merkwürdigerweise immer mehr und mehr der Zusammenhang zwischen dem menschlichen physischen Herzen und dem Ätherherzen. ... Das aber, daß das Herz nach und nach sich löst von seinem Ätherteil, und bis in das dritte Jahrtausend hinein, bis man 2100 ungefähr schreiben wird, sich ganz gelöst haben wird, das macht auch in bezug auf die menschliche Entwickelung etwas sehr Bedeutsames aus» (GA 190, 5.4.1919). Die Folge davon ist, daß das von dem Ätherherzen getrennte physische Herz mehr und mehr einer Verhärtung entgegengehen wird, jedoch bei der gleichzeitigen Entwicklung des Ätherherzens genau dasjenige eintritt, was bei Schiller geschah: Die Verbrennung des physischen Herzens, damit der Mensch aus dem «neuen Herzen», das allein die michaelische Spiritualität aufnehmen kann, weiterlebt.

Mehr noch, die ganze Zukunft des Freiheitsimpulses in der Menschheit wird unmittelbar von dieser Möglichkeit, ein neues Herz als Organ der Freiheit und als Quell der moralischen Phantasie im Menschen auszubilden, abhängig sein. Deshalb darf man sich nicht wundern, daß alle feindlichen Mächte gegen das zukünftige Herzdenken oder die Herzenslogik, wie Rudolf Steiner es auch nannte, anstürmen werden. Schon in seiner Skulpturgruppe wies Rudolf Steiner auf dieses menschenkundliche Geheimnis hin. Dort wird, wie wir bereits gesehen haben, ganz im Sinne der Schillerschen «Briefe» dargestellt, wie die luziferischen Mächte den Menschen von oben durch seine Kopforganisation und die ahrimanischen von unten durch sein Gliedmaßensystem bestürmen, um damit den mittleren Bereich in ihm, den des Herzens, in dem allein der Christus-Impuls wurzeln und leben kann, zu vernichten. So gehört zu den wichtigsten Aufgaben der Anthroposophie, das Herzdenken im Menschen stufenweise auszubilden, damit er in eine bewußte Beziehung zu der Christus-Wesenheit kommen kann.

Auch berichtet Rudolf Steiner davon, daß seine gesamte Geistesforschung aus dem Quell des Herzdenkens entstanden ist. Und nur um ihre Resultate anderen Menschen zugänglich zu machen, faßte er sie anschließend in Form des Kopfdenkens zusammen:[77] «Die wahren Darstellungen von den höheren Welten gehen aus solchem Herzdenken hervor, auch wenn es äußerlich oft so aussieht, als ob sie logische Erörterungen wären. Nichts ist in den Darstellungen, die wirklich aus den höheren Welten heruntergetragen werden, darin, was nicht mit dem Herzen gedacht wäre. … Derjenige, der schildern muß, was er mit dem Herzen erlebt, der muß es allerdings umgießen in solche Gedankenformen, daß es für die anderen Menschen verständlich ist» (GA 119, 29.3.1910).

Um dieses Herzdenken als Instrument der geistigen Forschung zu entwickeln, ist es notwendig, in sich das beschriebene neue, periphere Herz auszubilden, das in der Zukunft nicht allein die Funktionen des physischen Herzens übernehmen, sondern auch die erste Beziehung des Menschen zu seinem *höheren Ich* herstellen wird, das ebenfalls außerhalb des menschlichen Leibes weilt.[78] Daß Schiller selbst sich auf dem Wege zum höheren Ich befand und sogar zu der Zeit seiner Arbeit an den «Ästhetischen Briefen» (1795) schon recht weit auf diesem Wege fortgeschritten war (und somit ebenfalls in dem Prozeß der Ausbildung seines Ätherherzens), davon zeugen die folgenden Worte Rudolf Steiners: «In Wirklichkeit herrscht aber in ihnen [den «Ästhetischen Briefen»] das Bestreben, die Anleitung zu einem anderen Bewußtseinszustande zu geben, als es der gewöhnliche ist. Eine Etappe auf dem Wege zu dem «höheren Selbst» soll geschildert werden» (GA 35, 4.6.1906).

Schiller selbst weist in seinen «Ästhetischen Briefen», obschon in einer anderen Terminologie, auf eine solche Anwesenheit des höheren Menschen im Menschen hin. Und wie das öfter bei einem Willensmenschen der Fall ist, stellt er seinem Leser sofort eine neue Lebensaufgabe. Man solle die «unveränderliche Einheit» dieses höheren Menschen (das «höhere Ich») mit dem Alltagsmenschen (das «niedere Ich») «in allen seinen Abwechselungen», Veränderungen und Abhängigkeiten aus voller Freiheit, das heißt, durch die freiwillige Arbeit an sich selbst, in eine größtmögliche «Übereinstimmung» bringen. Darinnen sieht Schiller «*die* große Aufgabe» des menschlichen «Daseins» auf der Erde.

Diese großartige Perspektive stellt Schiller im vierten seiner «Briefe» in folgenden knappen Worten dar: «Jeder individuelle Mensch, kann man sagen, trägt, der Anlage und Bestimmung nach, einen reinen idealischen Menschen in sich, mit dessen unveränderlicher Einheit in allen seinen Abwechselungen übereinzustimmen die große Aufgabe seines Daseins ist»[79] (Band V, Seite 577). Und Rudolf Steiner sagt über diese Worte: «Die Auseinandersetzungen, die Schiller in diesen ‹Briefen› gibt, sind vorzügliche Erziehungsmaßregeln, denn sie wollen die Evolution des Menschen so fördern, daß dieser auf einen erhöhten, freien Standpunkt der Weltbetrachtung komme, indem er den *höheren idealistischen Menschen* in sich aufnimmt. In dieser Art weist Schiller auf das ‹höhere Selbst› des Menschen hin». (GA 35, 10.7.1905).

In dem Aufsatz «Über Anmut und Würde» (1793) finden sich bei Schiller sogar die unmittelbar auf das höhere Ich oder Selbst im Menschen hindeutenden Worte: «Wie sehr also auch Handlungen aus Neigung und Handlungen aus Pflicht in objektivem Sinne einander entgegenstehen, so ist dies doch in subjektivem Sinn nicht also, und der Mensch *darf* nicht nur, sondern *soll* Lust und Pflicht in Verbindung bringen; er soll seiner Vernunft mit Freuden gehorchen. Nicht um sie wie eine Last wegzuwerfen oder wie eine grobe Hülle von sich abzustreifen, nein, um sie aufs innigste mit seinem höhern Selbst zu vereinbaren, ist seiner reinen Geisternatur eine sinnliche beigesellt» (Band V, Seite 465; kursiv Schiller). Damit zeigt Schiller eigentlich, warum der menschliche Geist immer wieder auf die Erde in die sinnliche Hülle seines Leibes heruntersteigen muß. Denn nur durch die freie Verbindung des Sittlichen und des Sinnlichen kann der Mensch einen *bewußten* Zugang zu seinem höheren Ich finden. Im Schillerschen Sinne fordert «das Ideal vollkommener Menschheit keinen Widerstreit, sondern Zusammenstimmung zwischen dem Sittlichen und Sinnlichen» (Seite 478), was allein durch die Wirkung des höheren Ich im Menschen erreicht werden kann.

Wie weit Schiller selbst auf dem Wege zu seinem höheren Ich fortgeschritten war, bezeugen einige seiner Zeitgenossen, auch wenn diese keinen Begriff dafür hatten; der Eindruck, den sie von ihm vermitteln, spricht eine deutliche Sprache. Nur ein Mensch, der weitgehend im Besitz seines höheren Ich ist, kann auf einen anderen den Eindruck machen, wie ihn zum Beispiel Wilhelm von Humboldt von seinem Freund Schiller beschreibt: «Dieser Glaube an die dem Menschen unsichtbar inwohnende Kraft, die erhabene und so tief wahre Ansicht, daß es eine innere geheime Übereinstimmung geben muß zwischen ihr und der das ganze Weltall ordnenden und regierenden, da alle Wahrheit nur Abglanz der ewigen, ursprünglichen sein kann, war ein charakteristischer Zug in Schillers Ideensystem» (Hum., Seite 18). Diese geheime, dem Menschen innewohnende Kraft, die mit dem ganzen Weltenall und den es ordnenden und regierenden Mächten in Verbindung steht, ist die des höheren Ich des Menschen.

Auch das Erlebnis der «Totalität» aller menschlichen Kräfte, die allein in ihrem Zusammenklingen die Grundlage für die menschliche Freiheit bilden, was Schiller eigen war, kann nur in der inneren Erfahrung des höheren Ich wurzeln. Von dieser Eigenschaft des Schillerschen Wesens und Wirkens berichtet auch Wilhelm von Humboldt: «Der Endpunkt, an den er Alles knüpfte, war die *Totalität* in der menschlichen Natur durch das Zusammenstimmen ihrer geschiedenen Kräfte in ihrer absoluten Freiheit» (Hum., Seite 19; kursiv Humboldt).

Hier kann eine interessante Parallele zwischen dem späten Schiller und dem jungen Rudolf Steiner gezogen werden. Denn in dem Moment, wo der Mensch seinem höheren Ich näherkommt, erlebt er zunächst diese Nähe als eine starke Sehnsucht nach dem Absoluten. In seinen reifen Jahren, als Schiller sich diesem Erlebnis näherte, schrieb er in den «Zerstreuten Betrachtungen» (1793): «Die Idee des Absoluten erfordert schon eine mehr als gewöhnliche Entwicklung des höhern Vernunftvermögens, einen gewissen Reichtum an Ideen und eine genauere Bekanntschaft des Menschen mit seinem edelsten [höheren] Selbst» (Band V, Seite 565). Und in einer späteren Schrift «Über naive und sentimentalische Dichtung» sagt er über das «dichtende Genie»: «Das Absolute, aber nur innerhalb der Menschheit, ist seine Aufgabe und seine Sphäre» (Seite 759). Und weil Schiller schon ahnt, daß sein höheres Selbst nicht ein irdisches, sondern ein geistiges Wesen ist und in der geistigen Welt wurzelt, sieht er auch das wahre Wesen der Freiheit im Übersinnlichen, das heißt in voller Unabhängigkeit vom Leibe, verankert, «*da nichts frei sein kann als das Übersinnliche* und *Freiheit selbst nie als solche in die Sinne fallen kann*» (Seite 400; kursiv Schiller). Deshalb schreibt er in den «Ästhetischen Briefen», daß die «Freiheit etwas Absolutes und Übersinnliches» ist (Seite 655).

Ähnlich äußert sich diesbezüglich auch der junge Rudolf Steiner. Nachdem er als Neunzehnjähriger die erste innere Erfahrung seines höheren Ich erreicht hatte (siehe seinen Brief vom 13.1.1881, GA 38), schreibt er sieben Monate später an seinen Freund: «Den eigentlichen Begriff und das Wesen des Menschen macht aus: die Sehnsucht nach dem Absoluten, Ewigen, Unsterblichen. ... Das Streben nach dem Absoluten, diese Sehnsucht des Menschen ist *Freiheit*» (ebd., Brief vom 16.8.1881; kursiv Rudolf Steiner).

So wollte Schiller in seinen «Ästhetischen Briefen» den Leser zu dem Bewußtsein seines «höhern Selbst» oder des «reinen idealischen Menschen» führen, «in dem» nach Rudolf Steiner «ein harmonisches Gleichgewicht zwischen ‹niederem und höherem Selbst› hergestellt ist» – das heißt auch zwischen dem physischen und dem Ätherherzen. Damit hat «der Mensch ... seine *Wunschnatur* so veredelt, daß sie die Verkörperung seines ‹höheren Selbst› ist. Dieses hohe Ideal stellt Schiller in diesen ‹Briefen› auf» (GA 35, 4.6.1906; kursiv Rudolf Steiner).[80] Den Menschen, der dieses «hohe Ideal» erreicht hat oder zumindest auf dem Wege dazu ist, nennt Schiller eine «schöne Seele» und definiert sie in folgenden Worten: «Denn das beweist, daß beide Prinzipien in ihm sich schon in derjenigen Übereinstimmung befinden, welche das Siegel der vollendeten Menschheit und dasjenige ist, was man unter einer *schönen* Seele verstehet» («Über Anmut und Würde», Band V, Seite 468; kursiv Schiller). Und unter den «beiden Prinzipien» versteht Schiller «die Stimme des Triebes» und den «Grundsatz der Moral» (ebd.), die in der «schönen Seele» in eine höhere «Übereinstimmung» kommen. «In einer schönen Seele ist es also, wo Sinnlichkeit und Vernunft, Pflicht und Neigung harmonieren, und Grazie ist ihr Ausdruck in der Erscheinung. Nur im Dienst einer schönen Seele kann die Natur zugleich Freiheit besitzen und ihre Form bewahren» (Seite 468f.). Deshalb repräsentiert die «schöne Seele» einen inneren Zustand des Menschen, den Schiller allein als einen *freien* bezeichnen kann. «Und solche ‹schönen Seelen›, welche den Geist des ‹höheren Selbst› in ihrer alltäglichen Natur zur Offenbarung bringen, sie sind für Schiller auch die wahrhaft ‹freien Seelen›» (GA 35, 4.6.1906).

Damit hat Schiller die Aufgabe vor die Menschen gestellt und die ersten Wege zu ihrer Erfüllung aufgezeichnet, die mit dem Hauptziel der Erdenevolution verbunden ist: Die gänzliche Ausgestaltung und vollkommene Entwicklung des freien Ich. Und er tat dies aus dem tiefsten Verantwortungsgefühl für die ganze zukünftige Entwicklung, die, wie bereits erwähnt, nicht nur den Erdenäon umfaßt, sondern weit darüber hinausreicht. Denn «das, was die Menschheit sich erwerben soll, die Freiheit des Willens, das kann sie sich nur erwerben während der Erdenentwickelung. Auf dem Jupiter, auf der Venus und auf dem Vulkan werden die Menschen diese Freiheit brauchen. Man betritt also, wenn man die Freiheit ins Auge faßt, ein ganz bedeutungsvolles Gebiet, denn man erkennt, daß die Erde die Erzeugerin der Freiheit ist» (GA 254, 18.10.1915).

So lebte in Schillers Seele, wenn auch ihm selbst weitgehend noch unbewußt, diese ganze kosmische Dimension der Freiheit, deren Wesen nur im individuellen Menschen gefunden und entfaltet werden kann, um sie dann als die wichtigste Errungenschaft der Erde in alle weiteren kosmischen Äonen hineinzutragen.

3. Schillers vorzeitiger Tod und seine geistesgeschichtlichen Folgen

«Es ist Christus der eigentliche moralische Impuls,
der die Menschheit mit moralischer Kraft durchzieht»

Rudolf Steiner am 4. November 1911

Aus dem im vorigen Kapitel Dargestellten geht klar hervor, daß Schiller, trotz der vielen Erkrankungen und Schwächen seines Körpers, allein aus den feurigen Willenskräften seines Geistes noch einige Jahre hätte am Leben bleiben können. Und hätte sich keine fremde Macht in sein Leben eingemischt, dann wäre es möglich gewesen, daß er aus der Kraft seines Ätherherzens – im Sinne der angeführten Worte Rudolf Steiners an die jungen Menschen in Arnheim – eine zeitlang weitergelebt hätte, um noch einige seiner Lebensaufgaben zu erfüllen. Aber die Sprache des verhängnisvollen Schicksals war eine andere. «Das Schicksal ist unerbittlich, und der Mensch wenig!» – das waren die einzigen Worte, welche Goethe in seiner vollen Verzweiflung über den Tod seines Freundes sagte.[81]

«Es wirkt etwas in Schiller wie *eine fremde Macht*, die sich durch den Körper ausdrückt» (GA 310, 18. 7. 1924). Diese Äußerung Rudolf Steiners steht in dem Vortrag, den er zwei Tage vor der zitierten Jugendansprache hielt und mit dem auf den wahren Grund von Schillers Tod ein einziges Mal in aller Öffentlichkeit hingewiesen wird. Nicht das zum leeren Beutel verbrannte Herz, sondern diese «fremde Macht», welche in seinen Leib eingedrungen war, ließ ihn noch nicht einmal fünfzig Jahre alt werden und führte seinen Tod herbei.

Die katastrophalen Folgen, welche durch den vorzeitigen Tod Schillers hervorgerufen wurden, lassen sich ermessen, wenn wir vor unsere Seele hinstellen, was in der europäischen Geschichte hätte geschehen können, wenn dies nicht eingetreten wäre.[82]

Schon für das weitere Schicksal Goethes war der zu frühe Tod Schillers von tiefgreifender, tragischer Bedeutung. Denn ihre Begegnung war entscheidend für beide. Durch sie wurde Schiller wieder zum Dichter und konnte das Streben zum imaginativen Denken als der wichtigsten Aufgabe seines Lebens wieder ergreifen, und Goethe bekam durch den Verkehr mit Schiller für seine Dichtung eine neue, zunehmend kosmisch-spirituelle Dimension. Und trotz aller zweifellos großartigen Erreichnisse des zweiten Teiles des «Faust» war Goethe ohne Schiller nicht mehr imstande, zu der eigentlichen Aufgabe zu kommen, welche für ihn mit diesem Werk verbunden war.[83] «Goethe strebte überall danach, den Menschen einzugliedern in einen großen geistigen Zusammenhang. Allein konnte er es nicht mehr. Schiller war ihm genommen» (GA 110, 25. 2. 1922).[84]

Wie bereits an anderer Stelle gezeigt, kann man aus den Entwürfen Schillers zu seinem Drama «Demetrius» entnehmen, daß in dem tragischen Schicksal des Helden etwas von dem kommenden Schicksal Kaspar Hausers (1812–1833) enthalten war.[85] Daß solche Verbrechen an Menschen, wie dasjenige, was später mit Kaspar Hauser durchgeführt wurde, überhaupt in der damaligen Zeit möglich waren, kann man schon aus dem Leben von Fürst Ernst August Konstantin aus dem Fürstenhaus Gotha, dessen Schicksal Herman Grimm in seinen Vorlesungen über Goethe erwähnt (XII. Vorlesung), entnehmen. Um seine Nachfolgerschaft auf den Thron zu verhindern, wurde er in zunehmende Isolation gebracht und nur durch einen glücklichen Zufall und die Bemühungen seiner Freunde, namentlich durch die Flucht und eine schnell geschlossene Ehe mit Anna Amalia (1739–1807), aus seiner lebensgefährlichen Situation herausgeholt.

Im Gegensatz zu Kaspar Hauser waltete hier ein glücklicheres Schicksal. Wäre seine Befreiung jedoch nicht gelungen, dann hätte dies zweifellos tiefgreifende Folgen für die Geschichte Mitteleuropas gehabt. Denn Ernst August Konstantin war der Vater von Carl August, dem Jugendfreund und späteren Gönner Goethes, der bewirkte, daß dieser nach Weimar kommen und unter seiner Obhut und seinem Schutz ungehindert seinen Genius zur vollen Entfaltung bringen konnte. Auch für Schiller war dessen großzügige Hilfe später in Weimar von entscheidender Bedeutung.

Und wenn Schillers «Demetrius», mit dem «Kaspar-Hauser-Schicksal» (dem okkulten Mißbrauch der Kindheitskräfte im Menschen) wie im Hintergrund, an allen deutschen Theatern aufgeführt worden wäre, so wie Schiller und Goethe es vorhatten, dann, das weiß jeder, der die okkulten Gesetze kennt, wäre es nicht möglich gewesen, das grausame Experiment mit Kaspar Hauser durchzuführen.

Zu der Menschenkonstellation um Kaspar Hauser als dem Sohn und Thronfolger des regierenden Fürsten von Baden[86] gehörten durch die weise Lenkung des Schicksals auch zwei seiner jüngeren Zeitgenossen: Johann von Sachsen (1801–1873), der den Weimarer Fürstenthron bestieg, und Ludwig II. von Bayern (1845–1886), der große Bewunderer und Gönner von Richard Wagner und dessen spirituellem Impuls.

Die Bedeutung und das geistige Bestreben Johann von Sachsens bezeugt die Tatsache, daß er sich lebenslang mit der «Divina Commedia» von Dante befaßt und unter dem Pseudonym «Philaletes» eine dreibändige kommentierte Übersetzung des Danteschen Hauptwerkes angefertigt hatte. Auch ist er für seinen Einsatz zur Entfaltung der Kunst und Wissenschaft in Sachsen und darüber hinaus wohl bekannt. Rudolf Steiner weist darauf hin, daß Johann von Sachsen in seiner früheren Inkarnation Dante Alighieri war.[87] Der vorzeitige Tod Ludwigs II. steht möglicherweise in direkter Verbindung mit seiner aktiven Beteiligung an dem damaligen Kulturkampf und seinem Einsatz für die Einführung des Jesuitengesetzes von Berlin aus, wonach die Rechte des Ordens im ganzen Deutschen Reich teils aufgehoben und teils stark beschnitten wurden.

Aus dieser einmaligen Konstellation wird ersichtlich, daß Johann von Sachsen und Ludwig II. mit ihrer ausgesprochen geistigen Orientierung vor allem neue spirituelle Ideen brauchten, die meines Erachtens von der Individualität Kaspar Hausers als dem Badischen Fürsten hätten kommen sollen. Dann hätte aus dem Zusammenwirken dieses Triumvirats in Deutschland eine geistige Kraft entstehen können, welche imstande gewesen wäre, die ganzen Geschicke des Deutschen Reiches zu verändern. Dieses hätte daraufhin nicht als ein leeres Gefäß, dem jeglicher geistige Inhalt fehlte, 1871 begründet werden müssen, sondern wäre dadurch vorbereitet gewesen, seine europaweite spirituelle und kulturelle Aufgabe zu erfüllen.

Dadurch wäre in Mitteleuropa ein ganz anderer Boden für die von Rudolf Steiner inaugurierte Dreigliederung des sozialen Organismus dagewesen. Vor allem hätten gute und ernsthafte Chancen bestanden, daß durch das Zusammenwirken und den gemeinsamen Einfluß von Kaspar Hauser, Johann von Sachsen und Ludwig von Bayern die Geschicke Europas hätten so gelenkt werden können, daß es nicht zu dem brudermörderischen Ersten Weltkrieg gekommen wäre.[88] Und ohne diesen Krieg wäre weder der Bolschewismus in Rußland noch der Nationalsozialismus in Deutschland aufgekommen. Denn diese beiden Bastarde waren Mißgeburten des Ersten Weltkrieges. Damit wäre die Geschichte des 20. Jahrhunderts völlig anders verlaufen, und wir würden heute in einer anderen Welt leben!

Wie nur wenige fehlende Jahre im Leben eines Menschen, der eine Menschheitsaufgabe hat, die ganze Weltsituation zu ändern vermögen, kann man auch gut anhand des Lebens von Rudolf Steiner nachweisen. Hätte auch er nur vier Jahre länger gelebt, dann wäre die Michael-Schule auf der Erde als die zentrale esoterische Institution unserer Zeit bis in ihre drei Klassen voll ausgebaut und konstituiert worden. Alle ihre Sektionen hätten von Rudolf Steiner die zu ihnen gehörende berufliche Esoterik aus dem Quell der neuen Mysterien erhalten. Die Anthroposophische Gesellschaft wäre zu ihrer endgültigen sozialen Form gekommen, einschließlich der Lösung aller Konstitutionsfragen. Die Karmavorträge hätten weitergeführt und um die karmischen Beziehungen an der Zeitenwende selbst ergänzt werden können. (In seiner «Letzten Ansprache» begann Rudolf Steiner mit dem ersten Schritt in dieser Richtung). Ebenso wäre die bauliche Fertigstellung des zweiten Goetheanum erfolgt, und zu seiner Eröffnung wären die weiteren Mysteriendramen geschrieben und aufgeführt worden. Die Fortsetzung seiner Vortragsreisen hätte unter anderem in Berlin zu dem bereits angekündigten Vortragszyklus über die geisteswissenschaftlichen Grundlagen der Musik geführt und vieles mehr, das wir uns, bei der Arbeitsintensität Rudolf Steiners, die er als Folge der Weihnachtstagung erreicht hatte, heute kaum ausmalen können. Dadurch würden auch wir als Anthroposophen in einer ganz anderen Welt leben … Aber kommen wir zurück zu Friedrich Schiller.

Es wurden nur einige der Folgen der vier Jahre, die Friedrich Schiller nach seinen eigenen Worten zur Erfüllung seiner Aufgabe fehlten, aufgezeigt. Daß das Bewußtsein der Wichtigkeit seiner Vorhaben bei ihm durchaus lebte, zeigen die fast übermenschlichen Anstrengungen, die er in bereits krankem Zustand unternahm, um zumindest seinen «Demetrius» zum Abschluß zu bringen. Von seinen Anverwandten wird mitgeteilt, daß er sogar im bewußtlosen Zustand ganze Abschnitte aus seinem letzten Drama rezitierte. Auch war das letzte, was er geschrieben hat, der Monolog der Zarin-Mutter Marfa aus dem «Demetrius»-Drama, die mit allen Kräften ihrer Seele das Erscheinen ihres Sohnes beschwört.

Die Gegenmächte, denen Schiller furchtlos sein Angesicht zugewendet hatte, um ihr heimliches Komplott gegen die menschliche Freiheit zu entlarven, und als deren Opfer er in diesem ungleichen Kampf – jedoch nur äußerlich – erlag, wirkten in der Weltgeschichte weiter. In dem tragischen Schicksal Kaspar Hausers, mit allen schon erwähnten Folgen seiner Ermordung, können wir ihr dunkles Werk weiter verfolgen. Den nächsten Schritt auf diesem finsteren Weg findet man in der Brandstiftung des ersten Goetheanum.[89] Denn man darf hier keiner Illusion verfallen; der Kampf um die Freiheit des menschlichen Geistes wird die ganze Epoche der Bewußtseinsseelenentwicklung durchziehen und immer mehr ein solcher auf Leben und Tod werden.

In der kleinen esoterischen Gruppe, die sich nach dem Brand des Goetheanum um Rudolf Steiner gebildet hatte, nach ihren Initiatoren «Wachsmuth-Lerchenfeld-Gruppe» genannt, konnte er einige Andeutungen über den Ursprung der dunklen Mächte machen, welche diese Feuertragödie über die anthroposophische Bewegung hervorgerufen hatten. Aus den spärlichen Notizen der dort gehaltenen esoterischen Stunden geht hervor, daß der sich durch die ganze neuzeitliche Geschichte ziehende Kampf zwischen gewissen freimaurerischen Verbrüderungen und den Mitgliedern des Jesuitenordens an entscheidenden Knotenpunkten des Weltgeschehens zu einer kurzfristigen Eintracht führte, die gemeinsame Maßnahmen nach sich zog.

Hier ging es vor allem um die Vernichtung «der Strömung der Mitte», die geistesgeschichtlich auf Johannes den Evangelisten und Apokalyptiker zurückgeht, der als Repräsentant der Menschheit unter dem Kreuz auf Golgatha stehen durfte. In der ersten esoterischen Stunde für die erwähnte Gruppe sagte Rudolf Steiner inhaltsgemäß: «Zwei Richtungen – in Johannes die Mitte. Erkennen, was von den beiden Richtungen kommt. Brand, weil beide vereinigt gegen die Mitte. Haß gegen Fortsetzung dieser Mitte. Wach werden! Wach gegenüber diesen zwei Richtungen, aber auch überhaupt. Wach werden durch richtiges Meditieren!» (GA 265, 27.5.1923). Und nach einer Mitschrift der gleichen Stunde von anderer Hand: «Beide Menschheitsströmungen bleiben einander streng feindlich. Nur einmal vereinten sie sich in Eintracht: in ihrem Haß gegen die Strömung der Mitte. Das Ergebnis dieser einträchtigen Vereinigung beider sonst feindlichen Richtungen, war die Vernichtung des Johannesbaues (Goetheanums)» (ebd.). Auch eine Woche zuvor, bei einer kleinen esoterischen Versammlung in Kristiania, äußerte sich Rudolf Steiner im gleichen Sinne über die okkulten Ursachen des Brandes (ebd.).

Man kann wohl sagen, daß – außer Rudolf Steiner – seit Friedrich Schiller kein Mensch so mutig und offen gegen diese dunklen Mächte angetreten ist. Für Rudolf Steiner begann dieser Kampf vor allem mit dem ersten Vortrag des Zyklus «Von Jesus zu Christus» (GA 131). In diesem Zyklus, der in Karlsruhe gehalten wurde, dem Geburtsort Kaspar Hausers, wo auch dessen Märtyrerweg begonnen hatte, sprach Rudolf Steiner aus seiner Geistesforschung zum ersten Mal über das innere Wesen des Hauptmysteriums des Christentums, über die Auferstehung des Christus. Deshalb mußte er zunächst im ersten Vortrag in aller Schärfe auf diejenigen Gegenmächte hinweisen, welche dieses Mysterium in der Menschheit okkult bekämpfen. Dann sprach er in vielen Vorträgen während des ersten Weltkriegs besonders ausführlich über die zweite Strömung des Bösen, nämlich über die geheimen Bruderschaften und einige freimaurerische Hochgradlogen vor allem der englischsprachigen Welt, bis hin zu ihren okkulten Hintergründen und geheimen politischen Plänen. (Siehe besonders GA 173 und 174.) Denn nur ein klares Wissen darüber kann in der gegenwärtigen Epoche der Bewußtseinsseele die menschliche Freiheit vor den okkulten Manipulationen seitens dieser Mächte schützen.

Aufgrund des Gesagten braucht man sich nicht mehr zu wundern, daß diese Gegenmächte auch nach dem erfolgten Brand des ersten Goetheanum ihre Tätigkeit gegen die Anthroposophie – und nach der Weihnachtstagung besonders gegen ihren Begründer – nur noch verstärkten. So kann man das Wirken dieser dunklen Mächte auch weiter, bis zur plötzlichen Erkrankung Rudolf Steiners am letzten Tag der Weihnachtstagung bei dem sogenannten geselligen Rout, verfolgen. Von diesem Angriff auf seine Gesundheit hat er sich nie mehr ganz erholt. Folglich mußte er, wie auch Friedrich Schiller, den physischen Plan vorzeitig verlassen, entgegen seiner früheren Äußerung, daß er in dieser Inkarnation ein hohes Alter erreichen werde. Auch hier hatte sich, ebenso wie bei Schiller, in den von oben vorgezeichneten Gang der Dinge eine abgründige «fremde Macht» eingemischt und zerstörend gewirkt. Und man darf sich wohl fragen, warum Rudolf Steiner – über dessen krankes Aussehen die Freunde, die ihn im Juli 1924 am Bahnhof in Arnheim abholten, tief erschrocken waren[90] – in einem rein pädagogischen Vortrag, der mit Schiller an sich nicht viel zu tun hatte, plötzlich über das Geheimnis und die tragischen Umstände von dessen zu frühem Tod sprach. Hier kann man wahrlich nur sagen: Wer Augen hat zu sehen, der sehe![91]

Heute, mehr als achtzig Jahre nach dieser Tragödie, dürfen wir keinesfalls die Augen vor der erschreckenden Wahrheit verschließen oder den Kopf in den Sand stecken, als ob diese Katastrophe nie stattgefunden hätte. Denn damit versündigen wir uns nicht nur an Rudolf Steiner, sondern auch an unserem eigenen «historischen Gewissen». Gleichzeitig müssen wir im Sinne Schillers die Trauer, welche aus solchen Erkenntnissen in der Seele entstehen kann, in innere Willensstärke und den hellsten michaelischen Enthusiasmus für unsere anthroposophische Sache verwandeln.

Ein Vorbild dafür kann uns das Verhalten Goethes werden, in dessen Seele aus der unverbrüchlichen Treue zu seinem verstorbenen Freund diese gewaltige Metamorphose von der tiefsten Verzweiflung und Ohnmacht zu innerem Enthusiasmus und Schaffensdrang tatsächlich geschah. Später wird Rudolf Steiner noch darauf hinweisen, daß in einem solchen Umschwung von seelischer Ohnmacht in eine schöpferische Hinwendung zum Geiste die geheimnisvolle Berührung mit den Auferstehungskräften des Mysteriums von Golgatha und damit die Begegnung mit dem lebendigen Christus stattfinden kann. (Siehe den Vortrag «Wie findet ich den Christus?» vom 16. Oktober 1918 in GA 182).

So wird berichtet, daß Goethe, nachdem die Nachricht von Schillers Tod, von dessen Ursache er einiges ahnte, jedoch nichts dagegen unternehmen konnte, einige Stunden geweint habe und mehrere Tage in einem Zustand innerer Verzweiflung gewesen sei. Dann aber, als kräftige und schöpferische Natur, sich doch wieder in dem kühnen Entschluß faßte, Schiller ein würdiges Denkmal im Geiste zu errichten, indem er dessen «Demetrius» zuende führen wollte. Dieses Vorhaben konnte Goethe jedoch nicht verwirklichen.[92]

Dennoch, der innere Umschwung, der in seiner Seele stattfand, als er diesen Entschluß faßte, wurde ihm zur geistigen Kraft, die ihn mit seinem Freund auch über die Todesschwelle hinaus verband. Später erinnerte er sich in nur wenigen, kurzen Worten daran: «Genug, aller Enthusiasmus, den die Verzweiflung bei einem großen Verlust in uns aufregt, hatte mich ergriffen» («Annalen»). Ähnlich der Verwandlung von Wasser in Wein ist dieses Wunder in der Seele Goethes geschehen, das Auflodern der hellsten Flamme des reinen, spirituellen Enthusiasmus aus völliger Verzweiflung heraus. Dadurch hatte Goethe seinen verlorenen Freund innerlich neu gewonnen und fühlte sich über die Todesgrenze hinweg mit ihm wiederum verbunden. Denn die wahre «Begeisterung trägt den Geist in sich» (GA 260a, 20.7.1924). Und in diesem Geiste, dessen Anwesenheit und Wirken in der Seele Schillers sein besonderes Geheimnis war, waren die beiden Freunde wieder vereint.

Durch dieses Erlebnis konnte Goethe etwas Entscheidendes in dem Wesen seines verstorbenen Freundes begreifen und miterleben. Denn er wurde jetzt mit der Kraft *von dessen* innerer Begeisterung erfüllt, die

142

Schiller sein ganzes Leben als das innere Feuer seiner Seele in sich trug und die nach Rudolf Steiner mit den höchsten und fernsten Zielen unserer Erdenentwicklung verbunden ist: der Verwandlung der Erde in eine neue Sonne.

Die Worte, in denen Rudolf Steiner dieses Geheimnis zum Ausdruck bringt, sind so gewählt, daß, obwohl der Name Schillers in ihnen nicht vorkommt, jeder Leser, der mit genügender innerer Empfindsamkeit an sie herantritt, dabei unverzüglich die Wesensart Schillers vor sich hat.

«Denken Sie einmal, wie unsere Verantwortlichkeit erhöht wird, wenn wir wissen: Wäre niemand auf der Erde, der für wahrhafte, echte Moral oder überhaupt geistige Ideale erglühen kann in seiner Seele, so würden wir nicht beitragen zu einem Fortgange unserer Welt, zu einer Neuschöpfung, sondern zu einem Absterben unserer Welt. Diese Leuchtekraft [«der moralischen Begeisterung»], die hier auf der Erde ist, wirkt ins Weltenall hinaus. Das ist allerdings eben für das gewöhnliche menschliche Wahrnehmen zunächst unwahrnehmbar, wie da hinausstrahlt von der Erde, was in dem Menschen Moralisches lebt. Ja, wenn über die ganze Erde heraufziehen würde ein trauriges Zeitalter, in dem Millionen und aber Millionen von Menschen nur in Ungeistigkeit vergehen würden – das Geistige zu gleicher Zeit hier einschließlich des Moralischen gedacht, denn so ist es ja auch –, dann würde, wenn nur ein Dutzend Menschen mit heller moralisch-geistiger Begeisterung da wären, doch die Erde erstrahlen geistig-sonnenhaft» (GA 202, 18.12.1920).

Die hier beschriebene geistige Kraft, die im Menschen entsteht und zu «einer Neuschöpfung» im Weltenall führt und somit zum «geistig-sonnenhaften» Erstrahlen der Erde als einer neuen Sonne, ist auch diejenige, welche als die Kraft der «moralisch-geistigen Begeisterung» die Schillersche Seele von Jugend an, aber gegen das Ende seines Lebens hin ständig zunehmend, erfüllte. Damit gehörte vor allem Friedrich Schiller zu diesen «nur ein Dutzend Menschen», die sogar in den dunkelsten Zeiten imstande wären, unsere Erde zu retten, auch wenn (wie es heute schon weitgehend der Fall ist) «Millionen und aber Millionen von Menschen nur in Ungeistigkeit vergehen würden». So haben wir in diesen Worten, man möchte sagen wie in eine kosmische Dimension fortgesetzt, die wahre Bedeutung solcher Persönlichkeiten, wie Friedrich Schiller es war.

Es ist diesbezüglich besonders beeindruckend, daß der 19-jährige Novalis bei seiner allerersten Begegnung mit Schiller diese kosmische Dimension von dessen Wesen sogleich voll erkannt und zum Ausdruck gebracht hat. Jetzt verstehen wir, daß die oben bereits zitierte Stelle aus seinem Brief nicht bloß begeisterte Metaphern über Schiller enthält, sondern seine ganz genaue und wahrheitsgetreue Charakterisierung aus dem hellsichtigen Geiste von Novalis. Fast mit den gleichen Worten wie Rudolf Steiner schreibt er davon, daß Schiller «mehr ist als Millionen Alltags Menschen» und daß allein die «sittliche Größe und Schönheit» solcher Menschen «eine Welt, deren Bewohner er wäre, vom verdienten Untergange retten könnte», «verdient» wegen ihres Versinkens «in Ungeistigkeit». So kann man nur ahnen, was diese beiden wahrlich kosmischen Geister, Novalis und Schiller, aus ihrem geistigen Bund, der damals geschlossen und in dem übersinnlichen Michael-Kultus noch verteift wurde, in der Zukunft der ganzen Menschheitsentwicklung bringen werden.

Aus dem Gesagten, wenn es nicht eine bloße Theorie für uns bleiben soll, ergibt sich die Richtung, in der wir heute als Anthroposophen unsere gegenwärtigen Aufgaben zu erfüllen haben. Wir müssen uns nicht nur mit uns selbst und unseren internen Problemen befassen, sondern viel mehr den Fragen und Nöten der Welt zuwenden, um mit der Kraft der Begeisterung, die uns Schiller lehren kann, die Anthroposophie als moralische Erkenntniskraft in die Welt zu tragen dafür, daß die Erde sonnenhaft erstrahle mit dem geistigen Licht, das aus unseren neuen Ätherherzen emporzuleuchten vermag. Das ist das geistige Testament Schillers für alle Anthroposophen. Dann werden wir imstande sein, die wirkliche Verantwortung zu übernehmen für den Michael-Impuls mit seiner neuen Geistigkeit, die mit der gleichen Kraft in uns leben muß, wie in Schiller seine Ideale gelebt haben. Würde dies geschehen, dann könnte Anthroposophie ihre Aufgabe in der Welt erfüllen.

*

Zum Schluß muß noch auf die Beziehung Friedrich Schillers zum Christus-Impuls eingegangen werden. Diese Frage ist deshalb nicht so leicht zu beantworten, weil in dem gesamten Werk und Nachlaß Schillers kaum direkte Äußerungen über den Begründer des Christentums zu finden sind,[93] eigentlich sogar noch weniger als bei seinem Freund Goethe, so daß auch das vielleicht wichtigste Zeugnis darüber von diesem stammt. So schrieb gegen Ende seines Lebens der 81-jährige Goethe an Zelter: «Schiller war eben diese Christus-Tendenz angeboren». Doch mit Hilfe der Geisteswissenschaft Rudolf Steiners und auf Grundlage der vorhergehenden Darstellungen läßt sich auch diese Frage bis zu einem gewissen Grad erhellen.

In dem Vortrag vom 11. Februar 1919 beschreibt Rudolf Steiner die beiden Wege, die den Menschen unserer Bewußtseinsseelenepoche zu Christus führen können. Er nennt sie den Gedanken- und den Willensweg zu Christus. Der erste geht durch die Entwicklung der gedanklichen Toleranz, der zweite durch den selbst anerzogenen spirituellen Idealismus. Es ist nicht schwer, Schillers Geistesart sofort mit dem zweiten Weg in Verbindung zu bringen, wenn auch bestimmte Ansätze für den ersten bei ihm ebenfalls zu finden sind. Dieser «andere [zweite] Weg geht durch das Wollen» (GA 193), wenn dieses zum Quell des wahren spirituellen Idealismus im Menschen wird. Auch die Bemerkung Rudolf Steiners, daß es sich dabei nicht um einen bloß «jugendlichen, natürlichen, elementaren Idealismus» handelt, den fast jeder Mensch in seiner Jugend besitzt, sondern um einen durch Selbsterziehung des Willens in reifen Jahren vollbewußt «erworbenen Idealismus», der dadurch auch beim Älterwerden des Menschen nicht verlorengeht, sondern nur noch kräftiger und leuchtender in Erscheinung tritt, weist darauf hin. «Das ist der Willensweg zu dem Christus», – sagt Rudolf Steiner und fährt fort: «In dem, was wir aus anerzogenem Idealismus tun, verwirklichen wir dasjenige, was der Christus wollte, der nicht deshalb aus außerirdischen Welten auf die Erde herabgekommen ist, um bloß irdische Ziele hier zu verwirklichen, sondern aus der außerirdischen in die irdische Welt herabgekommen ist, um Überirdisches zu verwirklichen». Mit anderen Worten, es ist dieser anerzogene Idealismus, der eben bewirkt, daß die Erde wie eine neue Sonne im Weltenall geistig-sonnenhaft durch die ihm innewohnende «moralisch-geistige Begeisterung» aufleuchten kann. Und diese innere Begeisterug, welche, wie wir bereits sahen, nur aus dem neuen Ätherherzen entspringt, bildet die Grundlage und die treibende Kraft dessen, was Rudolf Steiner hier als den zu Christus führenden Idealismus bezeichnet. Denn durch diesen Idealismus verbinden wir uns auf die beschriebene Art mit dem Weltenall, mit dem Überirdischen, und das führt uns heute zum Erleben der Anwesenheit des Christus in uns selbst. «Wir wachsen aber nur mit ihm [dem Überirdischen] zusammen, wenn wir uns Idealismus anerziehen, so daß Christus, der überirdisch im Irdischen ist, in uns wirken kann. Nur im anerzogenen Idealismus verwirklicht sich das, was das Paulinische Wort über den Christus sagen will: ‹Nicht ich, sondern der Christus in mir›».

Das ist der Weg zu Christus, den Schiller durch seine ganz bewußt anerzogene idealistische Wesensart und seine fast grenzenlose Fähigkeit der Begeisterung für alles Ästhetisch-Moralische in der Welt in den tiefsten Tiefen seiner Seele lebenslang ging und der ihn am Ende seines Lebens an die Schwelle einer echten, christlichen Einweihung, und zwar ganz im modernen Sinne, brachte. Man kann sagen: Besonders in den letzten Jahren seines Lebens war Schiller tatsächlich ganz nahe der Verwirklichung des «Nicht ich, sondern der Christus in mir» auf dem zweiten, dem Willens-Weg zu Christus.[94]

Schiller kam mit einem starken, angeborenen Jugendidealismus auf die Welt. In der Zeit des «Sturm und Drang», die in der Abfassung der «Räuber» kulminierte, kann man diesen Zug in seinem Charakter schon klar erkennen. Goethe wollte mit diesem angeborenen Idealismus, den er in sich selbst konsequent überwunden hatte, nichts mehr zu tun haben; deshalb war Schiller ihm zuerst so unerträglich. Und Rudolf Steiner gibt die tieferen Gründe dafür an, weshalb man eine Abneigung gegen einen solchen Idealismus auf berechtigte Weise haben kann. «Dennoch wird es sogar schwierig sein, der Jugend dasjenige auszutreiben, was jugendlicher, natürlicher, elementarer Idealismus ist. Aber was ist das? Schön ist es, groß ist es [wie es vor allem bei dem jungen Schiller der Fall war], aber es darf nicht das Alleinige im Menschen sein. Denn dieser jugendliche Idealismus ist doch nur der Idealismus des Ex Deo nascimur, des Göttlichen, das auch mit dem Jahvegöttlichen identisch ist, das aber nicht allein bleiben darf, nachdem das Mysterium von Golgatha über die Erde hingegangen ist». (GA 193, 11.2.1919). Das ist der eigentliche Grund, warum Goethe diesen Schillerschen Jugendidealismus so stark ablehnte. Denn in Schiller selbst sollte zuerst die «innere moralische Wiedergeburt» stattfinden, das heißt die volle Umschmelzung des natürlichen Jahve-Idealismus in den neuen christlichen Idealismus. Galten doch auch für Schiller zuerst die mahnenden Worte: «Wer nicht versuchen will, den in innerer moralischer Wiedergeburt anerzogenen Idealismus zu entwickeln, der kann nichts anderes sagen als: Nicht ich, sondern der Jahve in mir» (ebd.).

Bei Schiller war es jedoch so, daß durch alle Prüfungen, die ihn durch sein schweres Schicksal vor allem in der Jugend trafen, ihm dieser angeborene «natürliche, elementare Idealismus» mit der Zeit gründlich ausgetrieben wurde. Er vermochte ihn sich aber daraufhin vollbewußt und frei und vor allem aus eigener, innerer Kraft neu anzuziehen. Und den letzten Schliff in diesem Verwandlungsprozeß seines inneren

Wesens gab ihm diejenige «moralische Wiedergeburt», welche für ihn dadurch möglich geworden war, daß er allen Neid und jegliche Mißgunst Goethe gegenüber endgültig überwunden hatte. Das war eine große moralische Tat Schillers, die ihm keinesfalls leichtgefallen war. Denn «er hatte sich ja schwer durchgerungen zur Anerkennung Goethes. Schiller ging aus von einem Neid und von einem innerlichen Widerwillen gegen Goethe. Man könnte sagen: Für Schiller gab es eine Zeit in seiner Jugend, in welcher ihm der Speichel im Munde immer bitter wurde, wenn von Goethe die Rede war» (GA 191, 14.11.1919).

So stand Schiller zur Zeit seiner eigentlichen Begegnung mit Goethe (20. Juli 1794) bereits als ein ganz anderer Mensch da. Goethe jedoch, soeben von seiner Italienreise zurückgekehrt, meinte in ihm immer noch dem frühen Schiller aus der «Sturm und Drang»-Zeit zu begegnen. Erst als dieses Mißverständnis durch einen «glücklichen Zufall», wie Goethe sein erstes Gespräch mit Schiller später nannte, ausgeräumt worden war, konnte das Wunder ihrer Freundschaft beginnen.

Wie bereits in diesem Buch dargestellt, bestand das Wesen dieser einmaligen Freundschaft in einer besonderen Art des umgekehrten Kultus, dessen treibender Impuls in einem wahren «spirituellen Idealismus» wurzelte. Neben diesem hebt Rudolf Steiner bei der Charakterisierung des umgekehrten Kultus noch ganz besonders die Kraft des Willens und die aus ihm entstehende Begeisterung hervor. Zwei Eigenschaften, die, wie wir gesehen haben, ebenfalls vor allem Schiller eigneten. Denn der umgekehrte Kultus findet nur dann tatsächlich statt, wenn dasjenige geschieht, was Rudolf Steiner in direkter Rede durch den Vergleich mit dem sakramentalen Kultus so ausspricht: «Wenn du dein ganzes Inneres vom *Willen* durchstrahlst, *Begeisterung* auf es wendest, dann gehst du mit deiner sinnlichen Erfahrung, indem du sie *idealisierst*, den entgegengesetzten Weg [des umgekehrten Kultus], wie du ihn gehst, wenn du das Übersinnliche in die Kultusgestalt hineingeheimnißt [wie im sakramentalen Kultus]» (GA 257, 27.2.1923).

Nun konnte Schiller im späteren Leben, nachdem er seinen angeborenen, jugendlichen Idealismus weitgehend durch die Schicksalsprüfungen verloren hatte, in sich einen neuen, spirituellen Idealismus dadurch erzeugen, daß er die Impulse seines starken Willens mit den Kräften der inneren Begeisterung für alles Wahre, Schöne und Gute durchglühte und durchfeuerte. Und als Folge davon war er imstande, dasjenige zu verwirklichen, was Rudolf Steiner in bezug auf den umgekehrten Kultus so beschreibt, daß der Mensch, der «etwas … im Irdischen erschaut, im Irdischen erkennen und verstehen gelernt hat, in das Übersinnlich-Geistige hinaufhebt, indem er es ins Ideal erhebt» (ebd.). – Damit wurde Schiller der bedeutendste Vertreter nicht nur des deutschen, sondern des Idealismus überhaupt, und zwar in einer ganz neuen und tief christlichen Form, in der dieser zum zweiten Weg des modernen Menschen zu Christus wird.

Es konnte bereits aus dem früher Dargestellten entnommen werden, daß wir Schiller mit Recht als Vorläufer einiger Grundideen der «Philosophie der Freiheit» betrachten können, von der Rudolf Steiner sagt, daß die in ihr entwickelte Erkenntnistheorie ganz auf die «paulinische Basis» gestellt ist.[95] So haben wir hier den großen geistesgeschichtlichen Kreis, der an der Zeitenwende bei Paulus beginnt und im 19. Jahrhundert zunächst durch Friedrich Schiller, dann vor allem durch Rudolf Steiner in eine wahre Waffenbrüderschaft der beiden für die neue, spirituelle Kultur der Menschheit sich schließt.

Deshalb weist Rudolf Steiner so eindringlich für unsere Zeit darauf hin, da die Kräfte der Begeisterung und des wahren Idealismus überall zu verschwinden drohen, was dieses mit allen sich daraus ergebenden spirituellen und kulturgestaltenden Folgen eigentlich bedeuten würde. Denn derjenige, der vollbewußt diesen von Schiller uns vorgezeichneten Weg des «in anerzogenem Idealismus wiedergeborenen Willens», welcher in der Anthroposophie heute seine Fortsetzung findet, nicht geht oder nicht gehen will, fällt unvermeidlich in das Jahve-Zeitalter, das heißt in einen vorchristlichen und unzeitgemäßen Zustand zurück.

Dem steht die Möglichkeit entgegen, den spirituellen Idealismus nicht nur der eigenen Seele anzuerziehen, sondern sogar weiterzuentwickeln. Ein Beispiel dafür, wie schon zu Lebzeiten Schillers dieser Grundimpuls seines Wesens übernommen und ansatzweise weitergeführt wurde, ist das Entstehen des «magischen Idealismus» von Novalis. Rudolf Steiner zufolge konnte er ihn nur deshalb entwickeln, weil er zunächst die Besonderheit des Schillerschen Idealismus voll erkannt und in seiner eigenen Seele wie abgebildet oder abgemalt hatte, um ihn daraufhin durch den Christus-Impuls in seinem Herzen auf eine noch höhere Stufe zu erheben. Diesen Tatbestand zusammenfassend, spricht Rudolf Steiner davon, «wie Schiller versucht, die Welt zu begeistern mit seinem Idealismus, und wie Novalis, indem er Schillers ethischen Idealismus [innerlich] aus einem Herzen malt, das in ihm selbst christusbegeistert ist, seinen magischen Idealismus» verkündet (GA 143, 29.12.1912). So wuchs bei Novalis sein magischer Idealismus wie auf selbstverständliche Weise aus der weiteren Verinnerlichung und Vertiefung des Schillerschen «ethischen Idealismus». – Bei Schiller sollte jedes wahre Ideal auf das moralische Wesen des Menschen, es immer weiter veredelnd, wirken. Bei Novalis sollte dieses veredelnde und spiritualisierende Prinzip über den Menschen hinaus auf die ganze Natur, ja sogar auf das Weltenall selbst ausgedehnt und angewendet werden.

Es ist auffallend, daß Rudolf Steiner bei der Beschreibung der kosmischen Dimension der «moralisch-geistigen Begeisterung» und der Darstellung der beiden Wege zu Christus in beiden Fällen die Worte «Verantwortlichkeit» und «erhöhtes Verantwortlichkeitsgefühl» in den Vordergrund stellt. Diese Verantwortung für die Erde und die Menschheitsentwicklung war besonders Schiller aus seiner seelisch-geistigen Veranlagung heraus voll bewußt. Aus dieser Weltverantwortung lebte und handelte er zunehmend in seinen reifen Jahren. Und durch seine Freundschaft mit Goethe wurde dieses Gefühl noch erhöht. Er fühlte seinen «ethischen Idealismus» als von dieser Verantwortung nicht zu trennen. Denn nur durch das Erheben jedes Ideals aus der Gedankensphäre in das Gebiet der freien ethischen Impulse und einem Leben aus denselben vermeinte er, dieser Verantwortung gerechtwerden zu können.

Was geschieht nun weiter im Weltenwerden mit einem solchen anerzogenen ethischen Idealismus? Rudolf Steiner spricht darüber in sehr eindrücklicher Weise in dem Vortrag vom 14. Juli 1914. Denn bei jeder Beschäftigung mit Idealen, solange sie vor allem auf die eigene Entwicklung bezogen sind, laufen diese Gefahr, nach dem Tode des Menschen von Luzifer erbeutet zu werden. Es besteht somit nur eine einzige Möglichkeit, diesen heiligsten Schatz der Seele für sich selbst und vor allem für die weitere Menschheitsentwicklung zu bewahren und wirksam zu machen, indem man diese Ideale mit dem Christus-Impuls verbindet, sie von ihm wie durchdrungen sein läßt: sie in der eigenen Seele verchristet. Und die Tatsache, daß Rudolf Steiner an dieser Stelle die Worte des Paulus: «Nicht ich, sondern der Christus in mir!» zitiert, zeigt, daß es sich in diesem Vortrag um die weitere Ausgestaltung des Willensweges zu Christus handelt. Daß die innere Entwicklung Schillers genau in diesem Sinne vor sich ging, auch wenn er in seinen Äußerungen darüber sehr zurückhaltend und schweigsam war – denn es ging ihm hier um das Heiligste –, bezeugen die Worte, welche seine lebenslange Freundin, Caroline von Wolzogen, in bezug auf seine letzten Jahre aussprach: «Die heilige Gestalt des Erlösers verehrte er, sie kam ihm immer mehr ans Herz und trat aus allem Menschenwahn leuchtend hervor in Geist und Liebe».[96]

Dadurch war Schiller wie kein anderer fähig, die in seinem ethischen Idealismus lebenden hochspirituellen Kräfte dem Christus anzuvertrauen, so daß sie auch nach seinem Tode in der geistigen Welt als Keime für die Zukunft der Menschheits- und der Erdenentwicklung wirken konnten. Denn nach der Geistesforschung Rudolf Steiners werden solche Ideale im Nachtodlichen aus der Christus-Substanz mit der vollen «Realität durchsättigt», zu der Luzifer keinen Zugang mehr hat (ebd., GA 155). Und aus diesen Kräften des «durchchristeten Idealismus» (ebd.) wird später eine neue, moralische Weltenordnung entstehen, welche die Grundlage für den zukünftigen Jupiter-Zustand unserer Erde abgeben wird. «Diese Welt des Idealismus ist von dem Christus übernommen, und sie ist wie in der gegenwärtigen Welt der Keim zur zukünftigen Welt. Der Christus trägt unsere Ideale so hinüber in die zukünftige Welt» (ebd.).

Wie konkret Schiller in seinem Leben auf dem Weg dieses neuen, spirituellen Idealismus fortschreiten wollte (bis zu «einer großen und allgemeinen Geistesrevolution», die er in sich bis zum fünfzigsten Lebensjahr noch zu «vollenden» hoffte), zeigt das folgende, scheinbar kleine, in Wirklichkeit jedoch sehr bedeutende Detail. Bei der Beschreibung des neuen Idealismus erwähnt Rudolf Steiner unter anderem, wodurch dieser besonders gefördert bzw. zerstört werden kann. «Man will ihn dadurch heute austreiben, daß man der Jugend eine gewisse Phantasieerziehung, Phantasiebildung durch das Märchen, durch die Legende, durch alles dasjenige, was von dem trockenen äußeren Sinnlichen hinwegführt, entzieht» (ebd.). Wie anders sehen in *dieser* Perspektive die Worte aus, die von Schiller als einige der letzten, die er unmittelbar vor seinem Tode ausgesprochen hat, überliefert sind: «Gibt mir Märchen und Rittergeschichten, da liegt doch der Stoff zu allem Schönen und Großen». Bis zum Schluß suchte er die Früchte seines frei errungenen Idealismus dem Christus anzuvertrauen.

Und wenn wir uns hier noch vergegenwärtigen, wie diesem Schillerschen Idealismus die Christus-Kraft bereits innewohnte, dann können wir erst richtig verstehen, was in Wirklichkeit als «drittes» in der Freundschaft von Goethe und Schiller zwischen den beiden wehte. Denn im Sinne des umgekehrten Kultus, der sich unter ihnen immer mehr und mehr entfaltete, geschieht im Menschenleben der entscheidende Schritt von der Anwesenheit des Christus in der einzelnen Seele zu seiner Wirksamkeit in den sozialen oder zwischenmenschlichen Beziehungen. Dadurch gehen auf neue Weise Seine Worte in Erfüllung: «Denn wo zwei oder drei im Namen meines Ichwesens [das heißt im Zeichen des neuen Idealismus, in dem die Paulinischen Worte: «Nicht Ich…»» wahr werden] versammelt sind, da bin Ich selbst in ihrer Mitte» (Matth. 18,20; Übers. E. Bock).

∗

Aus allem, was in diesem Buch bisher dargestellt wurde, geht klar hervor, daß Schiller sich auf dem Wege einer modernen christlichen Einweihung befand, welche den Einzuweihenden zu einer bewußten Begegnung mit Christus an der Schwelle der geistigen Welt führt. Dieses Schwellenerlebnis, das Schiller vor allem in seinem «Demetrius»-Drama bereits veranlagt hatte, erreichte er selber erst unmittelbar vor seinem Tode als die Kulmination seines ganzen Lebens. Die Folgen davon mußte Schiller aber zuerst in das nachtodliche Dasein mitnehmen, um daraus die notwendigen und weiterführenden Kräfte für sein nächstes Erdenleben entstehen zu lassen.

Über seine letzten Tage haben wir vor allem von der Hand Caroline von Wolzogens, die fast ununterbrochen bei dem sterbenden Schiller anwesend war, ein wichtiges Zeugnis.[97] Zuerst war es, nur eineinhalb Tage vor Schillers Tod am Abend des 7. Mai, daß er mit ihr «über Stoffe zu Tragödien, über die Art, wie man die höheren Kräfte im Menschen erregen müsse» sprechen wollte. Aus der oben beschriebenen Nähe Schillers zu dem höheren Ich kann man entnehmen, daß hier, an der Schwelle des Todes, diese Stufe von ihm weitgehend schon erreicht worden war, und darüber versuchte er mit Caroline noch zu sprechen. Selbst schon im Bereich des höheren Ich stehend, wollte er auf einen Weg weisen, auf dem jeder Mensch mit Hilfe der wahren Kunst zu diesen höheren Kräften seines Wesens gelangen kann. Als Caroline dieses Gespräch wegen des sich verschlechternden Gesundheitszustandes von Schiller nicht bereit war weiter fortzusetzen, um vor allem seine physischen Kräfte zu schonen, erwiderte er sichtlich enttäuscht: «Nun, wenn mich niemand mehr versteht und ich mich selbst nicht mehr verstehe, so will ich lieber schweigen.» Vom schulmedizinischen Standpunkt wird dieser Satz des Sterbenden oft als beginnendes todesnahes Delirium verstanden. Vom geisteswissenschaftlichen Standpunkt jedoch ergibt sich hier etwas ganz anderes.

In dem Buch «Die Geheimwissenschaft im Umriß» beschreibt Rudolf Steiner, wie der Geistesschüler zu dem Erlebnis des höheren Ich auf dem Pfade der modernen Einweihung kommt. «Das ist das erste rein geistige Erlebnis: die Beobachtung einer seelisch-geistigen Ich-Wesenheit. Diese hat sich als ein neues Selbst aus demjenigen Selbst herausgehoben, das nur an die physischen Sinne und den physischen Verstand gebunden ist» (GA 13, Seite 319). Daraufhin findet sich der Geistesschüler vor eine nächste Aufgabe gestellt, die er jetzt zu erfüllen hat. «Er hat das, was er in seinem gewöhnlichen Selbst ist und was ihm im Bilde erscheint, durch das neugeborene Selbst zu leiten und zu führen» (ebd., Seite 387). Mit anderen Worten, er muß aus der Kraft des höheren Ich eine neue, bewußte Beziehung zu seinem Erden-Ich finden.

Dieser Prozeß der Herstellung des richtigen Zusammenhanges zwischen dem höheren und dem gewöhnlichen Ich braucht auf dem Schulungsweg eine geraume Zeit, Übung und innere Anstrengung. Zu all dem aber hatte Schiller an der Schwelle des Todes keine Zeit mehr. Deshalb brachte er in den zitierten Worten zum Ausdruck, daß er vom Standpunkt des höheren Ich jetzt nicht mehr ohne weiteres sein eigenes Erden-Ich verstehe, so wie es für Menschen selbstverständlich ist (in diesem Fall für Caroline von Wolzogen), die nur aus einem solchen Erden-Ich sprechen und handeln können.

Schiller hingegen trug besonders günstige Voraussetzungen für das Erleben des höheren Ich in sich. Dies folgt auch aus den weiteren Worten Rudolf Steiners, der das angedeutete Problem an anderer Stelle ebenfalls erörtert: «Das Herzorgan ist gerade dasjenige, durch welches das höhere Ich das sinnliche Selbst zu seinem Werkzeug macht und von dem aus dies letztere gehandhabt wird» (GA 10, Seite 165). Und Schiller war, wie wir bereits gesehen haben, in der Ausbildung seines ätherischen Herzens, das ihm als Vermittlungsorgan zwischen dem höheren und gewöhnlichen Ich diente, schon weit fortgeschritten. Daher ist anzunehmen, daß dieser Zustand der Unsicherheit in der Wechselbeziehung der beiden für ihn nur ein kurzes, vorübergehendes Erlebnis war.

Über seine letzte Stunde berichtet Caroline von Wolzogen weiter: «Er schlummerte bald darauf ein, sprach aber viel im Schlaf. ‹Ist das eure Hölle, ist das euer Himmel?› rief er vor dem Erwachen». Auch diese Worte können jetzt in einem anderen Licht gesehen werden. Vom Standpunkt des höheren Ich, das den Einblick in die wahre geistige Welt ermöglicht, erscheint dasjenige, was sonst die Kirche als Himmel und Hölle für das Bewußtsein des irdischen Mensch-Ich darstellt, als eine ganz andersgeartete Wirklichkeit. Jetzt geht es Schiller nicht mehr um Himmel und Hölle im abstrakt-theologischen Sinne des Wortes, sondern um den umfassenden Einblick in die geistige Welt jenseits der Todesschwelle. Dann sagt er noch: «Du von oben herab, bewahre mich von langem Leiden!»[98] Als ob er jetzt zu jemandem in der geistigen Welt sprechen würde, der ihm von drüben erschien. Es könnte wohl sein eigener Schutzengel gewesen sein. Dann aber geschah das Wichtigste. Und sofort war die volle Verwandlung in Schiller zu bemerken. In nur wenigen Worten weist Caroline von Wolzogen darauf hin: «Dann sah er sanft lächelnd in die Höhe, als begrüßte ihn eine tröstende Erscheinung.» – Ich wage an dieser Stelle, meine feste Überzeugung auszusprechen, daß es sich hier um eine wirkliche Christus-Begegnung im Leben Schillers handelte, auf die im Zuge seiner Lebenseinweihung schon durch Jahre alle inneren Kräfte seiner Seele ausgerichtet waren. Die Folge davon war, daß er am nächsten Tag (8. Mai) auf die Frage, wie es ihm gehe, mit Sicherheit antwortete: «Immer besser, immer heiterer.» Zu diesen Worten fügte Caroline hinzu: «Ich fühlte, daß er dies ganz in bezug auf seinen inneren Zustand sagte».[99] Jetzt, durch die von Christus ausgehende heilende Kraft gestärkt und gelabt, fühlte Schiller die Gebrechlichkeit seines Leibes nicht mehr. Er hatte sie im Bündnis mit Christus überwunden und war innerlich geheilt.[100] Eine ganz neue Perspektive stand von da an vor seiner befreiten und beflügelten Seele. Damit erreichte die Schiller eignende «Christus-Tendenz» ihre volle Erfüllung noch in seinem Erdenleben *diesseits* der Schwelle.[101]

Erst jetzt durfte er endgültig die Erdenwelt verlassen. Und ohne Zögern und Bedauern nahm er ruhig und bewußt von ihr Abschied. Darüber berichtet Caroline von Wolzogen weiter: «Er verlangte, man solle den Vorhang öffnen, er wolle die Sonne sehen. Mit heiterem Blick schaute er in den schönen Abendstrahl, und die Natur empfing seinen Scheidegruß».[102] Nachdem in seiner Seele die Christus-Sonne aufgegangen war, kam die Zeit, sich von der sinkenden Erdensonne und der ganzen Pracht der von ihr beleuchteten Natur zu verabschieden, um damit die Runde seines Erdenlebens zu einem harmonischen Abschluß zu bringen.

Am 9. Mai, dem Todestag, trat frühmorgens, nach dem Bericht Caroline von Wolzogens, für eine kurze Zeit noch eine «Besinnungslosigkeit ein; er sprach nur unzusammenhängende Worte, meistens Latein». Auch diese Besonderheit findet ihre Erklärung. Denn während einer früheren Inkarnation Schillers, die Rudolf Steiner in den Karma-Vorträgen besonders ausführlich beschreibt, in der er in einem frühchristlichen Jahrhundert in Italien das Christentum noch in seiner ursprünglichen Reinheit so intensiv aufgenommen hatte, daß es später zum geistigen Grund seines Freiheitsempfindens wurde, war seine Muttersprache eben Latein.[103]

Dann, unmittelbar vor dem Tode, wiederholte sich die Begegnung mit Christus ein weiteres Mal. Caroline von Wolzogen erinnert sich weiter: «Er riß sich einigemal auf, sah edel in die Höhe, als habe er alle Kraft gesammelt, und sagte einmal ‹Judex›». Jetzt kam der endgültige Schwellenübertritt. «Es fuhr wie ein elektrischer Schlag über seine Züge; dann sank sein Haupt zurück, und die vollkommenste Ruhe verklärte sein Antlitz; seine Züge waren die eines sanft Schlafenden.»[104] Der abermalige Blick des Sterbenden in die Höhe – «als begrüßte ihn eine tröstende Erscheinung» – wies auf die immer weiter anhaltende Christus-Nähe, die ihn über die Schwelle begleitete. Deshalb waren seine Gesichtszüge auch im Tode so verklärt und ruhig, als ob er nur für einen Augenblick eingeschlafen sei.

Wie auf alten russischen Ikonen, die dem Entschlafen Mariens gewidmet sind, sieht man über dem verlassenen Erdenleib den Christus, der ihre befreite Seele auf der Hand trägt. So darf man sich auch den Tod von Friedrich Schiller vorstellen. Sanft und still ging am Ende des Erdenweges seine große Seele in die Hände des von ihm während des ganzen Lebens innigst gesuchten und heiß ersehnten Heilands über. So hat dieser furchtlose Kämpfer und Märtyrer des Geistes die Todesschwelle, welche für ihn auch zur Einweihungsschwelle wurde, vollbewußt überschritten.

Auch sein letztes Wort «Judex» (Richter) bekommt vor dem geschilderten Hintergrund eine eigenartige Signifikanz. Bereits während seiner Arbeit am «Demetrius» prägte Schiller, aus seinem Ringen, das Erdenschicksal dieses enigmatischen russischen Herrschers zu begreifen, einen besonderen Ausdruck. Mit ihm wollte er die Schicksalsgewalten, welche Demetrius in eine Kette von tragischen Umständen so verwickelten, daß er aus seinem eigenem Willen nichts hatte verhindern können und daraufhin in einem ausweglosen Kampf zugrunde gehen mußte, ganz besonders treffend charakterisieren. Zu diesem Behufe führte Schiller in seinen Notizen den Begriff der «Cherubswache» ein, das heißt der Wache eines höheren Wesens, das die Fäden des unerbittlichen Schicksals zusammenführt und nach dem Tod das scharfe Urteil der geistigen Welt über die Erdentaten des Menschen zum Ausdruck bringt.

Aus der Verbindung dieses Bildes des «wachenden Cherub» und desjenigen des «höheren Richters» ergibt sich eine mächtige Imagination, die Rudolf Steiner als eines der ersten Erlebnisse des Menschen nach dem Tode wie folgt beschreibt: «Es tritt der Mensch vor seiner Kamaloka-Zeit vor zwei Gestalten hin. ... Moses ist die eine, ... der ihm vorhält die Gesetzestafeln, im Mittelalter nannte man es ‹Moses mit dem scharfen Gesetz›, und der Mensch hat ganz genau in seiner Seele das Bewußtsein, inwiefern er bis in das Innerste seiner Seele abgewichen ist von dem Gesetz. Die andere Gestalt ist diejenige, die man nennt ‹den Cherub mit dem feurigen Schwert›, der da entscheidet über diese Abweichung» (GA 130, 2.12.1911). Dieses doppelte Bild «stellt gewissermaßen das karmische Konto [des Menschen] fest» (ebd.).

Nun sagt Rudolf Steiner später in dem gleichen Vortrag, daß, beginnend mit dem 20. Jahrhundert, nicht mehr Moses, sondern Christus als Herr des Karma diese Stellung übernimmt und damit selber *als höchster Richter* in der geistigen Welt auftritt: «Darauf haben wir hingedeutet, daß der Christus erscheint auf der Erde in seinem Richteramt, gleichsam gegenüber dem leidenden Christus von Golgatha, als der triumphierende Christus, als der Herr des Karma, der schon vorausgeahnt worden ist von denjenigen, die den Christus des jüngsten Gerichts gemalt haben» (ebd.). Und zu solchen Menschen, die das kommende Erscheinen des Christus als Herr des Karma nicht nur «vorausgeahnt», sondern durch die Erfüllung ihrer Einweihung schon *vorausgesehen* haben, gehörte Friedrich Schiller.

Das alles erlebte er nicht wie andere Menschen nach dem Tode, sondern unmittelbar vor demselben. Dadurch wurde für ihn diese geistige Erfahrung zu einem wahren Einweihungserlebnis, das immer ein prophetisches Element in sich trägt. So konnte Schiller der Zukunft der Menschheit, in die wir heute eingetreten sind, vorausgreifen, um aus diesem prophetischen Vorblick einen neuen Impuls in sein nachtodliches Dasein mitzunehmen, der ihm erlauben wird, in seiner nächsten Inkarnation dem Christus als Herr des Karma dienen zu können mit all seinen außergewöhnlichen Kräften und Fähigkeiten, die er sich in seiner Schiller-Inkarnation angeeignet hat.

Von diesem Gesichtspunkt aus können die Worte, welche Schiller als die allerletzten in seinem Erdenleben geschrieben hatte und die Caroline von Wolzogen nach seinem Tod auf dem Schreibtisch fand – der sogenannte «Monolog der Marfa» – auch in einem autobiographischen Sinne verstanden werden. Denn in diesen Worten wendet sich nicht allein die Zarin Marfa, sondern vielmehr die Seele des Dichters selbst an den göttlichen Sohn und zukünftigen karmischen Richter der Menschheit, dessen Begegnung Schiller mit der ganzen Kraft seiner Seele an der Schwelle des Todes gesucht und auch gefunden hat.

«O warum bin ich hier beschränkt, gebunden,
Machtlos mit dem unendlichen Gefühl!
Du ewge Sonne die den Erdenball
Umkreißt, sei du die Botin meiner Wünsche,
Du allverbreitet ungehemmte Luft
Die schnell die weiteste Wanderung vollendet,
O trag ihm meine glühnde Sehnsucht zu!
Ich hab nichts als mein Gebet, mein Flehn,
Das schuf ich glühend (flammend) aus der tiefen Brust,
Das send ich gläubig in des Himmels Höhen,
Der Mutter Thränen und der Mutter Segen,
   und wie gewaffnete
Heerschaaren send ichs mächtig dir entgegen!»

III

Das «Demetrius»-Fragment von Friedrich Schiller als Drama des menschlichen Ich

Nach Abschluß der «Wallenstein»-Trilogie, die Schiller mit der höchsten Anstrengung all seiner schöpferischen Kräfte und gegen etliche äußere und innere Widerstände durchgesetzt hatte, erlebte er – vielleicht zum erstenmal in seinem Leben – das ganze Ausmaß der ihm vom Himmel gegebenen gewaltigen schöpferischen Potenz. Jetzt fühlte er sich auf der vollen Höhe seines Schaffens und imstande, jeden künstlerischen Stoff zu bewältigen. Allein diese Erfahrung ließ ihn sich an solche überaus schwierigen Projekte wie «Die Malteser» und «Demetrius» heranwagen. Hätte Schiller nur noch einige Jahre länger leben können, dann wären diese beiden Werke in ihrer hervorragenden künstlerischen und esoterischen Bedeutung sicher vollendet worden. – Vieles spricht dafür.

So konnte Schiller den «Demetrius», das letzte große Werk, an dem er mit seiner ganzen Willenskraft am Ende seines Lebens gearbeitet hatte und über dem er starb, der Nachwelt, trotz all seiner Anstrengungen, nur als eine umfassende Sammlung einzelner Fragmente hinterlassen. Jedoch die Gründlichkeit, mit der er an das Thema herangegangen war, ist beeindruckend. Allein die vielen Notizen, Pläne und Studien dafür umfassen in der Weimarer Nationalausgabe einen Band von fast 400 Seiten. Aus dieser Fülle läßt sich nicht leicht die endgültige Gestaltung des Dramas herausschälen. Deshalb muß man die bereits zitierte Äußerung Rudolf Steiners zuhilfe nehmen, daß in gewissen Kreisen eine große Angst erwachsen war, als bekannt wurde, an welches Thema Schiller sich herangewagt hatte. Und für diese Angst bestanden ganz konkrete Gründe. Sie entstammte jedoch nicht nur der Tatsache, daß in dem Schicksal des historischen Demetrius auf geschichtlich bewiesene und mit vielen Dokumenten belegte Weise die um ihn wimmelnden Jesuiten eine entscheidende Rolle gespielt hatten. Schon zur Zeit Schillers war dies kein Geheimnis und konnte aus den veröffentlichten

Quellen, die er selbst benutzt hatte, entnommen werden. Die Frage war vielmehr, wie Schiller diesen Stoff in seinem Drama behandeln würde. Daher muß man die Worte sehr ernstnehmen, die er in seinem Brief an Körner am 25. April 1805 schrieb, daß im «Demetrius» «alles auf die Art ankommt wie ich den Stoff nehme und nicht wie er wirklich ist» (HK., Seite 360).

An anderer Stelle wurde zumindest auf zwei Gedanken hingewiesen, die Schiller – so zeigen einige seiner Notizen – sicherlich in sein Drama integriert hätte, vor deren Bekanntwerden gewisse okkulte Kreise wohl große Angst hatten.[105] Denn gerade solche Tatsachen, die zu den streng geheimgehaltenen okkulten Zielen des Jesuiten-Ordens gehörten, sollten unbedingt vor der Öffentlichkeit verborgen bleiben.

Die erste ist die okkulte Manipulation mit den Kindheitskräften – in welchen der Christus-Impuls in der Menschenseele im Verborgenen wirkt – oder, genauer gesagt, der Kampf gegen den Christus-Impuls im Menschen überhaupt. Was dies konkret bedeutet, das zeigte sich wenige Jahre nach Schillers Tod ganz deutlich an dem Schicksal Kaspar Hausers. Das zweite ist der okkulte Kampf, der, von dem gleichen Orden ausgehend, jeder neuen Offenbarung aus der geistigen Welt angesagt ist.

Auch dieses Motiv ist klar aus Schillers Notizen ablesbar. Beide Ziele sind im okkulten Sinne nur dann erreichbar, wenn der Mensch seiner Freiheit beraubt und äußerlich sowie vor allem innerlich in die Abhängigkeit von einer fremden Macht gebracht wird.[106] Wo aber einem Menschen seine innere Freiheit genommen wird und dadurch auch die Möglichkeit der selbständigen Beziehung zur geistigen Welt, da beginnt bereits der Kampf gegen den Heiligen Geist, eine Sünde, welche gegen die ganze Menschheitsentwicklung gerichtet ist und deshalb nicht verziehen werden kann.

Einen Vortrupp dieses Kampfes gegen den Geist bilden die Jesuiten. Daher sagte Rudolf Steiner nur drei Wochen vor seinem Tode zu Ludwig Polzer-Hoditz: «Tragen Sie aber stets im Bewusstsein: die Jesuiten haben die Religiosität, die Frömmigkeit, den Menschen genommen, sie sind identisch mit der römischen Staatsgewalt. Der Kampf [gegen den Geist], d.h. die Sünde gegen den Geist, ist ihr Herrschaftsgewaltmittel, die einzige Sünde, von der die Schrift sagt, daß sie nicht vergeben wird. Und doch kann der Geist nicht ganz ausgerottet werden, aber nur wenige werden ihn hinübertragen in die Zukunft». (GA 265, Seite 453; Gespräch von 3. März 1925).

Von diesem Hauptgeheimnis des Jesuiten-Ordens wußte Schiller, und er war bereits auf dem Wege, es in seinem «Demetrius» zu enthüllen.

*

Ein weiteres Motiv, das bereits zur Zeit Schillers eine Rolle auf der Bühne der Menschheitsgeschichte zu spielen begann, und das von der Mitte des 19. Jahrhunderts an mit voller Wucht in Erscheinung treten sollte, wird im «Demetrius»-Drama nur in wenigen Worten, jedoch ganz klar und unmißverständlich, angedeutet. In der Szene, von der nur ein kurzes Fragment erhalten geblieben ist, entsteht in dem weit im Norden Rußlands gelegenen Kloster Belosero, wohin die Zarin-Witwe Marfa verbannt ist, ein Gespräch zwischen den Nonnen und einem Fischer, der im Kloster erscheint. Aus ihrem von der Welt abgeschnittenen Dasein bestürmen die jungen Frauen den seltenen Gast mit drängenden Fragen.

«Xenia. Sag an, erzähle, was du Neues bringst!
Alexia. Was draußen lebt im Säkulum, erzähle.
Fischer. Laßt mich zu Worte kommen, heilge Frauen.
Xenia. Ists Krieg? Ists Friede?
Alexia. Wer regiert die Welt?
Fischer. Ein Schiff ist zu Archangel angekommen,
  Herab vom Eispol, wo die Welt erstarrt.
Olga. Wie kam ein Fahrzeug in dies wilde Meer?
Fischer. Es ist ein engelländisch Handelsschiff,
  Den neuen Weg hat es zu uns gefunden.
Alexia. Was doch der Mensch nicht wagt für den Gewinn!»

(R., Seite 30).

In dieser scheinbar nebensächlichen Szene eröffnet Schiller fast unmerklich eine große welthistorische Perspektive in bezug auf die ganze Bedeutung des englischsprachigen Westens Europas (englisches Handelsschiff) und sein Streben nach der Weltherrschaft aufgrund des «Gewinns», das heißt durch die Entfaltung der für ihn allein günstigen ökonomischen Verhältnisse in der Welt. Ein weiteres kleines Detail, daß das Schiff vom «Eispol», das heißt aus einer der Gegenden kam, die heute noch unbewohnt sind, in der Zukunft jedoch eine größere Bedeutung erhalten werden, deutet auf das Bestreben des englischsprachigen Westens zur Eroberung der ganzen Welt hin, was zwar im Sinne der Ausbreitung des Bewußtseinsseelenimpulses eine gewisse Berechtigung hat, jedoch nicht in einem einseitigen Machtanspruch (wie dies bereits mehrfach geschehen ist) ausgenutzt werden darf.

Es war meines Erachtens Herbert Hahn, der auf diese Stelle im «Demetrius» als erster aufmerksam gemacht hat. Denn die geschichtliche Tragweite dieser kleinen Episode besteht darin, daß schon um diese Zeit (Anfang des 17. Jahrhunderts) die ersten ökonomischen Impulse von Westeuropa eindrangen, jedoch auf einem Wege, der die für die Zukunft entscheidende Beziehung Rußlands zu Mitteleuropa eliminieren sollte. Das ganze ging mit dem Abbrechen der Beziehungen zur deutschen Hanse parallel, welches um die Zeit von Demetrius stattfand. (Siehe HH., «Ausblick».)

Die zunächst vorwiegend ökonomischen Einflüsse des englischsprachigen Westens, die damals in Rußland unter Umgehung Mitteleuropas sich auszubreiten begannen, waren für Rußland jedoch tödlich und führten in der weiteren Geschichte zu einer Kette von Erschütterungen, die mit Peter dem Großen begannen und mit der Katastrophe des Bolschewismus ihren vorläufigen Höhepunkt erreichten. Denn nicht von Westen und nicht auf ökonomischen Wegen, sondern durch die geistigen Impulse aus Mitteleuropa muß Rußland allmählich auf seine spirituelle Zukunft in der sechsten nachatlantischen Kulturepoche vorbereitet werden.[107]

Hinzu kommt, daß die Zeit des historischen Demetrius in Rußland mit der Regierungsperiode des englischen Königs Jakob I. zusammenfällt, von dem Rudolf Steiner berichtete, daß unter seiner Schirmherrschaft in England das Logenwesen sich zu bilden begann, das in den folgenden Jahrhunderten zunehmend in die Weltpolitik eingriff, um dem englischsprachigen Westen, vor allem mit Hilfe Nordamerikas, eine wirtschaftliche und politische Weltherrschaft zu sichern.[108]

Die unheimliche Strömung, die hier entstand, führte nach vielen inneren Metamorphosen zu dem Impuls, der im 20. Jahrhundert in Rußland das größte Unheil seiner Geschichte in Form der bolschewistischen Herrschaft verursachte. Diese bezeichnete Rudolf Steiner als ein «sozialistisches Experiment», das in den westlichen Logen als wichtiger Schritt bei ihrem Streben zur Beherrschung der Welt geplant war und in Rußland kaltblütig durchgeführt wurde. (Siehe GA 186, 12.12.1918.)

Eigenartigerweise fuhren zur Zeit des Bürgerkrieges in Rußland (1918–1920), der von den Bolschewisten auf dem Weg zu ihrer Macht entfacht worden war, tatsächlich englische Kriegsschiffe nach Archangelsk und besetzten den Hafen und die Stadt. Doch kamen sie in Wirklichkeit nicht, um die Bolschewisten zu bekämpfen, wie es die damalige englische Propaganda behauptete, sondern um sich zu vergewissern, daß das «sozialistische Experiment» richtig verläuft.[109]

Erinnert man sich an dieser Stelle daran, daß die oben beschriebene Durchdringung der freimaurerischen Hochgrade, die dem kontinentalen Europa von der angelsächsischen Insel her eingepflanzt worden waren, durch die Mitglieder des verbotenen Jesuiten-Ordens genau in der Schiller-Zeit geschah, so kann man sich kaum des Gefühls erwehren, daß sich hier ein großer, okkult-politischer Kreis schließt. Berücksichtigt man dies, dann wird man leicht ermessen können, in welch entscheidendem Brennpunkt der Weltgeschichte mit ihren geheimen Drahtziehern das letzte, unvollendet gebliebene Drama des großen deutschen Dichters sich befand.

Die Erwähnung des jungen Romanow am Ende des Dramas, welcher nach der Zeit der Wirren, die dem Sturz des falschen Demetrius folgte, der Begründer der neuen Zarendynastie in Rußland wurde (die vorhergehende, von dem Waräger Rurik stammende Dynastie war mit Schujiskij zu Ende gegangen), ist in diesem Kontext ebenfalls nicht ohne weltpolitische Bedeutung. Denn mit der Thronbesteigung Romanows nahm das Zarentum in Rußland allmählich eine Form an, in der von innen her als das eigene Gegenbild die verbrecherische Herrschaft der Bolschewisten ins Leben gerufen wurde. Rudolf Steiner sagte diesbezüglich: «Leninismus und Trotzkiismus sind lediglich die Fortsetzung des alten Zarismus, und Lenin ist ... der Zar, bloß in einem anderen Gewande, im Grunde ganz dasselbe. Der Zarismus stirbt im Leninismus, aber als *Zarismus* stirbt er im Leninismus» (GA 199, 7.8.1920; kursiv Rudolf Steiner), um damit in Rußland den weißen Zar durch den roten abzulösen.

Die aufgrund der in diesen Worten angedeuteten Verwandtschaft eingetretene Verwandlung des Zarismus in den Bolschewismus konnte aber nur dadurch geschehen, daß sie von zwei Seiten her planmäßig vorbereitet worden war. Von seiten der nördlichen Strömung waren es die englischen Logen (Rudolf Steiner nennt sie meistens «geheime Gesellschaften» oder «Bruderschaften» des Westens), deren Wesen und Treiben im «Demetrius» im Bilde eines englischen Handelsschiffes in Archangelsk erscheint. Andererseits war es die in dem Drama allerdings weit ausführlicher dargestellte südliche Strömung, die vor allem mit dem Bestreben der Katholisierung Rußlands durch die Mitglieder des Jesuitenordens als Vortrupp der konsequent verbreiteten Unfreiheit in Erscheinung trat.

Auf diese Weise griffen die westlichen Logen und die Mitglieder des Jesuiten-Ordens von zwei Seiten her in die russische Geschichte ein. Beide Strömungen versündigten sich gleichermaßen gegen die richtig verstandene Dreigliederung des sozialen Organismus. Die ersteren verbreiten die «Freiheit» dort, wohin die echte Brüderlichkeit gehört, was zu einem wilden Egoismus im Wirtschaftsleben führt, der die Mitmenschen zu ökonomischen Sklaven macht. Und die zweiten suchen einen Gruppengeist von Pseudo-Brüderlichkeit und totalem Gehorsam in dem Gebiet zu verbreiten, wo sich allein das freie Geistesleben entfalten soll. Da diese beiden vergifteten Samen von fremder Hand in den Boden des zaristischen Einheitsstaates gesät worden waren, mußten sie dort früher oder später das Phänomen des Bolschewismus mit seinem absoluten Verneinen des Geistes und Verachten der Menschenwürde erzeugen, was im 20. Jahrhundert in Rußland zu Massenterror und zur Vernichtung nicht nur jeglicher Freiheit, sondern der menschlichen Individualität selbst führte.

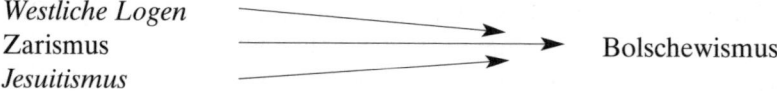

Westliche Logen
Zarismus   Bolschewismus
Jesuitismus

In dieser Beziehung kommt den «Ästhetischen Briefen» Schillers eine ganz besondere Bedeutung zu. Wie bereits oben erwähnt, waren sie zwar in Form von «Verstandesbegriffen» geschrieben, ihrem Wesen nach jedoch nicht bloß aus dem Kopf verfaßt, sondern auch «von dem ganzen Menschen» durchdrungen. Mit anderen Worten: Schiller «blieb stehen bei dem Punkt, wo noch Persönlichkeit in der Verstandesgestaltung drinnen ist» (GA 200, 24.10.1920). Denn in seinen philosophischen Schriften ging Schiller in der Bildung seiner Gedanken nur so weit, daß er sie noch vollständig mit seiner menschlichen Persönlichkeit durchdringen konnte. Und aufgrund dieser engen Verbindung seines Denkens mit dem ganzen Menschen, der selbst auf dem Wege zu dem höheren Ich begriffen war, versuchte Schiller, auch eine neue soziale Ordnung zu begründen, die er in den «Ästhetischen Briefen» folgendermaßen charakterisierte: «Der ästhetische Staat allein kann sie [die Gesellschaft] wirklich machen, weil er den Willen des Ganzen durch die

Natur des Individuums vollzieht» (Band V, 27. Brief; Seite 667). Die «Natur des Individuums» aber muß durch die unablässige Arbeit an sich selbst so verwandelt werden, daß «das Sinnliche erscheint zum Geist hinaufgeadelt, das Geistige bis zur sinnlichen Anschaulichkeit zur Offenbarung gekommen. Diesen ‹ästhetischen Zustand› möchte Schiller auch zum Vorbild des gesellschaftlichen Zusammenlebens machen» (GA 35, 4.7.1906).

Damit versuchte Schiller, das Hauptproblem der zukünftigen sozialen Ordnung zu lösen, die darin besteht, daß ein gemeinsames Leben der Menschen begründet werden muß, in dem die Individualität durch ihre «ungeadelten» Triebe nicht die Gemeinschaft zerstört und die Gemeinschaft nicht mit abstrakten Vorschriften und Geboten die Individualität unterdrückt, sondern der Mensch die Ziele seiner Mitmenschen als seine eigenen betrachtet und sich dadurch mit ihnen aus voller individueller Freiheit verbindet. Dies wird eine große Menschheitsaufgabe beim Übergang der fünften zur sechsten Kulturepoche sein. Denn der fünfte Zeitraum hat vor allem das Ziel, die menschliche Individualität auf das Höchste zu treiben, oft sogar auf Kosten der sozialen Gestaltung; die sechste Epoche hingegen wird besonders die Aufgabe haben, ein soziales Leben zu begründen, in dem die verschiedensten Individualitäten den Ort ihrer weiteren freien Entfaltung finden können.

Die Kraft, welche ihnen das ermöglichen wird, ist die des Vertrauens in die inneren Kräfte der Seele. In folgenden erhebenden Worten charakterisiert Schiller ihr sozial aufbauendes Wesen: «Der Notwendigkeit strenge Stimme, die Pflicht, muß ihre vorwerfende Formel verändern, die nur der Widerstand rechtfertigt, und die willige Natur durch ein edleres *Zutrauen* ehren» (Band V, 27. Brief; Seite 668). Diese Äußerung Schillers steht in wunderbarem Einklang mit demselben Prinzip, das Rudolf Steiner als Grundlage für jede wahre soziale Vereinigung der freien Menschen angibt. Er schreibt in der «Philosophie der Freiheit»: «Der Freie lebt in dem *Vertrauen* darauf, daß der andere Freie mit ihm einer geistigen Welt angehört und sich in seinen Intentionen mit ihm begegnen wird» (GA 4, Kapitel IX). Ersetzt man im Sinne der von Schiller gebrauchten Terminologie die Worte «eine geistige Welt» durch «geistiges Ideal» und die «Intentionen» durch «ästhetische Ziele», dann könnte dieser Satz auch in seinen «Briefen» stehen.

Die geistige Realität aber, welche in Schillers Seele beim Verfassen dieser Worte lebte, beschreibt Rudolf Steiner vom Gesichtspunkt der

163

Geisteswissenschaft so: «Als Ideal stellt er eine Gesellschaftsverfassung hin, innerhalb welcher der Einzelne das ‹höhere Selbst› der Gesamtheit so stark als sein eigenes Wesen fühlt, daß er aus innerstem Trieb ‹selbstlos› wirkt. Das ‹Einzel-Ich› soll so weit kommen, daß es ganz der Ausdruck des ‹Gesamt-Ich› werde. Ein gesellschaftliches Handeln, das unter solchen Antrieben steht, empfindet Schiller als ein Handeln ‹schöner Seelen›» (GA 35, 4.6.1906).

Wie stark dieses Ideal der sechsten Kulturepoche in Schiller schon von Jugend an lebte, zeigt der Anfang seiner unvollendet gebliebenen Arbeit «Philosophie der Physiologie», die er noch während seines Aufenthaltes in der Karlsschule begonnen hatte. Dort spricht er im ersten Kapitel, das die Überschrift trägt «Das geistige Leben. Bestimmung des Menschen» über zwei Gesetze des menschlichen Lebens. Das erste ist das Erreichen der Vollkommenheit des Menschen, welche allein für ihn zur wahren Glückseligkeit auf der Erde führen kann, denn «nur dann ist er glücklich, wann er vollkommen ist». Über das zweite Gesetz sagt er weiter: «Aber ein ebenso schönes, weises Gesetz, Nebenzweig des ersten, hat die Vollkommenheit des Ganzen mit der Glückseligkeit des Einzelnen, Menschen mit Menschen, ja Menschen mit Tieren durch die Bande der allgemeinen Liebe verbunden. Liebe also, der schönste, edelste Trieb in der menschlichen Seele, die große Kette der empfindenden Natur, ist nichts anderes als die Verwechslung meiner selbst mit dem Wesen des Nebenmenschen. Und diese Verwechslung ist Wollust. Liebe also macht seine Lust zu meiner Lust, seinen Schmerz zu meinem Schmerz» (Band V, Seite 251).

Mit diesen Worten hat Friedrich Schiller den Hauptzug der sechsten Kulturepoche aufs vortrefflichste charakterisiert. Diesen beschreibt Rudolf Steiner folgendermaßen: «In der sechsten Kulturperiode wird bei denjenigen Menschen, die ganz auf der Höhe dieser Kultur stehen werden, nicht nur jenes Gefühl vorhanden sein, das wir heute als Schmerz empfinden über Elend, Leid und Armut, die verbreitet sind in der Welt, sondern der Mensch wird dann auf der Höhe der Kultur der sechsten nachatlantischen Kulturperiode jedes fremde Leid als sein eigenes Leid empfinden», so daß « vielmehr in der sechsten Kulturperiode das Wohl des einzelnen voll abhängen wird von dem Wohl der Gesamtheit». Dies bezeichnet Rudolf Steiner im gleichen Vortrag auch als einen «moralischen Charakterzug» der sechsten Epoche (GA 159/160, 15.6.1915).

In etwas anderer Form hat Schiller dieses Ideal der zukünftigen sozialen Gestaltung der Menschheit am Schluß seiner «Ästhetischen

Briefe» dargestellt. Man braucht nur die entsprechenden Worte mit vielem von dem zu vergleichen, was Rudolf Steiner über das Wesen und die Aufgaben der kommenden sechsten nachatlantischen Kulturepoche, vor allem aber über deren sozialen Charakter sowie über die Grundstimmung ausgeführt hat, die in ihr in bezug auf das soziale Leben herrschen werden, um zu verstehen, was Schiller als seine Vision des kommenden Zusammenlebens der Menschheit am Ende der «Ästhetischen Briefe» eigentlich darzustellen suchte.[110]

Dieses Ideal des Zusammenlebens der Menschen kann nur erreicht werden, wenn jeder einzelne die Stufe des höheren Selbst zumindest bis zu einem gewissen Grad erlangt hat und daraus eine Brücke zu dem Christus-Ich, in dem das höhere Ich der ganzen Menschheit als Unterpfand ihrer zukünftigen Vereinigung gegeben ist, bildet. «Wie in jedem einzelnen Menschen das höhere Ich geboren wird, so wird in Palästina das höhere Ich der ganzen Menschheit ... geboren» (GA 112, 24.6.1909). Das hier angedeutete, tief christliche Ideal des Zusammenlebens der Menschheit muß in einem ersten Ansatz bereits in der sechsten Kulturepoche verwirklicht sein. Dadurch wird jeder Mensch das Leid, das Elend und das Unglück des anderen als sein eigenes empfinden.

Diesem Aufsteigen zu dem Menschheits-Ich im Christus steht entgegen die Ich-vernichtende Kraft des Antichrist in dem Wesen des Tieres aus dem Abgrund. Im 20. Jahrhundert ist dieser Impuls des apokalyptischen Tieres, das den Namen Sorat trägt, vor allem in dem Phänomen des Bolschewismus in Erscheinung getreten.[111] Und wenn man nach dem denkbar größten Gegensatz dieser sozialen Auffassung Schillers, in der die schönste Ahnung des inneren Wesens der sechsten Kulturepoche zum Ausdruck kommt, in der Menschheitsgeschichte sucht, dann stößt man sofort auf den Bolschewismus als dem ahrimanisch-soratischen Gegenbild der sechsten (slawischen) Kulturepoche.

Aus dem Gesagten folgt, daß Schiller schon über hundert Jahre vor der Schreckensherrschaft der Bolschewisten in seinen «Ästhetischen Briefen» einen konkreten Weg vorgezeichnet und selbst betreten hat, der genau in die entgegengesetzte Richtung des Weges des Verderbens führt, auf dem Rußland im 20. Jahrhundert in den Abgrund stürzte. Damit gab Schiller der Menschheit ein geistiges Mittel an die Hand, mit dem sie vor den kommenden Katastrophen wahrlich bewahrt worden wäre, hätten die Menschen es nur wirklich ergriffen.

Nun wird uns kaum noch überraschen, daß Rudolf Steiner den geistig-sozial aufbauenden Einsatz Schillers dem zerstörerischen Impuls der Bolschewisten direkt gegenüberstellt. «Und wenn man bloß aus dem Verstande heraus wie Lenin und Trotzkij, einen Staat begründet, er muß zur Zerstörung führen, weil sich der Verstand bloß auf das Wirtschaftsleben richtet. – Das fühlte Schiller, indem er seinen sozialen Zustand ausdachte. Schiller fühlte: Gehe ich weiter in dem verstandesmäßigen Können, komme ich ins Wirtschaftsleben hinein, so muß ich den Verstand auf das Wirtschaftsleben anwenden. Dann schildere ich nicht dasjenige, was wächst und gedeiht, dann schildere ich dasjenige, was in der Zerstörung lebt. – Schiller zuckte zurück vor der Zerstörung. Er hielt gerade an dem Punkt, wo die Zerstörung anbrechen würde; da blieb er stehen» (GA 200, 24.10.1920).

Ein anderer aber hat ein halbes Jahrhundert später diesen Halt nicht gemacht, sondern mit einer umso größeren Stoßkraft und rein verstandesmäßigen Schlauheit die Menschheit in den Abgrund getrieben. Das war Karl Marx. Durch seinen berühmt-berüchtigten Haß-Slogan «Proletarier aller Länder vereinigt euch» löste Marx weltweit die niedrigsten Instinkte und Triebe bei unzähligen Menschen aus, auf deren Haß und Neid den vermögenderen Schichten gegenüber er dann seine rein verstandesmäßige Wirtschaftsideologie aufpfropfte und damit ein zerstörerisches Potenzial heraufbeschwor und entfesselte, das im 20. Jahrhundert Millionen und Abermillionen von Menschen das Leben kostete.

Damit diese Menschheitstragödie passieren konnte, mußte, um ein entsprechendes Zerstörungspotenzial überhaupt zu erzeugen, das abstrakte Verstandesdenken der Menschen zunächst auf die Spitze getrieben, um dann mit voller Wucht allein auf das Wirtschaftsleben gerichtet zu werden. Diesem totalen «Sündenfall» des Denkens in den Bereich des Wirtschaftslebens hinein, der im Marxismus stattfand, ging aber im Gesamten der Menschheit die zunehmende Entfremdung des Denkens voraus, des Denkens, aus dem Schiller noch vollumfänglich schöpfte und wirkte. Das Denken selbst mußte zunächst zu einem Produkt nur des menschlichen Kopfes werden, wenn auch mit der einmaligen Möglichkeit verbunden, alles in der Welt *diesseits der Schwelle* in Form von reinen Ideen zu erfassen.

Seine Kulmination erreichte dieser Prozeß dann wenige Jahre nach Schillers Tod in der Philosophie Hegels. In ihr wurde das Denken endgültig von seiner ursprünglichen Bindung an den *ganzen Menschen* getrennt, um zugleich als nur Kopfdenken auf eine noch nie in der Menschheitsgeschichte erreichte Höhe aufzusteigen. Als Folge bestand für Hegel das Ziel der Weltentwicklung darin, daß in letzter Instanz nicht mehr der Mensch als freie, sich selbst bestimmende Persönlichkeit denken sollte, sondern durch ihn der Weltengeist, der den Menschen nur als ein Instrument für das Erreichen seiner übermenschlichen Ziele benutzen würde.[112]

Diese innere Einstellung und auch die ganze Wesensart Hegels führte schließlich dazu, daß er nur diejenigen Gedanken denken konnte, die sich zwar zu den höchsten Abstraktionen aufzuschwingen vermochten, jedoch keine Bedeutung für das Leben zwischen Tod und neuer Geburt hatten. Denn für die Welt, welche die Menschenseele nach dem Tode betritt, ist nur dasjenige Denken von Bedeutung, das aus den Tiefen der wahren Herzenserkenntnis hervorquillt und dadurch mit der Persönlichkeit des Menschen als ihrer freien Errungenschft verbunden bleibt, wie dies auf vorbildliche Weise bei Schiller der Fall war. Nur ein solches Denken, das aus dem ganzen Menschen hervorgeht, behält seine Gültigkeit auch für das Leben nach dem Tod und damit für die geistige Welt überhaupt. Hegel suchte demgegenüber vor allem das wahre Herzensdenken aus seiner Philosophie systematisch zu verbannen, um ihr dadurch das Fundament einer unerschütterlichen Objektivität zu geben. Daher ist die Hegelsche Philosophie dem noch weitgehend mit dem Herzen denkenden und aus seiner ganzen menschlichen Persönlichkeit erkennenden Schiller am weitesten entfernt.

Diesen kardinalen Unterschied in der Handhabung der Intellektualität bei Schiller und Hegel kann man vielleicht aufgrund der folgenden Worte Rudolf Steiners noch besser verstehen, in denen er *für unsere Zeit* charakterisierte, worin die Beziehung des gegenwärtigen Menschen zu Michael besteht. «Indem sich der Mensch als freies Wesen in Michaels Nähe fühlt, ist er auf dem Wege, die Kraft der Intellektualität in seinen ‹ganzen Menschen› zu tragen; er denkt zwar mit dem Kopfe, aber das Herz fühlt des Denkens Hell oder Dunkel; der Wille strahlt des Menschen Wesen aus, indem er die Gedanken als Absichten [Ideale im Schillerschen Sinne] in sich strömen hat» (GA 26, Seite 117). In diesem Sinne gehört Schiller zu den Denkern, die trotz hoher intellektueller Begabung noch imstande waren, die eigene Intellektualität mit dem *ganzen Menschen* zu verbinden und nicht, wie es schon bei Hegel der Fall war, sie in der zwar vollkommenen, aber doch bloßen Betätigung des Kopfes zu belassen. Deshalb kann uns heute auf dem modernen Weg zu Michael nicht Hegel, sondern Schiller das lebendige Vorbild für den michaelischen Umgang mit der Intellektualität sein.[113]

Rudolf Steiner sagt diesbezüglich von Hegel: «Das, was er gibt, soll ganz absichtlich allen persönlichen, bewußten Standpunkt und auch alle Herzenserlebnisse ausschließen. ... Er widmet sich in majestätischer Resignation dem Ablauf der bloßen Gehirnerlebnisse. Er hat daher von alledem, was das menschliche Herz erleben kann, nur die Gedanken» (GA 137, 6.6.1912). Selbstverständlich beschäftigt sich Hegel auch mit dem «Ich-Erleben», «aber es bleibt ein Gedankenbild, und Hegel ist nicht durchdrungen von der Lebendigkeit und Unmittelbarkeit der menschlichen Persönlichkeit, die im Selbstbewußtsein wurzelt» (ebd.).

Das ist der Grundunterschied zwischen Schiller und Hegel. Denn der letztere lebt zwar auch im reinen Denken, jedoch ist sein «reiner Gedanke ... nur ein Gedanke, wie er gefaßt werden kann mit dem Werkzeug des physischen Leibes, der aber abstirbt mit dem Tode. Hegel hat das Tiefste gedacht, was gedacht werden kann im Erdenleben, was aber in seiner Konfiguration mit dem Tode abstirbt» (GA 161, 10.1.1915). Schiller hingegen gehört zu denjenigen Denkern, die das von ihnen Gedachte nach dem Tod mit in die geistige Welt nehmen können und ist somit auch in dieser Beziehung ein echter Vorläufer der Anthroposophie. Dies vermag Hegel jedoch nicht. Daher mußte Rudolf Steiner von ihm sagen: «Und Hegels Tragik besteht darinnen: er hat nicht bemerkt, daß er den Geist in der Logik, in der Natur, im Seelenleben erfaßt, aber nur denjenigen Geist, der in der Form des Gedankens existiert, der aber nicht mitgeht, wenn wir durch den Tod gehen» (ebd.).[114]

Trotz dieser Grenzen seiner Philosophie hat Hegel in ihr, wie kein anderer vor ihm, das Prinzip der Metamorphose im Reich des Denkens begründet und praktisch ausgebaut. Dadurch kam er auf der Gedankenebene ganz nah an das heran, was Goethe lebenslang im Bereich der Wahrnehmungen suchte. Rudolf Steiner schreibt darüber: «Es ist ebenso im Sinne der Goetheschen Weltanschauung, von einer Metamorphose der Ideen wie von einer Metamorphose der Pflanzen zu reden. Der Philosoph, der diese Metamorphose der Ideen darzustellen versucht hat, ist Hegel. Er ist dadurch der Philosoph der Goetheschen Weltanschauung» (GA 6, Kapitel «Goethe und Hegel»).

Die diesbezügliche innere Verwandtschaft der beiden hat jedoch einen wesentlichen Nachteil, den gerade Schiller berufen war auszugleichen. (Seines frühen Todes wegen war ihm dies jedoch kaum möglich.) Denn wie Goethe, so lag auch Hegel, wenn auch aus etwas anderen Gründen, der Schlüsselbegriff der ganzen fünften nachatlantischen Epoche – die Freiheit und autonome Entwicklung der einzelnen Persönlichkeit – recht fern. So ist «Goethe ... bis zu der Anschauung der Freiheit nicht gekommen, weil er eine Abneigung gegen Selbsterkenntnis hatte» (ebd., Kapitel «Die Metamorphose der Welterscheinungen»). Hier sollte ihm Schiller, der zu einer solchen Selbsterkenntnis ganz besonders veranlagt war und sie auch lebenslang, bis zum Erleben der wahren inneren Freiheit, betrieben hat, zu Hilfe kommen.

Auch Hegel hätte diese, seiner eigenen Philosophie fast gänzlich fehlende Anschauung der Freiheit aus den theoretischen Schriften Schillers, besonders aber von dessen menschlicher Persönlichkeit, erfahren können. Denn «Hegels Philosophie ist [im Gegensatz zu der Schillers] keine Weltanschauung der Freiheit, weil sie den Weltinhalt in seiner höchsten Form nicht auf dem Grund der menschlichen Persönlichkeit sucht. Auf diesem Grund wird aller Inhalt ganz individuell. Nicht dieses Individuelle sucht Hegel, sondern das Allgemeine, die Gattung» (ebd., Kapitel «Goethe und Hegel»). Hingegen sucht gerade Schiller, im Gegensatz zu Hegel und auch zu seinem Freund Goethe, immer und überall das Individuelle, welches im inneren Erleben der Freiheit seine Kulmination, die volle Entfaltung und die höchste Würde findet.

Diese gemeinsame Eigenschaft Goethes und Hegels faßt Rudolf Steiner noch folgendermaßen zusammen: «Hegel wie Goethe fehlt die Anschauung der Freiheit, weil beiden die Anschauung des innersten Wesens der Gedankenwelt abgeht» (ebd.). Auch hier hätte Schiller den beiden weiterhelfen und aus seiner Fähigkeit, das Denken nicht bloß mit dem Kopf, sondern mit dem vollen Menschen, mit seiner ganzen Persönlichkeit zu ergreifen und zu betätigen, einen Ausweg aus der der Menschheit bereits drohenden Sackgasse weisen können. Denn weder die generelle Abneigung gegen das abstrakte Denken (Goethe), noch das einseitige Vorantreiben bis in die eiskalten Höhen (Hegel) vermögen die Menschheit vor dem Abgrund zu bewahren, sondern allein der mutige Schritt zum völligen Ergreifen der Freiheit durch die Verwandlung des innersten Wesens des Denkens selbst, wie es von Rudolf Steiner in seiner «Philosophie der Freiheit» entwickelt wird, deren Vorläufer und Wegbereiter – wie bereits dargestellt – Friedrich Schiller war.

Wenn auch weitgehend unbewußt, so fühlte Hegel doch, daß gerade Schiller in seinem Denken noch etwas ganz Wichtiges besaß, was ihm selbst bei all seinem großartigen Philosophieren von Anfang an so gut wie gänzlich fehlte. Nicht nur, weil in den philosophisch-ästhetischen

Schriften Schillers, wie in diesem Buch bereits gezeigt, die wesentlichen Grundlagen der späteren Hegelschen Dialektik zu finden waren, sondern aus einem viel tieferen Grund schloß Hegel sein erstes und in gewisser Beziehung bedeutendstes Werk, «Die Phänomenologie des Geistes» (1807), mit der Strophe aus der «Theosophie des Julius» von Schiller ab. Denn in diesen sechs Zeilen aus dem Kapitel «Gott» fand er, auf philosophisch-künstlerische Art ausgedrückt, etwas wie eine Zusammenfassung und Kulmination dessen, was er in seinem Hauptwerk zum Ausdruck bringen wollte:

«Freundlos war der große Weltenmeister,
fühlte Mangel, darum schuf er Geister,
selge Spiegel *seiner* Seligkeit.
Fand das höchste Wesen schon kein Gleiches,
aus dem Kelch des ganzen Wesenreiches
schäumt ihm die Unendlichkeit»

(Band V, Seite 353; kursiv Schiller).

Jedoch interpretierte er diese Worte Schillers ganz anders als der Dichter selbst sie noch verstand, weil Hegels Erkenntniskräfte nicht mehr bis zum Erkennen der realen geistigen Wesenheiten reichten, sondern bei einem abstrakten «Weltengeist» stehenblieben.

So finden wir in der Philosophie Hegels, deren wichtigste Errungenschaft nach Rudolf Steiner darin bestand, daß er vor allem die Logik aus den Klauen Ahrimans entreißen konnte, keine direkte Beziehung zu der wirklichen geistigen Welt mehr. Sie ist, trotz ihrer Großartigkeit, ihrem Wesen nach nur noch ein Erdenprodukt und aus diesem Grunde nicht mehr vor einem Mißbrauch seitens der ahrimanischen Mächte geschützt. Deshalb wird schon bald nach dem Tode Hegels seine Philosophie (vor allem seine dialektische Methode) von diesen vereinnahmt und in ihr Gegenteil verkehrt. Das geschieht in der marxistischen Lehre, wo durch die ausschließliche und direkte Anwendung des menschlichen Denkens auf das Wirtschaftsleben, es zur Begründung des historischen Materialismus kommt, in dem die Hegelsche Methode unmittelbar ins Ahrimanische getrieben wird. (Siehe GA 199, 27.8.1920.)

Und als tiefste, schon abgründige Stufe dieses «Sündenfalls» des menschlichen Denkens steht am Ende der beschriebenen Mißentwicklung die «Weltanschauung» der Bolschewisten, die den theoretischen Marxismus bis in seine letzten theoretischen und auch praktischen

Konzequenzen getrieben und somit ihr wahres Gesicht bzw. das Wesen der hinter ihr stehenden und sie inspirierenden soratischen Macht mehr als deutlich gezeigt hat. Denn in den Bolschewisten beginnt anstatt des Menschen das zur übermenschlichen Klugheit gezüchtete Tier zu denken und zu wirken. «Im Leninismus arbeitet sich an die Oberfläche der Menschheitsentwicklung die Klugheit des menschlichen Tieres, die Klugheit der menschlichen Animalität. ...Das Tier will sich einmal als gescheitestes Tier an die Oberfläche arbeiten und will alle ahrimanischen Kräfte, welche das Ziel haben, Menschliches, spezifisch Menschliches auszuschließen, und alles dasjenige, was an Klugheit verbreitet ist in der Tierreihe ..., zu menschheitsgestaltenden Kräften machen» (GA 197, 13.6.1920).

Nach dem methodischen Ansatz der Schillerschen «Briefe» kann man diesen Prozeß so beschreiben: In dem Moment, wo die reine Gedankenphilosophie in Hegel den Boden der konkreten lebendigen Persönlichkeit verläßt, sich in das Reich der hohen Abstraktionen begibt und damit die Mitte des Menschen zunehmend vernachlässigt, wird das Feld für die Gegenmächte frei. Dann steigt als Gegenreaktion aus den Tiefen der niedrigsten Triebnatur das mit fast übermenschlicher Klugheit begabte Tier auf, das seinem Wesen nach der größte Feind der menschlichen Persönlichkeit und vor allem der Herzensmitte ist, die es zu vernichten sucht.

Man kann auch sagen, nachdem Hegel den menschlichen Gedanken auf die höchste Höhe, die überhaupt in der Erdenwelt erreichbar ist (jedoch bereits getrennt von der menschlichen Wesenheit), gehoben und damit die ganze jahrtausendelange Entwicklung der Philosophie wie mit einem gewaltigen Schlußakkord abgeschlossen hat, waren nur die beiden grundpolaren weiteren Wege für die Menschheit möglich: Man konnte den menschlichen Gedanken auf neue Weise mit der *geistigen* Wesenheit des Menschen selbst verbinden und dadurch so spiritualisieren, daß der Mensch vollbewußt in die geistige Welt aufsteigen würde – oder den gleichen Gedanken direkt auf die rein ökonomischen Verhältnisse anwenden und damit allen ahrimanischen Dämonen, hinter denen Sorat als das Tier aus dem Abgrund steht, den Einzug in den Erdenbereich ermöglichen.

Das erstere vollzog sich dann in der «Philosophie der Freiheit», die zur erkenntnistheoretischen Grundlage der modernen Geisteswissenschaft wurde; das zweite geschah im Marxismus, der später als die theoretische Grundlage des Bolschewismus zu der Vernichtung jeglicher

Freiheit und menschlichen Würde führte. In letzterem haben wir den weltgeschichtlichen Übergang von dem ahrimanischen Eingriff im Marxismus zu dem soratischen Eingriff im Bolschewismus.[115]

Vor diesem ganzen Hintergrund wird noch verständlicher, warum Schiller sein größtes historisches Werk der ausgesprochen tragischsten und blutigsten Zeit der niederländischen Geschichte widmete, als der Zeit, in welcher der Kampf um die menschliche Freiheit und Würde gegen die unterdrückende Macht der kirchlichen Tyrannei, deren blutiger Vortrupp in der Inquisition bestand, seinen Höhepunkt erreichte.

Liest man heute vor allem die Ausführungen Schillers aus dem Kapitel «Das Inquisitionsgericht», so kann man auf den Gedanken kommen, daß sein Blick nicht nur auf die schrecklichen Ereignisse des 16. Jahrhunderts gerichtet war, sondern wie prophetisch schon auf die Greueltaten der Bolschewisten im 20. Jahrhundert schaute. Denn die Methoden der Inquisition, die Schiller hier ausführlich beschreibt, wurden von den Bolschewisten akribisch übernommen und nun von Tausenden an Millionen Unschuldigen angewendet. Die Maschinerie des Todes war bei den Bolschewisten zwar größer und perfekter organisiert, ihr Mechanismus blieb jedoch fast der gleiche. (Sie wußten wohl ganz genau, von wem in der Geschichte sie lernen konnten.)

Da die folgende Beschreibung Schillers auch heute höchst aktuell und zutreffend ist, sei hier ein etwas längeres Zitat aus seinem Werk angeführt. So schreibt er über das Wesen der Inquisition: «Schändung der Vernunft und Mord der Geister heißt ihr Gelübde, ihre Werkzeuge sind Schrecken und Schande. Jede Leidenschaft steht in ihrem Solde, ihre Schlinge liegt in jeder Freude des Lebens. Selbst die Einsamkeit ist nicht einsam für sie; die Furcht ihrer Allgegenwart hält selbst in den Tiefen der Seele die Freiheit gefesselt. ... Die Vermessenheit ihrer Urteilssprüche kann nur von der Unmenschlichkeit übertroffen werden, womit sie dieselben vollstrecket. ... Bloßer Verdacht war genug, einen Bürger aus dem Schoß der öffentlichen Ruhe, aus dem Kreis seiner Familie herauszustehlen, und das schwächste Zeugnis berechtigte zu Folterung. Wer in diesen Schlund hinabfiel, kam nicht wieder. Alle Wohltaten der Gesetze hörten ihm auf. Ihn meinte die mütterliche Sorge der Gerechtigkeit nicht mehr. Jenseits der Welt richteten ihn Bosheit und Wahnsinn nach Gesetzen, die für Menschen nicht gelten. Nie erfuhr der Delinquent seinen Kläger und sehr selten sein Verbrechen; ein ruchloser teuflischer Kunstgriff, der den Unglücklichen zwang, auf seine Verschuldigung zu raten und ihm Wahnwitz der Folterpein oder im Überdruß einer langen lebendigen Beerdigung Vergehungen auszusagen, die vielleicht nie begangen oder dem Richter doch nie bekannt worden waren. ... Jeder verborgene Feind, jeder Neider hatte jetzt die gefährliche Lockung einer unsichtbaren und unfehlbaren Rache. Die Sicherheit des Eigentums, die Wahrheit des Umgangs war dahin. Alle Bande des Gewinns waren aufgelöst, alle des Bluts und der Liebe. Ein anstekkendes Mißtrauen vergiftete das gesellige Leben, die gefürchtete Gegenwart eines Lauschers erschreckte den Blick im Auge und den Klang in der Kehle. Man glaubte an keinen redlichen Mann mehr und galt auch für keinen. Guter Name, Landsmannschaften, Verbrüderungen, Eide selbst und alles, was Menschen für heilig achten, war in seinem Werte gefallen. ... Jeder unentbehrlich für jeden, und jeder zweideutig, verdächtig. Alle durch den Geist der Gewinnsucht aneinander gezogen, und auseinander geworfen durch Furcht. Alle Grundsäulen der Geselligkeit umgerissen, wo Geselligkeit der Grund alles Lebens und aller Dauer ist» (Band IV, Seiten 82 f/85 f.).

Man muß in diesen Worten nur «Inquisition» durch «NKWD»[116] oder «KGB»[117] ersetzen, und wir bekommen den ganzen Horror der von Alexander Solschenizyn beschriebenen Vernichtungsmaschine des GULAG[118] sowie die treffendste Beschreibung der moralisch vergifteten Atmosphäre, in der die Menschen in Rußland jahrzehntelang lebten. Und wenn sie das Glück hatten, diese Zeit physisch zu überleben, so waren sie innerlich dermaßen geschädigt, daß das letztere oft noch schlimmer war als eine physische Vernichtung.

Auch darauf weist Schiller hin: «Bis ins Gebiet der geheimsten Gedanken dehnte es [das Institut der Inquisition] seine unnatürliche Gerichtsbarkeit aus. ... Wohin es seine Horcher nicht bringen konnte, versicherte es sich der Gewissen durch Furcht» (Band IV, Seite 1022). Vor allem die Ertötung des Gewissens durch die alle moralischen Regungen der Seele erwürgende Hand der Angst, von der Schiller an dieser Stelle spricht, war vielleicht das dämonischste und wirksamste Werkzeug der bolschewistischen Schreckensherrschaft. Es ging hier buchstäblich um den zweiten oder seelischen Tod (die Tötung der menschlichen Mitte), von dem die Apokalypse spricht.[119]

Dieser verheerenden Entwicklung gegenüber wollte Schiller in seinen «Ästhetischen Briefen» aus der gestärkten und vergeistigten Mitte des Menschen, in deren zum Bewußtsein erhobenen Herzenskräften die freie Persönlichkeit wurzelt, den einzigen Rettungsweg vorzeichnen, auf dem die Greueltaten des 20. Jahrhunderts hätten vermieden werden können. Der vorzeitige Tod Schillers steht in Anbetracht all dessen, was er noch aus seinem Genie heraus hätte schaffen können, auch in der hier entworfenen Perspektive als ein besonders tragisches Ereignis da, nicht allein für Mitteleuropa, sondern für die ganze Menschheit.

Deshalb konnte Schiller (im Gegensatz zu Hegel und mehr noch zu den späteren Philosophen) seine individualisierte und in seiner ganzen Persönlichkeit verankerte Geistigkeit nach dem Tod in die geistige Welt vollumfänglich mitnehmen, von wo aus sie weiterhin, die irdischen Menschen inspirierend, zu wirken vermag. Aus den Quellen seiner Geistesforschung teilt Rudolf Steiner diesbezüglich folgende Erfahrung mit: «Ich darf schon sagen, für den Geistesforscher bildet nichts ein so großes Interesse, als etwa folgendes Problem sich zu stellen: zu studieren, was Schiller geleistet hat in den letzten zehn Jahren seines Lebens, von den «Ästhetischen Briefen» an, und dann zu verfolgen, wie dieses Leben nach dem Tode abgelaufen ist. Da gibt es, wenn man sich vertieft in diese Seele Schillers nach dem Tode, geistige Inspirationen in Hülle und Fülle aus der geistigen Welt heraus» (GA 310, 18.7.1924).

Um die Bildung solcher «geistigen Inspirationen» bei Friedrich Schiller zu verstehen, muß man berücksichtigen, wie vor allem die Qualität, welche während seines Erdenlebens besonders stark in ihm entwickelt war, nämlich die «Begeisterung für ein hohes moralisches Ideal» (GA 202, 18.12.1920), im Nachtodlichen des Menschen wirkt. So beschreibt Rudolf Steiner, wie die wahre spirituelle Begeisterung, welche so gewaltig in der Seele Schillers loderte, imstande ist, im Astralleib eine Lichtquelle, im Ätherleib eine Tonquelle und in den mit dem physischen Leib verbundenen Teilen des Ätherleibes zu Lebenskeimen zu werden. Diese Kräfte des Lichtes, des Klanges und des Lebens werden nach dem Ablegen des physischen Leibes beim Tode im Weltenall frei. Sie können dann ihr Leben und Wirken weiter fortsetzen, wo sie zu den wichtigsten schöpferischen Kräften der geistigen Welt werden. «Wir kommen darauf, uns sagen zu müssen, daß, wenn wir heute uns durchglüht sein lassen von moralischen Idealen, diese Leben und Ton und Licht heraustragen [in den Kosmos] und weltschöpferisch werden. Wir tragen das Weltenschöpferische hinaus, und der Quell des Weltenschöpferischen ist das Moralische» (ebd.). Und gerade diese Kräfte, welche in der geistigen Welt zu einer Neuschöpfung führen können, sind für die hinterbliebenen Erdenmenschen der Ursprung der Inspirationen, von denen Rudolf Steiner in bezug auf Schiller spricht.[120]

Und weil die Anthroposophie diese neue Schöpfung anstrebt, darf die Individualität Schillers zu den großen Inspiratoren und Behütern der Anthroposophie auf der Erde gerechnet werden. Und so ist Schiller, neben Novalis und Goethe, einer der wichtigsten Diener des gegenwärtigen Michael-Impulses in der geistigen Welt.

*

Nachdem in den vorhergehenden Darstellungen die okkult-politische und allgemein-kulturelle Umgebung des «Demetrius»-Dramas etwas ausführlicher charakterisiert wurde, können wir uns nun ihm selbst zuwenden als demjenigen, welches im Werk Schillers das eigentliche Einweihungs-Drama werden sollte.

Aus den vielen erhalten gebliebenen Fragmenten ist ersichtlich, daß Schiller hier vor allem ein urchristliches Motiv in das Zentrum seines Dramas stellen wollte, das mit dem Wesen der menschlichen Persönlichkeit und damit auch mit der Entwicklung des menschlichen Ich verbunden ist. Diesem Ich-Problem beabsichtigte er vom Gesichtspunkt der Einweihung nachzugehen, weil er selbst, wie wir bereits gesehen haben, am Ende seines Lebens an die Schwelle einer wahren Initiation gelangt war.

Die ganze Tragweite dieses Problems kann aber nur mit Hilfe der Anthroposophie verstanden werden. Daher möchten wir hier zunächst einige diesbezügliche Äußerungen Rudolf Steiners anführen. Auch er hebt diese Seite des Dramas besonders hervor. So spricht er über den «durchaus tragischen Konflikt ... ganz in das Ich verlegt» (GA 51, 25.2.1905). Und weiter: in diesem Drama «ist alles auf die Spitze der Persönlichkeit gestellt» (ebd.). Und an anderer Stelle: «Es ist das Problem der menschlichen Persönlichkeit mit einer Grandiosität erfaßt, wie von keinem zweiten Dramatiker der Welt» (GA 53, 4.5.1905).

Es ist überhaupt auffallend, mit welch starken und immer wieder bewegenden Worten Rudolf Steiner dieses nicht nur unvollendet gebliebene, sondern nur in einigen wenigen Szenen und Entwürfen hinterlassene Drama charakterisiert, so daß man sich fragen kann, ob nicht bei all diesen Äußerungen ein verborgenes Wissen über das tragische Schicksal des Dichters, welches diesen während der Arbeit an seinem «Demetrius» ereilte, mit hineinspielt. Rudolf Steiner: «Dieses ‹Demetrius›-Fragment übersteigt an dramatischer Kraft alles, was Schiller sonst geschrieben hat» (GA 210, 25.2.1922). Und an anderer Stelle noch gewichtiger: «Ein Drama hätte der ‹Demetrius› werden können, wie es erschütternder und gewaltiger kaum hätte ein Shakespearesches sein können» (GA 51, 25.2.1905).

Das einzige von Schiller fast vollständig gestaltete Fragment ist die Anfangsszene im Reichstag zu Krakau, in der er mit den stärksten Mitteln der Kunst und Dramaturgie das bis heute höchst aktuell gebliebene Thema der Manipulation des Massen-Bewußtseins durch die im Dunkeln bleibenden Hintermänner dramatisch zur Darstellung bringt. Denn am Schluß der Szene gelingt das von langer Hand vorbereitete Komplott so glänzend, daß die provozierte Massenhysterie fast alle Anwesenden erfaßt und zu weiteren verbrecherischen Taten treibt. Mit dem vielstimmigen Ruf «Krieg! Krieg mit Moskau!», was den einseitigen Bruch des Friedensabkommens mit Rußland und die Entscheidung für den Krieg bedeutet, endet die stürmische Reichstagssitzung. In dieser Szene tritt Demetrius selbst als wichtigstes Instrument der hinter ihm stehenden «Seilschaft» auf, welche die ganze Intrige, um ihre eigenen Sonderziele zu erreichen, um ihn herum gesponnen hat und ihn schließlich zu einer hörigen Marionette ihrer geheimen Absichten macht.

Der einzige Mensch im ganzen Reichstag, der noch die Versammelten zu Vernunft und Mäßigung aufruft, ist Fürst Leo Sapieha (geschichtlich Fürst Zamoiskij). Wie eine Stimme des Gewissens steht er allein da, wird aber bald von der wütenden Menge überstimmt, mit Schreien und Toben übertönt und somit zur Unwirksamkeit gebracht. Damit will Schiller auf ein Phänomen hinweisen, das seine volle Entfaltung eigentlich erst im 20. Jahrhundert finden wird: die Macht einer kleinen Gruppe, die weiß, wie man die Mehrheit geschickt manipulieren kann gegen eine einzelne Individualität, welche versucht, aus der Wahrheit und ihrem Gewissen zu sprechen und zu handeln.

Zwar verkündet Demetrius in dieser Szene große Worte über die Freiheit,

«Demetrius. Die schöne Freiheit, die ich [hier gefunden]
　　　Will ich verpflanzen [in mein Vaterland]
　　　Ich will aus Sklaven [freie] Menschen machen,
　　　Ich will nicht herrschen über Sklavenseelen»

(Band III, Seiten 27/28),

jedoch darf der Leser bzw. Zuschauer ihm auf keinen Fall Glauben schenken. Denn wer ihm glaubt, der wird von der Massenhysterie, die daraufhin im Reichstag ausbricht, ganz gewiß mitgerissen.

Wie bei den ähnlich großen Worten von Marquis Posa im «Don Carlos» wird auch hier der Zuschauer von Schiller auf seine Naivität oder Einsicht, das heißt auf seine innere Reife und echte Lebenserfahrung, geprüft. Will man sich den hypnotisierenden Worten hingeben und Demetrius (wie auch Marquis Posa) für einen großen Idealisten und Wohltäter der Menschheit halten, so ist man gleich verloren, ebenso wie Millionen von Menschen, die im 20. Jahrhundert den verschiedensten Ideologien, roten oder braunen, geglaubt haben. Darauf wollte Schiller uns bereits über hundert Jahre zuvor eindringlichst warnend hinweisen. Denn schon in der nächsten Szene wird er die geheimen Drahtzieher der Intrige auftreten lassen.

Wenden wird uns aber zuerst noch einmal der Szene im Reichstag zu. Nicht nur wird in ihr immer offensichtlicher, daß Demetrius jetzt, auf den Wogen der euphorischen Masse schwimmend, mit unrechten und verwerflichen Mitteln sein «edles» Ziel zu erreichen sucht (den einseitigen Bruch des Friedensvertrages und den Eroberungskrieg), sondern daß fast der ganze Reichstag in Wirklichkeit bestochen und manipuliert ist. Eben dieses läßt Schiller den ehrlichen und mutigen Sapieha in bezug auf den alten Mnischek (der, wie aus den weiteren Szenen ersichtlich wird, sich ganz in den Händen seiner Tochter befindet) als verzweifelten Ausruf in die Versammlung werfen:

«Sapieha. Bestochen hat er alles und erkauft
Den Reichstag weiß ich wohl, will er beherrschen;
Ich sehe seine Faktion gewaltig
In diesem Saal ...»

(R., Seiten 15/16).

In diesem kritischen Moment, wo die Stimme der Wahrheit und des Gewissens sich doch durchzusetzen scheint, tritt der listige Teufel Odowalsky auf, der sich bald als Anführer der Intrige entpuppen wird und im letzten Augenblick die entscheidende Wendung bewirkt.

«Odowalsky. Man höre nicht auf ihn! Sammelt die Stimmen!»

(Seite 16).

Woraufhin sich, wie durch ein Zauberwort, endgültig ein totaler Stimmungswechsel vollzieht. Und es erklingt zum dritten Mal:

«Viele. Krieg! Krieg mit Moskau!»

(ebd.).[121]

Daraufhin, in dieser bereits verlorenen Sache, tritt nichtsdestotrotz Sapieha, von der reinsten Ich-Kraft beseelt, nochmals auf und legt gegen den verbrecherischen Plan sein Veto ein:

> «Sapieha. Läßt alles einig sein – Ich sage *nein*.
> Ich sage Veto, ich zerreiße den Reichstag»
> *(ebd.; kursiv Schiller).*

Und alles haßerfüllte Schreien übertönend, verkündet er dem ganzen Reichstag zum Trotz seinen unerschütterlichen Standpunkt: Das Credo des freien Ich.

> «Sapieha. Was ist Mehrheit? Mehrheit ist der Unsinn,
> Verstand ist stets bei wen'gen nur gewesen»
> *(Seite 17).*

Dieses versucht nun Odowalsky dadurch niederzumachen, daß er die Meute zum physischen Angriff auf Sapieha anstachelt.

> «Odowalsky. Hört den Verräter!
> Landboten. Nieder mit ihm! Haut ihn in Stücke!»
> *(ebd.).*

Erst im letzten Augenblick gelingt es dem Erzbischof von Gnesen, die endgültige Katastrophe abzuwenden.

> «Erzbischof von Gnesen *(reißt seinem Kaplan das Kreuz aus der Hand und tritt dazwischen).* Friede!
> Soll Blut der Bürger auf dem Reichstag fließen?»
> *(ebd.).*

Es ist gewaltig, wie Schiller in dieser Szene Sapieha dem Demetrius gegenüberstellt. Beide sprechen die großartigsten Worte aus, doch nur Sapieha spricht aus der vollen Kraft des eigenen Ich, Demetrius hingegen wirkt schon als Instrument eines fremden Willens. Sein eigener Wille ist längst geknechtet und dem dunklen Treiben der Hintermänner unterstellt.

So wird in dieser ersten Szene nicht der Russe Demetrius, wie vielleicht der naive Zuschauer zunächst meinen könnte, sondern der Pole

Sapieha als der wahre Held dargestellt. Dadurch steht er, der zuvor wegen seines mutigen Auftretens für die Wahrheit knapp dem grausamen
Lynch-Tod entgangen war, in einer Reihe mit Politikern des Gewissens,
die nicht selten ermordet werden: von Abraham Lincoln (1809–1865)[122]
bis Olof Palme (1927–1986) und Dag Hammarskjöld (1905–1961).

Um dem Zuschauer noch deutlicher zu machen, daß all die schönen
Worte von Demetrius nichts taugen, wird schon in der nächsten Szene
auf die heimlichen Drahtzieher des Geschehens hingewiesen. Es folgt
das Gespräch von Marina Mnischek mit Odowalsky (dem geschichtlich
der Jesuit Sawicki entspricht)[123] in dem die Schlüsselworte für die ganze
vorhergehende Szene fallen:

> «Odowalsky. Nun, Fräulein, habe ich meinen Auftrag wohl
>   Erfüllt und wirst du meinen Eifer loben?»
>
> *(Seite 22).*

Und dann kommt die wichtigste Enthüllung:

> «Marina.   Du führst den Zarowitsch.
>   Bewach ihn gut, weich nie von seiner Seite,
>   Von jedem Schritt gibst du mir Rechenschaft,
>   Wer zu ihm naht, – – – – – –
>   Ja sein geheimstes Denken laß mich wissen.»
>
> *(Seite 23).*

Aus diesen Worten wird deutlich, daß Demetrius mit all seinen hehren
Idealen im weiteren Verlauf des Dramas an dem Seil der Intriganten
«flattern» soll, wie seinerzeit Marquis Posa, der sogar außerhalb Spaniens am Seil des Großinquisitors hing. Aus dieser Szene wird sogar allmählich ersichtlich, daß nicht Marina, die Odowalsky äußerlich Befehle
erteilt, sondern dieser, ihren Ehrgeiz und ihre Machtansprüche geschickt anstachelnd und benutzend, im Zentrum der Intrige steht. Vor
allem aus den folgenden, Marina schmeichelnden Worten wird es eindeutig klar:

> «Odowalsky. Dich groß zu machen sei mein einzig Trachten.
>   Mag immer dann ein andrer dich besitzen:
>   Mein bist du doch, wenn du mein Werk nur bist»
>
> *(Seite 22).*

Wenn wir nun versuchen, in aller Kürze auf das gesamte Drama vom Gesichtspunkt der dort dargestellten Ich-Entwicklung zu schauen, dann können wir im Schicksal des Demetrius folgende Stufen unterscheiden. Nachdem er im Streit den polnischen Starosten Palatinus ungewollt ermordet hat, kommt der junge Held selbst in Todesgefahr und somit in eine erste große Lebenskrise. Denn als Mörder eines polnischen Bürgers muß er jetzt hingerichtet werden. Bereits an der Todesschwelle stehend, erlebt er eine fast wundersame Rettung, die dadurch geschieht, daß man im letzten Augenblick vor der Hinrichtung an seinem Leibe die Indizien seiner angeblich königlichen Abstammung findet. Jetzt ist er plötzlich gerettet, und sein schneller, schwindelerregender Aufstieg zu Macht und Anerkennung beginnt.

Die Folge dieser unerwarteten Wendung in seinem Schicksal ist, daß er die Liebe des ihm ergebenen jungen Mädchens, Lodoiska, da ihm jetzt ganz neue Perspektiven eröffnet sind, die seinen Ehrgeiz zunehmend anstacheln, abrupt zurückweist. Er ist nicht mehr an ihr interessiert, das «Höhere», wie er meint, treibt ihn voran. Vorbei an ihrer konkreten menschlichen Person schaut er wie gebannt nur auf die «hehren» Ideale der Befreiung Rußlands von der Despotie eines Boris Godunov, die nunmehr seine Seele erfüllen.[124]

Damit macht er genau den gleichen Fehler wie Marquis Posa seinem Freund gegenüber im «Don Carlos», was als Folge hat, daß Demetrius später in der Reichstagsszene schon als höriges Instrument der Gegenmächte auftritt und dadurch wesentlich zur Fehlentscheidung des Parlaments beiträgt. Auf diese Weise ist es vor allem ein moralischer Fehler, der ihn zunehmend in die Abhängigkeit von den dunklen Mächten führt. (Wie auch der edle Marquis Posa, ohne es selbst zu bemerken, schließlich endgültig in die Fänge des Großinquisitors geriet.)

An dieser Stelle geschieht im Schicksal des historischen Demetrius seine durch die Jesuiten vollzogene Konversion in den römischen Katholizismus.[125] In seinen Entwürfen zu dem Drama erwähnt Schiller diese Begebenheit zwar nicht, jedoch ist keinesfalls ausgeschlossen, daß dieses Thema noch mit in das Geschehen hätte einbezogen werden sollen. Dazu hätte er nur die Sujet-Linie weiterentwickeln müssen, die er bereits wie folgt vermerkt hatte: «Die Catholiken, besonders die Jesuiten, müßen auch geschäftig seyn, ja vielleicht kann die Hauptintrige von ihnen ausgehen» (D., Seite 127 f.).

Daß diese Linie in dem Drama eine zunehmende Bedeutung bekommen sollte, wird aus all dem, was in diesem Buch bereits dargestellt wurde, offensichtlich. Wie kundig Schiller auf diesem Gebiet bereits war, zeigen vor allem sein Roman «Der Geisterseher» und sein Drama «Don Carlos». Auch seine beiden großen geschichtlichen Studien haben diese Kenntnisse wesentlich vertieft, vor allem die «Geschichte des Abfalls der vereinigten Niederlande von der spanischen Regierung» (1788), für deren Niederschreiben Schiller ein umfassendes Quellenstudium geleistet hatte. Es besteht auch kein Zweifel daran, daß sich Schiller aus seinem ständigen Ringen um die menschliche Freiheit gerade mit diesem geschichtlichen Stoff so ausführlich befaßt hat. Denn der Kern der Auseinandersetzung zwischen dem katholischen Spanien und den protestantischen Niederlanden bestand schlußendlich in der Frage der menschlichen Freiheit und Selbstbestimmung der Individualität, die auf allen Gebieten zum Durchbruch kommen sollte, selbst auf dem Gebiet der Religion. Hier standen die alten Machtansprüche der Verstandes- und Gemütsseele, deren Zeit in der geschichtlichen Entwicklung der Menschheit schon längst abgelaufen war, und die neuen, aufkeimenden Kräfte der Bewußtseinsseele als Nährboden für die individuelle Freiheit, Unantastbarkeit und Würde der menschlichen Individualität, einander unversöhnlich gegenüber.

Die furchtbare Rolle der Inquisition, die Folterungen und Massenhinrichtungen von Menschen, welche nur wegen ihres Strebens nach Freiheit als Häretiker gebrandmarkt wurden, waren Schiller aus seinem Quellenstudium wohl bekannt. Innerlich ging es ihm um den Kampf der freien Individualität gegen das jesuitische Prinzip des «Kadaver-Gehorsams», auch wenn er möglicherweise diesen Ausdruck des Begründers des Jesuiten-Ordens (Ignatius von Loyola) nicht kannte.

Auch sein zweites großes historisches Werk «Geschichte des Dreißigjährigen Kriegs» (1791–1793) muß in diesem Kontext erwähnt werden, weil bei der Entfesselung dieses Krieges die Jesuiten eine wichtige Rolle spielten. Rudolf Steiner weist diesbezüglich darauf hin, daß mit diesem Krieg vor allem der kurz zuvor bekanntgewordene rosenkreuzerische Impuls, der hinter den Büchern von Johann Valentin Andreae stand, vernichtet werden sollte. Auch die kleineren Schriften Schillers, wie «Die Jesuitenregierung in Paraguay» (1788)[126] oder die «Vorrede zur Geschichte des Maltheserordens nach Vertot von M. N. bearbeitet» (1792), die mit dem Hinweis auf den Templerorden beginnt, zeugen von seinen weit ausgedehnten geschichtlichen Interessen und profunden Kenntnissen sowie von der Gründlichkeit seiner Beschäftigung mit den erwähnten Themen, die ihn lebenslang wie im Hintergrund begleiteten.

Die Reihe der hinterlassenen Fragmente und die nur spärlich ausgeführten Szenen führen den Leser jetzt zu dem Feldzug von Demetrius gegen Rußland. Nach dem zunächst erfolgreichen Auftreten seiner Armee erleidet Demetrius bei dem Dorf Dobrynitschi eine vollständige Niederlage. Daraufhin wird er von dem Rest seiner Armee sowie von seinen Gönnern verlassen, die ihn als ihr Instrument nunmehr für aussichtslos erachten. Nur die Hauptdrahtzieher der ganzen Intrige, Odowalsky und Korela, (geschichtlich: die beiden, ihn bis zum Schluß begleitenden Jesuiten (Lawicki und Czyrzowski) verfolgen Demetrius wie sein Schatten weiter. Für sie ist das teure und gefährliche Spiel noch nicht ausgespielt. Deshalb erscheinen sie auch im späteren Verlauf des Dramas immer wieder.

In dieser Situation, nur auf sich selbst gestellt, erlebt Demetrius die zweite tiefe Krise seines Lebens. Mit all seinen ehrgeizigen Plänen ist es plötzlich vorbei, nur auf seine eigene Individualität kann er sich jetzt noch stützen. In dieser katastrophalen Lage vollzieht sich in ihm jedoch eine entscheidende Metamorphose. Es ist, wie wenn ein höheres Wesen ihn ergriffe und mit einer neuen, nur Güte und Gerechtigkeit ausstrahlenden Aura umgäbe. Vor diesem innerlich verwandelten Demetrius öffnen sich von da an und ohne jegliches Blutvergießen alle russischen Städte, eine nach der anderen. Überall huldigt ihm das Volk, und auf den Wellen der allgemeinen Begeisterung und Anerkennung betritt er Moskau und wird dort sofort zum russischen Zar gekrönt.

Diese höhere Führung befreit ihn zunehmend aus der Abhängigkeit von seinen heimlichen Begleitern. Nur der höheren Stimme in seiner Brust möchte er jetzt folgen. Das können die Drahtzieher der Intrige jedoch nicht dulden. Jetzt muß Demetrius fallen. Besser Zerfall der ganzen Intrige und totales Chaos als ein aus dem Geiste geführter, erleuchteter Herrscher auf dem Thron. Es folgt die zentrale Szene des Dramas, von der nur sehr flüchtige Notizen Schillers erhalten sind: Seine Begegnung mit dem sogenannten Fabrikator Doli, der dem jungen Zar, der jetzt auf der Höhe des Ruhmes und der Macht steht, seine wahre Herkunft enthüllt. Entgegen der eigenen Überzeugung und der Meinung seiner Umgebung sei er kein Sohn von Zar Iwan IV., sondern ein von fremden Menschen in die Rolle eines Betrügers vorbereiteter Niemand – ein «betrogener Betrüger», der nun kläglich scheitern muß.

Diese Szene, die sicher mit der nur Schillers Genius zur Verfügung stehenden Dramatik ausgestaltet werden sollte, zeigt, wie Demetrius in Verzweiflung und Zorn – denn sein geheimer Besucher hat sich selbst zusätzlich als der Mörder des wahren Zarewitsch entlarvt – den vor ihm stehenden Unbekannten erschlägt. Jetzt ist sein Hauptgegner tot; er hat sein wohlverdientes Los erhalten. Aber dieser blutigen Tat wegen zieht sich das höhere Wesen aus seiner Seele in die geistige Welt zurück.[127] Die Folge davon ist, daß Demetrius jetzt jeden «äußeren» Halt für sein Ich endgültig verliert.

Nicht nur für Schiller, sondern auch für Rudolf Steiner, wie aus seinen wenigen Bemerkungen zum Inhalt des Dramas hervorgeht, ist dieser Augenblick von zentraler Bedeutung. Denn hier kehrt Demetrius endgültig zu sich selbst zurück. Von da an wird er weder von den bösen Hintermännern bestimmt, noch von dem höheren Geistwesen geleitet. – Es ist auch von entscheidender Bedeutung, daß Rudolf Steiner dezidiert die Überzeugung Schillers teilt (die auch heute die meisten Historiker vertreten), daß Demetrius kein Sohn von Iwan IV. und folglich ein falscher Anwärter auf den russischen Thron war. Hier eine klare Äußerung Rudolf Steiners zu diesem Problem: «Aber er beginnt, an seinem «Demetrius» zu dichten. Ein merkwürdiges Schicksalsproblem, das vom *falschen Demetrius*, der an die Stelle eines anderen getreten ist, alle die Schicksalskonflikte, die da eintreten, *wie aus den verborgensten Ursachen heraus*, mit allen menschlichen Emotionen, mußten in dieses Drama hineinkommen, wenn es fertig würde» (GA 310, 18.7.1924).[128] Zu diesen «verborgensten Ursachen» gehört vor allem diese zweifach erfolgte Beeinflussung von Demetrius, einmal von böser und einmal von guter Seite, die ihn aber in beiden Fällen nicht frei läßt und ihm daher nicht erlaubt, sein eigenes Ich in vollem Umfang zu ergreifen.

Von zwei Seiten wird sein Ich durch einen fremden Willen besetzt. Zuerst so, daß er in seiner Jugend (vielleicht auch schon von Kindheit an) von fremden Mächten manipuliert wurde, worauf auch Rudolf Steiner hinweist. «Dieser Demetrius ist so aufgewachsen, daß er selbst nicht weiß, was sein Ich ist» (GA 51, 25.2.1905). Hier haben wir das erste Verbrechen an seiner Seele: Es werden die Kindheitskräfte in ihm mißbraucht. Durch die außerhalb von ihm stehenden Mächte, die ihn nur als bloßes Instrument (als «Mittel zum Ziel») benutzen «wird er hineingetrieben in eine bestimmte Konfiguration seines Ich» (ebd.).[129] Diese ist nicht mehr seine eigene Ich-Konfiguration, sondern eine ihm von außen auferzwungene.

Wie bereits erwähnt, geschieht dies im Leben von Demetrius sogar zweimal. Und hier geht Schiller ganz nach der Grundidee seiner «Ästhetischen Briefe» vor. Die erste Beeinflussung kommt aus den dunklen Absichten der ihn umgebenden Menschen. Sie ist so unrein wie die niedrigsten Triebe und Leidenschaften, die aus den Tiefen der bloß leiblichen Natur des Menschen emporsteigen und über das Ich ihren Zwang ausüben. Der zweite Einfluß kommt aus der geistigen Welt. Er ist an sich rein und nur auf das Gute gerichtet, jedoch läßt auch er – weil er unbewußt bleibt – den Menschen nicht frei. Zwar wird Demetrius dadurch ein großartiger Herrscher, den Schiller mit der «neu aufgehende[n] Sonne des Reichs» (D., Seite 120) vergleicht, doch auch in diesem Fall steht Demetrius unter einem inneren Zwang: Er regiert nicht aus seiner eigenen Ich-Kraft, sondern aus den Eingebungen des höheren Wesens in seiner Seele. Folglich ist er in beiden Fällen unfrei und kann nach Schiller seine eigene Wesenheit nicht ganz ausleben, nicht vollumfänglich ein Ich sein.

Nach den «Ästhetischen Briefen» liegt die Wahrheit und somit die dem Menschen allein gemäße Ich-Entwicklung zwischen den beiden Polaritäten. Beide müssen sich zurückziehen, um die freie Entwicklung des individuellen Ich auf der Erde zu ermöglichen. Dies geschieht bei Demetrius in der Szene mit dem Fabrikator Doli. Jetzt hat alles, was als fremde Impulse sein Ich zuvor erfüllte und leitete, ihn plötzlich verlassen. «Aber die Voraussetzungen dieses Ich fallen von ihm ab» – sagt Rudolf Steiner zu dieser Stelle (GA 51, 25.2.1905).

Jetzt ist Demetrius zum ersten Male wirklich er selbst. Vorher, in seiner noch jugendlichen und ganz reinen Liebe zu Lodoiska war er es zwar auch, jedoch waren damals seine Ich-Kräfte erst im Aufkeimen begriffen. Jetzt steht er als reifer, erfahrener Mann inmitten des großen geschichtlichen Trubels und muß sich allein auf die Kraft seines eigenen Ich stützen und daraus handeln. Es ist erstaunlich, wie genau und immer auf das Wichtigste hinweisend Rudolf Steiner diese zentrale Szene des Dramas in seinen wenigen Bemerkungen über dessen Inhalt charakterisiert: «In dem Augenblicke, wo er nahe daran ist, das Ziel zu erreichen, fällt alles zusammen, was sein Selbst angefüllt hat. Er muß jetzt dasjenige sein, was er lediglich durch die Kraft seines Inneren aus sich gemacht hat. Das Selbst, das ihm zuteil geworden ist, ist nicht mehr da; ein Selbst, das seine eigene Tat sein soll, soll erstehen. Aus dem heraus soll Demetrius handeln» (GA 53, 4.5.1905).

Mit diesen Worten weist Rudolf Steiner einerseits darauf hin, daß Demetrius bis zu diesem Moment ein Träger fremder Absichten bzw. eines fremden Selbstes war, andererseits auf die Tatsache, daß er von da an nur auf sein eigenes Selbst angewiesen ist, das er sich frei anerziehen muß (es soll sogar in ihm neu «erstehen»), um der neuen Situation, in der er sich jetzt befindet, gerecht zu werden.

Von diesem Gesichtspunkt aus erfährt das erste Gespräch mit der Mutter des echten Zarewitsch, der Zarin-Witwe Marfa, seine entscheidende Bedeutung. Es ist für Schiller wichtig, dem Zuschauer klarzumachen, daß diese Szene *nach* der Enthüllung seiner Herkunft geschieht, daß er jetzt «sich als Betrüger kennt» (R., Seite 109) und deshalb ganz anders entgegennehmen kann, daß auch Marfa, dem Schweigen der Stimme der Natur und ihres Herzens ehrlich folgend, ihn nicht als ihren Sohn anerkennt. Aus dieser Tatsache entsteht aber für die beiden die einmalige Chance, daß eine neue Wahrheit zwischen ihnen entstehen und die ganze weitere Entwicklung der Ereignisse bestimmen könnte. Schiller: «Wahrheit zwischen ihm und ihr kann ihn erheben» (ebd.). Ein neuer Aufstieg für Demetrius, jetzt aber zum ersten Mal aus der vollen Kraft seines eigenen Ich, ist nun möglich.

Es ist an dieser Stelle von Belang, daß nicht nur Demetrius, sondern auch die Zarin-Witwe – die eigentlich Maria heißt und erst im Kloster den Nonnen-Namen Marfa bekam und damit, ebenso wie Demetrius, in eine falsche, ihr nicht gebührende Rolle getrieben worden war – jetzt endlich ihr wahres Wesen offenbaren kann. Wohl dieses meinend, notiert sich Schiller: «Marfa, *jetzt wieder Maria*, erwartet den Demetrius» (Seite 108). Auch für sie öffnen sich während dieser Szene ganz neue Wege.

Was weiter geschieht, gehört nach Schiller zu den entscheidendsten Augenblicken des Dramas. Er vermerkt: «Dieser Moment gehört zu den größten tragischen Situationen, und gehörig eingeleitet, kann er die größte Wirkung nicht verfehlen» (Seite 109). Geistig gesehen geht es hier darum, daß zwei einander absolut fremde Menschen, die sich auch früher niemals begegnet sind, nachdem sie beide eingesehen haben, daß die Blutskräfte ihren Bund, der von der höheren Notwendigkeit gefordert wird, nicht unterstützen können, sich doch als Freunde aus voller, individueller Freiheit zusammenschließen.[130]

Nun endlich kann Demetrius, von jeglicher ihn fremd bestimmender Kraft befreit, aus seinem Ich-Wesen heraus zu Marfa frei sprechen: «Ich hasse die Gaukelei, ich mag nicht mit den heiligen Gefühlen der Natur spielen und Gaukelwerk treiben. Was ich nicht empfinde, mag ich nicht zeigen; ich fühle aber wirklich eine Ehrfurcht gegen dich; und dies Gefühl, das meine Knie vor dir beugt, es ist mein Ernst, es ist mein wahr Gefühl» (Seite 110). Mit anderen Worten, er ist jetzt ganz ehrlich, spricht zu ihr nur aus seinem Ich heraus und versucht, die wahren Ich-

Kräfte auch in der Zarin-Witwe hervorzurufen. Die Kulmination seiner Rede bildet der Ausruf: «Laß deines Willens freie Handlung sein, was die Natur, das Blut dir versagt» (Seite 111).

Zum zweiten Mal erscheint an dieser Stelle des Dramas das Wort Freiheit aus dem Munde von Demetrius. Beim ersten Mal, im Reichstag, ist dieses Wort in Wirklichkeit – auch wenn er aufrichtig daran glauben mag – nur Heuchelei, weil durch ihn, ohne daß er es bemerkt, ganz andere Mächte sprechen, um die Reichstagsleute zu den Taten zu verführen, die gegen jegliche Freiheit gerichtet sind. Jetzt aber möchte Demetrius keine Gaukelei mehr betreiben, er will frei und nur aus seinem eigenen Ich sprechen. Damit will er auch in der Seele von Marfa die tieferen Kräfte hervorrufen, mit denen sie sich nicht mehr auf die Blutsbande stützen, sondern ebenfalls aus ihrem eigenen Ich frei handeln kann. Dadurch wird in ihr Marfa zu Maria. Und in ihrem Monolog, den Schiller als das letzte in seinem Leben geschrieben hat, scheint es fast, daß durch ihre Hinwendung vom irdischen zum himmlischen Sohn ihr dieser entscheidende Schritt gelingen werde…

Die innere Bedeutung dieser Szene kann man auch folgendermaßen verstehen. Durch ihr freies Bekenntnis zu Demetrius, von dem sie genau weiß, daß er nicht ihr Sohn ist, hätte sie ihm eine neue Möglichkeit in der Entwicklung seines Ich geben können. Alle äußeren Stützen sind seinem Ich jetzt entfallen, alle fremden Einflüsse haben seine Seele verlassen. Nun darf er allein aus den Kräften seines eigenen Ich handeln. Damit kann Demetrius die unwahre Situation, in die er durch den Gang seines Schicksals hineingebracht worden war (er ist als durch das Blut bestätigter Zar anerkannt, der er aber in Wirklichkeit nicht ist), zu einer wahren machen. Dies vermag er nur dadurch zu erreichen, daß er die inneren Qualitäten, die ihm früher aus der höheren Welt durch das Geistwesen, das in ihm wirkte, ohne sein Zutun zugeflossen waren, sich selbst aus eigener Freiheit anerzieht. Dann ist er kein Herrscher mehr im alten Stil, daß heißt nur durch die Blutsbande legitimiert, sondern tatsächlich berechtigt, aus eigener Ich-Kraft ein gerechter Zar zu werden, der «nicht über Sklavenseelen herrschen will» (R., Seite 20). Zwar hält das Volk ihn unberechtigt noch für den echten Zar, doch kann er ein echter werden und, von den Blutsbanden befreit, nur aus der Kraft seines eigenen Ich wie eine «neu aufgehende Sonne des Reichs» (D., Seite 120) vor den Menschen erscheinen.

In der Terminologie des IX. Kapitels der «Philosophie der Freiheit» kann man sagen, daß Demetrius jetzt durch das Schicksal nur der *Be-*

griff seines höheren Wesens gegeben ist: Er wird von dem ganzen Land als der berechtigte Zar anerkannt. Nun muß er durch harte Selbsterziehung und eifrige Arbeit an sich selbst tatsächlich das werden, was die Natur ihm nicht mehr gibt: Er muß seine eigene *Wahrnehmung* so «umgestalten», daß sie seiner Situation (dem gegebenen «Begriff») voll entspricht. Damit er das vermag, wird ihm im Sinne der «Ästhetischen Briefe» für eine kurze Zeit jeglicher Zwang genommen: der von unten (er wird nicht mehr als Instrument einer niederträchtigen Intrige benutzt) und auch der von oben (die ihn zuvor führende «Götterstimme» (R., Seite 22) ist jetzt verstummt).

Damit ist das Feld für die Entfaltung seines Ich frei. Dies kann aber nur dann geschehen, wenn die beiden Menschen (Demetrius und Marfa) sich über die Blutsbande erheben und bereit sind, zusammenzuwirken. Und da liegt die Tragik der ganzen Situation. Zu dem gewagten Schritt ist allein Demetrius durch all seine vorausgegangenen Prüfungen vorbereitet, nicht aber Marfa. Sie kann den inneren Schritt zur Maria in ihrer Seele noch nicht vollziehen. Daher gelingt die rein geistige Verbindung der beiden Iche doch nicht. Die Zarin-Witwe vermag sich nicht der Macht der Blutskräfte zu widersetzen. Sie sind stärker als ihr Ich! Marfa versagt und stürzt damit Demetrius ins Verderben. Nach ihrer Absage findet er in seiner Umgebung keinen Raum mehr, in dem er sein neugeborenes Selbst zur Entfaltung bringen kann, um daraus zu handeln. Er versucht zwar, den Abgrund mutig zu übersetzen, jedoch gelingt ihm der Sprung nicht, auch hat er keine helfende Hand neben sich, die ihn vor einem Fall bewahren könnte. Bald darauf wird er «ein Tyrann» (D., Seite 124), der sich in seinem Menschen-Ich aus eigener Kraft nicht mehr zu halten vermag: «Ein tyrannischer Geist ist in ihn gefahren» (ebd., Seite 122). So fährt in sein geschwächtes Ich ein ganz anderer Geist hinein, und Demetrius verliert endgültig die innere Freiheit.

Jetzt nehmen die unerbittlichen Ereignisse ihren raschen Lauf. Demetrius kann den Kräften des Bösen weder in sich noch in seiner Umgebung etwas entgegensetzen. Es kommt zur Hochzeit mit Marina und bald danach zu dem blutigen Ende. (Wie bekannt, wollte Schiller sein Drama ursprünglich «Die Bluthochzeit von Moskau» nennen). Der einzige Lichtstrahl, der sein tragisches Leben noch kurz zu erhellen vermag, ist die Liebe zu Godunovs Tochter Axinia (geschichtlich heißt sie Xenia). Es ist, wie wenn die reine Jugendliebe, die er zu Lodoiska als noch gänzlich unbekannter Mann hatte, jetzt in seiner Seele neu angefacht würde. Axinia aber weist seine Liebe schroff zurück, weil er für sie der Mörder ihrer Mutter und ihres Bruders ist, der die ganze Familie ins Unglück stürzte. Von ihr zurückgestoßen, fällt er endgültig in die Hände von Marina. Wie ein Gegenbild seiner reinen Liebe zu Axinia wird jetzt seine Seele mit der sinnlichen Leidenschaft zu Marina erfüllt und zugleich davon vergiftet, welche diese, um Demetrius fester an sich zu binden, geschickt in ihm hervorruft. Sie aber kennt das Geheimnis seiner Herkunft wohl, und in ihrer Seele verachtet sie ihn tief, hält ihn einfach für ein Nichts. Und nach der Ermordung Axinias, die von Marina organisiert wird, kommt Demetrius endgültig unter ihre Macht.[131]

Dramatisch gesehen hat Schiller hier einen genialen Griff getan. Im Verlauf des Dramas ist Demetrius mit drei Frauen konfrontiert (was der geschichtlichen Realität in ihren Grundzügen durchaus entspricht). Diese erscheinen vor ihm wie die personifizierten drei Aspekte seines eigenen Wesens, denen er an der Schwelle zur geistigen Welt, an die er herantritt, begegnen muß. In Axinia erscheint das reine, höhere Wesen von Demetrius selbst, das ihn aber zurückstößt, weil es mit ihm, so wie er jetzt geworden ist, nichts mehr zu tun haben will. Marina spiegelt seine sinnliche Triebnatur wider, die schlußendlich in ihm überwiegt, so daß er zunehmend von ihr abhängig wird und zum Schluß ganz in ihre Hände fällt. Die dritte Frauengestalt ist die Zarin-Witwe Marfa, welche die Mitte repräsentiert und berufen ist, die endgültige Überwindung der Blutskräfte als unabdingbare Voraussetzung der freien Ich-Entwicklung zu erreichen. Nur dadurch wäre sie in der Lage, die äußeren Voraussetzungen, vor allem aber den seelischen Raum zu schaffen, in dem Demetrius seine eigentliche Aufgabe erfüllen könnte. Denn die Zeit, in der eine dynastische Blutsverwandtschaft von ausschlaggebender Bedeutung war, ist auch für Rußland vorbei. Darauf darf man sich nicht mehr stützen, denn sie führt nur zu einer Verirrung des menschlichen Ich. Dieses muß lernen, aus eigener Kraft zu leben und zu handeln. Marfa versagt jedoch im entscheidenden Moment und muß deshalb am Ende den blutigen Tod von Demetrius mit ihrem Schweigen besiegeln.

Als er von den Rebellen im Kreml ergriffen wird, und sie schon das Schwert auf seine Brust richten, bittet Demetrius als letztes darum, die Zarin-Witwe abermals über seine Herkunft befragen zu dürfen. Aber sie ist auch jetzt nicht bereit, ihn anzuerkennen, denn in ihren Augen hat er es nicht geschafft, in der Zeit seiner Herrschaft aus der Kraft des eigenen Ich ein echter Zar der Russen (eine «neue aufgehende Sonne des Reichs») zu werden. Er ist innerlich gefallen und ein Tyrann geworden. Auch am Schluß bleibt Marfa nur bei den Blutskräften, und diese müssen Demetrius zurückstoßen. Darüberhinaus ist sie auch wegen seiner Heirat mit Marina, die in Moskau die Gewaltherrschaft der Polen (welche für die Russen dazu noch die «latinischen Häretiker» sind) entfesselt, gezwungen, in ihm nur einen Fremdling und sogar einen Feind zu sehen.

So finden sich im Leben von Demetrius verschiedene Spiegelungen: Die aus Ehrgeiz und Machtstreben verworfene Liebe zu Lodoiska kommt zurück als seelenlose, nur auf Sinnlichkeit und Kalkül beruhende Verbindung mit Marina; das Auftreten im Reichstag, wo seine schönen Worte doch nur dem Bösen dienen, kehrt nach dem mißlungenen Gespräch mit Marfa zurück als Einzug des tyrannischen Geistes in seine Seele; das Zurückweisen seiner Liebe durch Axinia wiederholt sich in dem letzten und für ihn verhängnisvollen Schweigen Marfas.

Die Frage aber, warum es Demetrius schon bei seinem ersten Treffen mit der Zarin-Witwe nicht gelingt, ihr so viel geistige Kraft zu geben, daß sie in sich die Macht des Blutes überwinden kann,[132] führt uns zu dem zentralen Problem des Dramas, welches in der bereits erwähnten Begegnung des jungen Zaren mit dem geheimnisvollen Fabrikator Doli kulminiert. Denn diese Szene steht wie ein Menetekel im Zentrum des ganzen Schicksals von Demetrius.

Auch von anderer Seite her nimmt diese Begegnung die zentrale Stelle in seinem Leben ein. Man kann in ihr drei Krisensituationen erkennen, die ihn jeweils an die Schwelle zwischen Leben und Tod bringen: Die erste geschieht im Kerker nach der Ermordung des Palatinus. Jetzt soll Demetrius für seine Tat hingerichtet werden. Durch eine plötzliche Wendung des Schicksals wird er aber nicht nur gerettet, sondern blitzschnell in die Stellung eines Anwärters auf den russischen Thron erhoben. Dabei gerät er in das Netz der klugen Intriganten, hinter denen die alles vom Hintergrund aus bestimmende Macht des Jesuiten-Ordens mit seinen großpolitischen Plänen, Rußland für die römisch-katholische Kirche zu erobern, steht.

Die zweite Krise entsteht durch seine Kriegsniederlage bei Dobrynitschi. Jetzt verliert er alles, sein Heer, seine Freunde, seine Gönner und Berater, kommt selbst kaum lebend davon und muß alle seine ehrgeizigen Träume endgültig begraben. In dieser verzweifelten Situation geschieht mit ihm die oben bereits erwähnte innere Verwandlung. Jetzt nimmt etwas wie ein höheres Wesen Platz in seiner Seele und unterwirft ihm ohne Blutvergießen das ganze russische Land. Im Schillerschen Sinne kann man sagen, daß die erste Krise ihn in die Abhängigkeit der niederen Triebe des Leibes bringt; die zweite führt ihn in die der höheren Notwendigkeiten des Geistes. Beide Krisen stehen demzufolge nur in einer entfernten Beziehung zu seiner eigentlichen Wesenheit. Allein die dritte Krise, welche jetzt in der Seele von Demetrius stattfindet, dort, wo nach den «Ästhetischen Briefen» das freie Ich des Menschen urständet, muß völlig aus eigener Kraft ausgetragen und überwunden werden. Und diese dritte und tiefste Krise wird in ihm durch die Begegnung mit dem Fabrikator Doli ausgelöst.

Vielleicht bewahrheitet sich bei dieser Szene am stärksten das Wort Rudolf Steiners, wonach Schiller am Ende seines Lebens tatsächlich die Pforte der Initiation erreichte. Die wahre Initiation aber besteht in dem bewußten Überschreiten der Schwelle zur geistigen Welt, an welcher der unerbittliche Hüter steht. Die Begegnung mit ihm muß der Einzuweihende zuerst ertragen können und dann, ihr entsprechend, sein ganzes Leben umgestalten, bevor er die höheren Welten betreten darf. Kann er aber diese schwierigste Prüfung, die zu den denkbar größten Erschütterungen der Seele gehört, nicht aushalten, dann hat das entscheidende Folgen für sein ganzes Leben. Und genau das geschieht mit Demetrius!

Es gehört zu den größten spirituell-künstlerischen Intuitionen Schillers, daß er in der Szene mit dem Fabrikator Doli eine Begegnung seines Helden mit dem Hüter der Schwelle darstellt, woraus man schließen kann, daß Schiller selbst am Ende seines Lebens in seiner inneren Entwicklung unmittelbar vor einer solchen Begegnung mit dem Hüter stand. Daher diese verblüffende Genauigkeit, mit der er diese Szene schildert. Zu ihr gehört vor allem, daß der Mensch sein Ich zum ersten Mal ohne äußere Hüllen, fremde Einflüsse, innere Stützen und alle nicht zu ihm gehörenden Inhalte erleben *muß*. Und bei einem unvorbereiteten Menschen bleibt, nachdem dies alles an der Schwelle weggefallen ist, kaum noch etwas übrig. Deshalb sagt der geheimnisvolle Besucher zu dem jungen Zarewitsch, dieser «danke ihm auch seine Schöpfung» (R., Seite 106), das heißt, alles, was er zuvor für den Inhalt seines Ich gehalten hat, was ihm aber überhaupt nicht gehörte, sondern von fremden Kräften in ihn eingepflanzt worden war. Und der unheimliche Unbekannte fährt fort: «Ich habe dich dazu erschaffen, du bist's durch mich und du sollst es auch ferner bleiben» (ebd.). Mit anderen Worten: Ohne mich bist du nichts, und was ich dir als zu dir gehörig zeige, das bist alles nicht du. Eine schreckliche Enthüllung, die Demetrius in diesem Augenblick nicht verkraften kann.

Rudolf Steiner beschreibt für den Weg der modernen Einweihung diesen Zustand in folgenden Worten: «Man muß, wenn man bis zum Hüter der Schwelle hinkommt, eigentlich *alles* ablegen, was man von sich weiß.» Und «daß man an der Grenze *alles* zurücklassen muß, das bewirkt ein inneres Erlebnis, dem man eben gewachsen sein muß …, daß man ertragen lernt, was sonst schauervoll, schreckensvoll wäre» (GA 138, 27.8.1912). Diesem «schauervollen Erlebnis» ist Demetrius jedoch noch nicht gewachsen. Auch hatte er kaum die Zeit, sich darauf vorzubereiten. Denn «zum Ertragen muß man kommen durch die Vorbereitung, denn das ist die Grundkraft zu allem weiteren Erleben» (ebd.). So ist die Folge der nicht bestandenen Begegnung mit dem Hüter, daß dieser von da an den Einzuweihenden in seinen Bann bekommt und weiterhin in seinem Machtbereich hält.

Die gewaltige Verwandlung, welche nun mit Demetrius geschieht, weil er in diesem Moment nicht die innere Kraft aufbringen kann, um sich in seinem eigenen Ich zu halten, beschreibt Schiller in folgenden Worten: «Während X erzählt, geht die ungeheure Veränderung im Demetrius vor, sein Stillschweigen ist furchtbar und von einem schreckhaften Ausdruck begleitet» (R., Seite 107). Angst und Schrecken ergreifen ihn vor diesem Anblick, die sich in seiner kräftigen Natur aber sogleich in die «höchste Wut und Verzweiflung» verwandeln (ebd.). Aus seinem zerrissenen Herzen erklingen der grausamen Gestalt die leiderfüllten Worte entgegen: «Du hast mir das Herz meines Lebens durchbohrt, du hast mir den Glauben an mich selbst entrissen – fahr hin, Mut und Hoffnung. Fahr hin, du frohe Zuversicht zu mir selbst! Freude! Vertrauen und Glaube! … Zerfallen bin ich mit mir selbst» (ebd.). In diesen Worten haben wir alle Eigenschaften einer nicht bestandenen Begegnung mit dem Hüter der Schwelle, mit allen sich daraus ergebenden katastrophalen Folgen.

Zu lange war Demetrius in seinem Leben von fremden Mächten gesteuert, zu schwach ist dadurch sein eigenes Ich geworden, um jetzt an der Schwelle den schwierigsten Kampf mit sich selbst zu bestehen. Das ist eine Situation von größter Aktualität in unserer Zeit, wo unzählige Menschen durch Werbung, Medien, mannigfaltigste Trieb- und Bedürfnisaufstachelung von außen vielfältig manipuliert werden, dies kaum bemerken und sich sogar in ihrer Verblendung und himmelweiten Entfernung von der wirklichen Schwelle als frei dünken. Auch gibt es heute viele Menschen, welche sich durch alle möglichen Autoritäten, die sich sogar oft noch auf die geistige Welt berufen, wie von oben leiten lassen, beginnend mit den großen kirchlichen Institutionen, bis hin zu unzähligen Sekten westlicher und östlicher Ausrichtung, in denen alle möglichen «geistigen Erfahrungen» angeboten werden bei völligem Ignorieren der Schwelle und des Hüters. Auch in diesem Falle denken die Menschen nur allzu leicht, sie seien es selber, die frei entscheiden, ohne zu bemerken, wie stark sie dabei von einem fremden Willen gesteuert sind.

Demgegenüber möchte Schiller eine wahre Begegnung des Menschen mit der Schwelle und ihrem Hüter schildern, an der in ihrer ganzen Dramatik die Frage des menschlichen Ich und seiner Freiheit und Würde auf Gedeih und Verderb, auf Sein oder Nichtsein, auf Leben und Tod gestellt wird.

In diesem Sinne ist sogar der Name des unheimlichen Besuchers, *Fabrikator Doli*, von Schiller treffend ausgewählt. In der Übersetzung aus dem Lateinischen heißt «doli» «die Netze» und stammt von dem Wort «dolus» ab, was auch «Schläue», «Hinterlist» und «Heimtücke» bedeutet. Eine andere mögliche Ableitung aber führt zu dem Wort «dolor», was «Leid» und «Schmerz» heißt. Beide Auslegungen entsprechen den Eigenschaften des Hüters, wenn er sich dem Menschen bei der ersten Annäherung als sein *Doppelgänger* offenbart.[133] Dieser ist schlau und heimtückisch und verursacht allein durch seinen Anblick, indem durch ihn alle früheren Verfehlungen und Irrtümer ohne jegliche Beschönigung in Erscheinung treten, dem Menschen zugleich denkbar größten Schmerz und Leid.[134] Auch die Übersetzung als «Netz» ist denkbar, indem dieses mit dem Geflecht der karmischen Fäden im Menschenleben verglichen werden kann.

In dem Buch «Die Geheimwissenschaft im Umriß» berichtet Rudolf Steiner: «Dieser Doppelgänger des Menschen muß, nach einem Gesetz der geistigen Welt, vor allem anderen als dessen erster Eindruck in jener Welt auftreten» (GA 13, Seite 377). Zu dieser Begegnung muß der Mensch gut vorbereitet sein, sonst fühlt er sich dabei wie in das totale Nichts geworfen. Zu einer solchen Vorbereitung gehört aber vor allem das Wissen von dem Karmagesetz, das im Menschenleben waltet. «Wer in richtiger Art zuerst in der physischen Welt durch seinen Verstand das Karmagesetz begriffen hat, der wird nicht besonders erbeben können, wenn er nun die Keime seines Schicksals eingezeichnet sieht im Bilde seines Doppelgängers» (ebd., Seite 380). Ist dies hingegen nicht der Fall, «dann würde ihn die Begegnung mit seinem Doppelgänger bedrücken und zu Irrtümern führen» (ebd.).

Eigentlich geht es bei der Begegnung mit dem Doppelgänger darum, daß der Einzuweihende ihm gegenüber den Standpunkt seines niederen Ich verlassen soll, um den des höheren Selbst einzunehmen. Das führt nach Rudolf Steiner zu «einer Art von Kampf ... gegen den Doppelgänger», indem der letztere «fortwährend die Überhand anstreben» wird (ebd., Seiten 387 f.). Denn zuerst erscheint er «als ein Bild aller der *Hindernisse*, welche sich der Entwicklung des «höheren Selbst» entgegenstellen» (ebd.; kursiv Rudolf Steiner). Und wenn der Einzuweihende in diesem «Kampf» dem Doppelgänger unterliegt, das heißt, wenn er sich «nicht stark genug» erweist, um «sich zu sagen: Ich werde hier nicht stehenbleiben, sondern unablässig mich zu dem ‹höheren Selbst› hinaufentwickeln», dann wird er «erlahmen und zurückschrekken vor dem, was bevorsteht». Man wird daraufhin «ein Gefangener der Gestalt, die jetzt durch den ‹Hüter der Schwelle› vor der Seele steht» (ebd., Seiten 388 f.).

Schaut man jetzt aufgrund dieser geisteswissenschaftlichen Erkenntnisse auf die Begegnung von Demetrius mit dem Fabrikator Doli und seinen «Kampf» mit ihm, welcher zu dessen Ermordung führt, dann kann man in den Entwürfen Schillers, auch wenn sie noch so spärlich sind, die Hauptzüge der Begegnung des Menschen mit seinem Doppelgänger finden.

Als ein lebendiger Vorwurf steht der unheimliche Gast vor Demetrius, ihm die ganze Nichtigkeit seiner «Abstammung», das heißt seines ganzen bisherigen Wesens zeigend, als ob er ihm sagen möchte: Du dünkst dich aus dem Zarengeschlecht und ein berechtigter Anwärter auf alle möglichen Dinge in der Welt zu sein, doch schaue jetzt mich an, um zu erkennen, wie nackt und nichtig du in Wirklichkeit bist. – Nach Rudolf Steiner gehört dieses Erlebnis zu den schwierigsten auf dem okkulten Weg. Und wenn das individuelle Ich und die in ihm frei anerzogene innere Moralität nicht genügend stark sind, dann möchte der Mensch nur dieses: Sich vor der erschreckenden Gestalt mit aller Kraft und Leidenschaft seiner niederen Natur schützen; die grausame Erscheinung zum Verschwinden bringen; ja, sogar sie «töten». Und genau das führt Demetrius aus.

In seiner Wut und Verzweiflung tötet er den schrecklichen Besucher, der daraufhin aus seinem Blickfeld verschwindet, in Wirklichkeit jedoch nur auf eine viel verderblichere Weise in ihn einzieht, und zwar so, daß Demetrius dies nicht bemerkt. Denn es gehört zu dem Wesen des Hüters, daß wir ihn nur dann wahrnehmen können, wenn er aus uns heraustritt und dadurch für uns sichtbar wird. Dieses Heraustreten hat als Bedingung, daß wir zugleich eine große seelische Kraft und den starken Willen aufbringen müssen, an seiner schrecklichen Gestalt im Sinne ihrer Veredelung bewußt zu arbeiten. Erweist sich diese seelische Kraft als noch zu schwach, und vertreiben wir die schaurige Erscheinung aus unserem Blickfeld, weil ihr Aussehen für uns unerträglich ist, dann wirkt sie nichtsdestotrotz im Menschen auf verborgene Weise weiter, allerdings so, daß sie ihn aus den unbewußten Tiefen seiner Seele ständig zum Bösen anleitet und aufstachelt. Dann wird der Hüter zum Doppelgänger des Menschen, durch den die Dämonen ihn ergreifen können.

Im Evangelium wird eine solche Situation folgendermaßen beschrieben: «Wenn der unsaubere Geist von dem Menschen ausgefahren ist, so durchwandelt er dürre Stätten, sucht Ruhe und findet sie nicht. Da spricht er dann: Ich will wieder umkehren in mein Haus, daraus ich gegangen bin. Und wenn er kommt, so findet er's leer,[135] gekehrt und geschmückt. So geht er hin und nimmt zu sich sieben andere Geister, die ärger sind denn er selbst; und wenn sie hineinkommen, wohnen sie allda; und es wird mit demselben Menschen hernach ärger, denn es zuvor war» (Matth. 12,43–45).

Die Kraft des Doppelgängers, die bei Demetrius eine Weile von dem höheren Wesen, das durch ihn wirkte, zurückgedrängt war, ist nach dem Zurückziehen desselben in die geistige Welt mit der siebenfachen Wucht zurückgekehrt. Da der freigewordene Platz in der Seele des Demetrius nicht von seinem Ich erfüllt, sondern «leer» oder «unbesetzt» geblieben war, konnte der Doppelgänger ihn voll beherrschen, worauf Schiller mit den bereits zitierten Worten hingewiesen hat: «Ein tyrannischer Geist ist in ihn gefahren ist» (D., Seite 122). Und die Menschen seiner Umgebung meinen sogar, den bösen «Geist des Basilides» (Iwan des Schrecklichen) jetzt in ihm zu verspüren. Auch im weiteren charakterisiert Schiller den nun ganz veränderten Zar wie folgt: «Von jetzt an ist Demetrius Tyrann, Betrüger, Schelm» (ebd., Seite 123).

Den neuen seelischen Zustand von Demetrius selber beschreibt Schiller wie folgt: «Der finstere Argwohn läßt sich schon auf ihn nieder, er zweifelt an den anderen, weil er nicht mehr an sich selbst glaubt»; er muß sich sagen: Nur «Mord und Blut muß mich auf meinem Platz erhalten» (ebd.).

Der englische Schriftsteller Edward Bulwer-Lytton beschreibt in seinem Roman «Zanoni» (1842), den Rudolf Steiner in einer Fußnote zu seinem Buch «Wie erlangt man Erkenntnisse der höheren Welten?» erwähnt, genau die Folgen einer mißlungenen Begegnung mit dem Hüter der Schwelle. Sein Held Glindon, der seinen Anblick nicht ertragen kann, gerät in die Situation, daß er, um diese erschreckende Gestalt für sich unsichtbar zu halten, ständig nur böse Taten ausführen muß. Bei jedem Versuch, etwas Gutes zu tun, und sei es auch nur in seinen Gedanken, wird seinem Seelenblick der Hüter sofort sichtbar, was Glindon immer wieder in den Strudel seiner niedrigen Natur zurückwirft. Etwas Ähnliches geschieht auch mit Demetrius. Jetzt will er nur mit «Mord und Blut» seine Macht stützen, bis er durch seine sinnliche Leidenschaft für Marina selbst in den Abgrund stürzt.

Nach dem Aufstand in Moskau und dem Stürmen des Zarenpalastes im Kreml appelliert Demetrius, schon mit dem Schwert an seiner Brust, abermals an die Zarin-Witwe. Wie wir bereits sahen, bleibt sie jedoch stumm und damit der Stimme der Natur treu. Sie will ihre alte Welt, wo nur die Blutsbande gelten, nicht verlassen. In ihr will Rußland selbst nicht zur Ich-Stufe emporsteigen. Und das russische Volk hört auf Demetrius nur solange, als es hinter ihm eine höhere Macht verspürt, der dieser gehorsam folgt. Als nun aber Demetrius versucht, nur aus seinem menschlichen Ich heraus über die Russen zu herrschen, kann er ihr Vertrauen nicht mehr gewinnen. Denn dafür müßte sein Ich aus Freiheit die moralische Stufe in seiner Entwicklung erreichen, die derjenigen entspricht, auf die er zuvor durch die Führung eines höheren Wesens in sich emporgehoben war. Jetzt müßte seine eigene moralische Autorität diejenige der geistigen Welt ersetzen. Dieser innere Schritt gelingt ihm aufgrund der mißlungenen Begegnung mit dem Hüter der Schwelle nicht. Aus eigener Ich-Kraft kann er nicht mehr die neue «Sonne des Reichs» werden, denn dies hätte die weitgehende Läuterung des Hüters vorausgesetzt. Hingegen zieht ihn sein ungeläuterter und aus dem äußeren Bewußtsein verdrängter Doppelgänger mit sich in den Abgrund.

Diese innere Situation beschreibt Rudolf Steiner mit folgenden Worten, die der Hüter selbst dem Menschen verkündet: «Ich muß zu einer in sich vollkommenen, herrlichen Wesenheit werden, wenn ich nicht dem Verderben anheimfallen soll. Und geschähe das letztere, so würde ich auch dich selbst mit mir hinabziehen in eine dunkle, verderbte Welt» (GA 10, Seite 195). Genau dies geschieht jetzt mit Demetrius. Er wird zu einem Tyrannen und polnischen Söldner. Das Volk, wie zuvor schon Marfa, wendet sich von ihm ab. Nichts kann ihn mehr retten. Er stirbt, und das Land stürzt für Jahrzehnte in das Chaos der Wirren. Das Schillersche Drama endet mit dem Hinweis auf das Erscheinen eines zweiten falschen Demetrius. Damit kommt die Geschichte an ihren Ausgangspunkt zurück. Denn wo das freie menschliche Ich fehlt, ist keine Entwicklung möglich, und die Ereignisse können sich nur im Kreis drehen.

So liegt das Geheimnis, warum Demetrius als Ich-Mensch weder die Zarin-Witwe noch das russische Volk von seiner moralischen Integrität und seinem Recht auf den Moskauer Thron (zumal dieses nicht auf Blutsbande gestützt ist) überzeugen kann, allein in seiner mißlungenen Einweihung als Folge der nicht bestandenen Begegnung mit dem Hüter der Schwelle.

Mit seinem «Demetrius» war Schiller zweifellos auf dem Wege, ein gewaltiges Einweihungsdrama zu schaffen, in dessen Zentrum das Schwellenerlebnis des menschlichen Ich stehen sollte mit all seinen erhebenden, aber auch katastrophalen Möglichkeiten. Nun kann man an dieser Stelle die Frage aufwerfen, warum Schiller in seinem letzten Werk vor allem die negative Entwicklung in den Vordergrund rückten oder, mit anderen Worten, weshalb er auf so großartige Weise nur eine mißlungene Einweihung darstellen wollte. Fühlte er doch selbst eine Sympathie für Demetrius und sah bei ihm zweifellos eine Möglichkeit, diese Einweihung zu bestehen. Dennoch hat er sich offensichtlich zu dem anderen Weg entschlossen.

Der Grund dafür liegt meines Erachtens darin, daß Schiller Demetrius nicht nur mit dessen eigenem tragischen Schicksal darstellen wollte, sondern beabsichtigte, ihn mitten in den großen Kampf zu stellen, der zu jeder Menschenseele heute gehört, den Kampf zwischen den Kräften des freien Ich und den dunklen Mächten, welche die Ich-Entwicklung mit allen Mitteln zu verhindern suchen. Aus seiner eigenen Ich-Kraft hätte Demetrius nach Schillers Ermessen wohl die Möglichkeit gehabt, auch diese schwierigste Initiationsprüfung in der Begegnung mit dem Fabrikator Doli zu bestehen, jedoch war der Einfluß der Gegenmächte in seiner Seele zu dieser Zeit bereits zu groß und nachhaltig; zu lange war er zuvor in ihren Händen und als höriges Instrument in ihre dunklen Pläne verwickelt gewesen. Anthroposophisch gesehen könnte man auch sagen, daß sein Karma zur Zeit der höchsten Prüfung schon zu stark belastet war, weshalb es Demetrius im entscheidenden Moment seines Lebens nicht gelang, den Zustand des Gleichgewichts – als Hauptvoraussetzung seiner inneren Freiheit – zu erreichen, wie Schiller es in seinen «Ästhetischen Briefen» dargestellt hat. Mit anderen Worten: Es ging Schiller hier um eine grundsätzliche, welthistorische und vor allem menschheitspädagogische Frage – zugleich jedoch um viel mehr als das!

Denn in seinem Drama wollte Schiller das für unsere Zeit vielleicht schwierigste Problem der Ich-Entwicklung berühren. Es besteht in folgendem: An sich trägt das Ich des Menschen in sich genügend innere Kraft (die Götter gaben ihm diese bei seiner Erschaffung mit), um alle Prüfungen des *eigenen* Lebens und des *eigenen* Schicksals sieghaft zu bestehen und erfolgreich zu meistern. Wenn sich jedoch in diesen «natürlich» (oder auch von dem persönlichen Karma) bedingten Ablauf eine völlig fremde Macht hineinmischt und die Kräfte des Bösen ungemein steigert, dann kann es passieren, daß der Mensch, trotz all seiner Anstrengungen, in diesem ungleichen Kampf doch den Gegenmächten unterliegt.

Dieses unberechtigte Eingreifen der bösen Mächte in den Gang des Schicksals und in die innere Selbstbestimmung des menschlichen Ich ist vielleicht der wesentlichste Aspekt der in diesem Buch bereits erwähnten Sünde gegen den Heiligen Geist und somit gegen das Ich-Prinzip als solches. Denn mit dieser Sünde, von der das Evangelium sagt, daß sie nicht verziehen werden kann, wird die eigentliche Ich-Entwicklung verunmöglicht und damit die ganze Weltevolution unwiederbringlich zerstört. Dies war das schreckliche Geheimnis der Widersachermächte, das Schiller in seinem letzten Drama entlarven und öffentlich auf der Bühne darstellen wollte. Deshalb ließ er sogar seinen Demetrius zugrunde gehen, um diese geheime Strategie des Bösen sichtbar und damit für die Zukunft der Menschheitsentwicklung unwirksam zu machen.

Nun wollen wir zum Schluß noch genauer auf diese Strategie der Gegenmächte, die das Einweihungserlebnis von Demetrius in eine Niederlage verkehrten, eingehen. Aus dem Leben seines Helden – wie Schiller es in seinem Drama darstellen wollte – entsteht das Bild dreier Angriffe auf sein innerstes Wesen. Zuerst, wie bereits erwähnt, werden die Kindheitskräfte in ihm manipuliert und mißbraucht, dann wird verhindert, daß das höhere Wesen aus der geistigen Welt durch ihn wirken kann, und zum Schluß wird sein Ich direkt und erbarmungslos angegriffen. Als Folge dieser dreifachen Verletzung seines inneren Wesens sind die Kräfte seines Selbst so geschwächt, daß er die entscheidende Prüfung nicht mehr bestehen kann und in den Abgrund stürzt, dabei das

197

ganze russische Reich in das Elend mitreißend und den Leiden der Wirren des Bürgerkrieges und der Eroberung durch ein fremdes Heer aussetzend.[136]

Diese drei Angriffe auf das innerste Wesen des Menschen sind auch in unserer Zeit von höchster Aktualität. Vom letzten Drittel des 20. Jahrhunderts an (wohl mit dem Jahr 1998 verbunden[137]) wird in der Presse über immer schrecklichere Mißhandlungen von Kindern berichtet, deren Grausamkeit und Ausmaß alles übersteigen, was aus früheren Zeiten der Menschheitsgeschichte bekannt ist. Auch gegen alle der Bewußtseinsseele des Menschen angemessene, das heißt mit der vollen Freiheit des Menschen rechnende Einflüsse der geistigen Welt wird systematisch gearbeitet.

Dies geschieht entweder durch die Verbreitung falscher Wege in die geistige Welt, die vor allem aus dem östlichen Okkultismus stammen, der das individuelle Ich-Bewußtsein des Menschen nicht berücksichtigt und dadurch nur zu verführerischen Visionen führen kann; oder durch die Machinationen des grauen westlichen Okkultismus, der bewirkt, daß der Mensch in seinem Unterbewußtsein von einem Dämon besessen wird und dann, trotz der Überzeugung, er handele aus sich selbst, in Wirklichkeit als höriges Instrument für die dunklen Ziele benutzt wird, die er nicht durchschaut. So wird durch die visionäre Verführung aus dem Osten und die okkulte Besessenheit aus dem Westen gegen die wahren Offenbarungen der geistigen Welt, die mit der heutigen Michael-Epoche verbunden sind, gekämpft. Hinzu kommt als Drittes eine noch nie in der Menschheitsentwicklung dagewesene Angriffswelle auf die freie und autonome Entfaltung der Ich-Kräfte selbst. Durch Werbung, Medien, Spiele- und Vergnügungsindustrie wird der Mensch immer mehr in eine gespenstische «virtual reality» hineingedrängt, in welcher er nicht mehr als individuelles Ich-Wesen bestehen kann.

Von esoterischer Seite her kann man diese drei Angriffe auf Demetrius, deren Darstellung durch Schiller einen beinahe urbildhaften Charakter angenommen hat, folgendermaßen verstehen: In den Kindheitskräften der Seele lebt im Menschen auf unmittelbarste Weise der Christus-Impuls. (Siehe GA 15, Kapitel I). Daher ist der erste Angriff im Leben des Demetrius gegen den Christus selbst im Menschen gerichtet.

Der zweite Angriff, der jede Wirksamkeit der wahren geistigen Welt in der menschlichen Seele ausrotten möchte, ist vor allem gegen das Prinzip des Jesus im Menschen gerichtet. Denn an der Zeitenwende ist

Jesus zum wahren Christophorus geworden und damit zu einem Urbild für jeden Menschen, der in sich die höheren geistigen Kräfte empfangen möchte. Auf *mikrokosmischer* Ebene wiederholt sich im Menschen die Taufe im Jordan jedesmal, wenn er den guten geistigen Mächten die Möglichkeit bietet, in seiner Seele zu wirken.

Der dritte Angriff wendet sich gegen das Allerheiligste im Menschen: die Autonomie und Freiheit seines individuellen Ich. Hier wird in Wirklichkeit gegen den Heiligen Geist im Menschen gekämpft, dessen Impuls mit der freien Entfaltung des Ich und dadurch mit dem Hauptziel der ganzen Erdenentwicklung untrennbar verbunden ist.

Dies war das eigentliche Geheimnis, welches Schiller in seinem letzten Drama mit den ihm zur Verfügung stehenden künstlerischen Mitteln an dem tragischen Schicksal von Demetrius zeigen wollte: den dreifachen Angriff der Gegenmächte auf das Innerste des Menschenwesens.

Der Kampf gegen: Christus ——► Jesus ——► das freie Ich (den Geist im Menschen)

Einen umgekehrten Weg, der nicht gegen, sondern *für* die wahre Entfaltung des freien Ich im Menschen steht, finden wir in der Anthroposophie. In urbildlicher Form kann man ihn vor allem in der Biographie ihres Begründers verfolgen. So ging die geistige Entwicklung Rudolf Steiners von dem freien Ergreifen des höheren Ich in seiner Jugend zur vollen Ausbildung des Jesus-Bewußtseins in seinen voranthroposophischen, erkenntnistheoretischen Schriften und dann zum Erreichen des Christus-Bewußtseins an der Jahrhundertwende, aus dem im 20. Jahrhundert die Anthroposophie als moderne Wissenschaft vom Geiste begründet werden konnte.[138] Damit legte Rudolf Steiner in unserer Epoche die Grundlage für den geistigen Weg des Menschen-Ich von Jesus zu Christus, der heute von jedem Menschen in voller Freiheit gegangen werden kann.

Aufsteigen zum höheren Ich ——► Jesus-Bewußtsein ——► Christus-Bewußtsein
(zu dem Geist im Menschen)

Das Gesagte kann auch auf eine kurze Mysterienformel gebracht werden:

Ich bin auf dem Wege von Jesus zu Christus.

Dieser Weg war zu der Zeit, als Schiller an seinem letzten Drama arbeitete, den Menschen noch nicht zugänglich, und deshalb *mußte* Demetrius scheitern. Durch dieses Scheitern aber kann uns Schiller heute zeigen, wo unsere eigentlichen spirituellen Aufgaben liegen, die in der angebrochenen Michael-Epoche im Dienste des Christus-Impulses in der Menschheit erfüllt werden müssen.

Den Arbeitsplan des «Demetrius»-Dramas kann man im Sinne der vorangegangenen Darstellungen nach verschiedenen Fragmenten und Notizen Schillers wie folgt zusammenfassen:

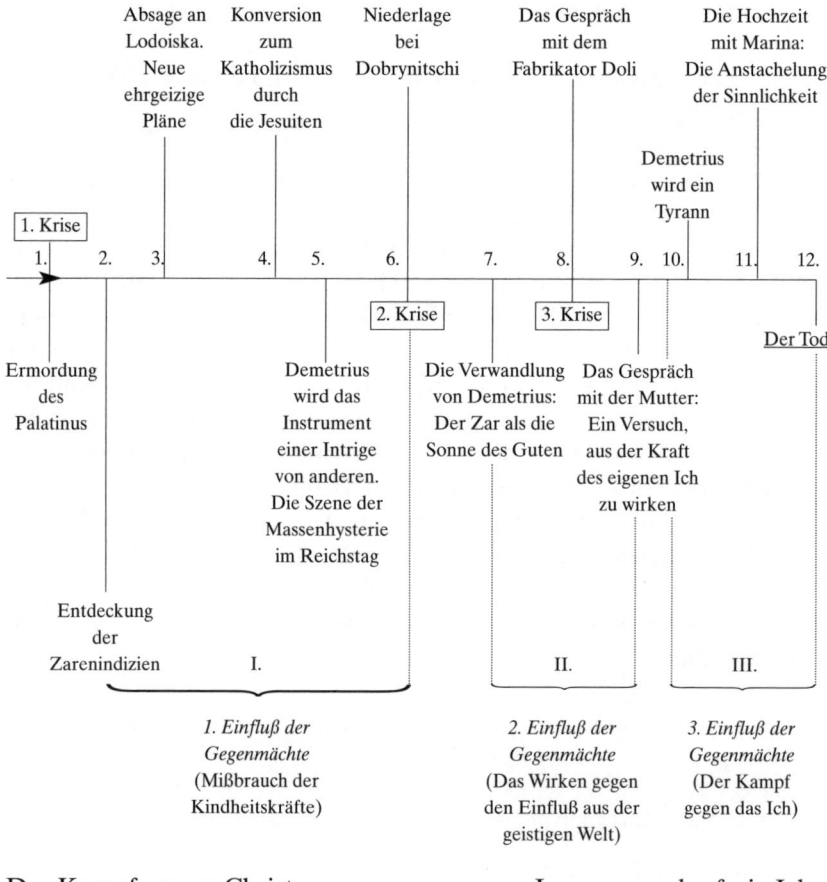

Nachtrag zu Teil III:
Über die Gestalt von Michail Romanow

Es muß hier, wenn auch nur kurz, auf die Gestalt von Michail Romanow (1596–1645), der nach der Zeit der Wirren die neue Zarendynastie in Rußland begründete, eingegangen werden. Es ist bekannt, daß Schiller diese Person am Schluß seines Dramas als eine Ehrerbietung des Dichters gegenüber der Vermählung des Weimarer Erbprinzen Carl Friedrich mit der Großfürstin Maria Pawlowna Romanowa eingeführt hat. Jedoch kommt Schiller durch seine Absicht, diese Gestalt der Großfürstin zu Gefallen als einen ihrer Vorfahren zu idealisieren, im Prozeß seiner Arbeit an dem Sujet (wie es bei ihm auch in anderen Zusammenhängen öfter der Fall war), vielleicht auch ohne es zunächst zu bemerken, an die großen Geheimnisse der russischen Geschichte nach der Zeit der Wirren (1606–1612) heran.

So offenbart sich auch hier, trotz der sehr spärlichen Bemerkungen und Notizen Schillers, eine bedeutende geistesgeschichtliche Perspektive. Denn der junge Romanow tritt zunächst in dem inneren Zustand auf, in dem Demetrius sich befand, als er aus der geistigen Welt heraus von einem höheren Wesen («einer Götterstimme») geführt wurde. Schiller notiert über den Charakter und die Wesensart Romanows: [Er] ist eine reine, loyale, edle Gestalt, eine schöne Seele» (Seite 100).[139] Er wird Demetrius gegenübergestellt, nachdem der letztere infolge der mißlungenen Einweihung von einem bösen Geist ergriffen worden war. «Er [Demetrius] ist grausam gegen alle, welche sich einen Zweifel an seiner Person merken laßen, besonders ist ihm der Romanow ein Anstoß, und doch ists, als ob eine höhere ... Macht diesen jungen Helden beschüzten, daß er ihm nichts anhaben kann» (Seite 173). Damit will Schiller sagen, daß durch Romanow eine geistige Macht (oder Mächte), ihn beschützend und führend, wirkte. «Romanow ist ein beschüztes Haupt, dem Demetrius nichts anhaben kann, ob er ihn gleich fürchtet und verfolgt» (Seite 170). Er wird dadurch zu einem Menschen, der nicht aus seinem individuellen Ich frei handelt, sondern von einer übermenschlichen Wesenheit erfüllt und geleitet wird und sich damit in einem Stand der höheren Unfreiheit befindet.

Ihm stellt Schiller am Ende des Dramas den zweiten Demetrius gegenüber, der, nach dem Tod des Haupthelden des Dramas, dessen Platz einzunehmen versucht und damit die Zeit der Wirren einleitet. Schiller charakterisiert ihn in folgenden Worten: «Das Alte von neuem beginnt. Der Mensch [der zweite Betrüger] ist ein Kosak von verwegenem Mut, der schon vorher vorgekommen und sich zu einem kecken Abenteuer und zur Glücksritterschaft geschickt angekündigt hat» (Seite 119). Dieser wirkt ebenfalls unfrei, weil er allein durch seine niederen Triebe, Leidenschaften und Gelüste geleitet ist. Beide stehen einander gegenüber und lassen den Raum in der Mitte, der nach dem Tod des ersten Demetrius unerfüllt geblieben war und in dem das freie, individuelle Ich des Menschen wirken sollte, leer.

Damit bleibt das Schicksal der Geburt des Ich im russischen Menschen offen. Denn keiner der Thronanwärter, weder Romanow noch Demetrius II, kann nach dem Tod des ersten Demetrius diese Aufgabe erfüllen. Damit wird Rußland durch diese beiden Polaritäten wie zerrissen: die Hingabe an die höhere Offenbarung einerseits und das den animalischsten Trieben und Leidenschaften Verfallensein andererseits.

Nachdem die eifersüchtige Marina Axinia (die Tochter von Boris Gudonow), in die beide, Demetrius I und Romanow, verliebt waren, umbringen ließ, wird Romanow durch die erlebte innere Erschütterung zugänglich für geistige Offenbarungen. Schiller: «Romanow wird durch eine wunderbare himmlische Gewalt getröstet und von der blutigen Unternehmung gegen Demetrius zurückgehalten». Diese «himmlische Gewalt» ist wohl der Geist, der jetzt durch ihn wirkt. Von ihm hat er eine Vision des zukünftigen Schicksals von Russland. «Romanow sieht das künftige Schicksal» (Seite 95); und noch konkreter: «Er hat eine Vision. Peter der Große – Catharina II – Alexander» (Seite 111); «Romanow blickt in die Zukunft» (Seite 126). Diese Vision zeigt die unmittelbaren Folgen der Tatsache, daß die richtige Ich-Geburt – und damit die Erfüllung des leeren Raumes in der Mitte – in der Einweihung von Demetrius I mißlungen ist. Jetzt kommt diese Geburt auf einem gewaltsamen und dadurch falschen Weg durch Peter den Großen und seine vernichtenden Reformen zustande. (Maximilian Woloschin[140] wird diesen später mit Recht als den ersten Bolschewisten der russischen Geschichte bezeichnen.) Durch seine Tätigkeit ist die geistgemäße Entwicklung Rußlands unterbrochen, und das neue Zarengeschlecht der Romanow, über die Stufen von Katharina II und Nikolai I, wird immer mehr zu dem, was das Erscheinen des Bolschewismus als seines Gegenbildes vorbereitet und ermöglicht. (Siehe die Worte Rudolf Steiners auf Seite 161.)

Im weiteren erlebt Romanow auch das geistige Erscheinen der verstorbenen Axinia: «Romanow hat die Erscheinung von der Axinia und wird zum Thron berufen. Er soll ruhig das Schicksal reifen lassen und sich nicht mit Blut beflecken» (Seite 185). Beide Geisterscheinungen wollte Schiller als eine Art Kulmination des Dramas und als Gegengewicht zu seiner turbulenten und blutigen Handlung darstellen. «Diese Scene erhebt über das Stück hinaus und beruhigt das Gemüth durch ein erhabenes Ahnden höherer Dinge» (Seite 214). Damit wird abermals belegt, daß Romanow, wie seinerzeit Demetrius I, durch eine höhere Macht auf den russischen Thron geführt wurde.

So belegen schon die spärlichen Notizen Schillers, daß er auch hier einen tiefen Blick in die russische Geschichte zu werfen vermochte und die Entwicklung, wenn auch nur andeutungsweise, berührte, welche die ganze russische Geschichte vom 17. bis ins 20. Jahrhundert bestimmte.

Anstelle eines Nachwortes:
«Die Wissenschaft Goethes nach der Methode Schillers»

In dem Buch Rudolf Steiners «Grundlinien einer Erkenntnistheorie der Goetheschen Weltanschauung. Mit besonderer Rücksicht auf Schiller» bezieht sich der gewählte Untertitel vor allem auf Kapitel 2 des ersten Teiles «Die Wissenschaft Goethes nach der Methode Schillers». Von der letzteren ist zu lesen: «Wir vertreten die Goethesche Weltansicht, aber wir begründen sie den Forderungen der Wissenschaft gemäß. Für den Weg, den solche Untersuchungen einzuschlagen haben, hat Schiller die Richtung vorgezeichnet. Keiner hat wie er die Größe des Goetheschen Genius geschaut» (GA 2, Seite 23). Mit diesen Worten wird die Frage nach der Erkenntnismethode Schillers gestellt, die er vor allem auf Goethe angewendet hat, und die Rudolf Steiner nicht nur als wissenschaftlich, sondern auch als «vorbildlich» bezeichnete.

Im weiteren schreibt Rudolf Steiner über die Ausführungen seines Buches: «Sie wollen das wissenschaftliche Denken Goethes nach jener Methode betrachten, für die Schiller das Vorbild geliefert hat. Goethes Blick ist auf die Natur und das Leben gerichtet; und die Betrachtungsweise, die er dabei befolgt, soll der *Vorwurf* (der Inhalt) für unsere Abhandlung sein; Schillers Blick ist auf Goethes Geist gerichtet; und die Betrachtungsweise, die *er* dabei verfolgt, soll das Ideal unserer *Methode* sein. In dieser Weise denken wir uns Goethes und Schillers wissenschaftliche Bestrebungen für die Gegenwart fruchtbar gemacht» (ebd., Seite 24; kursiv Rudolf Steiner).

Diese Hinweise auf die wissenschaftliche Methode Schillers können das Rätsel nach dem Wesen derselben für den Leser zunächst noch nicht ganz lösen. Man fühlt sich angeregt weiterzusuchen. Die Blickrichtung ist angegeben: die Beziehung zwischen Schiller und Goethe oder die Frage, auf welche Weise und nach welcher Methode Schiller Goethe angeschaut hat, um dessen Wesen in seinem Werk vielfach darzustellen. In seinem Buch schreibt Rudolf Steiner diesbezüglich weiter: «In seinen Briefen an Goethe hat er dem letzteren ein Spiegelbild seines Wesens vorgehalten; in seinen Briefen ‹Über die ästhetische Erziehung des Menschen› leitet er das Ideal des Künstlers ab, wie er es an

Goethe erkannt hat; und in seinem Aufsatze ‹Über naive und sentimentalische Dichtung› schildert er das Wesen der echten Kunst, wie er es an der Dichtung Goethes gewonnen hat» (ebd., Seiten 23 f.).

Trotz all dieser Anregungen bleibt aber das Wesentlichste dieser Schillerschen Methode dennoch zunächst noch verborgen. Rudolf Steiner gibt uns jedoch einen Schlüssel für die Lösung an die Hand: In der Beziehung zwischen Goethe und Schiller schaut der erstere nach außen in die Natur, der zweite jedoch auf seinen ihr ergebenen Freund. Was jetzt zwischen Goethe und Schiller geschieht, ist wie ein Wunder der zwischenmenschlichen Beziehungen. In dem berühmten Brief Schillers an Goethe vom 23. August 1794, den man als Grundstein ihrer langjährigen Freundschaft bezeichnen kann, werden schon die ersten Ansätze dieser Schillerschen Methode dargelegt. Jedoch auch hier, trotz vieler wertvoller Einzelheiten, wird das eigentliche Wesen dieser Methode immer noch nicht offenbar.

So geht der Weg des Suchens weiter, bis man an unerwarteter Stelle bei Rudolf Steiner eine Antwort findet. Es geht um eine kurze Beschreibung am Ende des Kapitels «Individualität und Gattung» im zweiten Teil der «Philosophie der Freiheit». Hier geht er auf den grundlegenden Unterschied zwischen dem Erkennen aller Gegenstände der Welt und dem der freien Individualität ein. Dieser Unterschied besteht darin, daß bei ersterem der erkennende Mensch immer die entsprechenden Begriffe in sich selber finden muß, wohingegen es im zweiten Fall vielmehr um das Übernehmen der nötigen Begriffe aus dem Objekt, das heißt aus der anderen Individualität selbst geht. Dieses kann dann nur auf eine Art geschehen, welche dem Stand der strengen wissenschaftlichen Forschungsmethode entspricht, indem der Forscher auf seine eigenen Begriffe ganz verzichtet bzw. sie nicht mit den von der anderen Individualität gewonnenen vermischt. Mit anderen Worten, bei dieser Methode ist vor allem eine vollständige Selbstlosigkeit und objektive Hingabe an das Objekt notwendig.

Dies alles brachte Schiller in seiner Beziehung zu Goethe in musterhafter Weise zustande. Durch die bereits im ersten Kapitel dieses Buches beschriebene Selbstüberwindung versuchte er, alle seine vor- und falschgeformten Vorstellungen über Goethe allmählich zurücknehmen, um sich daraufhin selbstlos und objektiv in dessen Wesen zu vertiefen. So konnte Schiller in seiner Seele für Goethe etwas wie ein reiner Spiegel seines Geistes werden, um ihm dadurch die verborgenen Impulse, nach denen das Individuum sich selbst bestimmt, wahrnehmbar zu machen. Nach seinen eigenen Worten suchte Schiller sich «zu dem reinsten Spiegel des Geistes auszubilden», der in Goethe lebte. Dadurch war er auch imstande, aus ihm die Schätze hervorzuholen, die diesem weitgehend verborgen blieben. In dieser Vorgehensweise, bei welcher der Mensch als erkennendes Subjekt nicht wie in der herkömmlichen Wissenschaft ausgeschlossen bleiben muß, sondern sich zu einem bewußten, jedoch ganz selbstlosen Instrument der Erkenntnis entwickelt, besteht die eigentliche Methode Schillers, auf deren Grundlage er Goethe zu verstehen suchte.

Eine solche Methode, die unbedingt mit der inneren Verwandlung des ganzen Menschen einhergeht, führt durch ihre weitere Entwicklung in die geistige Welt hinein. Deshalb sagt Rudolf Steiner, daß man vor allem bei Schiller die richtigen Ansätze findet zu dem, was er später als den modernen Schulungsweg in seinem Buch «Wie erlangt man Erkenntnisse der höheren Welten?» dargestellt hat. Daraus folgt, daß in dem Moment, wo Rudolf Steiner in seinem Buch «Grundlinien einer Erkenntnistheorie der Goetheschen Weltanschauung» an diese Schillersche Methode direkt anknüpft, um sie auf einer breiteren wissenschaftlichen Basis weiter auszubauen, er sich bereits auf dem Wege befindet, der ihn stufenweise zur Begründung einer modernen Wissenschaft vom Geiste führt.

Die oben angedeutete Stelle aus der «Philosophie der Freiheit», in der meines Erachtens die genaue Definition der Schillerschen Methode enthalten ist, lautet so: «Das Erkennen besteht in der Verbindung des Begriffs mit der Wahrnehmung durch das Denken. Bei allen anderen Objekten muß der Beobachter die Begriffe durch seine Intuition gewinnen; beim Verstehen einer freien Individualität handelt es sich nur darum, deren Begriffe, nach denen sie sich ja selbst bestimmt, rein [ohne Vermischung mit dem eigenen Begriffsinhalt] herüberzunehmen in unseren Geist» (GA 4, Seite 241).

Versucht man nun, diese Schillersche Methode weiter zu verfolgen, sozusagen in ihrer Entfaltung über das Frühwerk Rudolf Steiners bis in seine Anthroposophie hinein, dann ergibt sich etwas ganz Außerordentliches. Man kann die Entdeckung machen, daß Goethe in seiner von tiefster Liebe durchdrungenen Betrachtung der Natur eigentlich schon im 18. Jahrhundert einen echt michaelischen Weg in seiner Beziehung zu ihr ging. Schiller hingegen, der nach dem Beginn ihrer Freundschaft mit voller Selbstlosigkeit und Hingabe in die Seele Goethes schaute und an jeder seiner schöpferischen Regungen mit Liebe

206

und voller Bewunderung teilnahm, ging dadurch eigentlich schon in damaliger Zeit den modernen Weg zu Christus.[141]

Aus seiner anthroposophischen Geistesforschung berichtet Rudolf Steiner über Michael: «Durch Michael wird der Mensch gegenüber der äußeren Natur in der rechten Art ins Übersinnliche den Weg finden» (GA 26, Seite 104). Das war auch der Weg Goethes zu der Anschauung seiner Urpflanze. – Ganz anders steht es mit dem Christus-Impuls in der Menschheitsentwicklung. «In der Wirksamkeit des Christus innerhalb der Erdenentwickelung liegen die Kräfte, die der Mensch im Wirken durch *Freiheit* zum Ausgleich unterdrückter Natur-Impulse braucht» (ebd., Seite 110). Dies war der innere Weg Schillers. In seinem lebenslangen Ringen um die Freiheit und menschliche Würde kam er zu dem Erleben des Christus in der eigenen Seele, den man als Führer zur Freiheit vor allem dann braucht, wenn der mütterliche Boden der Natur vom Menschen verlassen wird.

Dieser Weg brachte Schiller, wie wir bereits gesehen haben, zu der bewußten Begegnung mit Christus kurz *vor* seinem Tod. «Christus gibt mir mein Menschenwesen» (ebd.); mit diesen Worten kann man vielleicht am besten das Wesen des Christus-Erlebnisses von Schiller charakterisieren. Die Selbsterkenntnis als Zentralmotiv in seinem Leben (der Goethe seiner seelischen Art nach so wenig zugeneigt war[142]), erreichte hier ihre höchste Vollendung.

Die folgenden Worte Rudolf Steiners, welche die gemeinsame Wirksamkeit von Michael und Christus beschreiben, können auf Grund des Gesagten als Kulmination der «Wissenschaft Goethes nach der Methode Schillers» betrachtet werden. «Michael geht mit allem Ernste seines Wesens, seiner Haltung, seines Handelns in Liebe durch die Welt. Wer sich an ihn hält, der pfleget *im Verhältnis zur Außenwelt der Liebe*. Und Liebe muß im Verhältnis zur Außenwelt sich zunächst entfalten, sonst wird sie Selbstliebe» (ebd., Seite 118; kursiv Rudolf Steiner).

Mit diesen Zeilen ist die ganze Wesensart Goethes in seiner liebevollen Beziehung zur Natur beschrieben. Da konnte Schiller ihm nicht ohne weiteres folgen, denn er war seinem Wesen nach nicht so organisiert. Er vermochte aber etwas anderes. Für diese wichtigste Seeleneigenschaft Goethes konnte Schiller in der eigenen Seele etwas wie einen Spiegel herstellen und dadurch in sich die vollkommene Selbstlosigkeit in bezug auf sein «Beobachtungsobjekt» – Goethe – erreichen. Daraus entfachte sich in ihr die reine Liebe zu seinem älteren Freund, die so selbstlos war wie das Verhältnis Goethes zur Natur.

Schiller konnte in seiner Beziehung zu Goethe sich selbst zunächst ganz vergessen. Dadurch wurde seine Liebe zu ihm so gereinigt und vergeistigt, daß sie in seiner Seele zu einem Weg wurde, der ihn zur Christus-Begegnung führte. So wurde Goethe der Vorläufer der michaelischen Beziehung zur Natur und Schiller der Vorbereiter des modernen Weges der Menschenseele zu Christus.

Die zuvor zitierten Worte setzt Rudolf Steiner wie folgt fort: «Ist dann diese Liebe in der Michael-Gesinnung da, dann wird *Liebe zum andern* auch zurückstrahlen können ins eigene Selbst. Dieses wird lieben können, ohne sich selbst zu lieben» (kursiv Rudolf Steiner). Aus der Goethe-Seele floß auf diese Weise die Kraft der Liebe in die Schiller-Seele, mit der dieser seinen Freund Goethe mit all seinem Anderssein *ganz selbstlos* lieben konnte. «Und auf den Wegen einer solchen Liebe» – schreibt Rudolf Steiner weiter – «ist Christus durch die Menschenseele zu finden» (ebd.). Auf diesem Wege wurde Er dann von Schiller am Ende seines Lebens auch tatsächlich gefunden.

Diese Beschreibung des modernen Michael-Christus-Weges beendet Rudolf Steiner mit dem Satz, der abermals ein neues Licht auf die esoterischen Grundlagen der Freundschaft der beiden so grundverschiedenen Menschen wirft. «Wer sich an Michael hält, der pfleget im Verhältnis zur Außenwelt der Liebe» – dies war der königliche Pfad Goethes, den Schiller in seiner Seele spiegelte und «dadurch *das* Verhältnis zur Innenwelt seiner Seele» (kursiv Rudolf Steiner) finden konnte, «das ihn mit Christus zusammenführt[e]» (ebd.).

Und in diesem michaelischen Weg zu Christus bestand eben die echte Kulmination der «Wissenschaft Goethes nach der Methode Schillers».

*

Im Sinne der «Philosophie der Freiheit» kann man sagen, daß die Methode, welche Schiller bei seiner Erkenntnis von Goethes Wesen anwendete, zwar nicht identisch, jedoch bereits in der Richtung entfaltet wurde, die Rudolf Steiner später in seinem Buch als «seelische Beobachtung nach naturwissenschaftlicher Methode» bezeichnete. Wird eine solche seelische Beobachtung durch den Ausschluß jeglicher Subjektivität des Betrachters zu einem neuen Wahrnehmungsorgan für die tieferen Eigenschaften des anderen Wesens, dann werden ganz in streng wissenschaftlichem Sinne die «Beobachtungsresultate» möglich, die Schiller an seinem Freund Goethe gewann.

Was Schiller mit seiner Methode auf so vollkommene und vorbildliche Weise an Goethe entdecken konnte, das wurde versucht, in den Darstellungen dieses Buches nun auf die Individualität Schillers selbst anzuwenden. Die Absicht war, zumindest an einigen Stellen diese Methode Schillers an ihm selbst zu erproben, woraus sich viele unerwartete Einblicke in das Wesen und die geistigen Hintergründe dieser großen Individualität des mitteleuropäischen Geisteslebens ergaben. Die Besonderheit in der Anwendung dieser Methode auf Schiller bestand darin, daß, da er nicht mehr unser Zeitgenosse ist und folglich von uns nicht mehr unmittelbar wahrgenommen werden kann, wie er selbst es bei Goethe vermochte, diese fehlende Seite durch etwas anderes ersetzt bzw. ergänzt werden mußte. Und das sind die unerschöpflichen Schätze der Geisteswissenschaft Rudolf Steiners. Denn nur auf Grund seiner Forschungsergebnisse in bezug auf die Individualität und das Leben Friedrich Schillers konnte dessen Methode auf ihn selbst, das heißt auf eine nicht mehr lebende Person, angewendet werden.

Auch wenn dieser Versuch in vieler Hinsicht noch recht anfänglich ist, so kann daraus vielleicht eine Anregung für andere entstehen, diese Schillersche Methode bei weiteren großen Individualitäten der Menschheitsgeschichte zu verwenden. Mit diesem Buch war vor allem die Aufgabe verbunden, eine Brücke zu schlagen zu einem tieferen Verständnis von Schiller selbst, der neben Goethe und Novalis zu den großen geistigen Vorläufern und Wegbereitern der Anthroposophie gehört.

Anhang

1. Beispiele für die Beziehung zwischen den «Ästhetischen Briefen» und der «Philosophie der Freiheit»

An einigen Beispielen kann eine erstaunliche Entsprechung zwischen den Schillerschen «Briefen» und der «Philosophie der Freiheit» gefunden werden. Im IX. Kapitel der letzteren charakterisiert Rudolf Steiner den unfreien Menschen wie folgt: «Nur der sittlich Unfreie, der dem *Naturtrieb* oder einem angenommenen *Pflichtgebot* folgt, stößt den Nebenmenschen zurück, wenn er nicht dem gleichen *Instinkt* und dem gleichen *Gebot* folgt» (GA 4).

Es fällt bei diesem Satz sofort auf, daß es hier ganz genau um die Schillersche Polarität geht: den Zwang der Naturtriebe und Instinkte von unten und den Zwang der Pflichtgebote und verschiedenen moralischen Gesetzesvorschriften von oben. Unter keinem dieser Zwänge kann der Mensch seine Freiheit entfalten. Auch wirken sie zerstörend auf das soziale Leben. Denn dieses kann nur dann richtig gedeihen, wenn ein bestimmter Grad von individueller Freiheit erreicht ist. «Ein sittliches Mißverstehen, ein Aufeinanderprallen ist bei sittlich *freien* Menschen ausgeschlossen» (ebd.; kursiv Rudolf Steiner).

Nach Rudolf Steiner muß der Mensch vor allem im sozialen Leben diese beiden Extreme in sich überwinden bzw. verwandeln oder nach Schiller ins Gleichgewicht bringen. Wie eine solche Verwandlung durch die Arbeit des Menschen an sich selbst geschieht und die beiden Pole zu einer höheren Einheit geführt werden können, beschreibt Rudolf Steiner etwas früher im gleichen Kapitel. Dort werden die beiden Wege aufgezeichnet, die, von verschiedenen Voraussetzungen ausgehend, sich auf der höchsten Stufe jedoch untrennbar miteinander verbinden. Die Ausgangspunkte sind die Triebfedern, die in der charakterologischen Anlage des Menschen wurzeln einerseits, und seine Motive andererseits. Beide fließen am Ende des Weges auf der Ebene der «moralischen Intuition» ineinander. «Bei genauer Überlegung stellt sich alsbald heraus, daß auf dieser Stufe der Sittlichkeit Triebfeder und Motiv zusammenfallen, das ist, daß weder eine vorher bestimmte charakterologische Anlage, noch ein anderes, normativ angenommenes sittliches Prinzip auf unser Handeln wirken». Eine solche Handlung ist «eine schlechthin durch ihren idealen Gehalt bestimmte» (ebd.). Und ohne daß Schiller dieses letzte Wort so hätte formulieren können, strebte er mit seiner ganzen Seele zu diesem Zustand hin: im Leben nur aus dem «idealen Gehalt» wirken zu können. Denn er wußte, nur auf dieser höheren Stufe der inneren Entwicklung ist die wahre Freiheit erreichbar, und er nannte den Menschen, der sie erreicht hat, eine «schöne Seele».

Am Schluß seines Buches faßte Rudolf Steiner den Weg zur Erfüllung dieses Ideals ganz im Sinne Schillers in folgenden Worten zusammen: «Nur in dem Grade, in dem der Mensch sich in der gekennzeichneten Weise frei gemacht hat vom Gattungsmäßigen, kommt er als *freier Geist* innerhalb eines menschlichen Gemeinwesens in Betracht. Kein Mensch ist vollständig Gattung, keiner ganz Individualität. Aber eine größere oder geringere Sphäre seines Wesens löst jeder Mensch allmählich ab, ebenso von dem Gattungsmäßigen des *animalischen Lebens*, wie von den ihn *beherrschenden Geboten* menschlicher Autoritäten» (ebd., Kapitel XIV). Denn nur durch die Überwindung dieser Polaritäten kann der Mensch das Gebiet der Freiheit erreichen und in sich verwirklichen.

Schaut man auf die untersten Stufen dieser zweifachen Entwicklung, wo der Mensch noch unter vielfachen Zwängen steht, dann findet man in dem Gebiet der charakterologischen Anlage als die überwiegende Triebfeder zunächst den reinen «Trieb», der in Form unserer «animalischen Bedürfnisse» auftritt. Nach Schiller entspricht das der höchsten Unfreiheit, die ihren Ursprung «unten» in der Instinktnatur des menschlichen Leibes hat. Und im zweiten Gebiet, das mit den menschlichen Motiven verbunden ist, erwähnt Rudolf Steiner nach der niedrigsten Stufe des «reinen Egoismus» die «Klugheitsmoral» und daraufhin alle erdenklichen «Moralprinzipien» und «Gebote» der verschiedenen Autoritäten, die das menschliche Handeln vielfach bestimmen. Auch hier fällt sofort auf, daß es im Schillerschen Sinne um den zweiten Zwang, den «von oben», geht.

Man braucht nur die zuletzt zitierten Worte Rudolf Steiners mit denjenigen aus dem 15. Brief Schillers zu vergleichen, um die tiefe innere Verbindung der beiden Werke vor Augen zu haben. «Sowohl der materielle Zwang der Naturgesetze als der geistige Zwang der Sittengesetze verlor sich in ihrem höhern Begriff von Notwendigkeit, der beide Welten zugleich umfaßte, und aus der Einheit jener beiden Notwendigkeiten ging ihnen erst die *wahre Freiheit* hervor» (Band V, Seite 618).

Der konkrete Weg aber, der zu dieser «Einheit» der «beiden Notwendigkeiten» und somit zum Erleben der «wahren Freiheit» führt – dieser Weg, den Schiller selbst noch nicht beschreiben konnte – ist im IX. Kapitel der «Philosophie der Freiheit» in allen Einzelheiten dargestellt. Denn die erwähnte «Einheit» ist nur auf der Ebene der moralischen Intuitionen möglich. Dafür aber muß der Mensch auf seinem Weg zur Freiheit zuerst die beiden Ausgangsbereiche, die charakterologische Anlage und seine inneren Motive, selbst läutern und verwandeln. Sonst werden seine niederen Instinkte ständig «die Triebfeder der Sittlichkeit» in seiner Seele verunreinigen und die egoistischen Motive alles Streben zu «Zielen der Sittlichkeit» vergiften (GA 4, Kapitel IX).

Ihre endgültige Verwandlung ist aber nur im Gebiet der moralischen Intuitionen möglich, deren wichtigste Vorstufe die des «reinen Denkens» ist (ebd.). Diese stellt Schiller bereits im ersten Brief, sich unmittelbar an seine Leser wendend, in den Vordergrund all seiner weiteren Ausführungen: «Ihre eigene *freie Denkkraft* wird die Gesetze diktieren, nach welchen verfahren werden soll» (Band V, Seite 571). Und aus dieser «freien Denkkraft» gestaltet Schiller dann den ganzen Inhalt seiner «Ästhetischen Briefe».

So kann man sagen: Was in der Seele Schillers noch wie eine Ahnung dieses Zukunftsideals lebte, und worauf er mit dem Begriff der «schönen Seele» hinweisen wollte, das stellte Rudolf Steiner in der «Philosophie der Freiheit» auf eine solide wissenschaftliche Basis und begründete in ihr den konkreten Weg des modernen Menschen zur Freiheit. Damit war dasjenige, was Schiller nur seelisch vorschwebte, aus dem idealischem Gebiet in das der streng wissenschaftlichen Erkenntnis gehoben und zur Grundlage «einer modernen Weltanschauung» gemacht.

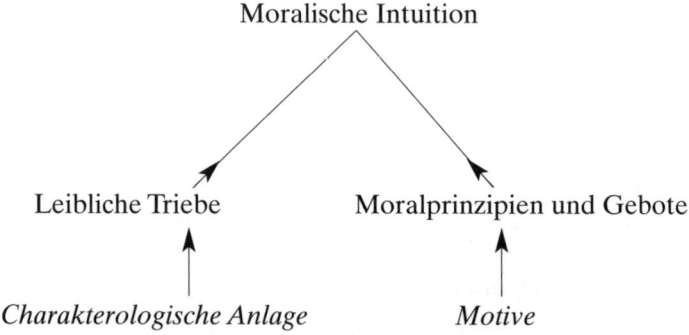

Moralische Intuition

Leibliche Triebe   Moralprinzipien und Gebote

Charakterologische Anlage   *Motive*

Auf diese Weise stellt Rudolf Steiner, nicht in statischer (beschreiben-
der) Art, wie dies bei Schiller noch weitgehend der Fall war, sondern
ganz dynamisch und entwicklungsgemäß die konsequente Verwandlung der beiden polaren Zwangsgebiete in die höchste Synthese dar,
aus welcher der freie Mensch als Träger der moralischen Intuitionen
schöpferisch in der Welt handeln kann. Und bei diesem gewaltigen
Schritt, den Rudolf Steiner mit der «Philosophie der Freiheit» im Vergleich zu den Schillerschen «Briefen» vollzog, bleibt die geistige Verwandtschaft der beiden Denker unverkennbar bestehen. Denn dasjenige, was Schiller in seinen «Ästhetischen Briefen» begonnen und zum
Teil nur leise angedeutet hatte, wurde von Rudolf Steiner in der «Philosophie der Freiheit» zur vollen Ausgestaltung und Kulmination gebracht. So ist dieses Buch die eigentliche Erfüllung all der innigsten
Ideale und Hoffnungen Schillers als des größten europäischen Frei-
heitskämpfers.

Wie wir bereits gesehen haben, kann man mit Hilfe der Anthroposophie hinter den «Ästhetischen Briefen» eine Vorahnung der geistigen
Realität entdecken, die Rudolf Steiner später in seiner Skulpturgruppe
dargestellt hat. Mit anderen Worten, es ging Schiller in seinem philosophischen Hauptwerk vor allem um den Gleichgewichtszustand
zwischen den luziferischen und den ahrimanischen Mächten. Von diesem *Gleichgewicht*, das auch das Zentrum der ganzen philosophisch-
ästhetischen Weltanschauung Schillers bildet und anthroposophisch
betrachtet ein unverzichtbarer Bestandteil des modernen Weges zu
Christus ist, schreibt Schiller im 16. Brief. Auch wenn er hier selbstverständlich nicht von luziferischen und ahrimanischen Kräften expressis
verbis spricht, weist er dennoch auf sie hin, vor allem aber auf die zentrale Gestalt, die sie in das kosmische Gleichgewicht bringt und da-

durch dem Menschen, der an diesem Gleichgewicht in seiner eigenen Seele arbeitet, als Menschheitsrepräsentant begegnet. «Aus der Wechselwirkung zwei entgegengesetzter Prinzipien haben wir das Schöne hervorgehen sehen, dessen höchstes Ideal also in dem möglichst vollkommensten Bunde und *Gleichgewicht* der Realität und der Form wird zu suchen sein» (Band V, Seite 619; Brief 16; kursiv Schiller).

Dieses Gleichgewicht, aus dem für Schiller das Schöne auf der Erde entsteht, und worin er auch die menschliche Freiheit begründet sieht, wird in der «Philosophie der Freiheit» zu dem reinsten Impuls der *geistigen Liebe*. Nur wenn diese im menschlichen Wesen lebt, kann die in ihre Substanz eingetauchte Intuition zu wirklich freien Taten führen, die aus der «Liebe zu dem Objekt» vollzogen werden. (Siehe GA 4, Kapitel IX.)

Darin besteht ein gewaltiger Schritt in der geistigen Entwicklung des Menschen. Denn hier wird das von Schiller ersehnte Gleichgewicht nicht mehr allgemein-theoretisch, sondern durch die volle moralische Verwandlung des ganzen Menschen erreicht, der sein Instinktleben (die charakterologische Anlage) einerseits und seinen Egoismus (niedrigere Motive) andererseits in die reinste moralische Intuition verwandelt und dadurch seine göttliche Sohnschaft erreicht, die Schiller in Anknüpfung an das Christus-Wort aus dem Johannes-Evangelium, «Ihr seid Götter» (10,34), bezüglich der Zukunft der Menschheitsentwicklung als ihr höchstes Ziel betrachtet: «Die Anlage zu der Gottheit trägt der Mensch unwidersprechlich in seiner Persönlichkeit in sich» (Band V, 11. Brief, Seite 603).

Dieses hehre Ideal des Götter-Werdens der Menschheit erscheint in der zentralen Gestalt der Skulpturgruppe Rudolf Steiners. Deshalb heißt sie – der Menschheitsrepräsentant, obwohl hier zugleich ein göttliches Wesen dargestellt ist. Und das in der Plastik selbst vertretene Gleichgewicht ist nicht mehr statischer Art, wie es noch bei Schiller der Fall war, sondern dynamisch und schließt die ganze Auseinandersetzung der Menschheit mit dem Bösen auf dem Wege zu dem beschriebenen Ideal mit ein, so wie es in der Komposition der Skulpturgruppe erscheint. Auch zwischen den beiden Gegenmächten herrscht kein starres Gleichgewicht, sondern es geht hier um eine dynamische Metamorphose. So «stürzt» Luzifer beim Erscheinen der Zentralgestalt in den Abgrund, so daß er «sogar in sich zerbricht», weil er ihre Nähe nicht ertragen kann. Ahriman hingegen verkriecht sich in die Tiefen des Erdinnern, um sich dieser Begegnung ebenfalls zu entziehen und wird dort wie von den «Blitzstrahlen zur eigenen Qual» getroffen, die er aber selbst verursacht hat.[143] Denn das Gleichgewicht, welches hier hergestellt wird, ist in seiner Wirkung nicht aggressiv-abweisend, sondern es überwindet die Gegenmächte allein durch die Kraft der höchsten *Intuition der Liebe*, die der Menschheitsrepräsentant von sich ausstrahlt. Und im Menschen, der im inneren Gleichgewicht seine Freiheit errungen hat, offenbart sich diese Intuition der Liebe[144] in den moralischen Intuitionen des freien Handelns.

So kann man, wenn auch unausgesprochen, hinter dem zweifachen Weg des IX. Kapitels der «Philosophie der Freiheit» die Skulpturgruppe als sein Urbild sehen. Deshalb führt *dieser* Weg, den Rudolf Steiner in seinem Leben selbst gegangen ist, zum Erleben des Christus in der Intuition als dem moralischen Zentrum der Welt.[145]

*

Ein weiteres Beispiel über die Verbindung der «Ästhetischen Briefe» mit der «Philosophie der Freiheit» ergibt sich aus dem folgenden Abschnitt der letzteren: «Eine Handlung wird als freie empfunden, soweit deren Grund aus dem ideellen Teil meines individuellen Wesens hervorgeht; jeder andere Teil einer Handlung, gleichgültig, ob er aus dem Zwange der Natur oder aus der Nötigung einer sittlichen Norm vollzogen wird, wird als *unfrei* empfunden» (GA 4, Kapitel IX; kursiv Rudolf Steiner).

An das Wort «gleichgültig» knüpft Rudolf Steiner einige Seiten weiter nochmals an, um die beiden Schillerschen Ur-Polaritäten, zwischen denen der Mensch als freies Wesen sich ständig behaupten muß, noch genauer zu charakterisieren. «Ob man die Unfreiheit durch physische Mittel oder durch Sittengesetze bezwingt, ob der Mensch unfrei ist, weil er seinem maßlosen Geschlechtstrieb folgt oder darum, weil er in den Fesseln konventioneller Sittlichkeit eingeschnürt ist, ist für einen gewissen Gesichtspunkt ganz gleichgültig» (ebd.).

Die Beziehung zu den «Ästhetischen Briefen» Schillers ist in diesen Worten unverkennbar. Denn der hier erwähnte «gewisse Gesichtspunkt» ist eben der zentrale Gesichtspunkt seiner «Briefe». Im Gleichgewicht oder «mitten» zwischen diesen beiden zwingenden Polaritäten erhebt sich für Rudolf Steiner – aber auch für Friedrich Schiller – der wahrhaft freie Mensch, der seine «tiefere Wesenheit» oder sein «wirkliches ‹Ich›» (ebd.) bewußt ergreift und zu der Stufe eines «freien Geistes» emporsteigt. «Aber mitten aus der Zwangsordnung heraus erheben sich die Menschen, die *freien Geister*, die *sich* selbst finden in dem Wust von Sitte, Gesetzeszwang, Religionsausübung und so weiter» (ebd.; kursiv Rudolf Steiner). Denn «in jedem von uns wohnt eine tiefere Wesenheit, in der sich der freie Mensch ausspricht» (ebd.).

Vor allem diese letzteren Worte waren die unerschütterliche Überzeugung Friedrich Schillers! Und diese Überzeugung war für ihn der Quell seiner größten Lebenshoffnung, in deren Lichte er die Zukunft der Menschheit sah.

*

Es besteht noch eine weitere Möglichkeit, die Urpolarität der beiden Notwendigkeiten (der Vernunft und des Triebes) in den Schillerschen «Briefen» vom anthroposophischen Gesichtspunkt aus zu verstehen. Als Grundlage dafür kann der Vortrag vom 4. Mai 1924 (GA 236) dienen, in dem Rudolf Steiner in Anknüpfung an eine Karmaübung folgendes mitteilt. Dieser Übung folgend, versucht man in der Meditation die menschliche Gestalt wie durchsichtig zu machen, wodurch anstelle ihres Kopfsystems die karmagestaltenden Kräfte des Saturn, durch das Herzenssystem die Kräfte der Sonne und durch das System der Gliedmaßen die Kräfte des Mondes erscheinen. Dabei bilden vor allem die ersteren den Karmastrom, der aus den früheren Erdenleben, das gegenwärtige bestimmend, hineinfließt und den ersten Pol der Notwendigkeit im menschlichen Leben darstellt.

Dem steht der andere Pol, der des Mondes, gegenüber. In ihm wird der das Menschenleben ebenfalls bestimmende Strom der Notwendigkeit als derjenige der Vererbungskräfte wirksam.

Innerhalb dieser den Menschen unfrei machenden Ströme liegt die sonnenhafte Mitte, aus der die beiden Pole der Notwendigkeit ins Gleichgewicht gebracht werden müssen, so daß in der mittleren Sphäre die Freiheit und die damit verbundene Würde des Menschen möglich werden.[146] Aus diesem mittleren Gebiet heraus entfalten sich im Sozialen die auf Freiheit und gegenseitige Anerkennung gründenden Freundschaften der Menschen, von denen die zwischen Goethe und Schiller wie ein höheres Vorbild ist.

Man kann sogar sagen, daß Schiller aus einer Art Vorahnung dieser Gesetzmäßigkeiten, die er in seinem eigenen Wesen trug, die Grundidee der freien Menschen in seinen «Ästhetischen Briefen» entwickelt hat.

Nur benutzte er selbstverständlich in seinem Werk eine andere Terminologie. Es ist jedoch offensichtlich, daß in seinem Wortgebrauch der «Formtrieb» vor allem dem Wesen des alten Karma des Menschen entspricht, das dem gegenwärtigen Erdenleben seine schicksalsgemäße Form gibt; hingegen weist der Schillersche Begriff vom «Stofftrieb» auf den anderen Pol, wo die stoffliche Substanz der Vererbung wirkt.

Zwischen diese beiden Pole der Notwendigkeit stellt Schiller seinen berühmten «Spieltrieb», in dessen voller Entfaltung er den Keimort der menschlichen Freiheit erblickt. Diesbezüglich berichtet Schiller im 14. Brief: «Beide Triebe nötigen also das Gemüt, jener [Stofftrieb] durch Naturgesetze, dieser [Formtrieb] durch Gesetze der Vernunft. Der *Spieltrieb* also, ... weil er alle Zufälligkeit aufhebt, [wird] auch alle Nötigung aufheben und den Menschen sowohl physisch als moralisch in *Freiheit* setzen» (Band V, Seite 613).

Dieser Spieltrieb ist aber für Schiller selbst keinesfalls bloß dasjenige, was ein braver Philister darunter verstehen mag, sondern – und das folgt aus dem ganzen Inhalt der «Briefe» – die höchste künstlerische und schöpferische Potenz des Menschen überhaupt, in deren freiem Ausleben allein die wahre Würde begründet ist. «Denn, um es endlich auf einmal herauszusagen, der Mensch spielt nur, wo er in voller Bedeutung des Wortes Mensch ist, und *er ist nur da ganz Mensch, wo er spielt*» (ebd., Seite 618, 15. Brief; kursiv Schiller).

Noch zwei Bemerkungen seien an dieser Stelle gemacht. In der Triade, die Schiller seinen «Ästhetischen Briefen» zugrunde legt: Formtrieb, Spieltrieb und Stofftrieb, versucht er auf seine Weise, die Trichotomie des Menschen als wichtigen Kulturfaktor und notwendiges Instrument des Menschenverständnisses in die abendländische Zivilisation hinzustellen. Denn der dreifache Trieb, den er beschreibt, ist genau dem Wesen des Geistes, der Seele und des Leibes zuzuordnen. Später wird Rudolf Steiner diese Trichotomie in einer gedanklich vollkommenen Form der ganzen Darstellung seines Buches «Theosophie» zugrunde legen.

Kopfsystem	– Saturn –	Formtrieb – (Trieb der Vernunft)	Strom des Karma	– Geist
Herzsystem	– Sonne –	Spieltrieb –	Strom der Freiheit	– Seele
Gliedmaßen-System	– Mond –	Stofftrieb – (sinnlicher Trieb)	Strom der Vererbung –	Leib

Es ist auch auffallend, wie konsequent hier Schiller – sicherlich ohne es bewußt vor sich zu haben – einer der Grundideen der Philosophie von Aristoteles folgt, in der die Untrennbarkeit von Form und Materie (Stoff) eine zentrale Rolle spielt. Diesbezüglich hatte Aristoteles die Ansicht: «Beim Menschen fließen Form und Materie ineinander, Materie ist Form, Form ist Materie» (GA 233a, 12.1.1924). Diese Erkenntnis war auch der ganzen Schillerschen Ästhetik wie immanent, was er unter anderem in der folgenden aphoristischen Formel postulierte: «Beide Prinzipien ... stehen in Wechselwirkung; ohne Form keine Materie, ohne Materie keine Form» (Band V, Seite 607); oder: «Der Mensch ... ist weder ausschließend Materie, noch ist er ausschließend Geist» (ebd., Seite 615).

*

Als Zusatz zu dem bereits Gesagten, obwohl ohne einen direkten Zusammenhang damit, darf hier auf einen weiteren Aspekt, dem der Verbindung der «Ästhetischen Briefe» Schillers mit dem «Märchen» von Goethe, hingewiesen werden. Man kann sagen: Trotz des Unterschiedes zwischen diesen Werken, der so groß ist wie der zwischen dem Gedanken und der Imagination, weisen beide eine erstaunliche Folgerichtigkeit *eines* einheitlichen inneren Prozesses auf, der von dem einen in den anderen hinüberführt. Dieser ist – wenn auch auf einer anderen Ebene verlaufend – demjenigen Übergang nicht unähnlich, der zwischen der aus dem reinen Denken geschriebenen «Philosophie der Freiheit» und dem imaginativen, weil in der geistigen Welt direkt geschauten Wesen der Anthroposophie besteht.

Im letzten Vorwort zu seinem anthroposophischen Hauptwerk, «Die Geheimwissenschaft im Umriß», das Rudolf Steiner nur zweieinhalb Monate vor seinem Tode schrieb, charakterisiert er es so: «Der Inhalt des geistig Geschauten läßt sich nur in Bildern (Imaginationen) wiedergeben, durch die Inspirationen sprechen, die von intuitiv erlebter geistiger Wesenheit herrühren» (GA 13, Seite 26).[147] Damit wird darauf hingewiesen, daß die Grundlage der geisteswissenschaftlichen Darstellungen die in der geistigen Welt geschauten Imaginationen sind, in die auch Inspirationen und Intuitionen hineinwirken. Das ist aber nur die eine Seite des Prozesses. Die andere besteht darin, daß diese in der geistigen Welt geschauten imaginativen Inhalte daraufhin in moderne Gedankenformen gegossen werden müssen, um dadurch jedem Menschen der Gegenwart zugänglich zu werden. «Aber der Darsteller der Imaginationen aus der Geist-Welt kann gegenwärtig nicht bloß diese Imaginationen hinstellen. ... Er muß das gegenwärtige Bewußtsein mit dem erfüllen, was ein anderes Bewußtsein, das in die Geist-Welt schaut, erkennen kann. Dann wird seine Darstellung diese Geist-Welt zum Inhalte haben; aber dieser Inhalt tritt in der Form von Gedanken auf, in die er hineinfließt» (ebd.). Damit wird der geistige Weg charakterisiert, der, im Sinne des schon Gesagten, als vom «schauenden Goethe» zum «sinnenden Schiller» zurücklaufend verstanden werden kann.

In die entgegengesetzte Richtung verlief die innere Entwicklung des jungen Rudolf Steiner. Sie führte ihn wie von Schiller zu Goethe oder von den «Briefen» zum «Märchen», nun jedoch auf einer höheren Ebene: vom vollen Ergreifen des modernen Denkens zum bewußten Schauen in der geistigen Welt, das so exakt und klar ist, wie sonst nur die Mathematik es sein kann. Bereits als 22-jähriger erreichte Rudolf Steiner in dieser Beziehung den inneren Zustand, den er wie folgt beschreibt: «Eine geistige Schauung stellte sich mir vor die Seele hin, die nicht auf einem dunklen mystischen Gefühle beruhte. Sie verlief vielmehr in einer geistigen Betätigung, die an Durchsichtigkeit dem mathematischen Denken sich voll vergleichen ließ» (GA 28, Kapitel III).

Hingegen war sein späterer Weg bei der Begründung der Anthroposophie der umgekehrte: wie von Goethe zurück zu Schiller oder wie von dem «Märchen» zu den «Briefen», jetzt aber weit darüber hinaus zu der ganz neuen inneren Fähigkeit führend, das geistig Geschaute in allgemein zugängliche Begriffe zu kleiden. Denn nur «dadurch wird er [der geistige Inhalt] dem gewöhnlichen Bewußtsein, das im Sinne der Gegenwart denkt, aber noch nicht in die Geist-Welt hineinschaut, voll verständlich» (GA 13, Seite 26).

Dieser Übergang von Goethes «Märchen» zu Schillers «Briefen» hat aber noch eine ganz praktische Seite. Denn obwohl die imaginativen Bilder des «Märchens» an sich in viel tiefere Geheimnisse der geistigen Welt und der Menschenseele führen als der Inhalt der mehr in Begriffen verfaßten «Briefe», sind doch die ersteren nicht imstande, den Menschen einen konkreten Weg zur Erfüllung des darin enthaltenen Ideals aufzuzeigen. In diesem Sinne, wie bereits früher erwähnt, bilden vor allem die «Ästhetischen Briefe» die beste Vorbereitung zum Schauen in der geistigen Welt im Sinne des modernen Schulungsweges, wie ihn Rudolf Steiner später in seinem Buch «Wie erlangt man Erkenntnisse der höheren Welten?» beschrieben hat. (Siehe den Hinweis auf Seite 42) «Von weittragendster Bedeutung ist alles, was Schiller in diesem Zusammenhange ausspricht. Denn wer wirklich die [in den «Briefen»] gestellten Forderungen durchführt, vollzieht in sich selbst eine Erziehung, die ihn unmittelbar zu derjenigen inneren Verfassung bringt, welche zum ‹inneren Schauen› des Geistigen vorbereitet» (GA 35, 10.7.1905).

Noch eine dritte Eigenschaft der Einweihung Rudolf Steiners kann man sich durch einen weiteren Vergleich von Goethe und Schiller hier vergegenwärtigen. Betrachten wir die mehr verborgene Seite der Beziehung zwischen den beiden, so kann man feststellen, daß dasjenige, was Goethe geistig schaute, nur Schiller ihm wirklich erklären konnte. Schon einer der ersten Briefe Schillers an Goethe zeugt davon. (Gemeint ist der berühmte Brief vom 23. August 1794). Dadurch trugen sie im Sinne der alten Mysterien ansatzweise zwei einander ergänzende Fähigkeiten in sich: Goethe besaß die Neigung zu einer Art Hellsehertum, und Schiller trug in sich mehr die Voraussetzungen für eine Einweihung.

Auf dem modernen Weg in die geistige Welt müssen heute unbedingt die beiden Fähigkeiten vereinigt werden, das bewußt entwickelt Hellsehen und die die Schauungen verständlich machende Einweihung. Deshalb sagt Rudolf Steiner: «Diejenige esoterische Geistesrichtung, welche der Gegenwart angemessen ist, macht es sich daher zum Prinzip, zwischen Hellsehen und Einweihung stets das *richtige Verhältnis* herzustellen» (GA 15, Kapitel II). Und in seiner eigenen Einweihung hat Rudolf Steiner diese einander ergänzende Verbindung der beiden Dichter in vollkommener Harmonie gelebt.

Beide Freunde waren schon auf dem Weg zu diesem «richtigen Verhältnis», konnten es aber, wegen des frühen Todes von Schiller, nicht wirklich erreichen. So beschreibt Rudolf Steiner, was dafür auf diesem Felde noch hätte geschehen sollen. Auf seinem Wege zur Einweihung sollte Schiller die Schwelle zwischen seiner Gedankenwelt und der Welt der Imginationen vollbewußt überschreiten. Dann wäre es ihm möglich gewesen, Goethe auf ganz neue Weise zu begegnen und ihm zu helfen, die nächsthöhere Stufe zu erreichen, bzw. den Übergang von der Imagination zur Inspiration zu vollziehen.[148] Danach hätte Goethe nicht mehr der Hilfe der ihm eigentlich völlig fremden «katholischen Imaginationen» bei der Gestaltung der Himmelfahrtsszene von Faust bedurft, sondern mit dem neu erschlossenen Inspirationsquell eigene Imaginationen unmittelbar aus der geistigen Welt heraus bilden können.

Daß sie *dieses* Ideal ihres Zusammenwirkens jedoch nicht erreicht haben, darauf weist Rudolf Steiner in folgenden Worten hin: «Und wenn wir Goethe und Schiller gegenüberstehen, dann fühlen wir gerade dieses als den Gegensatz, der eigentlich niemals zwischen den beiden überbrückt worden ist, der nur ausgeglichen worden ist durch das Großmenschliche, das in beiden lebte» (GA 214, 29.7.1922). Wie die beiden – vor allem aber Schiller – an dieser höheren Begegnung ständig arbeiteten, zeigen die folgenden Stellen aus dem Aufsatz «Über naive und sentimentalische Dichtung». Dort charakterisiert Schiller sich selbst als den *idealistischen* Dichter und Goethe als den *realistischen*. Dann schreibt er weiter: «Ich bemerke, um jeder Mißdeutung vorzubeugen, daß es hier bei dieser Einteilung ganz und gar nicht darauf abgesehen ist, eine Wahl zwischen beiden, folglich eine Begünstigung des einen mit Ausschließung des andern zu veranlassen. Gerade diese *Ausschließung*, welche sich in der Erfahrung findet, bekämpfe ich; und das Resultat der gegenwärtigen Betrachtungen wird der Beweis sein, daß nur durch die vollkommen gleiche *Einschließung* beider dem Vernunftbegriffe der Menschheit kann Genüge geleistet werden» (Band V, Seite 770; kursiv Schiller).

Diese Worte charakterisieren zunächst nur die gegebene Ausgangssituation, zu der deshalb noch weitere hinzugefügt werden müssen, in denen Schiller vollbewußt zum Ausdruck bringt, daß die Initiative der ersten Schritte in diesem Prozeß durchaus ihm angehört: «Mit Freiheit umfaßt und befolgt er [der Realist – Goethe] ihr Gesetz [das der Natur] und immer wird er das Individuelle dem Allgemeinen unterordnen; daher kann es auch nicht fehlen, daß er mit dem echten Idealisten [Schiller] in dem endlichen Resultat übereinkommen wird, wie verschieden auch der Weg ist, welchen beide dazu einschlagen» (Seite 779).

Das Gesagte kann man vor allem auf den Grundunterschied zwischen den «Ästhetischen Briefen» und dem «Märchen» beziehen. Denn diese bilden die beiden wichtigsten Bausteine für das Entstehen der modernen Geisteswissenschaft. Und es ist diesbezüglich kein Zufall, daß schon zu Beginn des Weges zu seiner «Freiheitsphilosophie» (1881) Rudolf Steiner immer wieder auf die beiden philosophisch-ästhetischen Hauptwerke Schillers hinweist,[149] und daß, wie bereits erwähnt, sein erster, ganz im anthroposophischen Sinne gehaltener esoterischer Vortrag (am Michaeli-Tag 1900) inhaltlich Goethes «Märchen» gewidmet war.

2. Schiller über den «Sündenfall» und die Freiheit

1790 erschien in der Zeitschrift «Thalia» eine historische Abhandlung von Friedrich Schiller mit dem Titel «Etwas über die erste Menschengesellschaft nach dem Leitfaden der Mosaischen Urkunde».[150] Im Zentrum des ersten Kapitels, «Übergang des Menschen zur Freiheit und Humanität», steht eine ganz besondere Interpretation des sogenannten «Sündenfalls», die nur mit Hilfe der Geisteswissenschaft richtig verstanden werden kann.

Zuerst charakterisiert Schiller den ursprünglichen, paradiesischen Zustand der Menschheit: «Mit dem Auge eines Glücklichen sah er jetzt noch herum in der Schöpfung; sein frohes Gemüt faßte alle Erscheinungen uneigennützig und rein auf und legte sie rein und lauter in einem regen Gedächtnis nieder. Sanft und lachend war also der Anfang des Menschen, und dies mußte sein, wenn er sich zu dem Kampfe stärken sollte, der ihm bevorstand» (Band IV, Seite 768). Dasjenige, wozu sich der Mensch, noch im Paradies lebend, auf diese Weise vorbereiten sollte, beschreibt Schiller weiter in folgenden Worten: «Setzen wir also, die Vorsehung wäre auf dieser Stufe mit ihm stillgestanden, so wäre aus dem Menschen das glücklichste und geistreichste aller Tiere geworden – aber aus der Vormundschaft des Naturtriebs wär er niemals getreten, frei und also moralisch wären seine Handlungen niemals geworden, über die Grenze der Tierheit wär er niemals gestiegen. In einer wollüstigen Ruhe hätte er eine ewige Kindheit verlebt – und der Kreis, in welchem er sich bewegt hätte, wäre der kleinstmöglichste gewesen, von der Begierde zum Genuß, vom Genuß zu der Ruhe und von der Ruhe wieder zur Begierde.

Aber der Mensch war zu ganz etwas anderm bestimmt, und die Kräfte, die in ihm lagen, riefen ihn zu einer ganz andern Glückseligkeit. Was die Natur in seiner Wiegenzeit für ihn übernommen hatte, sollte er jetzt selbst für sich übernehmen, sobald er mündig war. Er selbst sollte der Schöpfer seiner Glückseligkeit werden, und nur der Anteil, den er daran hätte, sollte den Grad dieser Glückseligkeit bestimmen. Er sollte den Stand der Unschuld, den er jetzt verlor, wieder aufsuchen lernen durch *seine Vernunft* und als freier vernünftiger Geist dahin zurückkommen, wovon er als *Pflanze* und als eine Kreatur des Instinkts ausgegangen war; aus einem Paradies der Unwissenheit und Knechtschaft sollte er sich, wär es auch nach späten Jahrtausenden, zu einem Paradies der Erkenntnis und der Freiheit hinaufarbeiten, einem solchen nämlich, wo er dem moralischen Gesetze in seiner Brust ebenso unwandelbar gehorchen würde, als er anfangs dem Instinkte gedient hatte, als die Pflanze und die Tiere diesem noch dienen. Was war also unvermeidlich? Was mußte geschehen, wenn er diesem weitgesteckten Ziel entgegenrücken sollte? Sobald seine Vernunft ihre ersten Kräfte nur geprüft hatte, verstieß ihn die Natur aus ihren pflegenden Armen, oder richtiger gesagt, er selbst, von einem Triebe gereizt, den er selbst noch nicht kannte, und unwissend, was er in diesem Augenblicke Großes tat, er selbst riß ab von dem leitenden Bande, und mit seiner noch schwachen Vernunft, von dem Instinkte nur von ferne begleitet, warf er sich in das wilde Spiel des Lebens, machte er sich auf den gefährlichen Weg zur moralischen Freiheit. Wenn wir also jene Stimme Gottes in Eden, die ihm den Baum der Erkenntnis verbot, in eine Stimme seines Instinktes verwandeln, der ihn von diesem Baume zurückzog, so ist sein vermeintlicher Ungehorsam gegen jenes göttliche Gebot nichts anders als – ein Abfall des Menschen vom Instinkte, der das moralische Übel zwar in die Schöpfung brachte, aber nur um das moralisch Gute darin möglich zu machen, ist ohne Widerspruch die glücklichste und größte Begebenheit in der Menschengeschichte, von diesem Augenblick her schreibt sich seine Freiheit, hier wurde zu seiner Moralität der erste entfernte Grundstein gelegt. Der Volkslehrer hat ganz Recht, wenn er diese Begebenheit als einen *Fall* des ersten Menschen behandelt und, wo es sich tun läßt, nützliche moralische Lehren daraus zieht, aber der Philosoph hat nicht weniger Recht, der menschlichen Natur im großen zu diesem wichtigen Schritt zur Vollkommenheit Glück zu wünschen. Der erste hat Recht, es einen Fall zu nennen – denn der Mensch wurde aus einem unschuldigen Geschöpf ein schuldiges, aus einem vollkommenen Zögling der Natur ein unvollkommenes moralisches Wesen, aus einem glücklichen Instrumente ein unglücklicher Künstler.

Der Philosoph hat Recht, es einen Riesenschritt der Menschheit zu nennen, denn der Mensch wurde dadurch aus einem Sklaven des Naturtriebs ein freihandelndes Geschöpf, aus einem Automat ein sittliches Wesen, und mit diesem Schritt trat er zuerst auf die Leiter, die ihn nach Verlauf von Jahrtausenden zur Selbstherrschaft führen wird» (ebd., Seite 768f.; kursiv Schiller). Damit berührt Schiller ein großes Geheimniss der Erdenentwicklung, das mit dem Entstehen der menschlichen Freiheit verbunden ist.

Bereits in diesem Text sind Motive der späteren «Philosophie der Freiheit» Rudolf Steiners unverkennbar. Denn anstelle des verlorenen Paradieses «der Unwissenheit und Knechtschaft», das nach Schiller definitiv der Vergangenheit angehört, schaut er mit seinem prophetischen Blick schon auf das zukünftige neue Paradies «der Erkenntnis und der Freiheit» (in seinem Wortgebrauch), wo der Mensch «dem moralischen Gesetz in seiner Brust [das heißt in seinem Herzen] ebenso unwandelbar gehorchen würde, als er anfangs dem Instinkte gedient hatte».

Wie später für den Autor der «Philosophie der Freiheit», so ist auch für Schiller der Mensch selbst der Hauptquell aller moralischen Gesetze, denn allein darin liegt die letzte Gewähr seiner wirklichen Freiheit. Mehr noch, auch «das moralisch Gute» im wahrsten Sinne des Wortes wird nur dadurch möglich, so daß der Mensch selbst «aus einem Automat[en] ein sittliches Wesen» werden kann. Und die Radikalität, mit der Schiller hier die neue, auf die volle Freiheit des Menschen gegründete Sittlichkeit und das neue Gute verkündet, ist nur mit der Radikalität des ethischen Individualismus zu vergleichen.

Aber der ganze Inhalt des ersten Kapitels seiner Abhandlung hat einen noch tieferen Hintergrund, den man nur mit Hilfe der Geisteswissenschaft aufdecken kann. Denn mit den Begriffen, die Schiller in seiner Zeit zur Verfügung standen, versuchte er im Grunde den gleichen Prozeß zu beschreiben, den Rudolf Steiner aus seiner Geistesforschung wie folgt charakterisiert: «Freiheit kann nur dadurch ersprießen, daß der Mensch sich den höchsten Inhalt seines Erden-Ich selber gibt. Dasjenige Ich, das der Mensch haben würde, wenn ihm alle Ziele am Ende der Erdentwickelung gegeben würden, kann nicht frei sein; denn es ist von vornherein bestimmt gewesen, alle Güter der Erdentwickelung in die Menschen einfließen zu lassen. Frei werden konnte der Mensch nur, indem er zu diesem Ich ein anderes, irrtumfähiges Ich hinzuschafft, das in der Lage ist, immer wieder und wieder nach der Seite des Guten und nach der Seite des Bösen zu pendeln und das immer wieder hinaufstreben kann zu dem, was der Inhalt aller Erdentwickelung ist. Das niedere Ich mußte dem Menschen beigegeben werden durch Luzifer, damit das Hinaufarbeiten des Menschen zum höheren Ich seine ureigenste Tat sein kann» (GA 120, 28.5.1910).

Vor allem an dieser Stelle ist die Verbindung zu den intimsten Bestrebungen Schillers offenbar. Denn alle seine «Briefe», wie wir bereits gesehen haben, sind auf diese Läuterung des «luziferischen Ich» im Menschen ausgerichtet, damit die innere Geburt des höheren Ich in ihm stattfinden kann. Und den Weg zum Erlangen der Freiheit verstand Schiller in diesem Sinne als die Suche des Menschen nach seinem höheren Ich.[151]

Auch Rudolf Steiner, nachdem er auf das Erlangen des höheren Ich als der «ureigensten Tat» des Menschen hingewiesen hat, geht direkt zum Thema der Freiheit über: «Nur so ist auch freier Wille in der Menschheit möglich. Freier Wille ist etwas, was sich der Mensch nach und nach erringen kann; denn der Mensch ist dazu so gestellt, daß ihm im Leben der freie Wille als ein Ideal vorschwebt. Wo ist denn in einem Mittelzustand der Entwickelung der menschliche Wille frei? Er ist niemals frei, weil er in jedem Augenblick dem luziferischen und ahrimanischen Element verfallen kann. … Einzig und allein können wir davon sprechen, daß wir uns einem freien Willen in dem Maße nähern, als es uns gelungen ist, Herr zu werden über die Einflüsse Luzifers und Ahrimans. Und Herr werden über die luziferischen und ahrimanischen Einflüsse können wir durch nichts anderes als durch Erkenntnis» (ebd.).

Ein solches «Ideal des freien Willens» war es vor allem, was Schiller «vorschwebte». Er wollte, wie wir gesehen haben, die Menschen zu einem neuen Paradies «der Erkenntnis und der Freiheit» führen. Und in seinen «Ästhetischen Briefen» suchte er für alle Menschen einen Weg zu diesem Ziel zu bahnen. Nur im Gleichgewichtszustand zwischen dem Zwang der Pflichten «von oben» und dem der Instinkte «von unten» oder anthroposophisch betrachtet im Gleichgewicht zwischen den luziferischen und ahrimanischen Kräften, die aus dem Bereich des Kopfes und aus den Untergründen unseres Stoffwechsel-Gliedmaßensystems wirken, wollte Schiller, ihnen zum Trotz, in der mittleren Sphäre des *menschlichen Herzens*, wo das Prinzip des Schönen bis zu seiner moralischen Wirkung hin aufsteigt, das neue Reich der Freiheit und Liebe begründen, um damit diese mittlere Sphäre im Menschen für die bewußte Begegnung mit Christus im Sinne der Skulpturgruppe Rudolf Steiners vorzubereiten.[152]

Wie nah Schiller selbst schon an diese Wirklichkeit herangekommen war, zeigt seine einmalige Beziehung zu derjenigen moralisch-schöpferischen Kraft in seiner Seele, die Rudolf Steiner später «moralische Phantasie» nannte. Diese wurzelt vor allem in dem imaginativen Element der Seele und erlaubt es dem Menschen, der eigenständige Schöpfer seiner moralischen Gesetze, nach denen er dann lebt und handelt, zu sein. Und Schiller war, wie wir gesehen haben, ihrer Entdeckung schon ganz nah. So stand er am Ende seines kurzen Lebens unmittelbar an der Schwelle des wahren «*Imaginationsbewußtseins*», das nach Rudolf Steiner zwischen den zwei Polaritäten, dem luziferisch beherrschten «Vorstellungsbewußtsein» unseres Kopfes und dem ahrimanisch besetzten «Inspirationsbewußtseins» unseres Willens, liegt (GA 194, 28.11.1919).

Mit anderen Worten, auf seinem Wege der Verwirklichung der geistigen Freiheit befand sich Schiller unmittelbar vor der Herstellung des Gleichgewichtes zwischen den luziferischen und ahrimanischen Kräften in seiner Seele, was auch bedeutete, daß er an die Grenze der inneren Erfahrung des Christus in der eigenen Herzensmitte herangekommen war, wo er nach dem Mysterium von Golgatha allein für die Menschen zu finden ist. Denn «diesen Gleichgewichtszustand können wir nur herbeiführen dadurch, daß wir uns immer mehr und mehr durchdringen mit dem Christus-Impuls, der den Gleichgewichtszustand hervorruft zwischen dem luziferischen und dem ahrimanischen Elemente» (ebd.).

Wenn auch noch nicht so bewußt, wie es heute durch die Geisteswissenschaft möglich ist, erlebte Schiller doch auf seine Weise außerordentlich stark, daß «nicht die Verstandeskräfte, sondern die tiefsten Seelen- und Herzenskräfte es sind, die den Christus-Impuls aufnehmen müssen» (GA 240, 25.1.1924). In dieser Perspektive sah er auch die zukünftige Menschheitsentwicklung (den Weg zum neuen Paradies). Denn der Christus, wenn er wirklich in das Herz empfangen wird, wirkt dort sozialbildend und vereinigt auf harmonischste Weise den einzelnen Menschen mit der ganzen Menschheit. «Wenn er aber dann aufgenommen wird, wirkt er nicht im Sinne des Individuell-Menschlichen, sondern ganz im Sinne des Allgemein-Menschlichen» oder des «Allgemeinen der Menschheit» (ebd).

So wäre die Initiation Schillers («eine große und allgemeine Geistesrevolution», wie er sie nannte) – hätte er sie nur bis zu Ende führen können – eine in der individuellen Begegnung mit Christus gipfelnde, wahre christliche Initiation gewesen, aus der das freie Menschheitsdienen, zu dem Schiller in seinem Erdenleben bereits mit allen Kräften seiner Seele strebte, folgen würde.

*

Auf etwas andere Weise berührt Schiller zu Beginn seines Aufsatzes «Über naive und sentimentalische Dichtung» abermals die Frage nach der Austreibung der Menschheit aus dem Paradies und ihrer weiteren Entwicklung. Auch hier behandelt er das Thema nicht im Sinne einer Rückkehr, sondern als einer Erhebung zu einem neuen, höheren und vollkommeneren Zustand. Zunächst schildert er, wie die Natur um uns herum eine Art Erinnerung an das ursprüngliche Paradies ist und uns deshalb derart erfreuen und erquicken kann, weil sie, im Gegensatz zum Menschen, vom Sündenfall nicht berührt wurde. So schreibt Schiller, nachdem er auf die verschiedensten Phänomene der Natur hingewiesen hat, weiter: «Sie *sind*, was wir *waren*; sie sind, was wir wieder *werden sollen*. Wir waren Natur wie sie, und unsere Kultur soll uns, auf dem Wege der Vernunft und der Freiheit, zur Natur zurückführen. Sie sind also zugleich Darstellung unserer verlorenen Kindheit, die uns ewig das Teuerste bleibt; daher sie uns mit einer gewissen Wehmut erfüllen. Zugleich sind sie Darstellungen unserer höchsten Vollendung im Ideale, daher sie uns in eine erhabene Rührung versetzen. Aber ihre Vollkommenheit ist nicht ihr Verdienst, weil sie nicht das Werk ihrer Wahl ist. Sie gewähren uns also die ganz eigene Lust, daß sie, ohne uns zu beschämen, unsere Muster sind. Eine beständige Göttererscheinung, umgeben sie uns, aber mehr erquickend als blendend. Was ihren Charakter ausmacht, ist gerade das, was dem unsrigen zu seiner Vollendung mangelt; was uns von ihnen unterscheidet, ist gerade das, was ihnen selbst zur Göttlichkeit fehlt. Wir sind frei, und sie sind notwendig; wir wechseln, sie bleiben eins. Aber nur, wenn beides sich miteinander verbindet – wenn der Wille das Gesetz der Notwendigkeit frei befolgt und bei allem Wechsel der Phantasie die Vernunft ihre Regeln behauptet, geht das Göttliche oder das Ideal hervor. Wir erblicken *in ihnen* also ewig das, was uns abgeht, aber wonach wir aufgefordert sind zu ringen, und dem wir uns, wenn wir es gleich niemals erreichen, doch in einem unendlichen Fortschritte zu nähern hoffen dürfen. Wir erblicken *in uns* einen Vorzug, der ihnen fehlt, aber dessen sie entweder überhaupt niemals, wie das Vernunftlose oder nicht anders als indem sie *unsern* Weg gehen, wie die Kindheit, teilhaftig werden können. Sie verschaffen uns daher den süßesten Genuß unserer Menschheit als Idee, ob sie uns gleich in Rücksicht auf jeden *bestimmten Zustand* unserer Menschheit notwendig demütigen müssen» (Band V, Seiten 695 f.; kursiv Schiller).

In diesem Abschnitt – neben dem ganz anthroposophischen Gedanken, daß auch die anderen Naturreiche: Tiere, Pflanzen, Steine einmal in der Zukunft die menschheitliche Stufe der Entwicklung erreichen werden (anthroposophisch gesehen in den Äonen von Jupiter, Venus und Vulkan) – entfaltet Schiller die gleiche Folgerichtigkeit in seinem Zugang zur Natur, wie Rudolf Steiner sie zum Beispiel an der Rosenkreuz-Meditation in der «Geheimwissenschaft im Umriß» entwickelt. Dort beschreibt er, wie diese zentrale Übung auf dem Wege der modernen Einweihung durch die folgenden Gedanken vorbereitet werden muß. Man stellt sich eine grüne Pflanze als Repräsentant der ganzen unschuldigen Natur vor und erlebt dabei die Seligkeit ihrer Reinheit. Dann stellt man sich das rote Blut des Menschen, das mit Leidenschaften und Trieben durchdrungen ist, vor. Dieses letztere mußte der Mensch als Unvollkommenheit in sich aufnehmen, um dadurch jedoch zum Vorteil des individuellen Ich und dem darauf gründenden Selbstbewußtsein zu kommen. Zum Schluß stellt Rudolf Steiner das dritte Bild vor den Geistesschüler. Es ist das Bild der roten Rose, in der die rote Farbe das Sinnbild für das individuelle Ich ist, das, ohne sich selbst zu verlieren bzw. aufgeben zu müssen, auf die Stufe der Reinheit und Vollkommenheit der pflanzlichen Wesen emporsteigt. Mit diesem kann der Mensch die ursprünglichen Gaben seiner geistigen Heimat verbinden, an die ihn die unschuldige Natur bis heute erinnert, mit allen Errungenschaften der Kulturentwicklung der Menschheit, welche in der Freiheit und vollen Entfaltung der Persönlichkeit gipfeln.

Auch in der bereits zitierten Abhandlung[153] wird in diesem Sinne der Mensch mit einer Pflanze verglichen. Schiller schreibt: Der Mensch «sollte den Stand der Unschuld, den er jetzt verlor, wieder aufsuchen lernen durch *seine Vernunft* und als freier vernünftiger Geist dahin zurückkommen, wovon er als *Pflanze* und als einer Kreatur des Instinkts ausgegangen war» (Band IV, Seite 768; kursiv Schiller). Das Erwähnen der Pflanze ist hier von besonderer Bedeutung. Denn schon an einer anderen Stelle benutzte Friedrich Schiller diesen Vergleich, um nach Rudolf Steiner das Ziel und den «Grundcharakter des sittlichen Menschenlebens» (GA 63, 12.2.1914) zu beschreiben. Es geht hier um den folgenden Vers:

«Suchst du das Höchste, das Größte? Die Pflanze kann es dich lehren:
Was sie willenlos ist, sei du es wollend – das ists!»

(Epigramme, Band I, Seite 243).

Vertieft man sich in diese beiden Zeilen, dann kann man in ihnen etwas von dem Wesen der oben beschriebenen Rosenkreuz-Meditation entdekken, die von Rudolf Steiner in seinem Buch «Die Geheimwissenschaft im Umriß» beschrieben wurde. So ist der zitierte Vers Schillers ein weiteres Zeichen dafür, wie in ihm, wenn auch nicht so bewußt wie bei Goethe, die rosenkreuzerischen Inspirationen ebenfalls gelebt und gewirkt haben.

*

Noch bewegender wird das ganze Thema des neuen Paradieses etwas weiter in dem Aufsatz «Über naive und sentimentalische Dichtung» von Schiller behandelt, indem er in ihm auf das bekannte Gleichnis des verlorenen Sohnes aus den Evangelien anspielt, wo es um die grundverschiedenen Schicksale der beiden Brüder geht, die den ganzen Sinn der Erdenevolution zum Ausdruck bringen. Nur spricht hier Schiller auf bezeichnende Weise nicht von zwei Brüdern, sondern von einer Schwester und einem Bruder, um damit der ganzen Darstellung wohl einen noch innigeren Charakter zu geben. Er schreibt: «Wir sehen alsdann in der unvernünftigen Natur nur eine glückseligere Schwester, die in dem mütterlichen Hause zurückblieb, aus welchem wir im Übermut unserer Freiheit heraus in die Fremde stürmten. Mit schmerzlichem Verlangen sehnen wir uns dahin zurück, sobald wir angefangen, die Drangsale der Kultur zu erfahren, und hören im fernen Auslande der Kunst der Mutter rührende Stimme. Solange wir bloß Naturkinder waren, waren wir glücklich und vollkommen; wir sind frei geworden und haben beides verloren. Daraus entspringt eine doppelte und sehr ungleiche Sehnsucht nach der Natur; eine Sehnsucht nach ihrer *Glückseligkeit*, eine Sehnsucht nach ihrer *Vollkommenheit*. Den Verlust der ersten beklagt nur der sinnliche Mensch; um den Verlust der andern kann nur der Moralische trauern» (Band V, Seiten 707 f.; kursiv Schiller).

So faßt Schiller das Gleichnis des «Verlorenen Sohnes» zusammen und schafft zugleich eine neue Variante desselben über die verlorene Schwester bzw. die Menschenseele, die, durch die Kultur und die Kunst von der ursprünglichen Verbindung mit der Natur getrennt, sich nach ihrer verlorenen Vollkommenheit sehnt und doch den Weg nicht zurück zu Knechtschaft und Unfreiheit, sondern nur nach vorne zu einer neuen Vollkommenheit der Freiheit und Liebe gehen möchte. Denn die Aufgabe, welche Schiller vor die menschliche Seele stellt, ist, «ihren [der Natur] unendlichen Vorzug mit diesem eigenen unendlichen Prärogativ zu vermählen und aus beidem das Göttliche [neu] zu erzeugen» (Seite 709). Dabei besteht die eigentliche Funktion der Natur darin, daß der Mensch aus ihr «Mut und neues Vertrauen» schöpft, um «die Flamme des *Ideals*, die in den Stürmen des Lebens so leicht erlischt», im «Herzen von neuem» zu entzünden (ebd.; kursiv Schiller). Es ist nach Schiller vor allem das vom Menschen frei erschaffene Ideal, das die Natur und die Kunst versöhnt und den Menschen in die ewige Götterordnung auf eine neue, höhere und ganz selbständige Stufe zurückbringt. «Die Natur macht ihn mit sich eins, die Kunst trennt und entzweiet ihn, durch das Ideal kehrt er zur Einheit zurück» (Seite 718).

Und Schiller will nicht um das verlorene Paradies und die verschwundene Vollkommenheit der Vergangenheit trauern, sondern mit der ganzen Kraft seines feurigen Willens nach dem neuen Ideal der Zukunft streben oder, mit seinen eigenen Worten, nicht mehr nach «Arkadien», das heißt in die Idylle der unschuldigen Hirten, die noch im unbewußten Einklang mit der Natur lebten, sondern nach vorne in das «Elysium» der weisen Priesterkönige, die das Geheimnis der Welt kennen, die jenseits des Todes liegt und die durch dessen innere Überwindung einmal in der Zukunft den Menschen voll zugänglich sein wird. (Siehe Band V, Seite 750.)

Auf diese Weise entscheidet sich Schiller, ohne sich dessen voll bewußt zu sein, zwischen den beiden großen geistigen Strömungen der Menschheit, die noch in vorchristlichen Zeiten durch Gautama Buddha und Zarathustra repräsentiert waren. Rudolf Steiner drückt es in folgenden Worten aus: «Buddha sagt: Im Zurückschreiten – Zarathustra sagt: Im Vorwärtsschreiten wird die Seele den Gott finden. Ob man Gott sucht im Alpha oder im Omega: man findet ihn. ... Es ist [aber] nicht einerlei, ob man zurück zum Alpha oder vorwärts zum Omega geht. Wer nur den Gott finden will, nur hineinkommen will in die geistige Welt, der mag vorwärts- oder rückwärtsgehen, aber wem daran liegt, daß die Menschheit die Erde in einem erhöhten Zustande verlasse, der muß den Weg zum Omega weisen. Das tat Zarathustra» (GA 109/111, 25.5.1909). Und der gleiche Impuls lebte auch in der Brust von Friedrich Schiller.

In besonders ergreifenden Worten, die auch viel Biographisches aus seinem eigenen Leben anklingen lassen, beschreibt er im weiteren diesen dornigen Weg der Menschheit zu diesem hehren Ideal: «Frage dich also wohl, empfindsamer Freund der Natur, ob deine Trägheit nach ihrer Ruhe, ob deine beleidigte Sittlichkeit nach ihrer Übereinstimmung schmachtet? Frage dich wohl, wenn die Kunst dich anekelt und die Mißbräuche in der Gesellschaft dich zu der leblosen Natur in die Einsamkeit treiben, ob es ihre Beraubungen, ihre Lasten, ihre Mühseligkeiten, oder ob es ihre moralische Anarchie, ihre Willkür, ihre Unordnungen sind, die du an ihr verabscheust? In jene muß dein Mut sich mit Freuden stürzen, und dein Ersatz muß die Freiheit selbst sein, aus der sie fließen. Wohl darfst du dir das ruhige Naturglück zum Ziel in der Ferne aufstecken, aber nur jenes, welches der Preis deiner Würdigkeit ist. Also nichts von Klagen über die Erschwerung des Lebens, über die Ungleichheit der Konditionen, über den Druck der Verhältnisse, über die Unsicherheit des Besitzes, über Undank, Unterdrückung, Verfolgung; allen Übeln der Kultur mußt du mit freier Resignation dich unterwerfen, mußt sie als die Naturbedingungen des einzig Guten respektieren; nur das Böse derselben mußt du, aber nicht bloß mit schlaffen Tränen beklagen. Sorge vielmehr dafür, daß du selbst unter jenen Befleckungen rein, unter jener Knechtschaft frei, unter jenem launischen Wechsel beständig, unter jener Anarchie gesetzmäßig handelst. Fürchte dich nicht vor der Verwirrung außer dir, aber vor der Verwirrung in dir; strebe nach Einheit, aber suche sie nicht in der Einförmigkeit; strebe nach Ruhe, aber durch das Gleichgewicht, nicht durch den Stillstand deiner Tätigkeit. Jene Natur, die du dem Vernunftlosen beneidest, ist keiner Achtung, keiner Sehnsucht wert. Sie liegt hinter dir, sie muß ewig hinter dir liegen. Verlassen von der Leiter, die dich trug, bleibt dir jetzt keine andere Wahl mehr, als mit freiem Bewußtsein und Willen das Gesetz zu ergreifen oder rettungslos in eine bodenlose Tiefe zu fallen.

Aber wenn du über das verlorene *Glück* der Natur getröstet bist, so laß ihre *Vollkommenheit* deinem Herzen zum Muster dienen. Trittst du heraus zu ihr aus deinem künstlichen Kreis, steht sie vor dir in ihrer großen Ruhe, in ihrer naiven Schönheit, in ihrer kindlichen Unschuld und Einfalt; dann verweile bei diesem Bilde, pflege dieses Gefühl, es ist deiner herrlichsten Menschheit würdig. Laß dir nicht mehr einfallen, mit ihr *tauschen* zu wollen, aber nimm sie in dich auf und strebe, ihren unendlichen Vorzug mit deinem eigenen unendlichen Prärogativ zu vermählen und aus beidem das Göttliche zu erzeugen. Sie umgebe dich wie eine liebliche *Idylle*, in der du dich selbst immer wiederfindest aus den Verirrungen der Kunst, bei der du Mut und neues Vertrauen sammelst zum Laufe und die Flamme des *Ideals*, die in den Stürmen des Lebens so leicht erlischt, in deinem Herzen von neuem entzündest» (Band V, Seiten 708 f.; kursiv Schiller).

In diesen Worten steht nochmals die ganze mühsame, schmerzens- und prüfungsreiche Jugend Schillers vor uns sowie sein großer Sieg über sich selber und damit über die Mühsal seines Lebens in den späteren Jahren. Nicht mehr möchte er über die Vergangenheit klagen: über die «Erschwerung» seines Lebens zu Hause unter der Macht des jähzornigen und despotischen Vaters, über die «Ungleichheit der Konditionen» in seiner und Goethes Jugend, über den «Druck der Verhältnisse», die ihn seine ganze Jugend lang begleiteten, und danach über die «Unsicherheit des Besitzes», an welcher der heimatlose Schiller bis in seine reifen Jahre zu leiden hatte, über den «Undank» der Romantiker, die «Unterdrückung» in der Karlsschule und die «Verfolgung» nach der Flucht nach Mannheim. Das alles möchte Schiller hinter sich lassen und doch mit «Mut und Freude» aus voller Freiheit sich in die ihm gegenwärtige Kultur «stürzen».

Dann erlebt und charakterisiert er die letztere wie ein Mensch nicht des 18., sondern unseres 21. Jahrhunderts. Er will in ihrem Schmutz rein bleiben, in ihrer Knechtschaft frei und in ihrem Chaos nur selbst erwählten höheren Gesetzen folgen. Er will Einheit als Synthese der Vielfalt haben und Ruhe nicht als Stillstand, sondern als höheres Gleichgewicht aller Polaritäten. Zusammengefaßt: Er möchte es wagen, «mit freiem Bewußtsein und Willen» die höhere Gesetzmäßigkeit des Geistes zu ergreifen und einen Sprung über die «bodenlose Tiefe» zu tun. In diesen Worten ist er wahrhaftig der modernste Mensch, der an der Schwelle steht und durch die Natur erquickt und gestärkt die «Flamme des Ideals» inmitten aller «Stürme des Lebens» in seinem Herzen hoch und unerschütterlich aufrechterhalten möchte.

Aber nicht allein in gefühlsbeladener Stimmung spricht Schiller in diesen Zeilen. Sich selbst immer treu bleibend, tritt er auch hier als ein scharfer Denker auf. So greift er an dieser Stelle schon den späteren Hegelschen Triaden voraus, die er als Dialektik des von ihm dargestellten Weges formuliert. Zuerst charakterisiert er die Polarität der Natur zur Kunst oder der ganzen von Menschen geschaffenen Kultur, die daraufhin im Ideal ihre höhere Einheit oder Synthese findet. Und weiter, nochmals die beiden Arten des Menschenlebens vergleichend, das sorglose Leben in der Natur und das von ihm vorgezeichnete Ziel, dessen Erreichen nur auf dem Wege der Kulturentwicklung der Menschheit möglich ist, kommt Schiller zu der endgültigen Bewertung und Schlußfolgerung: «Vergleicht man hingegen die Arten selbst miteinander, so zeigt sich, daß das Ziel, zu welchem der Mensch durch Kultur *strebt*, demjenigen, welches er durch Natur *erreicht*, unendlich vorzuziehen ist» (ebd., Seite 718; kursiv Schiller).

3. Die Geistgestalt Schillers
in seinen eigenen Zeugnissen

«Schiller ist als Mensch ebenso groß
wie als Dichter»

Rudolf Steiner, 1900

Schon zur Zeit seiner Arbeit an den «Briefen über die ästhetische Erziehung des Menschen» faßte Schiller weitere Gedanken dazu und begann, sie allmählich aufzuzeichnen. Ein Jahr später führte dies zu seinem Aufsatz «Über naive und sentimentalische Dichtung». Waren die «Briefe» in mehr streng philosophischer Form verfaßt, so erlaubte sich Schiller beim Verfassen seines zweitgrößten kulturphilosophischen Werkes viel mehr Freiheit in Ausdruck und künstlerischem Sinn. So schrieb er am 12. September 1794 an seinen Freund Körner: «Daneben [neben der Ausarbeitung der «Briefe»] arbeite ich an einem Aufsatz über *Natur* und *Naivheit*, der mich immer mehr fesselt und mir vorzüglich zu gelingen scheint. Ich schreibe hier mehr [als in den «Briefen»] aus dem Herzen und mit Liebe» (Band V, Seite 1161; kursiv Schiller). Und etwas später berichtete er Humboldt von seiner Arbeit: «Ich bin gerade jetzt bei meinem Aufsatz übers ‹Naive›, wo ich von dem Gegensatz zwischen Einfalt der Natur und zwischen Kultur viel zu reden habe. [Im Sinne der «Philosophie der Freiheit» könnte man auch sagen: zwischen der Welt der Wahrnehmungen und der Welt der Begriffe.] Dieser Aufsatz interessiert mich sehr, und da ich mir zum Gesetz gemacht, ihn mit mehr Freiheit und Leichtigkeit zu behandeln als meine ‹Ästhetischen Briefe›, so nehme ich manches aus der Erfahrung mit, was ich sonst der strengen Form würde aufgeopfert haben» (Brief vom 7.9.1795, Band V, Seite 1164).

Damit schuf Schiller ein Werk, an das der 20-jährige Rudolf Steiner nicht nur dem Inhalt, sondern vor allem der *Form* nach bei der Suche nach einer geeigneten Darstellungsart für *seine* eigene Freiheitsphilosophie direkt anknüpfen konnte. Zum ersten Mal berichtet Rudolf Steiner in dem Brief vom 27. Juli 1881 an einen Jugendfreund von seinen Plänen, eine schon von ihm innerlich konzipierte Freiheitsphiloso-phie «zu Papier zu bringen». «Meine liebe Freiheitsphilosophie» nennt er sie und fährt fort: «Sehen Sie sich Schillers Aufsatz ‹Über naive und sentimentalische Dichtung› an und denken Sie sich solche Aufsätze an-einandergereiht, *so haben Sie die Form der Freiheitsphilosophie*, die auch schon durch ihre Form ankündigen soll, daß sie nicht zimmermän-nisch aussehen will» (GA 38, Seiten 18/19).

Und einige Jahre später erwähnt Rudolf Steiner in seinem Buch «Grundlinien einer Erkenntnistheorie der Goetheschen Weltanschau-ung» (GA 2), das mit dem bezeichnenden Untertitel versehen ist: «Mit besonderer Rücksicht auf Schiller», als die wichtigsten Werke Schillers, die dessen Forschungsmethode besonders klar darstellen, die «Ästhetischen Briefe» und den Aufsatz, «Über naive und sentimentali-sche Dichtung».

Wie bereits gesagt, findet sich in diesem Aufsatz vor allem in bezug auf Schiller selbst das vielleicht wichtigste seiner Selbstzeugnisse. Wie er sich als Dichter und vor allem als Mensch sah, und welche Ideale ihm für seine eigene dichterische und menschliche Entwicklung vorschwebten, das leuchtet aus seinen Beschreibungen in diesem Aufsatz besonders deutlich auf. Um uns seine innere Gestalt noch näher vor Augen zu füh-ren, möchten wir diesen Text jetzt etwas genauer betrachten.

Sein Ziel als Dichter formulierte Schiller zunächst auf folgende Art: «Dem sentimentalischen [Dichter] hat sie [die Natur] die Macht verlie-hen oder vielmehr einen lebendigen Trieb[154] eingeprägt, jene Einheit, die durch Abstraktion in ihm aufgehoben worden, aus sich selbst wie-der herzustellen, die Menschheit in sich vollständig zu machen und aus einem beschränkten Zustande zu einem unendlichen überzugehen» (Band V, Seite 751 f.).[155]

Bei diesen Worten fühlt man sich fast unwillkürlich an die später in der «Philosophie der Freiheit» in voller Klarheit festgelegte Grundei-genschaft jeder wahren Erkenntnis erinnert. Die durch die leibliche Organisation des Menschen gestörte Einheit der Welt, welche in die Po-larität von Wahrnehmung und Begriff auseinanderfällt, wird im Prozeß der Erkenntnis nicht nur neu hergestellt, sondern zu einer höheren Ein-heit geführt. Dadurch wird in jedem wahren Erkenntnisprozeß nicht bloß die äußere Welt auf «beschränkte» Art abgebildet, sondern eine neue Wirklichkeit als Anfang des «unendlichen Zustands» geschaffen.

An dieser Stelle fügt Schiller zu dem eben Dargestellten noch eine Fußnote hinzu, in der er sich vor allem an die wissenschaftlich bzw. philosophisch gebildeten Leser wendet: «Für den wissenschaftlich prüfenden Leser bemerke ich, daß beide Empfindungsweisen, in ihrem höchsten Begriff gedacht, sich wie die erste und dritte Kategorie zueinander verhalten, indem die letztere immer dadurch entsteht, daß man die erstere mit ihrem geraden Gegenteil [der zweiten Kategorie] verbindet.» (Die ganze Hegelsche Dialektik wird an dieser Stelle schon vorweggenommen.) Dann fährt Schiller fort: «Geht man jene drei Begriffe nach den Kategorien durch, so wird man die *Natur* und die ihr entsprechende naive Stimmung immer in der ersten, die *Kunst* als Aufhebung der Natur durch den frei wirkenden Verstand immer in der zweiten, endlich das *Ideal*, in welchem die vollendete Kunst zur Natur zurückkehrt, in der dritten Kategorie antreffen» (Seite 752; kursiv Schiller). Und in einer weiteren Fußnote schreibt er sogar, daß man «durch Reflexion» sich zu bestreben hat, «die Natur durch die Idee zu ergänzen» und damit «durch das Subjekt zu vergeistigen» (Seite 756).

In diesen wissenschaftlich-philosophischen Formulierungen kommt die Grundidee Schillers dem Erkenntnisweg der «Philosophie der Freiheit» noch näher. Denn in der Verbindung der Natur mit der Kunst (oder Kultur) und dadurch ihrer Erhebung zum Ideal haben wir den Erkenntnisprozeß vor uns, der schon in Richtung der «Philosophie der Freiheit«geht, nur auf Schillersche Art mit etwas anderen Begriffen zum Ausdruck gebracht. Hier entspricht die *Natur* der allgemeinen Welt der Wahrnehmung; die *Kunst* und die *Kultur*, die aus dem «frei wirkenden Verstand» entspringen, sind mit der Welt der menschlichen Begriffe verbunden. Und in der Verbindung der beiden entsteht dann das Dritte als die neue, höhere Wirklichkeit, die Schiller in *seinem* Wortgebrauch als *Ideal* bezeichnet.

Nun fährt er fort: «Alle [alte] Wirklichkeit, wissen wir, bleibt hinter dem Ideale [neue Wirklichkeit] zurück; alles Existierende hat seine Schranken, aber der Gedanke ist grenzenlos». So kommt «die unbedingte Freiheit des Ideenvermögens dem sentimentalischen [Dichter] zustatten» (Seiten 752f.). Aus diesen Worten geht hervor, daß Schiller nicht nur der Zugang zum reinen Denken (in seinem Wortgebrauch den «grenzenlosen Gedanken») offensteht, sondern auch das Geheimnis kennt, daß das erste Erlebnis der Freiheit dem modernen Menschen nur im Bereich der Ideen gegeben ist.

Damit stand Schiller schon unmittelbar vor der Begründung eines Erkenntnisweges, der ihn – hätte er nur länger gelebt! – an die Schwelle und darüber hinaus in die geistige Welt geführt hätte.

Rudolf Steiner kommt der Wesensart Schillers besonders nahe, wenn er in seinem Buch «Wahrheit und Wissenschaft» über seine eigene Erkenntnistheorie schreibt: «Unsere Erkenntnistheorie liefert die Grundlage für einen im wahren Sinne des Wortes sich selbst verstehenden Idealismus. Sie begründet die Überzeugung, daß im Denken die Essenz der Welt vermittelt wird» (GA 3, Kapitel VI). Wenn wir bei Schiller an den verschiedenen Stellen seiner Abhandlung «Über naive und sentimentalische Dichtung» das Wort «Vernunft» durch das Wort «Denken» ersetzen (denn in den meisten Fällen meint Schiller eigentlich das Denken), dann ist die Verwandtschaft seiner Darstellung mit der von Rudolf Steiner nicht zu übersehen. Mehr noch, man kann dem Gefühl kaum widerstehen, daß der größte Idealist der deutschen Klassik beim Verfassen der eben zitierten Worte Rudolf Steiner im Geiste besonders nahe gestanden hat. In diesem Sinne kann man in der Erkenntnistheorie Rudolf Steiners eine Fortsetzung und weitere Ausarbeitung der Erkenntnistheorie Schillers sehen, die dieser jedoch nur in ihren allerersten Anfängen festlegen konnte.

Deshalb ist auch das innere Ringen Schillers gegen die von ihm klar erkannten Gefahren seiner philosophischen («sentimentalischen», wie er sagt) Richtung von besonderem Interesse. Auch die offensichtlichen Grenzen seiner Auffassung bzw. ihre noch fehlenden Bausteine werden daraus offenbar. So charakterisiert er in seinem Aufsatz «Über naive und sentimentalische Dichtung» bei dem weiteren Vergleich eines Realisten mit einem Idealisten sein eigenes Ideal in folgenden Worten: «Ganz anders verhält es sich mit dem Idealisten, der aus sich selbst und aus der bloßen Vernunft [der Gedankenwelt] seine Erkenntnisse und Motive nimmt. Wenn die Natur in ihren einzelnen Wirkungen immer abhängig und beschränkt erscheint, so legt die Vernunft den Charakter der Selbständigkeit und Vollendung gleich in jede einzelne Handlung [weil nur im Denken die Freiheit ergriffen werden kann]. Aus sich selbst schöpft sie alles, und auf sich selbst bezieht sie alles. Was durch sie geschieht, geschieht nur um ihretwillen; eine absolute Größe ist jeder Begriff, den sie aufstellt, und jeder Entschluß, den sie bestimmt» (Bd. V, Seite 772).

Wie wir bereits sahen, ist in diesen Worten wie im Keim schon die ganze spätere Philosophie Stirners enthalten, jedoch nicht in ihrer einseitigen Erscheinungsform, bei der die eigentliche konkrete Persönlichkeit weit hinter ihren eigenen, tollkühnen Gedanken zurückbleibt, sondern in einer vollkommenen Harmonie zwischen dem Ideal und dem wirklichen Menschen, wonach jedes Individuum unablässig streben muß, wie es Schiller auf seine einmalige Art vorgelebt hat. Darauf weist er selbst in den weiteren Worten hin: «Und ebenso zeigt sich auch der Idealist, soweit er diesen Namen mit Recht führt, in seinem Wissen wie in seinem Tun» (ebd.), das heißt nicht nur als eine erkennende, sondern auch als eine wirkende Persönlichkeit. Hier liegt der grundlegende Unterschied zwischen Schiller und Stirner. Der letztere will (und kann) in seinem Leben nur großartig philosophieren. Aus seiner Philosophie zu wirken vermag er nicht.[156] Schiller hingegen strebte eine solche Weltanschauung zu begründen, auf deren Grundlage er als Künstler und als Mensch in der Welt tätig sein konnte.

Auch in bezug auf Erkenntnis sind die Forderungen Schillers hoch: «Nicht mit Erkenntnissen zufrieden, die bloß unter bestimmten Voraussetzungen gültig sind, sucht er bis zu Wahrheiten zu dringen, die nichts mehr voraussetzen und die Voraussetzung von allem anderen sind. Ihn befriedigt nur die philosophische Einsicht, welche alles bedingte Wissen auf ein unbedingtes zurückführt und an dem Notwendigen in dem menschlichen Geist alle Erfahrung befestigt» (ebd.). Hier entsteht im Geiste Schillers etwas wie eine erste Vorahnung dessen, was Rudolf Steiner später auf einem festen wissenschaftlichen Fundament als die «voraussetzungslose Erkenntnis» und den Ausgangspunkt seiner ganzen Freiheitsphilosophie errichten wird.[157]

Auf diesem Gebiet fühlt sich Schiller als echter Idealist ganz zu Hause, denn ein solcher «verfährt hierin mit völliger Befugnis, denn wenn die Gesetze des menschlichen Geistes nicht auch zugleich die Weltgesetze wären, wenn die Vernunft [das Denken] endlich selbst unter der Erfahrung stünde, so würde auch keine Erfahrung möglich sein» (ebd.). Hier tastet Schiller sich an das Rätsel heran, das Rudolf Steiner später in voller Klarheit darstellen und lösen wird, und zwar, daß das Denken selbst eine «höhere Erfahrung in der Erfahrung» werden kann. Da sieht man ganz klar, wo die Grenzen der Erkenntnisbemühungen Schillers liegen. Er kommt zwar schon so weit, daß er im Denken den Schlüssel zu jeglicher Erfahrung sieht. Daß man aber das Denken selbst zu dem Objekt der inneren Beobachtung machen und damit auch in den Bereich der Erfahrung mit einbeziehen kann, dahin vermag Schiller noch nicht zu gelangen.[158] Denn «das Denken nimmt schon als eine Erfahrungstatsache innerhalb der Erfahrung eine Ausnahmestellung ein» (GA 2, Kapitel 8). Und diese Ausnahmestellung des Denkens im Seelenleben des Menschen besteht darin, daß seine inneren Gesetzmäßigkeiten den Weltgesetzen, nach denen das All aufgebaut ist, wesensverwandt sind. Deshalb hätte Schiller die Worte des jungen Rudolf Steiner durchaus als die eigenen empfinden können: «Hat somit der Weltengrund Ziele, so sind sie identisch mit den Zielen, die sich der Mensch setzt, indem er sich darlebt» (ebd., Kapitel 19).

Doch das Charakteristische für Schiller ist, daß er nach diesem Aufschwung zu den Höhen seines Philosophierens nicht bloß in dieser dünnen Gedankenluft bleibt, sondern von dort in das praktische Leben hinuntersteigt und, wie wir schon gesehen haben, ganz genau beschreibt, wo die geistigen Gefahren einer solchen idealistischen Gesinnung im konkreten Leben liegen. Wie im Hintergrund erscheint an dieser Stelle die tragische Gestalt des Marquis Posa, dessen Fehler Schiller dezidiert nicht wiederholen will. Deshalb wird hier die Hauptsünde dieses großen Idealisten aus dem Schillerschen Drama nochmals mit voller Klarheit dargestellt. «Er [der Idealist] kann also mit seinem philosophischen Wissen das Ganze beherrschen und für das Besondre, für die Ausübung, dadurch nichts gewonnen haben: ja, indem er überall auf die *obersten* Gründe dringt, durch die alles möglich wird, kann er die *nächsten* Gründe, durch die alles wirklich wird, leicht versäumen; indem er überall auf das Allgemeine sein Augenmerk richtet, welches die verschiedensten Fälle einander gleichmacht, kann er leicht das Besondre vernachlässigen, wodurch sie sich voneinander unterscheiden» (Bd. V, Seite 773; kursiv Schiller).

Vom Standpunkt der «Philosophie der Freiheit» wäre dies mit der Gefahr zu vergleichen, die entstünde, wenn jemand nur ihren ersten Teil, ohne den dazugehörigen zweiten, in dessen Zentrum das Handeln aus der Liebe zu dem konkreten Objekt steht, lesen und praktisch umsetzen wollte.

Wie man eine offensichtliche Nähe Schillers zum Grundnerv des ersten Teiles der «Philosophie der Freiheit» entdecken kann, so findet man in dem gleichen Aufsatz auch die Beweise seiner Nähe zu ihrem zweiten Teil. Schiller schreibt weiter: «Hier fühlt er [der sentimentalische Dichter] bloß einen lebendigen *Trieb* [Streben], die Harmonie in sich zu erzeugen ... ein Ganzes aus sich zu machen, die Menschheit in sich zu einem vollendeten Ausdruck zu bringen» (Seite 752). Hiermit möchte Schiller darauf hinweisen, daß zur Verwirklichung der Freiheit im realen Menschenleben nicht das Ergreifen des Begriffs des freien Geistes als der höchsten Ausgestaltung der menschlichen Natur allein genügt, sondern daß auch hier zu dem Begriff eine entsprechende

Wahrnehmung hinzukommen muß, die aber, im Gegensatz zu allen anderen Wahrnehmungen, der Mensch aus seiner Arbeit an sich nur selbst erzeugen kann.

Und über eine solche Vervollkommnung bzw. Veredelung des Menschen auf dem Wege zur Verwirklichung seiner Freiheit schreibt Schiller weiter in demselben Aufsatz: «Der Idee nach geht nämlich die *Veredlung* immer ins Unendliche, weil die Vernunft in ihren Forderungen sich an die notwendigen Schranken der Sinnenwelt nicht bindet und nicht eher als bei dem absolut Vollkommenen stillesteht. Nichts, worüber sich noch etwas Höheres denken läßt, kann ihr Genüge leisten; vor ihrem strengen Gerichte entschuldigt kein Bedürfnis der endlichen Natur: sie erkennt keine andern Grenzen an als des Gedankens, und von diesem wissen wir, daß er sich über alle Grenzen der Zeit und des Raumes schwingt» (Seite 767). In dieser Größe steht vor Schiller das «wahre Ideal menschlicher Veredlung», und er fügt hinzu, «er kann es, wie jedes Ideal, nur aus innern und moralischen Quellen schöpfen, … in seinem Herzen nur trifft er es an, und nur in der Stille einsamer Betrachtung findet er sein Herz» (ebd.). In etwas anderen Worten weist auch Rudolf Steiner auf eine solch zentrale Bedeutung der Veredelung des Menschen hin: «Wahr ist …, daß seine Selbstsucht sich so veredeln kann, daß er Interesse nicht nur an seinen eigenen, sondern an den Angelegenheiten der ganzen Menschheit gewinnt» (GA 30, Aufsatz «Der geniale Mensch», 1900). Und in der «Philosophie der Freiheit» schreibt Rudolf Steiner diesbezüglich: «Es ist in dem Wahrnehmungsobjekt Mensch die Möglichkeit gegeben, sich umzubilden. … Der Mensch bleibt in seinem unvollendeten Zustande, wenn er nicht den Umbildungsstoff in sich selbst aufgreift, und sich durch eigene Kraft umbildet» (GA 4, Kapitel IX). Denn «ein *freies* Wesen kann er nur *selbst* aus sich machen» (ebd.; kursiv Rudolf Steiner).

Was Rudolf Steiner im zweiten Teil der «Philosophie der Freiheit» als die Wirklichkeit der Freiheit auf alle menschlichen Taten ausdehnt, beschreibt Schiller für das begrenzte Gebiet des künstlerischen Tuns. «Nun ergeht aber die Aufgabe an den [sentimentalischen] Dichter, einen einzelnen Zustand dem menschlichen Ganzen gleichzumachen, folglich ihn absolut und notwendig auf sich selbst zu gründen» (Band V, Seite 754). Für diese Tätigkeit braucht der Mensch nach Schiller vor allem die Kraft der geistigen Begeisterung, die von jeder zeitlichen Beschränkung frei ist. «Aus dem Moment der Begeisterung muß also jede Spur eines zeitlichen Bedürfnisses entfernt bleiben, und der Gegenstand selbst, so beschränkt er auch sei, darf den Dichter nicht beschränken. Man begreift wohl, daß dieses nur insoferne möglich ist, als der Dichter schon eine absolute Freiheit und Fülle des Vermögens zu dem Gegenstande mitbringt und als er geübt ist, alles mit seiner ganzen Menschheit zu umfassen» (ebd.).

So muß an dem Prozeß des echten künstlerischen Schaffens unbedingt der ganze Mensch beteiligt sein; nur dann kann der Künstler seinen Gegenstand zur Vollkommenheit führen und sich selbst dabei als den freien Schöpfer erleben, welcher imstande ist, aus sich heraus eine neue, höhere Wirklichkeit zu schaffen. «Dieses [das sentimentalische Genie], wissen wir, fängt seine Operation erst da an, wo jenes [das naive Genie] die seinige beschließt; seine Stärke besteht darin, einen mangelhaften Gegenstand *aus sich selbst heraus* zu ergänzen und sich durch eigene Macht aus einem begrenzten Zustand in einen Zustand der Freiheit zu versetzen» (ebd.; kursiv Schiller). Auch hier beginnt Schiller mit der Arbeit an dem künstlerischen Objekt, geht aber sogleich in die damit untrennbar verbundene Selbsterziehung des Menschen über, welcher jetzt vor die Aufgabe gestellt ist, «sich durch eigene Macht aus einem begrenzten Zustand in einen Zustand der Freiheit zu versetzen» (ebd.).

Weiter charakterisiert Schiller den sentimentalischen Dichter noch in folgenden Worten: «Da er nur insofern Idealist heißt, als er aus reiner Vernunft seine Bestimmungsgründe nimmt, die Vernunft aber in jeder ihrer Äußerungen sich absolut beweist, so tragen schon seine einzelnen Handlungen, sobald sie überhaupt nur moralisch sind, den *ganzen* Charakter moralischer Selbständigkeit und Freiheit, und gibt es überhaupt nur im wirklichen Leben eine wahrhaft sittliche Tat, die es auch vor einem rigoristischen Urteil bleibe, so kann sie nur von dem Idealisten ausgeübt werden» (Seite 773; kursiv Schiller).

Hier muß man nur statt «Vernunft» das «reine Denken» setzen, und dann besagt dieser Text, daß der Mensch, der aus dem reinen Denken eigene Ideen und Ideale schöpft und nach ihnen seine Handlungen im Leben einrichtet, dadurch allein die volle moralische Selbständigkeit und Freiheit erlangt und somit überhaupt ein sittliches Wesen wird.

Dann wird auf eine weitere ganz eigenständige Weise (wenn auch nicht wörtlich ausgedrückt) eine wesentliche Eigenschaft der moralischen Phantasie berührt, die darin besteht, daß sie von außen betrachtet immer einen «zufälligen» Charakter hat. Denn durch die moralische Phantasie muß der Mensch in jeder Situation des Lebens, das heißt bei jedem Ereignis, das in seiner Spontaneität zunächst wie «zufällig» auftritt, sofort eine entsprechende sittliche Handlung aus sich heraus vollziehen, die als solche absolut neu ist.

Dieser besonderen Eigenschaft der moralischen Phantasie (ihrer «Zufälligkeit») ist Schiller wie kein anderer nahegekommen. Er schreibt: «Aber je reiner die Sittlichkeit seiner einzelnen Handlungen ist, desto zufälliger ist sie auch; denn Stetigkeit und Notwendigkeit ist zwar der Charakter der Natur, aber nicht der Freiheit» (ebd.). Besser könnte man die Wirkensart der moralischen Phantasie (ohne sie zu benennen) kaum zum Ausdruck bringen. Denn überall dort, wo Notwendigkeit und Gesetzlichkeit im voraus herrschen, ist kein Platz für die Freiheit. Nur da, wo die Welt zunächst als «zufällig» erscheint und allein durch die freie Ausübung der moralischen Phantasie in die von Menschen selbst begründete neue Gesetzlichkeit eingeleitet wird, beginnt das wahre Wesen der Freiheit aufzuleuchten.[159]

Und wie Rudolf Steiner später die ihm aus lauter Unverständnis gemachten Vorwürfe, daß er damit die moralischen Grundlagen der Welt erschüttert habe, zurückwies, so wußte auch Schiller einen ähnlichen Vorwurf mit den weiteren Worten zu entkräften: «Nicht zwar, als ob der Idealism mit der Sittlichkeit je in Streit geraten könnte, welches sich widerspricht; sondern weil die menschliche Natur eines konsequenten Idealism gar nicht fähig ist» (ebd.). Denn um ein Idealist im Schillerschen Sinne zu werden, dafür muß der Mensch sich selber zuerst konsequent umerziehen, vor allem in Richtung der wahren Begeisterung für freie sittliche Taten. «So muß der Idealist einen Schwung nehmen, er muß augenblicklich seine Natur exaltieren, und er vermag nichts, als insofern er begeistert ist» (Seite 774). – Eine ähnliche Begeisterung erlebte wohl auch der junge Rudolf Steiner, vor der Perspektive der vollen moralischen Autonomie und der freien sittlichen Handlungsfähigkeit des Menschen stehend, wovon vor allem seine Jugendbriefe zeugen. Und Schiller fährt fort: «Alsdann freilich vermag er [der Idealist] auch desto mehr, und sein Betragen wird einen Charakter der Hoheit und Größe zeigen» (ebd.).

Am Schluß des Aufsatzes «Über naive und sentimentalische Dichtung» tritt noch einmal die Geistgestalt Schillers in ihrer ganzen Größe vor uns hin. Aus dem langjährigen Kampf mit seinem Schicksal, aus allen Siegen und Niederlagen, Prüfungen und Überwindungen in seinem Leben geht Schiller mit der gestählten Kraft seines feurigen Willens hervor, mit dem ungebrochenen Streben nach einer immer größeren

Vollkommenheit des Menschen, verbunden auch mit der unvermeidlichen Tragik, die darin besteht, daß jede menschliche Inkarnation nur begrenzte Möglichkeiten zu deren Verwirklichung bietet.[160] Dennoch möchte Schiller immer weiter ringen, das Höchste von sich selbst und von anderen verlangend. «Der Idealist hat lange kein so gutes Schicksal [wie der Realist]. Nicht genug, daß er oft mit dem Glücke zerfällt, weil er versäumte, den Moment zu seinem Freunde zu machen [das heißt, in der jeweiligen Situation den richtigen Impuls der moralischen Phantasie zu haben], er zerfällt auch mit sich selbst; weder sein Wissen noch sein Handeln kann ihm Genüge tun. Was er von sich fordert, ist ein Unendliches, aber beschränkt ist alles, was er leistet. Diese Strenge, die er gegen sich selbst beweist, verleugnet er auch nicht in seinem Betragen gegen andre» (Seite 775).

So war Schiller sein Leben lang ein Vorbild des *werdenden Menschen*, der vor allem in der Kunst die Offenbarung der menschlichen Individualität sah, welche unablässig zu ihrer Vollkommenheit strebt und nur dadurch das Recht erlangt, sich an die anderen gebildeten Menschen («die Vortrefflichen» in Schillers Wortgebrauch) zu wenden. Darüber schrieb er in einem Aufsatz: «Alles, was der Dichter uns geben kann, ist seine *Individualität*. Diese muß es also wert sein, vor Welt und Nachwelt ausgestellt zu werden. Diese seine Individualität so sehr als möglich zu veredeln, zur reinsten herrlichsten Menschheit hinaufzuläutern, ist sein erstes und wichtigstes Geschäft, ehe er es unternehmen darf, die Vortrefflichen zu rühren» («Bürgers Gedichte», Band V, Seite 972; kursiv Schiller).

Sein Freund Wilhelm von Humboldt bezeugte in dieser Beziehung: «Seine ersten und strengsten Forderungen ergehen daher an den Dichter selbst, von dem er nicht gleichsam bloß abgesondert wirkendes Genie und Talent, sondern eine der Höhe seines Berufs zusagende Stimmung des ganzen Gemüts, nicht bloß eine augenblickliche, sondern eine zum Charakter gewordene Erhebung verlangt. … An niemand richtet er diese Forderungen so streng als an sich selbst» (Hum., Seiten 21/22). Und so war es tatsächlich bei Schiller sowohl in seiner Kunst als auch in seinem Leben. Deshalb konnte Wilhelm von Humboldt von dieser «hohen Einheit seiner Natur» sprechen (Seite 23) und dann darauf hinweisen, daß für die Menschen, welche Schiller persönlich gut kannten (und zu solchen gehörte auch Humboldt selbst), in ihm etwas wie eine höhere geistige Macht lebte, die alles, was er als Künstler in seinem Leben geleistet hatte, bei weitem übertraf. «Was ihn aber … auszeichnet, ist die Höhe, in der er sich über jeder einzelnen Bestrebung in ihm, selbst über seinem Dichtergenie befindet, einem der mächtigsten und gewaltigsten, welche je die menschliche Brust bewegt haben. *Es ist nicht Freiheit bloß, sondern ganz eigentlich Übermacht»* (Seite 44). Damit ist auf ein großes Geheimnis von Schillers geistiger Individualität hingewiesen.

*

Zum Abschluß dieses Anhanges möchte ich einige Zitate aus der «Philosophie der Freiheit» anführen, die am Ende des längsten Kapitels des Buches «Der Wert des Lebens (Pessimismus und Optimismus)» stehen und meines Erachtens besonders geeignet sind, die ganze Persönlichkeit und die innere Lebenseinstellung Schillers zu charakterisieren. Wie wir bereits gesehen haben, war Goethe für Schiller eine Art vollkommener Mensch, den er in seinem philosophisch-ästhetischen Werk vielfach beschreibt, um dann dieses Bild zum Anlaß zu nehmen, selbst die Verwirklichung dieses Ideals auf seine besondere Weise anzustreben.

Natürlich konnte Schiller das Ideal der «Philosophie der Freiheit» nicht so weit verwirklichen, wie es später Rudolf Steiner möglich war, der es im höchsten Sinne auch gelebt hat. Dennoch kann man wohl sagen, daß, als Rudolf Steiner seine «Philosophie der Freiheit» konzipierte und aufschrieb, wie ein unsichtbarer Begleiter die Geistgestalt Schiller neben ihm stand, welcher in seiner Zeit und unter den damals gegebenen Umständen am weitesten auf diesem Wege der wahren Menschwerdung vorangeschritten war. So mag alles in diesem Buch Gesagte und vor allem die darin angeführten Selbstzeugnisse Schillers diesen letzten Gesichtspunkt bestätigen.

«Die Ethik beruht nicht auf der Ausrottung alles Strebens nach Lust, damit bleichsüchtige abstrakte Ideen ihre Herrschaft da aufschlagen können, wo ihnen keine starke Sehnsucht nach Lebensgenuß entgegensteht, sondern auf dem *starken*, von ideeller Intuition getragenen *Wollen*, das sein Ziel erreicht, auch wenn der Weg dazu ein dornenvoller ist» (GA 4, Seite 232 f.; hier und in den weiteren Zitaten kursiv Rudolf Steiner). Man kann diese Worte wie ein Motto für die ganze Biographie Schillers nehmen, die von seiner frühesten Jugend an so «dornenvoll» war und dennoch zur Begründung der höchsten menschlichen Ethik führte.

«Die sittlichen Ideale entspringen aus der moralischen Phantasie des Menschen», an deren Wesen Schiller so nahe wie kein anderer in seiner Zeit herankam. «Ihre Verwirklichung hängt davon ab, daß sie von dem Menschen stark genug begehrt werden, um Schmerzen und Qualen zu überwinden» (ebd.). Dieses Begehren war bei Schiller seit seiner frühesten Jugend überaus groß. Er war tatsächlich bereit, um seine hohen Ideale zu verwirklichen, alle ihn im Leben ereilenden Schmerzen und Qualen zu ertragen und zu überwinden. «Sie [die sittlichen Ideale] sind *seine* Intuitionen, die Triebfedern, die sein Geist spannt; er *will* sie, weil ihre Verwirklichung seine höchste Lust ist». Diese «höchste Lust» wird von Schiller mit dem Wort «Glückseligkeit» bezeichnet, das sich durch sein ganzes Werk hindurchzieht und vor allem in seinen philosophischen Schriften eine wichtige Rolle spielt. Auch Rudolf Steiner benutzt in einem anderen seiner Bücher dieses Wort: «Er [der Mensch] muß in sich den Halt finden für alles, was an ihm ist. Also auch für seine Glückseligkeit. Soll ihm die letztere werden, so kann er sie nur sich selbst verdanken» (GA 2, Seite 129). Dies kann man wohl von Schiller sagen. Was ihm als Glückseligkeit im Leben zugeflossen war, hatte er fast immer seinen eigenen Bemühungen, Anstrengungen und vor allem der unablässigen Arbeit an sich selbst zu verdanken.

«Er hat es nicht nötig, sich von der Ethik erst verbieten zu lassen, daß er nach Lust strebe, um sich dann gebieten zu lassen, wonach er streben *soll*» (GA 4, Seite 232). Die ganze Auseinandersetzung Schillers mit Kant sowie dessen Überwindung liegt in diesen Worten verborgen.

«Er wird nach sittlichen Idealen streben, wenn seine moralische Phantasie tätig genug ist, um die Intuitionen einzugeben, die seinem Wollen die Stärke verleihen, sich gegen die in seiner Organisation liegenden Widerstände, wozu auch notwendige Unlust gehört, durchzusetzen» (ebd.). Hier liegt das ganze Geheimnis der ungewöhnlichen Stärke des Schillerschen Wollens verborgen, das ihm die innere Kraft gab, sich sogar Jahre hindurch gegen die Widerstände und zunehmende Zerstörung seiner physischen Organisation durchzusetzen, jegliche damit verbundene Unlust immer wieder zu überwinden, seinen Schaffensdrang ständig zu steigern und Ungeheures zu leisten. Noch einen Tag vor seinem Tode, während der schwersten Phase seiner Krankheit, antwortete er auf die Frage nach seinem Ergehen: «Immer besser, immer heiterer».

«Wer nach Idealen von hehrer Größe strebt,» – und das war zweifellos Schiller – «der tut es, weil sie der Inhalt seines Wesens sind,» – auch das betrifft Schiller in höchstem Maße – «und die Verwirklichung wird ihm ein Genuß sein, gegen den die Lust, welche die Armseligkeit aus der Befriedigung der alltäglichen Triebe zieht, eine Kleinigkeit ist» (ebd.). Als hoch spiritueller Mensch und ausgesprochener Idealist stand Schiller weit herausragend über der Trivialität und dem Philistertum, die ihn umgaben. Nur in einem solchen Leben für die höchsten Ideale sah Schiller die wahre Bestimmung und Würde des Menschen. Besonders die weiteren Worte können auf ihn bezogen werden: «Idealisten *schwelgen* geistig bei der Umsetzung ihrer Ideale in Wirklichkeit» (ebd.). Hierin fand er den höchsten geistigen Genuß, der ihm auch half, sich über alle Schwierigkeiten des Lebens und Schicksals hinwegzusetzen, um weiter nach der Verwirklichung seiner Ideale zu streben.

«Wer die Lust an der Befriedigung des menschlichen Begehrens ausrotten will, muß den Menschen erst zum Sklaven machen, der nicht handelt, weil er will, sondern nur, weil er soll» (Seite 233). Dies hat bekanntlich Kant mit seinem «kategorischen Imperativ» von der Menschheit gefordert. Von Schiller wurden diese inneren Ketten jedoch mit all der Kraft seiner freiheitsliebenden Seele gesprengt.

«Denn die Erreichung des Gewollten macht Lust. Was man *das Gute* nennt, ist nicht das, was der Mensch *soll*, sondern das, was er *will*, wenn er die volle wahre Menschennatur zur Entfaltung bringt» (ebd.). So entgegnete Schiller dem «kategorischen Imperativ» Kants mit den von einer feinen Ironie über den alten Königsberger durchdrungenen Zeilen: «Gerne dien' ich den Freunden, doch tu' ich es leider mit Neigung…». Damit zeigte er, wie weit in ihm selbst «die volle wahre Menschennatur» schon in Erscheinung getreten und tätig geworden war.

«Nicht in der Austilgung eines einseitigen Eigenwillens liegt das sittliche Handeln, sondern in der *vollen* Entwicklung der Menschennatur» (Seite 234). Solch eine volle Entfaltung des Menschenwesens als eines Schöpfers in der Kunst, vor allem aber im Sinne der freien Selbsterziehung und Selbstverwandlung, ist das Motiv, welches das ganze Leben und Schaffen Schillers durchzieht. Nicht bloß ein Künstler, sondern ein voller Mensch wollte er sein, und diesem Ziel strebte er lebenslang unablässig zu. Wenn auch Schiller seinen eigenen Wert als Künstler und Mensch sehr gut kannte, so war er dennoch ein großer Strebender, ein immer weiter an der Vervollkommnung seines eigenen Wesens Arbeitender und somit weder Pessimist noch Optimist, sondern ein ständig *werdender* Mensch.

Am Schluß des zitierten Kapitels schreibt Rudolf Steiner: «Die hier entwickelte Ansicht … sieht in dem allseitig durchschauten wesenhaften Individuum seinen eigenen Herrn und seinen eigenen Schätzer» (Seite 235). Ein solcher wollte Schiller über sich selbst sein. So war er in seiner Seele nicht nur ein starker Herr, sondern auch sein eigener Schätzer und nicht selten sein strengster Richter.

In dem Zusatz zu diesem Kapitel aus dem Jahre 1918 fügt Rudolf Steiner zu dem bereits Ausgeführten noch hinzu: «Der ethische Individualismus ist geeignet, die Sittlichkeit in ihrer vollen Würde darzustellen, denn er ist nicht der Ansicht, daß wahrhaft sittlich ist, was in äußerer Art Zusammenstimmung eines Wollens mit einer Norm herbeiführt, sondern was aus dem Menschen dann ersteht, wenn er das sittliche Wollen als ein Glied seines vollen Wesens in sich entfaltet, so daß das Unsittliche zu tun ihm als Verstümmelung, Verkrüppelung seines Wesens erscheint» (Seite 236). Ihre ganze Bedeutung erlangen diese letzteren Worte aber erst, wenn man sie in den entsprechenden anthroposophischen Kontext stellt.

In einem seiner geisteswissenschaftlichen Vorträge beschreibt Rudolf Steiner, wie die Engelwesen in der geistigen Welt eine Organisation haben, die ihnen erlaubt, nur in voller Wahrheit bzw. Wahrhaftigkeit leben zu können.[161] Denn für sie bewirkt jede Abweichung von dem Wahrheitsgehalt ihres Wesens eine Verdunkelung des Bewußtseins, die der zitierten «Verkrüppelung» des Menschenwesens entspricht. Mit den angeführten Worten wird der gleiche Maßstab an das Menschenwesen angelegt und damit auf es als zukünftige zehnte Hierarchie gewiesen, bei der tatsächlich jede Handlung, die dem Guten widerspricht, als Selbstzerstörung erlebt werden wird.

Anders ausgedrückt kann man auch sagen, daß jeder Mensch, der das Gute als die immanent zu seinem innersten Wesen gehörende Kraft in sich entfaltet und in voller Freiheit aus «Liebe zu dem Objekt» in seinen Handlungen darleben will, auf dem Wege ist, zur zehnten Hierarchie zu werden. Und ein Vorbild dafür kann uns Friedrich Schiller sein.

*

Ganz zum Schluß kann man noch die Frage aufwerfen: Wie war Schillers grundsätzliche Einstellung zum Leben? Aus seiner Biographie wissen wir wohl, daß er besonders in seiner Jugend durch die schwierigsten Lebensumstände von außen permanent bedrängt war und in seinen späteren Jahren zunehmend an den Krankheiten seines Leibes litt, die ihn einige Male an die Grenze des Todes führten. Deshalb hätte er in seinem Leben genügend Anlaß gehabt, um ein tiefer Pessimist zu werden. Es geschah jedoch das Gegenteil. Durch seinen unbeugsamen Willen gelangte er im Kampf mit seinen Leiden und Schmerzen wie kein anderer seiner Zeitgenossen zu einem Wissen, das Rudolf Steiner in folgenden Worten zum Ausdruck bringt: «Das ist die Stärke des Geistes, daß er die Zerstörung in etwas noch Höheres, als das Leben ist, umschafft und so mitten im Leben ein Höheres, ein Bewußtsein bildet» (GA 55, 8.11.1906). Denn nur «in dem Zusammenwirken von Leben und Tod [wird] das höhere Bewußtsein im Inneren erzeugt»; und «die Seligkeit entspringt wiederum einer höheren Lust, dem Schaffen, das aus dem Tode hervorgeht. Das ist es, was der Mensch ahnt, wenn er den geheimnisvollen Zusammenhang spürt zwischen Schmerz und Leid und dem Höchsten, das der Mensch erreichen kann» (ebd.).

So erkämpfte Schiller sich sein höheres Streben immer neu aus dem Leiden und den Schmerzen des Lebens und Leibes. Und durch die Kraft seines überaus starken Geistes konnte er zum Schluß den vollkommenen Sieg über alle widerstrebenden Begebenheiten und Hindernisse davontragen. Daher können wir seine diesbezügliche Seelenbeschaffenheit am treffendsten mit den weiteren Worten aus dem XIII. Kapitel der «Philosophie der Freiheit» charakterisieren. «Er fragt sich also gar nicht, ob Lust oder Unlust im Übermaß [im Leben des Menschen] vorhanden ist, sondern ob das Wollen der Lust stark genug ist, die Unlust zu überwinden. Ein Beweis für die Richtigkeit dieser Behauptung ist der Umstand, daß der Wert der Lust höher angeschlagen wird, wenn sie durch große Unlust erkauft werden muß, als dann, wenn sie uns gleichsam wie ein Geschenk des Himmels in den Schoß fällt.» Der letzte Satz dieses Zitats bezieht sich ganz besonders auf das Schicksal und die Seelenart Schillers.[162] Denn es ging für ihn, vor allem in seinen reiferen Jahren, nicht bloß um Lebenslust, sondern um seine *moralische Qualität*.

Deshalb können wir die weiteren diesbezüglichen Worte Rudolf Steiners nur im Sinne des Grundgedankens der «Ästhetischen Briefe» verstehen und damit den untrennbaren Zusammenhang mit der inneren Reife Friedrich Schillers selbst. «Dieser ausgereifte Mensch gibt seinen Wert sich selbst. Nicht die Lust erstrebt er, die ihm als Gnadengeschenk von der Natur oder von dem Schöpfer gereicht wird; und auch nicht die abstrakte Pflicht erfüllt er, die er als solche erkennt, nachdem er das Streben nach Lust abgestreift hat. [Wie dies Kant fordert.] Er handelt, wie er *will*, das ist nach Maßgabe seiner ethischen Intuitionen; und er empfindet die Erreichung dessen, was er *will*, als seinen wahren Lebensgenuß» (ebd.). Und genauso lebte und strebte Schiller in seinem ganzen Leben. Zwischen den beiden Polaritäten, der primitiven, von außen gegebenen Natur-Lust der unentwickelten Naturen und dem jede Lust ausschließenden «kategorischen Imperativ» der Kantischen Pflicht, suchte Schiller lebenslang den mittleren Weg zu gehen, aus der vollen Entfaltung seines starken und über alle Hindernisse hinweg voranstrebenden *freiheitlichen Willens*.

Daß es im letzten Zitat tatsächlich um Schiller geht (auch wenn sein Name nicht ausdrücklich erwähnt wird), zeigen die weiteren Worte Rudolf Steiners, in denen – aber ganz im Sinne der schon mehrmals in diesem Buch angeführten Strophe des Dichters – wie im Hintergrund Kant und Schiller von neuem einander gegenübergestellt werden: Kant als Vertreter der zwingenden «Pflicht» und Schiller als Vertreter der «freien Neigung». «Die Ethik, welche an die Stelle des *Wollens* [Schiller als Willensmensch] das bloße *Sollen* [«kategorischer Imperativ» von Kant], an die Stelle der *Neigung* [Schiller] die bloße *Pflicht* [Kant] setzt, bestimmt folgerichtig den Wert des Menschen an dem Verhältnis dessen, was die Pflicht fordert, zu dem, war er erfüllt. Sie mißt den Menschen an einem außerhalb seines Wesens gelegenen Maßstab» (ebd.).[163]

Gegen diesen von außen dem Menschen «angelegten Maßstab», sei es das fremde Pflichtgebot oder die Macht seiner niederen Natur, hat Schiller lebenslang gekämpft und als Hauptgedanken seinen «Ästhetischen Briefen» zugrunde gelegt.[164] So daß für Schiller das Wort aus der «Philosophie der Freiheit»: «Frei ist nur der Mensch, insofern er in jedem Augenblicke seines Lebens sich selbst zu folgen in der Lage ist» (GA 4, Kapitel IX), die Grundmaxime seines Lebens war, nach der er bis zu seinem Tod zu leben und zu wirken suchte. Deshalb ist Friedrich Schiller der bedeutendste Vorläufer des Menschheitsideals der «Philosophie der Freiheit».

Novalis über Friedrich Schiller

Ende Oktober 1790 begegnete Novalis zum ersten Male Friedrich Schiller in Jena bei dessen Vorlesungen über die «Geschichte der Kreuzzüge». Etwas später, im Januar 1791, hielt Novalis bei dem schwer erkrankten Dichter an seinem Krankenbett Nachtwache. Am 5. Oktober 1791 berichtete der Neunzehnjährige in einem Brief an Prof. Karl Leonhard Reinhold in Jena über seine Eindrücke von dem geliebten Lehrer und Freund. Unter allen Erinnerungen an Schiller findet sich kaum eine Beschreibung, die ihn vor allem als einen so großen Menschen des Geistes darstellt. In diesen fast hymnisch klingenden Worten äußert sich eine große menschliche Idividualität über eine andere, die sie aus Freiheit und Liebe als ihr Lebensvorbild gewählt hat.

«... Von Schillern will ich mit Ihnen sprechen; denn kein Gegenstand der Unterhaltung ist Ihnen gewiß angenehmer und für mich interressanter. Sie haben ihn wiedergesehn, wenn Sie diesen Brief erhalten: Gewiß ist er munter, heiter, im vollen, entzückenden Gefühl seiner wiedergekehrten Gesundheit. Sie sehn ihn nun oft. Sie tauschen Ihre beyden Seelen oft an traulichen Abenden gegeneinander um, und ich, der ich so heiß darnach dürstete, kann kein stiller, lauschender, nichts verlierender, alles tiefverschlingender Zeuge dieses herrlichen Schauspiels seyn. Ach! wenn ich nur Schillern nenne, welches Heer von Empfindungen lebt in mir auf; wie mannichfaltige und reiche Züge versammeln sich zu dem einzigen, entzückenden Bilde Schillers und wetteifern, wie zaubernde Geister an der Vollendung des blendendsten Gemähldes: und stört mich dann in diesem Zaubermal meiner Fantasie der nagende Gedanke, daß dieser Mann der Vernichtung nahe war, Schiller, der mehr ist, als Millionen Alltags Menschen, der den begierdelosen Wesen, die wir Geister nennen, den Wunsch abnöthigen könnte, Sterbliche zu werden, dessen Seele die Natur con amore gebildet zu haben scheint, dessen sittliche Größe und Schönheit allein eine Welt, deren Bewohner er wäre, vom verdienten Untergange retten könnte; Schiller, der so eine entzückende Form mit so viel Stoff, So viel Natürlichkeit mit so viel Natur, So viel Individualitaet mit so viel Allgemeinheit, so viel Herzensgüte mit so viel Herzensstärke, so viel Einfachheit mit so viel Reichtum, So viel System mit so viel Art, So viel

Character mit so viel Sinn, so viel Schema mit so viel Anwendung, so viel Transcendentale Einbildungskraft und so viel Methode in der Transcendenten, so viel Größe mit so viel Würde, so viel Liebenswürdigkeit mit so viel Liebe, so viel Grazie mit so viel Ernst vereinigt, in dessen Natur so viel Kunst, und in dessen Kunst so viel Natur ist, der so viel Gesichtspunkte und doch nur einen hat und endlich, der einer der seltnen Menschen ist, denen die Götter das hohe Geheimniß von Angesicht zu Angesicht offenbarten, daß die Schönheit und Wahrheit eine und ebendieselbe Göttin sey, und daß die Vernunft der einzige Name und das einzige Heil sey, das den Menschen auf Erden gegeben worden, das einzig ächte, wahre Logos das von Gott ausgegangen ist und zu ihm zurückkehrt: wenn sag ich, dieser Gedanke mich stört, so bebe ich unfreywillig vor meiner eignen Existenz zurück, und es drängt sich ein Seufzer zwischen meine Lippen, in welchen aller Glaube an eine höhere Hand, die den Faden lenkt und die ganze Liebe und das Mitleid gegen eine Menschheit gepreßt ist.

Aber er lebt und bleibt vielleicht leben. Stolzer schlägt mein Herz, denn dieser Mann ist ein Deutscher; ich kannte ihn und er war mein Freund. Wie lebendig wird mir das Andenken an die Stunden, da ich ihn sah; besonders an die, da ich ihn zum erstenmal sah, ihn, das Traumbild der seligsten Stunden meines Knabenalters, da die höhere Macht der Musen und Grazien den ersten, herrlichen, bleibenden Eindruck auf meine junge Seele machte, und ich mit meinem Ideal in der Fantasie vor Schiller trat und mein Ideal weit übertroffen erblickte. Sein Blick warf mich nieder in den Staub und richtete mich wieder auf. Das volleste, uneingeschränkteste Zutraun schenkte ich ihm in den ersten Minuten und nie ahndete mir nur, daß meine Schenkung zu übereilt gewesen sey. Hätt er nie mit mir gesprochen, nie Theil an mir genommen, mich nicht bemerkt, mein Herz wär ihm unveränderlich geblieben; denn ich erkannte in ihm den höhern Genius, der über Jahrhunderte waltet, und schmiegte mich willig und gern unter dem Befehle des Schicksals. Ihm zu gefallen, ihm zu dienen, nur ein kleines Interesse für mich bey ihm zu erregen, war mein Dichten und Sinnen bey Tage und der lezte Gedanke, mit welchem mein Bewußtseyn Abends erlosch. Eine Geliebte hätte ich für ihn weinend aus dem Herzen gerissen, wenn die Vorsehung ein so hartes Opfer verlangt hätte, meinem liebsten Jahrelang gehegten Wunsche am Rande seiner Erfüllung entsagt, denn das Leben ist nicht das stärkste Opfer, was Enthusiasmus und Liebe ihrem angebeteten Gegenstande bringen können, denn wir fühlen nicht seinen

Verlust. Sein Wort hätte Funken zu Heldenthaten in mir geschla[gen,] die keine Noth, kein Hinderniß hätten ersticken können, und vielleicht ist selbst das Gute und Schöne, dessen Spuren meine Seele trägt und tragen wird, schon durch sein Beyspiel, größestentheils mit sein Werk. Brächte ich einst Werke hervor, die einen innern Werth unabhängig in sich trügen, thät ich etwas, das einen edlern Ursprung, eine schönere Quell verrieth, so ist es auch größestentheils Schiller, dem ich die Anlage, den Entwurf zur vollendeteren Form verdanke. Er zog in meine Seele die sanften, weichen Linien des Schönen und des Guten, die meine männlichere Vernunft nur tiefer zu ziehn nur um die scharfen Ecken zu weben und zu schwingen braucht um mein Glück und meine Ruhe auf Ewigkeiten zu gründen. Er bietet mir vom Port der himmlischen Vaterwelt die Hände um die gesunkene Psyche heraufzuheben.

Könnte ihn jemand besser zeichnen, jemand besser die wahrnehmbaren Umrisse seines intellectuellen Wesens, die die gewagtesten, reinsten, gelungensten und feinsten sind, in irgend einer menschlichen Sprache entwerfen, als er selbst im Bilde seines [Marquis] Posa gethan hat; Nichts hat er vergessen, als die Anwendung und die mindere Anmaaßung, die seinen Character noch menschlicher, liebenswürdiger und umfassender macht. Eben diese stille Größe und sittliche Erhabenheit, eben dieses Weltbürger Herz, das für mehr als Menschheiten schlägt und doch diese idealische Liebe auf reine Seele[n] um sich überträgt, und nicht den Einzelnen entgelten läßt, was die Natur minder für sie als fürs ganze Geschlecht that, eben dis nicht auf Erden Heimische und doch Zufriedene nicht Klagende, Heilige, Resignirende, was die gereifteste Frucht der Humanitaet ist, das Resultat der Höchsten Philosophie des Sterblichen, und einst in jenen traurigen Tagen mit den Griechen verblühte. Ihm gab das Schicksal die göttliche Gabe, alles, was er berührt in das reinste Gold des geläutertsten Menschensinns, in das Eigenthum und Erbtheil der sittlichen Grazie zu verwandeln. Wissenschaften werden im längern Laufe seines Lebens unter seinem wohlthätigen Fluge aufblühn und um kurz ein Gemälde vorüberzugehn, das der scharfsichtige Blick des Künstlers selbst vielleicht noch nicht übersehn kann; er wird ... der Erzieher des künftigen Jahrhunderts werden. ...

Oft wenn in schwärmerischen Stunden das Bild der Vorzeit in uns erwacht, wenn die Bonmots der Natur, unsre Voltaire, Helvetius und andere Modephilosophen und Modehelden unsers Jahrhunderts vor den alten herrlichen Söhnen der Natur verschwinden, wie ein künstliches Feuerrad beym Morgenstern oder ein witziger Einfall vor dem

Erguß, vor der Äußerung einer edlen, ungezwungnen, wahren Empfindung, wenn uns unsre Zeiten unsre moralische Krüppel und Zwitter mit allen ihren Gebrechen und Scheusalen anekeln, und wir, wie Hiob, der Stunde unsrer Geburt zürnen, dann versöhnt uns oft ein Blick auf diese unsre Zeit und Periodengenossen mit allem und die mürrische Klage erstirbt auf den Lippen in ein Lispeln des Danks und in die abgebrochnen, glühenden Laute der Liebe und der Bewunderung.

Mein Morgen und Abendgebet ist um Gesundheit: um die glänzendsten Lebensperioden Schillers mit genießen zu können, um von ihm begeistert auch höhern Zwecken nachzustreben; giebt mir diese die Vorsehung, was will ich weiter? Beschäftigung und Freudigkeit zu handeln hab ich dann auf Ewigkeiten. ...

Wenn noch einst meine Bewegung zur Thätigkeit, meine Reizbarkeit zu ächtem Gefühl, meine Natürlichkeit zur Natur, meine Funken zur Wärme, meine Genialitaet zu Genie, mein Entwurf zur Ausführung, meine Vorstellung der Empfindung zur Empfindung, meine Mäßigkeit in Mäßigung, mein Sinn zu Character, meine Anlage zur Ordnung, meine Vielseitigkeit zur Mannigfaltigkeit, und meine Vielheit zur Einheit, meine Ahndungen zu System verschmelzen und meine Vernunft das entscheidende Uebergewicht über Sinnlichkeit und Fantasie erhält und Natur und Einfachheit meine Hausgottheiten werden meine Liebe und mein Enthusiasmus für so viele Dinge eine bestimmtere, festere Richtung, eine ebenso leichte als glückliche Anwendung erhalten; dann verdank ich wenigstens Ihnen, Schillern und Schmidten die dazu so nötige Aufmerksamkeit und Beobachtung meiner selbst, ohne die alle Kämpfe fruchtlos, alle Mühen vergeblich sind. ...

Schiller zeigte mir höhere, reizendere Zwecke in dem Studium dieser ernsteren Wissenschaften [Jurisprudenz, Mathematik und Philosophie], für die jeder nur einigermaßen an Kopf und Herzen gesunde und unverdorbne Mensch sich feurig und lebhaft interressiren muß. Er lehrte mich den Wink meines Schicksals belauschen und ihm gehorsam seyn: Er zeigte mir, daß man könne, was man solle und daß wahre Größe des Geistes und ächte sittliche Schönheit des Karakters mit eingeschränkten Zwecken, wenn man zu höhern Beruf hätte, unverträglich sey. Ich brauche mich auch deswegen, wie ich neulich an Schiller schrieb, nicht an Kopf und Herz von meiner Brodwissenschaft Abälardisiren zu lassen. Musen und Grazien können immer die vertrauten und nützlichen Gespielen meiner Nebenstunden bleiben, Lieblingen derselben immer wärmer und inniger mein Herz entgegenschlagen, Ihre

Werke immer einen unaussprechlichen, Sinn und Geist hinreißenden über alles erhabenen Zauber, für mich behalten und im heiligen Selbstgefühl der Unschuld und Sittlichkeit alle meine Gedanken und Empfindungen mit dem Siegel der Begeisterung und Hoheit bezeichnen: Denn das Entzücken, welches hieraus entspringt verlöscht nur mit dem lezten Auseinanderdrange meiner Fibern, mit der Bebung, die mein Innerstes gewaltsam auflöst, mit dem Athemzuge, der den Gott in mir befreyt. Empfehlen Sie mich der Frau Räthin, dem Nachbild von Schillers Elisabeth [gemeint ist die Königin von Spanien im «Don Carlos»], meinem lieben, großen Schiller und denken Sie zuweilen an

> Ihren
> innig Sie liebenden Freund und Verehrer
> Fridrich Leopold von Hardenberg».[165]

Rudolf Steiner
Auszug aus dem Vortrag vom 18. Dezember 1920

Im 2. Kapitel dieses Buches «Der Kampf um die Freiheit des Menschen» wurde darauf hingewiesen, daß Schiller in den letzten Jahren seines Lebens mit einem völlig zusammengeschrumpften Herzen gelebt hat. Dessen Zerstörung war so weit fortgeschritten, daß es nach seinem Tode einem «leeren Beutel» glich. Dennoch sagte Rudolf Steiner, Schiller hätte in diesem Zustand noch einige Jahre leben und wirken können. Der Grund dafür kann nur darin gesehen werden, daß er bis zu einem gewissen Grad das ätherische Herz ausgebildet hatte.

Nun war aber die medizinisch festgestellte Todesursache eine andere. Nach der Diagnose der ihn behandelnden Ärzte starb Friedrich Schiller an einer akuten linksseitigen Lungenentzündung. Zu diesem Zeitpunkt war seine Lunge bereits weitgehend zerstört, der rechte Lungenflügel ganz und der linke, der sich die tödliche Entzündung zugezogen hatte, etwas weniger. Auch mit solchen Lungen hätte Schiller, medizinisch betrachtet, nicht mehr leben können. Rudolf Steiner gab jedoch auf eine an ihn gerichtete diesbezügliche Frage eine dezidiert positive Antwort.

Friedrich Rittelmeyer berichtet von einem Gespräch mit Rudolf Steiner im Jahre 1921, in welchem sie auf den Tod von Friedrich Schiller zu sprechen kamen: «Auf meine Erwiderung, er sei doch lungenkrank gewesen, antwortete Dr. R. Steiner: ‹Damit hätte er noch lange leben können›.»[166]

Im menschlichen Organismus sorgt vor allem die Lunge für eine ständige Erneuerung der Lebenskräfte. Im Prozeß des Atmens werden die Lebenskräfte ein- und die des Todes ausgeatmet. Ein Mensch, dessen Lunge weitgehend zerstört ist, kann nur dadurch weiterleben, daß er als Hilfe und zum Teil als Ersatz einen Zustrom von Lebenskräften empfängt bzw. einen neuen Quell derselben in sich entfaltet und zur Wirksamkeit bringt.

Daß dies tatsächlich möglich ist, beschreibt Rudolf Steiner in dem Vortrag vom 18. Dezember 1920 (GA 202). Zugleich beantwortet er hier eine Frage, die schon zu Zeiten Schillers, jedoch vor allem seit der

Mitte des 19. Jahrhunderts und bis heute, zu den zentralen Geheimnissen des menschlichen Lebens gehört: Wie ist der Übergang von der inneren geistig-seelischen bzw. moralischen Welt im Menschen zu der ihn umgebenden Welt der Natur, die mit seinem physischen Leib verbunden ist, überhaupt möglich?

In dem noch zu zitierenden Abschnitt aus dem erwähnten Vortrag zeigt Rudolf Steiner, wie die Begeisterung für moralische Ideale den Menschen so ergreifen kann, daß dadurch eine völlige Verwandlung seines Wesens möglich wird, welche sich bis auf seinen physischen Leib erstreckt. So entsteht aufgrund der moralischen Begeisterung in diesem etwas wie ein «ätherischer Lebenskeim» oder eine neue «Lebensquelle», aus der die neuen, den menschlichen Organismus unterstützenden und labenden Lebenskräfte sich ausbreiten können.

Rudolf Steiner beginnt diesen Abschnitt so, daß der Leser, der von Schillers Wesen eine Vorstellung hat, obwohl dieser hier nicht explizit erwähnt ist, sogleich an ihn erinnert wird: «Stellen wir uns einmal vor, der Mensch wird begeistert von einem hohen moralischen Ideal. Der Mensch kann sich wirklich innerlich, seelisch begeistern für ein moralisches Ideal, für das Ideal des Wohlwollens, für das Ideal der Freiheit, das Ideal der Güte, der Liebe und so weiter. Er kann sich begeistern in konkreten Fällen für dasjenige, was durch diese Ideale angedeutet ist.» Man kann kaum besser als mit diesen Worten das tiefste Wesen Schillers mit seiner außergewöhnlichen Fähigkeit, sich für alles Schöne, Wahre und Gute zu begeistern, charakterisieren. Mehr noch, kein anderer Mensch unter all seinen Zeitgenossen, ja in der europäischen Geistesgeschichte überhaupt, konnte sich für hohe moralische Ideale so begeistern wie Schiller. Dadurch steht er wie das eindrucksvollste Beispiel für dasjenige da, was Rudolf Steiner als die Ergebnisse einer solchen Begeisterung für die verschiedenen Wesensglieder des Menschen weiterhin beschreibt. Denn diese wird im physischen Leib zu einem neuen Quell von Lebenskräften, aus denen Schiller, trotz seiner zerstörten Lungen, weiterhin leben konnte, so wie Rudolf Steiner es Friedrich Rittelmeyer gegenüber angedeutet hat. Auch für alle anderen erkrankten Organe Schillers war der Zufluß von Lebenskräften aus diesem Begeisterungsquell von entscheidender und lebensverlängernder Bedeutung.

Es ist auch bezeichnend, daß der Ausgangspunkt für die leibliche Wirkung der moralischen Begeisterung das Element der Wärme bzw. der ganze Wärmeorganismus des Menschen ist. Denn in ihm geschieht die tiefste seelisch-leibliche Alchemie, wodurch die aufgrund der höheren Begeisterung erzeugte seelische Wärme sich zunächst in die physische Wärme des Blutes und dann in die Wärme des ganzen Leibes verwandelt.

Der Ursprung und auch das Geheimnis, wodurch die Metamorphose des Seelisch-Geistigen in das Leibliche durch die beschriebene Verwandlung der Wärme stattfindet, ist auf dem alten Saturn zu suchen. Auf ihm geschah dieser Übergang einst makrokosmisch. Zu Beginn seiner Entwicklung war die Wärme, die ihn erfüllte, noch ganz geistig-seelischer Art. Jedoch schon von der Mitte seiner Entwicklung an bestand er weitgehend aus dem Element, das der heutigen, dem Tastsinn des Menschen zugänglichen physischen Wärme ähnlich ist. Dieser Prozeß, so wie alle anderen, die auf dem alten Saturn stattfanden, war von kosmischen Begeisterungskräften, die von den höchsten Geistern, den Seraphim, ausgingen, umhüllt und durchdrungen, was die beschriebene Metamorphose der Wärme ermöglichte.

Wenn man bedenkt, daß die Entelechie Schillers in ihrem kosmischen Leben vor der Geburt im 18. Jahrhundert das kommende Erdenleben vor allem in der Saturn-Sphäre vorbereitete, wo die kosmischen Kräfte der Wärme und der Begeisterung urständen und den Übergang von dem Moralischen in das Physische und wieder zurück bewirken, dann kann man verstehen, in welch tiefem Sinne auch von dieser Seite her die Worte aus dem genannten Vortrag vor allem auf Schiller bezogen werden können.

Am Schluß des unten zitierten Abschnittes weist Rudolf Steiner darauf hin, daß die beschriebenen Folgen der moralischen Begeisterung in den menschlichen Hüllen am wenigsten während des Erdenlebens selbst, in dem sie von dem Menschen erzeugt werden, ihre Früchte zeitigen. Umso stärker geschieht dies aber nach dem Tod des betreffenden Menschen, wodurch er für die geistige Welt und die in ihr wirkenden Hierarchien selbst «weltschöpferisch» wird.

Aus dem Gesagten geht hervor, daß Friedrich Schiller, neben seiner großen Wirkung als Mensch und Dichter hier auf der Erde, eine unvergleichlich größere Bedeutung für die geistige Welt und ihre Weiterentwicklung hatte, hat und noch haben wird. Denn aus der Kraft seiner moralischen Begeisterung, die er auf der Erde wie kein anderer entfaltete, wurde er nach seinem Tode, ebenfalls wie kein anderer, selbst zum Quell des «Weltschöpferischen» in der geistigen Welt. Deshalb konnte Rudolf Steiner, nachdem er sich in die Seele des verstorbenen Schiller vertieft hatte, von der Fülle der Inspirationen sprechen, die jetzt in der Seele Schillers lebten. (Siehe GA 310, 1.7.1924.)

So kann die zuvor gestellte Frage, woher Schiller die Lebenskräfte für sein Weiterleben und -schaffen schöpfte, obwohl seine Organe eines nach dem anderen versagten, mit dem Wort Rudolf Steiners ganz im Schillerschen Sinn beantwortet werden: «Wo liegen die Quellen des Lebens? Sie liegen in dem, was die moralischen Ideale anregt, die im Menschen begeisternd wirken» (ebd.).

Die oben erwähnten Worte Rudolf Steiners aus dem Vortrag vom 18. Dezember 1920 lauten so: « Stellen wir uns einmal vor, der Mensch wird begeistert von einem hohen moralischen Ideal. Der Mensch kann sich wirklich innerlich seelisch begeistern für ein moralisches Ideal, für das Ideal des Wohlwollens, für das Ideal der Freiheit, das Ideal der Güte, der Liebe und so weiter. Er kann sich begeistern in konkreten Fällen für dasjenige, was durch diese Ideale angedeutet ist. Daß aber das, was da in der Seele als Begeisterung vor sich geht, in die Knochen oder in die Muskeln fährt, so wie Knochen oder Muskeln von der heutigen Physiologie oder heutigen Anatomie betrachtet werden, das kann sich natürlich niemand vorstellen. Aber Sie werden darauf kommen, wenn Sie nur mit sich selbst innerlich ordentlich zu Rate gehen, daß Sie sich sehr wohl vorstellen können – und es ist auch so –, daß, wenn der Mensch begeistert ist für ein hohes moralisches Ideal, dann ein Einfluß ausgeübt wird von dieser inneren Begeisterung auf den Wärmeorganismus. Und dann ist man schon im Physischen drinnen vom Seelischen aus! So daß man sagen kann, wenn wir dieses Beispiel herausgreifen: Moralische Ideale drücken sich aus durch eine Erhöhung der Wärme im Wärmeorganismus. – Der Mensch wird nicht nur seelisch wärmer, der Mensch – wenn das auch nicht so leicht mit irgendeinem physikalischen Instrument nachweisbar ist – wird wirklich durch dasjenige, was er erlebt an moralischen Idealen, innerlich wärmer. Also es wirkt anregend auf den Wärmeorganismus.

Das müssen Sie sich nun als einen konkreten Vorgang vorstellen: Begeisterung für ein moralisches Ideal: Belebung des Wärmeorganismus. – Es geht im Wärmeorganismus lebhafter zu, wenn ein moralisches Ideal die Seele durchglüht. Aber es bleibt auch für die übrige Organisation des Menschen nicht ohne Wirkung. Außer dem Wärmeorganismus, der gewissermaßen sein höchster physischer Organismus ist, hat ja der Mensch den Luftorganismus. Er atmet die Luft ein, er atmet die Luft aus; aber während des Ein- und Ausatmens ist die Luft in ihm. Sie ist allerdings innerlich in Bewegung, in Fluktuation; aber das ist auch eine Organisation, das ist ein wirklicher Luftorganismus, der in ihm lebt, geradeso wie der Wärmeorganismus. Indem nun durch ein moralisches Ideal die Wärme belebt wird, wirkt sie, weil ja die Wärme im ganzen Organismus, in allen Organismen wirksam ist, wiederum auf den Luftorganismus. Diese Wirkung auf den Luftorganismus ist aber nicht bloß eine erwärmende, sondern wenn die Wärme, welche regsam wird im Wärmeorganismus, auf den menschlichen Luftorganismus wirkt, so teilt sie ihm all dasjenige mit, was ich nicht anders benennen kann als eine Lichtquelle. Gewissermaßen Keime des Leuchtens teilen sich dem Luftorganismus mit, so daß also moralische Ideale, die auf den Wärmeorganismus anregend wirken, im Luftorganismus Lichtquellen auslösen. Diese Lichtquellen werden für das äußere Bewußtsein, für die äußere Wahrnehmung allerdings nicht leuchtend, aber in dem menschlichen astralischen Leib erscheinen diese Lichtquellen. Sie sind zunächst gebunden, wenn ich mich dieses physikalischen Ausdruckes bedienen darf, durch die Luft selber, die der Mensch in sich trägt. Sie sind gewissermaßen noch dunkles Licht, wie ja der Pflanzenkeim auch noch nicht die ausgebildete Pflanze ist. Aber der Mensch trägt dadurch, daß er sich begeistern kann für moralische Ideale oder für moralische Vorgänge, einen Lichtquell in sich.

Als weiteren Organismus haben wir in uns den Flüssigkeitsorganismus. Indem die Wärme im Wärmeorganismus wirkt und, von moralischen Idealen ausgehend, im Luftorganismus dasjenige auslöst, was man eine Lichtquelle nennen kann, die zunächst gebunden bleibt, verborgen bleibt, löst sich im Flüssigkeitsorganismus, weil sich alles in der menschlichen Organisation, wie gesagt, mitteilt, dasjenige aus, wovon ich gestern gesprochen habe, daß es eigentlich dem äußeren Lufttönen zugrunde liegt. Die Luft ist ja nur der Körper des Tones, sagte ich gestern, und wer etwa das Wesen des Tones in den Luftschwingungen sucht und von nichts weiter spricht, der spricht von Tönen so, wie man vom Menschen spricht, wenn man nur vom äußeren sichtbaren Leibe spricht. Die Luft mit ihren schwingenden Wellen ist nichts anderes als der äußere Körper für den Ton. Im Menschen wird dieser Ton nicht im Luftorganismus ausgelöst, dieser geistige Ton, sondern er wird gerade im Flüssigkeitsorganismus ausgelöst durch das moralische Ideal. Also hier werden die Tonquellen ausgelöst.

Und gewissermaßen als den festesten Organismus, als den, der alle übrigen Organismen stützt und trägt, betrachten wir den festen Organismus. Auch in ihm wird etwas ausgelöst, so wie in den anderen Organisationen; nur wird in dem festen Organismus dasjenige ausgelöst, was wir Lebenskeime nennen können, aber ätherischen Lebenskeim, nicht physischen Lebenskeim, wie er sich dann durch die Geburt loslöst von der menschlichen weiblichen Organisation, sondern es wird der ätherische Lebenskeim losgelöst. Das, was da als ätherischer Lebenskeim lebt, es ist ja im tiefsten Unterbewußtsein unten; schon dasjenige, was die Tonquellen sind, ja in gewissem Sinne sogar das, was Lichtquelle ist. Das ist für das gewöhnliche Bewußtsein verborgen, aber es ist im Menschen.

Stellen Sie sich alles vor, was Sie im Leben durchlebt haben an Hinwendungen Ihrer Seele an die moralischen Ideen, sei es, daß Sie diese moralischen Impulse sympathisch gefunden haben, indem Sie sie bloß als Ideen erfaßten, sei es, daß Sie sie gesehen haben an anderen, sei es, daß Sie in der Ausführung in einer gewissen Weise innerlich befriedigt sein konnten mit ihrem eigenen Tun, indem Sie dieses Tun durchglüht sein lassen von den moralischen Idealen, all das geht hinunter in die Luftorganisation als Lichtquelle, in die Flüssigkeitsorganisation als Tonquelle, in die feste Organisation als Lebensquelle. All das löst sich in einer gewissen Weise von dem, was im Menschen bewußt ist, ab. Aber der Mensch trägt es in sich. Es wird frei, wenn der Mensch seine physische Organisation mit dem Tode ablegt. Was so durch unsere moralischen Ideale, was gerade durch die reinsten Ideen in unserer Organisation ausgelöst wird, das wird zunächst nicht fruchtbar. Für das Leben zwischen Geburt und Tod fruchtbar werden eben die moralischen Ideen selber, insofern wir im Ideenleben bleiben und indem wir eine gewisse Genugtuung haben über dasjenige, was wir moralisch vollbracht haben. Das hat aber lediglich mit der Erinnerung zu tun, das hat nichts zu tun mit dem, was hinuntergedrängt wird in die Organisation dadurch, daß wir moralische Ideale sympathisch finden.

Wir sehen also hier, wie tatsächlich unsere ganze Organisation, ausgehend von unserem Wärmeorganismus, durchdrungen wird von den moralischen Idealen. Und wenn wir mit dem Tod herauslösen aus unserer physischen Organisation unseren ätherischen Leib, unseren astralischen Leib, unser Ich, dann sind wir in diesen höheren Gliedern der Menschennatur durchdrungen von Eindrücken, die wir gehabt haben. Wir waren mit unserem Ich in unserem Wärmeorganismus, indem die moralischen Ideale belebt haben unsere eigene Wärmeorganisation. Wir waren in unserem Luftorganismus, wo Lichtquellen gepflanzt wor-

den sind, die nun nach unserem Tod in den Kosmos mit uns hinausge-
hen. Wir haben in unserem Flüssigkeitsorganismus den Ton angeregt,
der zur Sphärenmusik wird, mit der wir hinaustönen in den Kosmos.
Wir bringen Leben hinaus, indem wir durch die Pforte des Todes gehen.

Sie ahnen an dieser Stelle, was das Leben, das ausgegossen ist in der
Welt, eigentlich ist. Wo liegen die Quellen des Lebens? Sie liegen in
dem, was die moralischen Ideale anregt, die im Menschen begeisternd
wirken. Wir kommen darauf, uns sagen zu müssen, daß, wenn wir heute
uns durchglüht sein lassen von moralischen Idealen, diese Leben und
Ton und Licht hinaustragen und weltenschöpferisch werden. Wir tragen das Weltenschöpferische hinaus, und der Quell des Weltenschöpferischen ist das Moralische.»

Rudolf Steiner
«Friedrich Schiller»

Das Leben schafft Mühen und Sorgen; es fordert Pflichten und Arbeiten. Es beschert uns aber auch Freuden und schöne Stunden. Zu den größten Freuden gehören die, welche uns denkende und dichtende große Menschen durch ihre Werke gewähren; zu den schönsten Stunden müssen wir diejenigen rechnen, in welchen wir uns durch solche Werke geistige Nahrung verschaffen. Wir stärken uns durch diese Werke für den Lebenskampf. Sowenig unser Leib ohne körperliche Nahrung sein kann, ebensowenig kann unsere Seele ohne geistige Speise sein. Ein Mensch, der sich um die Werke der Dichter und Denker nicht kümmert, kann nur einen rohen und armseligen Geist haben. Er wird aber oft ein viel härteres Los haben als derjenige, welcher die geistigen Schöpfungen kennt. Denn über manche traurige Stunde kann ihm eine Dichtung hinweghelfen; manchen Trost kann uns geben, was ein bedeutender Mensch gesagt hat. Ohne daß wir es merken, wird unser Charakter veredelt, wenn wir die Schöpfungen der Dichter in uns aufnehmen.

Friedrich Schiller ist ein Dichter, von dem jedes Wort uns tief ins Herz dringen muß. Denn es ist alles aus dem tiefsten Herzen heraus gesprochen, was er uns geschenkt hat. Je mehr man ihn kennenlernt, desto mehr wird man nicht nur seinen hohen Geist bewundern, sondern seine edle Seele lieben und sich durch Betrachten seines herrlichen Charakters stärken. Er hat ein schweres Leben gehabt und das Leiden kennengelernt. In einem schwächlichen Körper wohnte ein starker Geist, der nur auf Erhabenes und Ideales gerichtet war. Er ist am 10. November 1759 in dem württembergischen Städtchen Marbach geboren. Sein Vater war erst Wundarzt, dann Aufseher der Gärten und Baumpflanzungen auf dem Lustschloß Solitude. Seine Mutter, die Tochter eines Gastwirtes, war eine fromme Frau, eine echte Freundin der Dichtkunst. Diese Neigung hat sie auch in den Sohn eingepflanzt. Der Vater gab dem Knaben den ersten Unterricht. Später wurde der Pastor Moser im Dorf Friedrich Schillers Lehrer. Den weiteren Unterricht erhielt dieser auf der lateinischen Schule in Ludwigsburg. Sein Hang zu edler geistiger Tätigkeit zeigte sich schon in frühester Jugend. Die Psalmen und die Lehren der Propheten, geistliche Lieder und Dichtungen regten seinen auf alles Ernste gerichteten Geist an. Er wäre am liebsten ein Geistlicher geworden.

Auf Veranlassung des Herzogs Karl Eugen von Württemberg (1728–1793) wurde er aber in die Reihe der Zöglinge in der Karls-Schule aufgenommen, die zuerst auf dem Lustschlosse Solitude, dann in Stuttgart war. Er war in dieser Anstalt vom Jahre 1773 bis 1780. Zuerst sollte er Rechtswissenschaft studieren. Später vertauschte er diese Wissenschaft mit der Medizin. Er gebrauchte alle Zeit, die ihm die strenge militärische Zucht der Schule ließ, dazu, um sich in ernste Werke der Dichtkunst zu vertiefen. Schon damals faßte er den Entschluß, selbst eine ernste Dichtung zu schaffen, deren Held Moses sein sollte. Bald aber begeisterte ihn ein anderer Gegenstand. Noch auf der Schule dichtete er an seinem Schauspiel «Die Räuber», das er dann, nachdem er Regimentsarzt in Stuttgart geworden war, vollendete.

Der Herzog Karl Eugen sah mit Unzufriedenheit, daß sein Militärarzt sich in solcher Weise beschäftigte. Er verbot diesem, etwas anderes als Medizinisches drucken zu lassen. Das nötigte Schiller, sein Amt und seine Heimat zu verlassen und sich aus eigener Kraft eine Stellung in der Welt zu schaffen. Er floh mit seinem Freunde, dem Musiker Streicher, am 22. September 1782 nach Mannheim, wo seine «Räuber» bereits aufgeführt worden waren und den größten Beifall gefunden hatten. Doch konnte er hier keine Gönner finden. Dafür gewährte ihm eine hochsinnige Frau, Henriette von Wolzogen, auf ihrem Landgute Bauerbach in Thüringen eine Zufluchtsstätte. Hier konnte er in Ruhe an sein zweites Drama «Die Verschwörung des Fiesko in Genua» gehen, das 1783 erschienen ist. Auch sein drittes Drama «Kabale und Liebe» konnte er hier vollenden und im Jahre 1784 erscheinen lassen. Der Kampf gegen die Unmoral seiner Zeit und die Begeisterung für die Freiheit, die aus diesen Werken sprechen, eroberten dem Dichter die Herzen seiner Zeitgenossen. Ebenso riß er diese hin durch seine von dem edelsten Schwunge getragenen Gedichte, die in seiner «Anthologie» erschienen. Freiherr von Dalberg, der Leiter des Theaters in Mannheim, der früher nicht gewagt hatte, dem Dichter in Mannheim eine Stellung zu gewähren, weil er den Zorn des Herzogs von Württemberg fürchtete, machte jetzt Schiller zum Theater-Dichter. Dieser gründete eine Zeitschrift, die «Rheinische Thalia». Der Ernst, mit dem er die Stellung der Schauspielkunst auffaßte, kam gleich in dem ersten Aufsatz zum Vorschein, in dem er «Die Schaubühne als moralische Anstalt» beschrieb. Ein großes geschichtliches Schauspiel «Don Carlos» war seine nächste dichterische Arbeit. Der ganze Drang nach politischer Freiheit, der die besten Geister der damaligen Zeit beseelte, kam in diesem Werk zum Ausdruck. Der Dichter konnte den Anfang im Jahre 1784 dem Herzog Karl August von Weimar, dem Freunde Goethes, vorlesen, in dem er später einen Gönner finden sollte.

Im April 1785 luden zwei junge Verehrer Schillers in Leipzig, Huber und Körner (der Vater des Freiheitssängers und Freiheitsdichters Theodor Körner), den Dichter zu sich ein. Dieser folgte dem Rufe und brachte die nächste Zeit in Gohlis bei Huber zu, um dann zu Körner zu gehen, der mittlerweile nach Dresden übergesiedelt war. Schiller konnte sich nun in völliger Ungestörtheit seinen Arbeiten hingeben. Auf Körners Besitztum in Loschwitz bei Dresden vollendete er den «Don Carlos». Er blieb bis zum Sommer 1787. Hierauf verweilte er einige Monate in Weimar und begab sich dann nach Volkstedt bei Rudolstadt, um in der Nähe der dort wohnenden Familie Lengefeld zu sein, mit der er sich auf einer Reise in Rudolstadt innig befreundet hatte. Am 9. September 1788 sah Schiller im Lengefeldschen Hause zum erstenmal Goethe. Sie konnten sich damals noch nicht miteinander befreunden. Doch sagte sich Goethe, daß für Schiller etwas getan werden müsse, um ihm zu einer äußeren Stellung zu verhelfen. Daß Schiller bald darauf eine Professur für Geschichte an der Universität Jena erhielt, war Goethes Werk. In dieser Zeit trat eine Pause in Schillers poetischem Schaffen ein. Er vertiefte sich in die Geschichte und in die Philosophie. Schon früher, in Dresden, hatte er ein glänzendes geschichtliches Werk angefangen, die «Geschichte des Abfalls der Niederlande». Es war schon in Weimar fertiggeworden und schilderte den großen Freiheitskampf der Niederländer im sechzehnten Jahrhundert. Nach Übernahme seines Lehramtes schrieb er die «Geschichte des Dreißigjährigen Krieges», indem er den furchtbaren Glaubenskrieg darstellte, der über Deutschland vom Jahre 1618 bis 1648 seine verheerenden Wirkungen ausgebreitet hatte. Eine Frucht seiner philosophischen Studien sind die herrlichen «Briefe über die ästhetische Erziehung des Menschen», in denen er die Erziehung des Menschen durch die Kunst zur Anschauung brachte. Das letztere Werk hat er als Dank für den Erbprinzen Christian Friedrich von Holstein-Augustenburg geschrieben, der ihm im Verein mit dem dänischen Minister Graf Schimmelmann ein Jahresgehalt von 1000 Talern für drei Jahre zum Geschenk machte, als er hörte, daß Schiller in bedrängter Lage sei. Wegen seiner schwächlichen Gesundheit konnte Schiller sein Lehramt nur kurze Zeit ausüben. Es bot ihm auch, trotz ungeheurer Arbeit, die es ihm auferlegte, nur das kärgliche Honorar von 200 Talern. Er widmete bald wieder seine ganze Zeit der Tätigkeit als Schriftsteller.

Die Gründung einer neuen Zeitschrift «Die Horen», an welcher die besten Geister der Zeit mitarbeiten sollten, brachte Schiller mit Goethe zusammen. Die beiden größten Dichter des deutschen Volkes schlossen bald einen innigen Freundschaftsbund, der bis zu Schillers frühem Tode dauerte. In der schönsten Weise arbeiteten die beiden jetzt Hand in Hand. Sie gaben sich Ratschläge für ihre Werke, ermunterten sich und förderten sich in jeder Art. Schillers prächtige Gedichte «Die Bürgschaft», «Das Lied von der Glocke», «Der Taucher», «Der Graf von Habsburg», «Die Kraniche des Ibykus», «Der Alpenjäger», «Der Ring des Polykrates» und viele andere sind in dieser Zeit entstanden. Durch Goethes Einfluß wurde Schiller auch wieder angeregt, zu dem Gebiete der Dichtung zurückzukehren, in welchem er gleich von Anfang an seine Zeitgenossen begeistert hatte, zum Drama. Der große Feldherr, der im Dreißigjährigen Krieg eine so bedeutende Rolle spielte, hatte ihn schon im höchsten Grade angezogen, als er die Geschichte dieses Krieges schrieb. Ihn machte er deshalb zum Helden eines Dramas «Wallenstein». Nach Vollendung dieses Werkes übersiedelte Schiller nach Weimar. «Maria Stuart», «Wilhelm Tell» entstanden rasch hintereinander. Sein letztes Trauerspiel «Demetrius» war unvollendet, als am 9. Mai 1805 ein früher Tod den schwachen Körper dahinraffte.

Mit seinen Dichtungen und Dramen hat Schiller seinem Volke ein teures Gut hinterlassen. Wenige Dichter können mit ihm verglichen werden in bezug auf das Schwungvolle der Sprache. Und was bei allen seinen Werken tief in die Seele dringt, das ist sein Hochhalten der Ideale. Immer ist sein Blick auf die höchsten Güter der Menschheit gerichtet. Er ist als Mensch ebenso groß wie als Dichter. Sein Familienleben war ein musterhaftes. Im Jahre 1790 heiratete er Charlotte von Lengefeld. Er fand in dieser Ehe alles, was sein hoher Geist begehrte. Wenn man liest, was Charlotte Schiller nach dem Tode des Gatten über diesen geschrieben hat, dann bewundert man den Bund, der hier zwei Seelen verband, von der eine jede einzig in ihrer Art war.

Schiller war sich selbst der strengste Richter. Was uns an seinen

Dichtungen entzückt, ist durch harte Mühen von ihm errungen worden, und er arbeitete immerfort an sich selbst. Er hatte über seinen «Don Carlos» eine Reihe von Aufsätzen «Briefe über Don Carlos» geschrieben, in denen er die Fehler dieser Dichtung in der schonungslosesten Weise aufdeckte. Sein unablässiges Bestreben war, mit jedem Werke einen höheren Grad von Vollkommenheit als Dichter zu erreichen. In seinen Dramen zeigt er sich als Meister in der Darstellung der menschlichen Charaktere: menschliche Schlechtigkeit und menschliche Güte schildert er in gleich anschaulicher Art. Er war deshalb der geborene Theaterdichter im höchsten Sinne des Wortes. Wie einen Tempel betrachtete er das Theater, in dem der Zuschauer nicht bloß unterhalten, sondern erbaut werden soll. Er fühlte sich als Priester der Kunst, dem das Schaffen etwas Heiliges war. Das fühlen wir, wenn wir als Zuschauer im Theater sitzen und seine Gestalten vor uns erscheinen. Goethe konnte dem Freunde kein schöneres Denkmal setzen als den «Epilog zu Schillers Glocke», den er nach dessen Tod dichtete, und in dem er von ihm sagt: «Und hinter ihm, in wesenlosem Scheine, lag, was uns alle bändigt, das Gemeine».[167]

Anmerkungen

1 Siehe den Vortrag vom 23.8.1909 (GA 113). – Die geisteswissenschaftlichen Hintergründe von Luzifers Fall beschreibt Rudolf Steiner in dem Vortrag vom 12.6.1912 (GA 137).

2 Es ist hier auffallend, daß in den drei Stufen: Weisheit, Liebe und Tugend, oder von Weisheit durchglühte Liebe, ein Echo dessen zu finden ist, was fast um die gleiche Zeit Lessing in seinem Traktat «Die Erziehung des Menschengeschlechts» (veröffentlicht 1780) als die drei Weltepochen darstellt: Epoche des Vaters: Weisheit; Epoche des Sohnes: Liebe; Epoche des Geistes: die Wirklichkeit des Guten. In dem Vortrag von 27.9.1911 (GA 130) sagt Rudolf Steiner, daß er diese Idee, die Lessing zur Anerkennung der Reinkarnation führte, aus einer übersinnlichen rosenkreuzerischen Inspiration bekommen hat. Und Schiller hielt seine Festrede (1779) um die gleiche Zeit, als Lessing an seinem Traktat arbeitete. (Siehe über die Beziehung Schillers zu den Rosenkreuzern weiter in diesem Buch).

3 Hier darf das innere Streben Schillers nicht mit dem von Novalis verwechselt werden, der nach seiner Einweihung ganz bewußt in der geistigen Welt stand. Deshalb ging es für ihn nicht um «Weisheit und Liebe», sondern um die dahinterstehenden realen Wesenheiten: Sophia und Christus. Siehe darüber S. O. Prokofieff, «Ewige Individualität. Zur karmischen Novalis-Biographie», Dornach 1987 (zur Zeit vergriffen, Neuauflage in Vorbereitung).

4 Zitiert nach Rudolf Steiner, «Die Rätsel der Philosophie» (GA 18).

5 Es ist auffallend, daß wir diese Beziehung zur geistigen Welt, die das ganze Leben von Novalis so charakteristisch prägt, auch in der Kindheit Rudolf Steiners finden. In seiner Autobiographie berichtet er über seine diesbezüglichen Erlebnisse als 8-jähriger: «Nur das muß ich auch sagen: ich lebte gerne in dieser Welt. Denn ich hätte die Sinnenwelt wie eine geistige Finsternis um mich empfinden müssen, wenn sie nicht Licht von dieser Seite bekommen hätte» (GA 28, Kap. I). Und genauso erlebte auch Novalis die Welt.

6 Siehe ausführlicher über Novalis in S. O. Prokofieff, «Ewige Individualität. Zur karmischen Novalis-Biographie», Dornach 1987 (z. Zt. vergriffen, Neuauflage in Vorbereitung).

7 Siehe ausführlicher über diesen Aufsatz von Schiller in Anhang 3, «Die Geistgestalt Schillers in seinen eigenen Zeugnissen».

8 Die eigentliche Beziehung zu Goethe entsteht erst durch die Arbeit an der Herausgabe von dessen «Naturwissenschaftlichen Schriften», die Rudolf Steiner etwas später (1884) beginnen wird.

9 Als die Grenzen dieser geistigen Wirksamkeit gibt Rudolf Steiner die Zeit an, welche sich ungefähr von 1750 bis 1850 erstreckt. (Siehe GA 157, 16.3.1915.)

10 Es ist außerordentlich erfreulich, daß in vielen Publikationen über Schiller, die im Jubiläumsjahr 2005 erschienen, die Modernität nicht nur seines Werkes, sondern vor allem seiner Persönlichkeit hervorgehoben wurde.

11 Gemeint ist die Grundidee der «Briefe», nach der die Freiheit und somit die wahre Menschenwürde nur in der *Seele* dessen zu erreichen ist, der in sich den zweifachen Zwang, des Leibes und des Verstandes (Geistes), überwindet.

12 Siehe S. O. Prokofieff, «Ewige Individualität. Zur karmischen Novalis-Biographie», Dornach 1987, (z. Zt. vergriffen, Neuauflage in Vorbereitung).

13 Wie Herbert Hahn einmal bemerkte, spielte bei Schiller, im Gegensatz zu Goethe, weniger die Beziehung zum weiblichen Geschlecht eine bestimmende und den Schaffensprozeß inspirierende Rolle, sondern vielmehr die Beziehung zu seinen Freunden.

14 An dieser Stelle darf auch an Schillers Ballade «Die Bürgschaft» erinnert werden, in der es um eine Freundschaft auf Leben und Tod geht, und deren zentrale Botschaft die Zeile bildet: «Und glaube an Liebe und Treue» (Band I, Seite 355).

15 Brief an K. L. Reinhold. Zitiert nach «Novalis. Schriften», Bd. 4, Stuttgart 1975, Seite 94.

16 Novalis war in dieser Beziehung keineswegs der einzige. Auch der junge Hölderlin war von der Persönlichkeit Schillers so tief beeindruckt, daß er sogar einmal den sich gleichzeitig im selben Raum aufhaltenden Goethe gar nicht bemerkte. Und am Ende seines Lebens, schon weitgehend durch seine Krankheit umnachtet, murmelte er, wie zu sich selbst sprechend, wenn in seiner Anwesenheit der Name Schiller fiel: «Mein Schiller, mein herrlicher Schiller». (Siehe R. Safranski, «Schiller oder die Erfindung des deutschen Idealismus», München 2004, Seite 436).

17 Siehe auch die Mitteilung Rudolf Steiners «Über Goethe und sein Verhältnis zum Rosenkreuzertum» in GA 93. Der dort veröffentlichte Text liegt nur in einer Handschrift Marie Steiners vor.

18 Siehe darüber den Aufsatz von H. Wiesberger «Zur Hiram-Johannes-Forschung Rudolf Steiners» in GA 265.

19 Zitiert nach R. Safranski, «Schiller oder die Erfindung des deutschen Idealismus», München 2004.

20 Man könnte sich hier auch an das berühmte Wort von F. M. Dostojewskij erinnern, daß die Welt allein durch die Schönheit gerettet werden wird.

21 Siehe darüber ausführlicher in S. O. Prokofieff, «Menschen mögen es hören. Das Mysterium der Weihnachtstagung», Kap. 7, «Die *Philosophie der Freiheit* und die Weihnachtstagung», Stuttgart 2002; und in S. O. Prokofieff, «Anthroposophie und ‹Die Philosophie der Freiheit›. Anthroposophie und ihre Erkenntnismethode. Die christologische und kosmisch-menschheitliche Dimension der ‹Philosophie der Freiheit›», Dornach 2006 und in S. O. Prokofieff, «Der Hüter der Schwelle und ‹Die Philosophie der Freiheit›», Dornach 2007.

22 Wie die beiden Seitenflügel des grünen Fensters im Norden des Goetheanum das Wesen der Einweihung im Sinne Schillers darstellen, so zeigen die beiden Seitenflügel des grünen Fensters im Süden das Wesen der Einweihung im Goetheschen Sinne.

23 GA 26, Aufsatz «Michaels Mission im Weltenalter der Menschen-Freiheit»; kursiv Rudolf Steiner.

24 In «Zerstreute Betrachtungen über verschiedene ästhetische Gegenstände».

25 In «Über naive und sentimentalische Dichtung».

26 Dadurch kam Schiller in seinen «Briefen» der Lüftung des Geheimnisses vom zweifachen Bösen viel näher als Goethe, der vor allem in der Gestalt des Mephistopheles in seinem «Faust» die Neigung hatte, immer beide Arten der Widersacher zu vermischen.

27 Ebenfalls ist in dieser Beziehung die Verbindung des «Märchens» mit den Mysterien-Dramen Rudolf Steiners von besonderer Bedeutung, vor allem mit dem ersten, «Die Pforte der Einweihung» (GA 14 und GA 44).

28 Siehe GA 240, 19.7.1924.

29 Siehe Hermann Linde «Imagination», Dornach 1988.

30 Im gleichen Vortrag aber betont Rudolf Steiner, daß man die «Briefe» nicht mit dem modernen Intellektualismus gleichsetzen kann, denn im Gegensatz zu den

späteren Denkern, bei denen «nur der Kopf über die Sache denkt», geschieht bei Schiller dieses Denken noch «aus dem Erleben des vollen Menschen heraus» (GA 200, 24. 10. 1920).

31 Es ist auffallend, daß an dieser Stelle Rudolf Steiner offensichtlich an die «Ästhetischen Briefe» Schillers anknüpft, denn er spricht von den Kräften der Natur, die auf den Menschen einen Zwang durch seinen Leib ausüben und über die Gesetze der Gesellschaft, durch die der Mensch von der anderen Seite her begrenzt wird. Inmitten dieser beiden kann er nur selbst sich zu einem freien Wesen machen.

32 Siehe darüber ausführlicher in S. O. Prokofieff, «Anthroposophie und ‹Die Philosophie der Freiheit›. Anthroposophie und ihre Erkenntnismethode. Die christologische und kosmisch-menschheitliche Dimension der ‹Philosophie der Freiheit›», Kap. 13, «Der Impuls der Freiheit und die christlichen Mysterien des Karma», Dornach 2006.

33 Als Folgen einer «richtigen» Vereinigung mit seinem Schicksalskern vor der Erdengeburt gibt Rudolf Steiner neben einem starken «Freiheitsgefühl» noch eine weitere Eigenschaft an, die er als «das Gefühl der Gottdurchdrungenheit» bezeichnet (GA 215, 15. 9. 1922), von der später noch die Rede sein wird.

34 Siehe darüber ausführlicher S. O. Prokofieff, «Anthroposophie und ‹Die Philosophie der Freiheit›. Anthroposophie und ihre Erkenntnismethode. Die christologische und kosmisch-menschheitliche Dimension der ‹Philosophie der Freiheit›», Kap. 9, «Metaphysische Grundlagen der Voraussetzungslosigkeit der ‹Philosophie der Freiheit›», Dornach 2006.

35 Es muß an dieser Stelle auch erwähnt werden, daß es höchstwahrscheinlich so ist, daß die Individualität Schillers in einer ihrer vorchristlichen Inkarnationen (vermutlich in Ägypten) zutiefst in die alte Sternenweisheit eingeweiht war. Einen Abglanz davon findet man z.B. in der «Braut von Messina», von der Rudolf Steiner sagte: «Nehmen Sie eine solche Dichtung wie ‹Die Braut von Messina›. Schiller macht ein Experiment. Er versucht, den alten Schicksalsgedanken in Verbindung mit der Sternenweisheit in die dramatische Handlung hineinzugestalten» (GA 210, 25. 2. 1922).

36 Selbstverständlich war der Einfluß Goethes auf Schiller nicht weniger bedeutend, jedoch würde seine Charakterisierung den Rahmen dieser Arbeit sprengen. – Siehe ausführlicher über die Zusammenarbeit der beiden großen Dichter in Peter Selg, «Friedrich Schiller. Die Geistigkeit des Willens», Kap. II, «Goethe und Schiller», Dornach 2005.

37 Siehe den Aufsatz von Rudolf Steiner «Goethe, der Schauende, und Schiller, der Sinnende». (GA 36, 9. 4. 1922).

38 Aus dem «Versuch über den Zusammenhang der tierischen Natur des Menschen mit seiner geistigen», § 27, «Trennung des Zusammenhangs» (Band V, S. 323 f.).

39 Es ist in dieser Beziehung nicht ohne Bedeutung, daß Schiller seine Inkarnation im 18. Jahrhundert vor allem in der Saturnsphäre des geistigen Kosmos vorbereitet hatte, das heißt in derjenigen, die unmittelbar an den Fixsternhimmel angrenzt, worüber später noch gesprochen wird. (Siehe auch GA 239, 10. 6. 1924 sowie Hans Werner, «Friedrich Schiller – ein Saturnschicksal» in Bd. IV, «Schicksale in wiederholten Erdenleben», Hrg. W. Schuchhardt, Dornach 1986.)

40 Zitiert aus «Briefwechsel zwischen Friedrich Schiller und Wilhelm von Humboldt», Band I, Berlin 1962.

41 In den Vorträgen vom 14. und 15. 4. 1909 (GA 110) spricht Rudolf Steiner davon, daß das Wirkensfeld der Engel vor allem zu der Mondensphäre gehört, das der Erzengel zu der Sphäre des Merkur, das der Archai zu der Venus, der Exusiai zur Sonne, der Dynamis zum Mars, der Kyriotetes zum Jupiter, der Throne zum Sa-

turn. Und nur die Wirkensfelder der Cherubim und Seraphim ragen über die Planetensphäre hinaus und gestalten den ganzen Sternenkosmos.

42 Siehe darüber ausführlicher in S. O. Prokofieff, «Anthroposophie und ‹Die Philosophie der Freiheit›. Anthroposophie und ihre Erkenntnismethode. Die christologische und kosmisch-menschheitliche Dimension der ‹Philosophie der Freiheit›», Kap. 3 «‹Die Philosophie der Freiheit› und das Wirken der Hierarchien», Dornach 2006.

43 Über die esoterischen Grundlagen dieser Willensentwicklung von Schiller siehe Peter Selg, «Friedrich Schiller. Die Geistigkeit des Willens», Epilog: «Friedrich Schiller und der bewußte Wille», Dornach 2005.

44 In seinem Aufsatz «Goethe, der Schauende, und Schiller, der Sinnende» (siehe GA 36) weist Rudolf Steiner auf diesen Unterschied der beiden Dichter hin.

45 Der Leser muß an dieser etwas schwierigen Stelle berücksichtigen, daß es hier um die Zusammenschau zweier unterschiedlicher Aspekte der kosmischen Wirksamkeit der Hierarchien geht. So bringt Rudolf Steiner in dem Vortrag vom 15. April 1909 (GA 110) die Geister der Weisheit (Kyriotetes) in Zusammenhang mit der Jupiter-Sphäre und die Geister des Willens (Throne) mit der Saturn-Sphäre, wo sie ihre eigentliche Heimat im Kosmos haben. Noch höher stehen die Cherubim und Seraphim, die ihren kosmischen Aufenthaltsort jenseits des Sonnensystems im Sternenhimmel haben. Ein weiterer Aspekt der kosmischen Wirksamkeit der Hierarchien findet sich in den Vorträgen vom 9. und 10. Juni 1924 (GA 239) bei der Beschreibung, wie die Menschenseelen ihr Karma in der Jupiter- und Saturnsphäre vorbereiten (es geht dabei ganz konkret um die Seelen der späteren Goethe und Schiller). So werden im ersten Fall die Cherubim und im zweiten die Seraphim erwähnt. Diese wirken natürlich in den ihnen untergeordneten Sphären des Jupiter und des Saturn ganz anders als in ihrer eigentlichen Sternenheimat, die weit darüber hinausragt und an die *nur* die Saturn-Sphäre – nicht aber die Jupiter-Sphäre – direkt angrenzt, welche somit von dort die entsprechenden Impulse bekommen kann.

46 Siehe in GA 26 den Aufsatz «Weihnachtsbetrachtung: Das Logos-Mysterium».

47 In der «Letzten Ansprache» spricht Rudolf Steiner von «jenem Sonnendasein, das gelebt hat in [allen] seinen bisher uns bekannten Inkarnationen» (GA 238, 28.9.1924).

48 Man braucht in dieser Beziehung nur Schiller mit seinen jüngeren Zeitgenossen, z.B. Friedrich Wilhelm Schelling zu vergleichen, der sich auch sehr intensiv mit dem Thema Freiheit befaßte, jedoch im Gegensatz zu Schiller hauptsächlich im Theoretisch-Philosophischen befangen blieb.

49 Später wird diese «freie Neigung» Schillers bei Rudolf Steiner ihre höchste Stufe in dem Handeln aus der reinen «Liebe zum Objekt» erreichen (siehe GA 4, Kap. IX).

50 Siehe darüber Rudolf Steiner «Das Christentum als mystische Tatsache und die Mysterien des Altertums» (GA 8), Kap., «Das Lazarus-Wunder».

51 Und in einem späteren Vortrag fügt Rudolf Steiner noch hinzu: «Kant ist vielfach schuld daran, daß die Menschen nicht aus dem Materialismus herausgekommen sind» (GA 353, 25.6.1924).

52 In dieser Beziehung wies Rudolf Steiner immer wieder auf den berühmten Ausspruch Kants aus der Vorrede zur zweiten Auflage der «Kritik der reinen Vernunft» hin: «Ich mußte also das Wissen aufheben, um zum Glauben Platz zu bekommen.»

53 In diesem Sinne ist Kant auch der größte Antipode von Goethe und dessen Erkenntnismethode, die später zu dem von Rudolf Steiner begründeten Goetheanismus führte. Deshalb schreibt er in seinem Buch «Goethes Weltanschauung»: «Mit Goethes Anschauungen steht die Kantsche Denkweise in einem scharfen

Gegensatz», und etwas weiter: «Die Grundlagen der Kantschen Denkweise widersprechen Goethes Wesen aufs schärfste.»

54 Es ist eigenartig, wie Kant das Problem der menschlichen Freiheit im Sinne seiner Philosophie zu lösen versuchte. Er postuliert zwar ihre Existenz, behauptet aber dann, daß sie nur der Welt der «Dinge an sich» angehöre, das heißt, nicht dem Bereich des Wissens, sondern dem des Glaubens, wozu auch der Glaube an Gott und die Unsterblichkeit der Seele zu rechnen sind. Somit hat für Kant die Freiheit des Menschen den gleichen Ursprung wie sein «kategorischer Imperativ». Dadurch wird sie in seiner Philosophie nicht nur unerkennbar, sondern zu einem Widerspruch in sich. Zwar behauptet Kant eine Freiheit in der Sphäre der praktischen Vernunft, um dadurch die Sittlichkeit überhaupt begründen zu können, verweist sie aber zugleich in die nominale Welt, aus welcher der erkennende Mensch ganz ausgeschlossen ist. (Siehe I. Kant, «Grundlegung zur Metaphysik der Sitten», 1785 und «Kritik der praktischen Vernunft», 1788). – Aus diesem Grund konnte Rudolf Steiner später sagen, daß «gerade der Kant es ist, auf den sich die Gegner der Geisteswissenschaft immer stützen können» (GA 353, 14.5.1924), denn er «ist also eigentlich derjenige, der am meisten alle Geisteswissenschaft ausschließt» (ebd.). Ein typisches Beispiel dafür ist V. Tomberg, der, nach seiner Abkehr von der Anthroposophie und der Konversion zum römischen Katholizismus in der zweiten Hälfte seines Lebens, ein glühender Verehrer und Verteidiger Kants wurde.

55 Am 14. April 1783, als Schiller noch das allgemeine Konzept des Dramas «Don Carlos» durchdachte, schrieb er an seinen Freund und späteren Schwager Reinwald: «Außerdem will ich es mir in diesem Schauspiel *zur Pflicht machen*, in Darstellung der Inquisition die prostituierte Menschheit zu rächen und ihre Schandflecken fürchterlich an den Pranger zu stellen» (Band II, Seite 1093).

56 Siehe S. O. Prokofieff, Christian Lazaridès, «Der Fall Tomberg. Anthroposophie oder Jesuitismus», Kap. 6 «Ein okkulter Verfechter der Unfehlbarkeit des Papstes», stark erw. Auflage, Selbstverlag ²1996.

57 Zitiert nach «Geistliche Übungen» in der Übersetzung von H. U. von Balthasar. Siehe S. O. Prokofieff «Die Beziehung des späteren Tomberg zu Rudolf Steiner und zur Anthroposophie», Dornach 2003.

58 Siehe darüber GA 131, 5.10.1911.

59 Über die Beziehung Schillers zum Rosenkreuzertum siehe auch Teil I, «Der geistige Auftrag Schillers zwischen Goethe und Novalis».

60 Deshalb charakterisiert Rudolf Steiner den modernen rosenkreuzerischen Weg in der Anthroposophie als denjenigen der «Ausbildung des Willens». (Siehe GA 97, 30.11.1906.)

61 An einem Beispiel aus unserer Zeit konnte die gegenwärtige Verbreitung der Praktiken der geistlichen Übungen Loyolas verfolgt werden. (Siehe meinen unveröffentlichten Aufsatz «Hans Urs von Balthasar und Ignatius von Loyola. Eine Antwort an Herrn Maas».)

62 Auch das 1928 von J. Escrivá de Balaguer beründete Opus Dei bewegt sich auf dieser Linie.

63 Siehe GA 173, 174, 186 sowie in S. O. Prokofieff, «Die Begegnung mit dem Bösen und seine Überwindung in der Geisteswissenschaft. Der Grundstein des Guten», Dornach, erw. Aufl. ³2003 und S. O. Prokofieff, «Die geistigen Quellen Osteuropas und die künftigen Mysterien des Heiligen Gral», Dornach ²1994.

64 Rudolf Steiner erwähnte selbst, daß er «aus einem esoterischen Pflichtgefühl» (GA 224, 7.5.1924) über diese gefährlichen Themen sprach und daß «von gewissen Seiten her ... überhaupt die Feindschaft gegen Anthroposophie gerade von diesem Zyklus aus [begann]». (Gemeint ist der Zyklus «Von Jesus zu Christus»,

in dessen erstem Vortrag die okkulten Übungen der Jesuiten beschrieben und erläutert sind.) – Die Frage soll an diesem Punkt zumindest gestellt sein: Ob nicht auch hier das tragische Schicksal Schillers und vor allem sein zu früher Tod dabei vor dem inneren Blick Rudolf Steiners gestanden haben mag.

65 Siehe ausführlicher über den Illuminaten-Orden in S. O. Prokofieff, «Das Rätsel des Demetrius. Versuch einer Betrachtung aus historischer, psychologischer und geisteswissenschaftlicher Sicht», Kap. 6, «Der ‹Demetrius› von Friedrich Schiller und die ihm zugrunde liegende geistig-historische Realität: Der Kampf gegen den Geist», Dornach 1992.

66 Niemeyer Verlag, Tübingen 1996, Seite 77. – Den Hinweis auf dieses Buch, das einige Äußerungen Rudolf Steiners zu diesem Thema heute wissenschaftlich bestätigt, verdanke ich dem anregenden Vortrag über das Verhältnis Schillers zu den Illuminaten, den Dr. Florian Roder aus München am 13. April 2005 im Paracelsus-Zweig in Basel gehalten hat.

67 Mit dieser Geste des Berührens des Saumes spielt Schiller offensichtlich auf die entsprechende Szene aus den Evangelien an, damit fast unmerklich das Motiv des Antichrist in seine Darstellung einführend.

68 Siehe vor allem GA 131, 5.10.1911 und GA 185, 2.11.1918.

69 In diesen frühen Vorträgen benutzte Rudolf Steiner noch die Bezeichnung «theosophische Bewegung» auch für seine eigene anthroposophische Richtung.

70 Siehe GA 112, 24.6.1909.

71 Siehe S. O. Prokofieff, Ch. Lazaridès, «Der Fall Tomberg. Anthroposophie oder Jesuitismus», Kap. 6, «Ein okkulter Verfechter der Unfehlbarkeit des Papstes», 2. erw. Aufl., Selbstverlag 1996.

72 Siehe darüber ausführlicher in Kapitel III, «Das ‹Demetrius›-Fragment als Drama des menschlichen Ich».

73 Ursprünglich hieß das Drama «Die Johanniter», und Schiller wollte direkt nach Abschluß des «Don Carlos» an ihm arbeiten. In seinem Buch über Schiller, «Gewaltiger als das Schicksal», erwähnt Herbert Hahn noch ein weiteres Motiv, das Schiller in diesem Drama entwickeln wollte, und zwar das Motiv der johanneischen Liebe als das große Gemeinschaftsideal, welches vor allem in dem Johanniterorden gepflegt wurde. Erinnert man sich hier daran, daß in allen Dramen Schillers die Idee der Freiheit eine besondere Rolle spielt, dann kann man ahnen, daß er das große Ideal der Erdenentwicklung, das in der Entfaltung von Freiheit und Liebe besteht, in diesem Werk darstellen wollte.

74 S. O. Prokofieff, «Das Rätsel des Demetrius. Versuch einer Betrachtung aus historischer, psychologischer und geisteswissenschaftlicher Sicht», Kap. 6, «Der ‹Demetrius› von Friedrich Schiller und die ihm zugrunde liegende geistig-historische Realität: Der Kampf gegen den Geist», Dornach 1992.

75 Siehe die vorhergehende Anmerkung. – Man muß selbstverständlich dasjenige, was Rudolf Steiner über den zu frühen Tod Schillers aus den Quellen seiner Geistesforschung mitgeteilt hat, streng von dem unterscheiden, was darüber in die Öffentlichkeit gebracht wurde durch solche abstrusen Persönlichkeiten wie Hermann Ahlwardt oder später Mathilde Ludendorff, von denen der erstere zu den Vorläufern und die zweite auch zu den Teilnehmern der nationalsozialistischen Bewegung zu rechnen sind. Das besonders Verwerfliche an der Publikation der letzteren ist, daß sie versucht, für Schillers Tod auch seinen Freund Goethe mitverantwortlich zu machen. Damit wurde ein böswilliger Versuch unternommen, das geistige Band, das zwischen den beiden bestand und für die geistigen Schicksale Mitteleuropas von großer Bedeutung ist, zu zerstören. – Rudolf Steiner berichtet über das Verhalten Goethes hingegen das Folgende: «Und daß die Menschen eine Ahnung haben konnten, daß da mitgeholfen worden ist [«an dem

schnellen Sterben Schillers»], das geht daraus hervor, wie Goethe, der nichts machen konnte, aber manches ahnte, in den letzten Tagen gar nicht wagte, den unmittelbar persönlichen Anteil – auch nicht nach dem Tode – zu nehmen, den er an dem wirklichen Hingange Schillers seinem Herzen nach wahrhaftig genommen hat. Er getraute sich nicht herauszugehen mit dem, was er in sich trug» (GA 310, 18.7.1924).

76 Wie dieses neue Hellsehen bei Schiller an der Schwelle des Todes noch aufleuchtete, siehe in Kap. II, 3, «Schillers vorzeitiger Tod und seine geistesgeschichtlichen Folgen».

77 Wie tief dieses Mysterium des Herzens mit dem individuellen Karma Rudolf Steiners verbunden ist, hat Peter Selg in seinem Buch «Mysterium cordis. Von der Mysterienstätte des Menschenherzens. Studien zur sakramentalen Physiologie des Herzorgans. Aristoteles – Thomas von Aquin – Rudolf Steiner» dargestellt, Dornach [2]2006.

78 Über die Tatsache, daß das höhere Ich des Menschen auch nach seiner Geburt in der geistigen Welt verbleibt und nicht in den physischen Leib heruntersteigt, spricht Rudolf Steiner z.B. in dem Vortrag von 19.12.1915 (GA 165).

79 Auf dem Pfade der modernen Einweihung ist eine solche Übereinstimmung zwischen dem höheren und niederen Selbst im Menschen eine unabdingbare Voraussetzung für die weitere Aufgabe, die Rudolf Steiner wie folgt formuliert: «Er [der Geistesschüler] hat das, was er in seinem gewöhnlichen Selbst ist und was ihm im Bilde erscheint [nachdem er sich auf den Standpunkt des höheren Selbst gestellt hat], durch das neugeborene Selbst zu leiten und zu führen» (GA 13, S. 387). Dieses Ziel zu erreichen, dazu möchten dem Menschen auch die «Ästhetischen Briefe» verhelfen.

80 Siehe ausführlicher über die Beziehung zwischen dem niederen und höheren Selbst, die auf einer bestimmten Stufe der modernen Einweihung von dem Geistesschüler bewußt hergestellt werden muß, eine in der «Geheimwissenschaft im Umriß», Kap. «Über die Einweihung» (GA 13).

81 Erinnerungen von H. Voß, G., Band 22, Seite 369.

82 In seinem Buch «The Pity of War», London 1998, versuchte der schottische Historiker Niall Ferguson als einer berechtigten historischen Frage dem nachzugehen, was hätte passieren können, wenn der Erste Weltkrieg nicht eingetreten wäre. Kap. «What if?».

83 Siehe über diese Aufgabe des «Faust» und ihre Beziehung zu Schiller in meinem Beitrag «Goethes ‹Faust› und das Geheimnis des Menschen», im Sammelband «Erlebnis ‹Faust›. Anregungen zur Vertiefung», Dornach 2004.

84 Als Beispiel dafür bringt Rudolf Steiner in mehreren Vorträgen die Szene der «Himmelfahrt» Fausts: «In seinem ‹Faust› sucht er [Goethe] auch zur Imagination zu kommen, aber er kann nicht zur selbständigen Imagination kommen, er muß noch die katholische Symbolik zu Hilfe nehmen» (GA 210, 25.2.1922). Denn um zu solchen selbständigen Imaginationen zu gelangen, brauchte er die Anregung Schillers.

85 Siehe S. O. Prokofieff, «Menschen mögen es hören. Das Mysterium der Weihnachtstagung», Anhang IV, «Friedrich Schiller, Kaspar Hauser, Rudolf Steiner», Stuttgart 2002.

86 Inzwischen kann man es für erwiesen halten, daß Kaspar Hauser, trotz aller Verleumdungen und gefälschter Gegenbeweise, doch der leibliche Sohn von Großherzog Karl von Baden und Stephanie de Beauharnais und damit der direkte badische Thronfolger war. Die zweite Gen-Expertise brachte dies klar zu Tage und widerlegte somit die vorhergehende, bei der Gegenstände untersucht wurden, die Kaspar Hauser gar nicht gehört hatten. Somit wurde nochmal bestätigt, was be-

reits zu Lebzeiten Kaspar Hausers von dem großen Kriminologen der damaligen Zeit, Anselm von Feuerbach, entdeckt worden war. Eine Erkenntnis, die er auch den Herrscherhäusern von Baden und München übermittelt hatte, und wofür er höchstwahrscheinlich mit seinem plötzlichen, vorzeitigen Tod bezahlen mußte.

87 Siehe den Vortrag von 26.8.1912 (GA 138), wo auf die Inkarnation Dantes im 19. Jahrhundert hingewiesen wird, ohne einen Namen zu nennen. Im Tagebuch von Albert Steffen (wohl nach einem Gespräch mit Rudolf Steiner) ist der Name jedoch aufgezeichnet.

88 Es ist in dieser Beziehung von Bedeutung, daß Rudolf Steiner als einen der Gründe, die zu der Tragödie des Ersten Weltkrieges in Europa führten, das Ignorieren der «Ästhetischen Briefe» in den Kreisen der führenden und gebildeten Schichten Mitteleuropas anführt. So erwähnt er, «daß durch das Vergessen [von Schillers «Ästhetischen Briefen»] die heutige Menschheitskatastrophe mit herbeigeführt worden ist. Wer diese zwei Tatsachen ins Auge faßt, der lernt wirklich viel über die Entwicklung der Menschheit kennen» (GA 273, 19.1.1919).

89 Siehe auch S. O. Prokofieff, «Menschen mögen es hören. Das Mysterium der Weihnachtstagung», Anhang IV, «Friedrich Schiller, Kaspar Hauser, Rudolf Steiner» und Anhang V, «Die Tragödie vom 1. Januar 1924», Stuttgart 2002.

90 Siehe darüber die Erinnerungen von F. W. Zeylmans van Emmichoven «Rudolf Steiner in Holland», veröffentlicht in dem Sammelband «Wir erlebten Rudolf Steiner», Stuttgart 1957.

91 Siehe darüber ausführlicher S. O. Prokofieff, «Menschen mögen es hören. Das Mysterium der Weihnachtstagung», Anhang V, «Die Tragödie des 1. Januar 1924», Stuttgart 2002.

92 Siehe darüber ausführlicher in S. O. Prokofieff, «Das Rätsel des Demetrius. Versuch einer Betrachtung aus historischer, psychologischer und geisteswissenschaftlicher Sicht», Kap. 6, «Der ‹Demetrius› von Friedrich Schiller und die ihm zugrunde liegende geistig-historische Realität: Der Kampf gegen den Geist», Dornach 1992.

93 Diese eher äußere Gegebenheit führt jedoch leicht zu ganz falschen Schlußfolgerungen. Ein charakteristisches Beispiel aus der letzten Zeit bildet in dieser Beziehung die sonst so scharfsinnig und zugleich einfühlsam geschriebene Biographie Schillers von Rüdiger Safranski, «Schiller oder die Erfindung des deutschen Idealismus», München/Wien 2004. Im 22. Kapitel, unter dem Titel «Schillers Glaube», schreibt der Verfasser: «Er [Schiller] glaubte nicht an den Gott der Bibel, nicht an die erlösende Wirkung von Christi Opfertod, nicht an die Auferstehung des Leibes und der Seele, nicht an die göttliche Weltschöpfung und das endzeitliche Weltgericht, nicht an Himmel und Hölle …; die historischen, positiven Religionen waren für ihn Kulturleistungen, vom schöpferischen Geist der Menschen hervorgebracht. … Eine schlechthin gültige Offenbarung gab es für ihn nicht». Dabei bezieht sich der Autor, als Beleg für seine Behauptungen, auf die berühmten Zeilen Schillers, die dieser 1797 unter dem Titel «Mein Glaube» aufgeschrieben hat:
«Welche Religion ich bekenne? Keine von allen,
Die du mir nennst! ‹Und warum keine?› Aus Religion»
(Band I, Seite 307),
ohne zu bemerken, daß dieser Aphorismus gerade seine Hauptthese widerlegt.

94 Es ist auch auffallend, daß in der Beschreibung der beiden Wege zu Christus Rudolf Steiner die Paulus-Worte nur bei dem zweiten erwähnt.

95 Siehe GA 116, 8.5.1910.

96 Zitiert nach Peter Selg, «Friedrich Schiller. Die Geistigkeit des Willens», Dornach 2005.

97 Der Bericht von Caroline von Wolzogen über den Tod Schillers hier und in wei-

terem (sofern nicht anders vermerkt) zitiert aus: Benno von Wiese, «Schiller», Stuttgart 1959.

98 Zitiert nach Gero von Wilpert, «Schiller-Chronik», Stuttgart 2000.

99 Zitiert aus: Reinhard Buchwald, «Schiller. Leben und Werk», Wiesbaden 1959.

100 In dieser Beziehung kann man auch an den todkranken Christian Morgenstern erinnern, von dem Rudolf Steiner gegen jeglichen Augenschein sagte, daß er in Wirklichkeit der gesündeste Mensch sei. So wirkt im Menschen die reale Anwesenheit des Christus.

101 Bis zum Schluß kam Schiller – trotz kurzer Perioden der Besinnungslosigkeit und gelegentlich unzusammenhängender Reden – immer wieder zu seinem vollen Erdenbewußtsein zurück. So besprach er noch in der Nacht vor seinem Todestag (vom 8. auf den 9. Mai) mit seiner Frau ausführlich den Plan einer Reise nach Bad Brückenau, und noch zwei Stunden vor seinem Tod, bereits in einem Zustand totaler Schwäche, drückte er ihr als letztes Adieu noch leise die Hand.

102 Zitiert nach Reinhard Buchwald, «Schiller. Leben und Werk», Wiesbaden 1959.

103 Die landläufige Erklärung, dies sei bloß mit dem Umstand verbunden, daß Schiller in seiner Jugend unter unsäglichen Qualen gezwungenermaßen Latein gelernt habe, entbehrt zwar nicht einer gewissen Berechtigung, erreicht jedoch bei weitem die eigentliche Ursache desselben nicht. Denn auch die Tatsache, daß Schiller in seinem Leben die lateinische Sprache erlernen *mußte*, ist ebenfalls eine der Folgen seiner erwähnten früheren Inkarnation.

104 Zitiert nach Reinhard Buchwald, «Schiller Leben und Werk», Wiesbaden 1959.

105 Siehe S. O. Prokofieff, «Das Rätsel des Demetrius. Versuch einer Betrachtung aus historischer, psychologischer und geisteswissenschaftlicher Sicht», Kap. 6 «Der ‹Demetrius› von Friedrich Schiller und die ihm zugrunde liegende geistig-historische Realität: Der Kampf gegen den Geist», Dornach 1992. – Im weiteren wird der Inhalt des Dramas, den Entwürfen und Notizen Schillers folgend, dargestellt, die nur in wenigen Fällen direkt zitiert werden. Die vollständigen Wortlaute Schillers, die das Angeführte belegen, findet der Leser in dem oben erwähnten Buch ausgeführt.

106 Ein glänzendes Beispiel dafür, wie so etwas vor sich gehen kann, stellte Schiller in seinem Roman «Der Geisterseher» dar.

107 Siehe darüber ausführlicher S. O. Prokofieff, «Die geistigen Aufgaben Mittel- und Osteuropas. Über das Wirken einiger Volksgeister in der europäischen Geschichte. Eine geisteswissenschaftliche Betrachtung», Dornach 1993.

108 Siehe darüber ausführlicher S. O. Prokofieff, «Die geistigen Quellen Osteuropas und die künftigen Mysterien des heiligen Gral», erg. Aufl. [2]1994, Dornach.

109 Vor allem England wollte damals dem mit seinem Königshaus verwandten letzten russischen Zaren (Nikolai II.) nicht helfen, den bolschewistischen Henkern zu entkommen. Denn die einzige Rettungsmöglichkeit bestand für ihn und seine Familie in der Flucht nach England durch die während der Zeit der sogenannten «Intervention» (1918–1919) in Archangelsk stationierte englische Marine. Seitens des Königshauses war seine Rettung jedoch nicht erwünscht.

110 Daß die sechste Kulturepoche vor allem die sozialen Impulse in der Menschheit entfalten und pflegen wird, davon spricht Rudolf Steiner zum Beispiel in dem Vortrag vom 7.12.1918 (GA 186).

111 Siehe darüber GA 346, 12.9.1924.

112 Wie weit sich Hegel dadurch von einer realitätsbezogenen Auffassung der konkreten menschlichen Persönlichkeit entfernt hatte, zeigt seine bekannte Äußerung, in der er den vorbeireitenden Napoleon die irdische Manifestation des Weltengeistes nennt, den er in ihm erkannt zu haben glaubte. Glücklicherweise revidierte Hegel seine Meinung über den französischen Diktator später gründlich.

113 Das Gesagte vermindert keinesfalls die Bedeutung Hegels für die Geschichte der Philosophie, die mit seinem Werk ihre Kulmination, jedoch zugleich ihren endgültigen Abschluß erreicht. (Siehe GA 161, 10.1.1915 und GA 18, Band II, Kap. «Der Kampf um den Geist»).

114 Daraus wird verständlicher, daß sogar ein solch mächtiger Denker wie Hegel (ebenso Fichte und etwas weniger Schelling) nach ihrem Tod in der geistigen Welt über ein halbes Jahrhundert auf das richtige Verstehen derselben warten mußte. Erst nach 1914 wurde ihnen dieses Verständnis und dadurch ihre weitere Entwicklung in der geistigen Welt vergönnt. Dies geschah durch die Vermittlung des zutiefst mit der anthroposophischen Auffassung des Christus-Wesens verbundenen *Dichters* Christian Morgenstern. (Siehe darüber in Rudolf Steiner, «Christian Morgenstern, der Sieg des Lebens über den Tod», Dornach 1935, Vortrag am Palmsonntag 1915.)

115 Siehe darüber GA 197, 13.6.1920 und GA 346, 12.9.1924.

116 NKWD – Narodnyj Kommissariat Wnutrennich Djel – Russische Abkürzung für Volkskommissariat für Innere Angelegenheiten. Ab Mitte der 20-iger Jahre begann Stalin, die Staatssicherheitsbehörde in das NKWD umzuwandeln. Das so genannte besondere Kollegium des NKWD hatte das Recht, Strafen von bis zu 5 Jahren Zwangsarbeitslager sowie Verbannungen und Ausweisungen aus der UdSSR anzuordnen. In den Jahren 1935 bis 1938 steigerte sich dieser Terror auf seinen Höhepunkt («Große Säuberung»).

117 KGB – Komitet Gosudarstvennoj Bezopasnosti (Name des sowjetischen Geheimdienstes).

118 GULAG – Glavnoje Upravlenie Ispravitelno-trudovych Lagerej – auf Deutsch: Hauptverwaltung der Lager. Seit dem Werk «Der Archipel Gulag» von A. Solschenizyn wird GULAG die Bezeichnung für Zwangslager in der UdSSR.

119 21,8. – Siehe auch S. O. Prokofieff, «Die Begegnung mit dem Bösen und seine Überwindung in der Geisteswissenschaft. Der Grundstein des Guten», erw. Aufl. [3]2003, Dornach.

120 Siehe auch am Ende des Buches: Rudolf Steiner, Auszug aus einem Vortrag vom 18. Dezember 1920.

121 Die außerordentliche Aktualität dieser Szene, in der die Verkündigung der Freiheit für das russische Volk seitens des Demetrius mit dem allgemeinen Gebrüll «Krieg, Krieg …» endet, kann vor allem in unserer Zeit ganz genau verstanden werden. Denn in keiner anderen Epoche der Menschheitsentwicklung als im 20. und dem beginnenden 21. Jahrhundert war das Bestreben so groß, die Freiheit auf den Spitzen von Bomben, Kriegs-Flugzeugen und Raketen in andere Staaten und Länder zu tragen. Ist nicht – um nur ein konkretes Beispiel zu nennen – die ganze Außenpolitik der USA auf dem Prinzip aufgebaut, man dürfe überall in der Welt «die Freiheit» jederzeit mit Gewalt und Krieg als «American way of life» verbreiten?

122 Es ist für das Schicksal Abraham Lincolns bezeichnend, daß er unter den Begründern des amerikanischen Staates der einzige war, der – wie auch Schiller – keiner freimaurerischen Loge angehört hatte.

123 Siehe S. O. Prokofieff, «Das Rätsel des Demetrius. Versuch einer Betrachtung aus historischer, psychologischer und geisteswissenschaftlicher Sicht», Kap. 3, «Das Demetrius-Rätsel historisch betrachtet», Dornach 1992.

124 Im ersten Mysteriendrama «Die Pforte der Einweihung» läßt Rudolf Steiner ein ähnliches Motiv der verlassenen Liebe in dem Schicksal des Haupthelden Johannes Thomasius erscheinen.

125 Geschichtlich waren es sogar vier Jesuiten, die an der Konversion von Demetrius beteiligt waren, darunter sogar der Beichtvater des Königs Sigismund, Bartsch, und der damals mächtigste Jesuit in Polen, Skarda.

126 Wenn man heutzutage im Westen immer wieder überrascht und erschrocken über die Parolen einiger islamischer Extremisten ist: Das Töten eines westlichen Menschen würde von dem islamischen Gott gutgeheißen, so darf man dabei allerdings nicht vergessen, daß diesen menschenfeindlichen Slogan ein Jahrhundert zuvor die Jesuiten in ihrem «idyllischen» Staat in Paraguay (er existierte von der Mitte des 17. Jahrh. bis zum Jahr 1785) längst praktisch verwirklicht hatten. So wurde dort von den jesuitischen Patres ihren indianischen Untertanen, und dazu noch im Namen Michaels, das folgende «Kriegsrecht» eingepflanzt:

«Höre, o Mensch! Die Gebote Gottes und des heiligen Michaels: ...

Wer einen Europäer umbringt, wird selig werden.

Wer einen Tag zubringt, ohne eine Handlung des Hasses und der Verfluchung wider einen Europäer vorgenommen zu haben, wird zum ewigen Feuer verdammet werden. ...

Wer wider die Feinde Gottes [die Europäer] eine Kanone losbrennt, wird selig, und ihm sind alle Sünden seines Lebens vergeben. ...

Wer Ursache sein wird, daß sich unsre Waffen nach Europa erstrecken, der wird im Paradiese viele schöne Mägdlein haben»

u.s.w. (Band IV, Seite 986 f.).

127 Siehe ausführlicher über dieses geistige Wesen, das eine bestimmte Zeit des Erdenlebens von Demetrius durch ihn wirkte, in S. O. Prokofieff, «Das Rätsel des Demetrius. Versuch einer Betrachtung aus historischer, psychologischer und geisteswissenschaftlicher Sicht», Kap. 5, «Das Demetrius-Rätsel geisteswissenschaftlich betrachtet», Dornach 1992. Dort sind auch die Notizen Schillers angeführt, die eine solche Interpretation der Gestalt des Demetrius als möglich erscheinen lassen.

128 Es ist wichtig, daß diese Worte Rudolf Steiners von dem «falschen Demetrius» nicht in einem seiner früheren Vorträge stehen, sondern aus der Zeit seiner großen karmischen Forschungen stammen (1924).

129 Daß es hier tatsächlich um die Kindheitskräfte geht, zeigt die folgende Notiz Schillers über den Fabrikator Doli: «Die ganze Zarwerdung des Demetrius gründet sich auf das Zeugnis eines Mannes, den man bis jetzt nicht gesehen hat. Es ist eine Bekanntschaft aus seiner Kindheit und frühesten Jugend; seit er sich von ihm getrennt, sind vierzehn bis fünfzehn Jahre verstrichen» (R., Seite 106). Geht man davon aus, daß der historische Demetrius in seinem 23. Lebensjahr stand, fand die Trennung der beiden statt, als der Knabe 7 Jahre alt war. Das heißt, es ging hier um die Manipulation mit den Kindheitskräften vor allem aus dem ersten und zum Teil aus dem zweiten Jahrsiebt.

130 Das höchste Urbild dieser Szene kann man in dem Geschehen unter dem Kreuz auf Golgatha sehen als die Worte erklingen: «Weib, siehe, das ist dein Sohn!» und «Siehe, das ist deine Mutter!» (Joh. 19,26f.), die zwei Menschen, zwischen denen keine Blutsbande bestehen, miteinander verbinden.

131 Diese Ermordung entspricht nicht den geschichtlichen Tatsachen. Sie wird von Schiller eingefügt, um die verzweifelte Lage von Demetrius noch zu steigern.

132 Die Anerkennung von Demetrius bei der ersten Begegnung mit der Zarin-Witwe wäre durchaus möglich gewesen, das heißt auch moralisch gesehen keine Lüge, da, wie an anderer Stelle bereits ausführlich gezeigt, zu dieser Zeit in der Seele des jungen Zaren noch das höhere Wesen des wahren, ermordeten Demetrius, welcher der echte Sohn der Marfa war, wirkte. Siehe in S. O. Prokofieff, «Das Rätsel des Demetrius. Versuch einer Betrachtung aus historischer, psychologischer und geisteswissenschaftlicher Sicht», Kap. 5, «Das Demetrius-Rätsel geisteswissenschaftlich betrachtet», Dornach 1992.

133 Über die Beziehung des Hüters der Schwelle zu dem Doppelgänger siehe «Die

Geheimwissenschaft im Umriß», Kapitel «Die Erkenntnis der höheren Welten» (GA 13).

134 In seinen Notizen benutzt Schiller auch den Namen «doli faber», was er selbst als «Urheber des ganzen Ereignisses» oder «Schöpfer vom Glück des Demetrius» (es geht hier jedoch um ein illusionäres Glück) bezeichnet (R., Seite 124).

135 In der russischen Übersetzung dieser Stelle steht das Wort «unbesetzt», d.h. unbesetzt vom menschlichen Ich.

136 Eine ausgezeichnete Zusammenfassung der Ereignisse aus damaliger Zeit findet der Leser in dem Ausatz des deutschen Historikers Eduard Winter, abgedruckt als Anhang zu dem Buch von S. O. Prokofieff, «Das Rätsel des Demetrius. Versuch einer Betrachtung aus historischer, psychologischer und geisteswissenschaftlicher Sicht», Dornach 1992.

137 Über das Jahr 1998, in dem sich die apokalyptische Zahl 666 zum dritten Male wiederholte, siehe S. O. Prokofieff, «Die Begegnung mit dem Bösen und seine Überwindung in der Geisteswissenschaft. Der Grundstein des Guten», Teil I, Kap. 5, «Die dritte Offenbarung der apokalyptischen Zahl am Ende des 20. Jahrhunderts», erw. Aufl. [3]2003, Dornach.

138 Siehe darüber ausführlicher in S. O. Prokofieff, «Anthroposophie und ‹Die Philosophie der Freiheit›. Anthroposophie und ihre Erkenntnismethode. Die christologische und kosmisch-menschheitliche Dimension der ‹Philosophie der Freiheit›», Kap. 8, «Das Fünfte Evangelium und der Einweihungsweg Rudolf Steiners», Dornach 2006 sowie in S. O. Prokofieff, «Der Hüter der Schwelle und ‹Die Philosophie der Freiheit›», Teil II, «‹Die Philosophie der Freiheit› und das Fünfte Evangelium», Dornach 2007.

139 Alle Zitate in diesem Nachtrag sind entnommen aus: «Schillers Werke. Nationalsausgabe», Band 11, «Demetrius», Weimar 1971. – Siehe ausführlicher über die diesbezügliche Periode der russischen Geschichte in S. O. Prokofieff, «Die geistigen Quellen Osteuropas und die künftigen Mysterien des Heiligen Gral», Dornach [2]1994.

140 Russischer Dichter, Maler und Anthroposoph, 1877–1932.

141 Es geht bei Goethe und Schiller nur um eine vorbildhaft-prophetische Vorwegnahme dieser beiden Wege; denn in ihrem vollen Umfang können sie erst in unserer Zeit – nach dem Anbruch der gegenwärtigen Michael-Epoche (1879) – gegangen werden, und zwar nicht mehr getrennt, wie es noch bei Goethe und Schiller der Fall war (sie konnten die beiden Wege nur durch das Band ihrer Freundschaft vereinigen), sondern gleichzeitig.

142 Rudolf Steiner schreibt darüber: «Goethe ist bis zu der Anschauung der Freiheit nicht gekommen, weil er eine Abneigung gegen die Selbsterkenntnis hatte» (GA 6, Kap. «Die Metamorphose der Welterscheinungen»).

143 Vortrag von 12. Juni 1920, zitiert nach Hilde Raske, «Das Farbenwort», Stuttgart 1983.

144 Über die Beziehung der Intuition zu der Fähigkeit der Liebe siehe GA 227, 20.8.1923.

145 Siehe darüber ausführlicher in S. O. Prokofieff, «Menschen mögen es hören. Das Mysterium der Weihnachtstagung», Kap. 7, «Die *Philosophie der Freiheit* und die Weihnachtstagung», Stuttgart 2002, sowie auch S. O. Prokofieff «Anthroposophie und ‹Die Philosophie der Freiheit›. Anthroposophie und ihre Erkenntnismethode. Die christologische und kosmisch-menschheitliche Dimension der ‹Philosophie der Freiheit›», Dornach 2006; und S. O. Prokofieff «Der Hüter der Schwelle und ‹Die Philosophie der Freiheit›», Dornach 2007.

146 Daß die Sonnensphäre in der geistigen Welt und folglich im Menschen der Quell der Freiheit ist, davon spricht Rudolf Steiner an vielen Stellen, z.B. GA 240, 25.1.1924.

147 Es ist auffallend, daß Rudolf Steiner in diesem Vorwort vor allem den imaginativen Charakter seiner übersinnlichen Wahrnehmungen in bezug auf den Inhalt dieses Buches hervorhebt.

148 Wie von einigen Anthroposophen bereits bemerkt, lag in dieser gegenseitigen Befruchtung von Schiller und Goethe ein Vorbild für die zukünftige Zusammenarbeit der Aristoteliker und Platoniker auf der Erde.

149 Der Name Schillers oder die Titel seiner beiden Werke: «Die ästhetischen Briefe» und «Über naive und sentimentalische Dichtung» werden in fast allen früheren Briefen von Rudolf Steiner erwähnt. Siehe GA 38, Briefe vom 13.1.1881, 27.7.1881, 3.8.1881, 16.8.1881, 26.8.1881.

150 Zuvor hatte er zu diesem Thema in seinen geschichtlichen Vorlesungen mündlich vorgetragen, bei denen höchstwahrscheinlich auch Novalis zugegen war.

151 In der Geisteswissenschaft wird diese Suche nach dem höheren Ich auch als Grals-Suche bezeichnet.

152 Es ist hier wichtig festzustellen, daß Schiller selbst bei der Abfassung seiner «Briefe» sich ihrer christologischen Grundlagen nicht bewußt war. Dies konnte er ohne geisteswissenschaftliche Erkenntnis der luziferischen und ahrimanischen Mächte auch nicht erreichen. Und dennoch gingen seine gedanklichen Intuitionen genau in diese Richtung.

153 «Etwas über die erste Menschengesellschaft nach dem Leitfaden der mosaischen Urkunde», Kap. «Übergang des Menschen zur Freiheit und Humanität».

154 An anderer Stelle benutzt er in einem ähnlichen Kontext auch das Verbum «streben»: «Die sentimentalische (Poesie) wird von mir nur nach dem Ideal *strebend* vorgestellt». Aus dem Brief Schillers an W. v. Humboldt vom 25.12.1795 (Band V, Seite 1179; kursiv Schiller).

155 Auch wird hier wie nebenbei die ganze Philosophie Kants mit ihren künstlich aufgestellten Erkenntnisgrenzen zurechtgewiesen: «Denn das bloße Denken ist grenzenlos, und was keine Grenze hat, kann auch keine überschreiten» (Seite 761). Diesen Zustand nennt Schiller die «genialische Freiheit des Denkens» (Seite 706).

156 Was daraus später die politischen Anarchisten gemacht haben, hat damit wenig zu tun.

157 Siehe S. O. Prokofieff «Anthroposophie und ‹Die Philosophie der Freiheit›, Anthroposophie und ihre Erkenntnismethode. Die christologische und kosmischmenschheitliche Dimension der ‹Philosophie der Freiheit»», Kap. 9, «Metaphysische Grundlagen der Voraussetzungslosigkeit der ‹Philosophie der Freiheit»», Dornach 2006.

158 Auch Goethe, zwar von ganz anderen Voraussetzungen ausgehend, war nicht imstande, diesen Schritt zu vollziehen. (Siehe darüber GA 6, Kap. «Die Metamorphose der Welterscheinungen».)

159 In diesem tieferen und gar nicht trivialen Sinne könnte man auch die Worte Rudolf Steiners an Rosa Mayreder verstehen, der er auf die Frage, wie es ihm gehe, antwortete: «Ich bin ein Zufallsanbeter geworden; das Leben hat es mich gelehrt». Denn im Bereich des Zufälligen (und nicht des Notwendigen) eröffnen sich Freiräume, in denen der Mensch seine moralische Phantasie ungehindert entfalten kann. So schreibt Rudolf Steiner um die Zeit, als er diese Äußerung tat (1899 oder 1901) im zweiten Teil seines Aufsatzes «Der geniale Mensch» (1900) über das Zufällige im Leben: «Die Menschen, die behaupten, man solle nicht an dem Zufälligen, Unwesentlichen, Zeitlichen kleben bleiben, sondern nach dem Notwendigen, Wesentlichen, Ewigen streben: sie wissen nicht, daß das Zufällige und Zeitliche sich in Wirklichkeit von dem Ewigen und Notwendigen gar nicht unterscheidet. Und das genialische Verhalten ist gerade dieses, das aus

dem Zufälligen, Unbedeutenden überall das Notwendige, Bedeutende hervorzaubert» (GA 30, Seite 429). Darin liegt eben die wichtigste Eigenschaft des Genies: «Das Zeitliche [wohl auch das Zufällige] *wird* ihm nun das Ewige» (ebd., Seite 430; kursiv Rudolf Steiner). Daß Rudolf Steiner diesen tiefen Gedanken Rosa Mayreder gegenüber in etwas humorvoller Weise äußerte, weist nur auf seine kleine Hoffnung hin, daß sie ihn wirklich verstehen möge.

160 Durch das Gewahrwerden dieser Tragik kommt Schiller dem Erkennen der Wahrheit der wiederholten Erdenleben schon ganz nah. Denn nur in der Perspektive der zukünftigen Erdenleben kann er ernstlich hoffen, sein Ideal zu verwirklichen.

161 Siehe GA 136, 5.4.1912.

162 Dagegen charakterisieren die allerletzten Worte des Zitates: «wie ein Geschenk des Himmels in den Schoß fällt», einen der Wesenszüge in dem Schicksal Goethes. Nur blieb er nicht, wie viele Menschen in einer solchen Lage, dabei stehen, sondern machte durch das ständiges Bemühen sein ganzes Leben zu etwas einmalig Großartigem (und zwar nicht nur im Sinne seiner Künste).

163 Auch im IX. Kapitel der «Philosophie der Freiheit» schreibt Rudolf Steiner in diesem Schillerschen Sinn über die *freie Neigung*, diese aber zugleich auf die höhere Stufe der geistigen Liebe hinaufhebend. So charakterisiert er die unfreien Menschen als solche, die «nicht frei ihren Neigungen und ihrer Liebe folgen».

164 Wie genau Rudolf Steiner in der «Philosophie der Freiheit» diesem Hauptgedanken Schillers folgt und ihn dann weiterentwickelt, wird z.B. aus dem Satz sichtbar: «Ob man die Unfreiheit durch physische Mittel [Instinkte] oder durch Sittengesetze bezwingt, ob der Mensch unfrei ist, weil er seinem maßlosen Geschlechtstrieb folgt oder darum, weil er in den Fesseln konventioneller Sittlichkeit eingeschnürt ist, ist *für einen gewissen Gesichtspunkt* ganz gleichgültig» (GA 4, Kap. IX). Und man kann zu diesen Worten noch hinzufügen, daß dieser «gewisse Gesichtspunkt» wohl der der «Ästhetischen Briefe» Schillers ist.

165 Zitiert nach «Novalis. Schriften», Bd. 4, Stuttgart 1975, Seiten 93–98.

166 Siehe den vollen Text dieses Gespräches in S. O. Prokofieff, «Das Rätsel des Demetrius. Versuch einer Betrachtung aus historischer, psychologischer und geisteswissenschaftlicher Sicht», Kap. 6, «Der ‹Demetrius› von Friedrich Schiller und die ihm zugrunde liegende geistig-historische Realität: Der Kampf gegen den Geist», Dornach 1992.

167 Diese kurze Schiller-Biographie wurde von Rudolf Steiner für das 4. Heft der Serie «Deutsche Dichter in Auswahl fürs Volk», begründet von Dr. L. Jacobowski, verfaßt. Erschienen im Verlag G. E. Kitzler, Berlin 1900 (GA 33).

Literaturverzeichnis

Werke Friedrich Schillers
Friedrich Schiller, «Sämtliche Werke in fünf Bänden», Carl Hanser Verlag, München 1989.

Werke Rudolf Steiners:

(Numerierung der Bände nach der Gesamtausgabe im Rudolf Steiner Verlag, Dornach):

1	Einleitungen zu Goethes Naturwissenschaftlichen Schriften
2	Grundlinien einer Erkenntnistheorie der Goetheschen Weltanschauung, mit besonderer Rücksicht auf Schiller
3	Wahrheit und Wissenschaft. Vorspiel einer «Philosophie der Freiheit»
4	Die Philosophie der Freiheit
6	Goethes Weltanschauung
8	Das Christentum als mystische Tatsache und die Mysterien des Altertums
10	Wie erlangt man Erkenntnisse der höheren Welten?
13	Die Geheimwissenschaft im Umriß
14	Vier Mysteriendramen
15	Die geistige Führung des Menschen und der Menschheit
18	Die Rätsel der Philosophie
23	Die Kernpunkte der Sozialen Frage
25	Drei Schritte der Anthroposophie. Philosophie – Kosmologie – Religion
26	Anthroposophische Leitsätze
28	Mein Lebensgang
30	Methodische Grundlagen der Anthroposophie
33	Biographien und biographische Skizzen 1894–1905
35	Philosophie und Anthroposophie
36	Der Goetheanumgedanke inmitten der Kulturkrisis der Gegenwart
38	Briefe Band I: 1881–1890
39	Briefe Band II: 1890–1925

40   Wahrspruchworte

44   Entwürfe, Fragmente und Paralipomena zu den vier Myste-
        riendramen

51   Über Philosophie, Geschichte und Literatur

55   Die Erkenntnis des Übersinnlichen in unserer Zeit und deren
        Bedeutung für das heutige Leben

53   Ursprung und Ziel des Menschen

63   Geisteswissenschaft als Lebensgut

74   Die Philosophie des Thomas von Aquino

78   Anthroposophie, ihre Erkenntniswurzeln und Lebensfrüchte

93   Die Tempellegende und die Goldene Legende

97   Das christliche Mysterium

102   Das Hereinwirken geistiger Wesenheiten in den Menschen

108   Die Beantwortung von Welt- und Lebensfragen durch Anthro-
        posophie

109/111 Das Prinzip der spirituellen Ökonomie im Zusammenhang
        mit Wiederverkörperungsfragen

110   Geistige Hierarchien und ihre Widerspiegelung in der physi-
        schen Welt

112   Das Johannes-Evangelium im Verhältnis zu den drei anderen
        Evangelien

113   Der Orient im Lichte des Okzidents

116   Der Christus-Impuls und die Entwickelung des Ich-Bewußt-
        seins

119   Das Ereignis der Christus-Erscheinung in der geistigen Welt

120   Die Offenbarungen des Karma

130   Das esoterische Christentum und die geistige Führung der
        Menschheit

131   Von Jesus zu Christus

136   Die geistigen Wesenheiten in den Himmelskörpern und Na-
        turreichen

137   Der Mensch im Lichte von Okkultismus, Theosophie und Phi-
        losophie

138   Von der Initiation. Von Ewigkeit und Augenblick. Von Gei-
        steslicht und Lebensdunkel

143   Erfahrungen des Übersinnlichen. Die drei Wege der Seele zu
        Christus

153   Inneres Wesen des Menschen und Leben zwischen Tod und
        neuer Geburt

155   Christus und die menschliche Seele
156   Okkultes Lesen und okkultes Hören
157   Menschenschicksale und Völkerschicksale
159/160   Das Geheimnis des Todes
161   Wege der geistigen Erkenntnis und der Erneuerung künstleri-
          scher Weltanschauung
165   Die geistige Vereinigung der Menschheit durch den Christus-
          Impuls
167   Gegenwärtiges und Vergangenes im Menschengeiste
171   Innere Entwicklungsimpulse der Menschheit. Goethe und die
          Krisis des neunzehnten Jahrhunderts
173   Zeitgeschichtliche Betrachtungen. Das Karma der Unwahr-
          haftigkeit – Erster Teil
174   Zeitgeschichtliche Betrachtungen. Das Karma der Unwahr-
          haftigkeit – Zweiter Teil
174b   Die geistigen Hintergründe des Ersten Weltkrieges
175   Bausteine zu einer Erkenntnis des Mysteriums von Golgatha
182   Der Tod als Lebenswandlung
185   Entwicklungsgeschichtliche Unterlagen zur Bildung eines so-
          zialen Urteils
186   Die soziale Grundforderung unserer Zeit – in geänderter
          Zeitlage
190   Vergangenheits- und Zukunftsimpulse im sozialen Geschehen
191   Soziales Verständnis aus geisteswissenschaftlicher Erkenntnis
193   Der innere Aspekt des sozialen Rätsels
194   Die Sendung Michaels
197   Gegensätze in der Menschheitsentwickelung. West und Ost –
          Materialismus und Mystik – Wissen und Glauben
198   Heilfaktoren für den sozialen Organismus
199   Geisteswissenschaft als Erkenntnis der Grundimpulse sozia-
          ler Gestaltung
200   Die neue Geistigkeit und das Christus-Erlebnis des zwanzig-
          sten Jahrhunderts
202   Die Brücke zwischen der Weltgeistigkeit und dem Physischen
          des Menschen
210   Alte und neue Einweihungsmethoden. Drama und Dichtung
          im Bewußtseins-Umschwung der Neuzeit
214   Das Geheimnis der Trinität
215   Die Philosophie, Kosmologie und Religion der Anthroposophie

224	Die menschliche Seele in ihrem Zusammenhang mit göttlich-geistigen Individualitäten
227	Initiations-Erkenntnis
233a	Mysterienstätten des Mittelalters
236	Esoterische Betrachtungen karmischer Zusammenhänge. Zweiter Band
237	Esoterische Betrachtungen karmischer Zusammenhänge. Dritter Band
238	Esoterische Betrachtungen karmischer Zusammenhänge. Vierter Band
239	Esoterische Betrachtungen karmischer Zusammenhänge. Fünfter Band
240	Esoterische Betrachtungen karmischer Zusammenhänge. Sechster Band
254	Die okkulte Bewegung im neunzehnten Jahrhundert und ihre Beziehung zur Weltkultur
257	Anthroposophische Gemeinschaftsbildung
260	Die Weihnachtstagung zur Begründung der Allgemeinen Anthroposophischen Gesellschaft 1923/24
260a	Die Konstitution der Allgemeinen Anthroposophischen Gesellschaft und der Freien Hochschule für Geisteswissenschaft. Der Wiederaufbau des Goetheanum
265	Zur Geschichte und aus den Inhalten der erkenntniskultischen Abteilung der Esoterischen Schule von 1904 bis 1914
273	Geisteswissenschaftliche Erläuterungen zu Goethes «Faust». Band II: Das Faust-Problem
282	Sprachgestaltung und Dramatische Kunst
310	Der pädagogische Wert der Menschenerkenntnis und der Kulturwert der Pädagogik
346	Vorträge und Kurse über christlich-religiöses Wirken, V
353	Die Geschichte der Menschheit und die Weltanschauungen der Kulturvölker

Werke anderer Autoren

B. – Emil Bock, «Boten des Geistes. Schwäbische Geistesgeschichte und christliche Zukunft», Kapitel «Friedrich Schiller. Die Mysterien des Moralischen», Stuttgart 1987.

D. – Sergej O. Prokofieff, «Das Rätsel des Demetrius. Versuch einer Betrachtung aus historischer, psychologischer und geisteswissenschaftlicher Sicht», Dornach 1992.

G. – Johann Wolfgang Goethe, «Gedenkausgabe der Werke, Briefe und Gespräche», in 24 Bänden, Artemis-Verlag, Zürich 1948/1950.

HH. – Herbert Hahn, «Gewaltiger als das Schicksal. Fünf Lebensbilder von Schiller», Stuttgart 1939.

HK. – Helmut Koopmann, «Schillers Leben in Briefen», Weimar 2000.

Hum. – Wilhelm von Humboldt, «Über Schiller und den Gang seiner Geistesentwicklung», Marbach a.N. 1952.

R. – Friedrich Schiller, «Demetrius», Reclam, Stuttgart 2005.

W. – Hans Werner, «Friedrich Schiller – ein Saturnschicksal» in W. Schuchhardt (Hrg.), «Schicksal in wiederholten Erdenleben», Band IV, Dornach 1986.

Alle *Kursiven*, auch in den Zitaten, sofern nicht besonders vermerkt, von S. O. Prokofieff.

Die vorhergehenden Ausführungen sind entwickelt auf Grundlage der Autoreferate von fünf Vorträgen, die von mir im Schiller-Jahr 2005 gehalten wurden:

1. «Der geistige Auftrag Schillers zwischen Novalis und Goethe», Dornach, 25. März 2005.
2. «Der vorzeitige Tod Friedrich Schillers und seine geistesgeschichtlichen Folgen», Dornach, am Todestag Friedrich Schillers, 9. Mai 2005.
3. «Der vorzeitige Tod Friedrich Schillers und seine geistesgeschichtlichen Folgen», Weimar, 14. Mai 2005.
4. «‹Demetrius› von Friedrich Schiller als Drama der Ich-Entwicklung», Dornach, 30. September 2005.
5. «Schiller und seine geistige Bedeutung für die Gegenwart und Zukunft», Dornach, 1. Oktober 2005.

Sergej O. Prokofieff

im Verlag am Goetheanum
Eine Auswahl

Novalis – Ewige Individualität
Zur karmischen Novalis-Biographie

Beiträge zur Geistesgeschichte Mitteleuropas Bd. I
Überarbeitete und erweiterte Neuausgabe der 1. Auflage von 1987

2007, 448 S., m. Abb., Kt., ISBN 978-3-7235-1321-7

Aus dem Inhalt: Der Ursprung – An der Zeiten-Wende – Repräsentant des Menschheitsgewissens – Nach der Zeitenwende – Herold eines spirituellen Christentums – Die Inspirationsquellen von Novalis – Die karmische Novalis-Biographie nach seinen eigenen Zeugnissen – Die zukünftige Mission von Novalis – Novalis und die Geburt der neuen Mysterien – Novalis als ein übersinnlicher Inspirator der modernen Wissenschaft vom Geiste – Christus und Sophia.

Das Rätsel des Demetrius
Versuch einer Betrachtung aus historischer, psychologischer und geisteswissenschaftlicher Sicht

1992, 205 S., Abb., Ln., ISBN 3-7235-0666-6

Die geistigen Aufgaben Mittel- und Osteuropas
1993, 360 S., Ln., ISBN 3-7235-0704-2

Novalis und Goethe
in der Geistesgeschichte des Abendlandes
Eine esoterische Betrachtung

2002, 48 S., m. Abb., Kt., ISBN 3-7235-1163-5

Der Beitrag **Goethes «Faust» und das Geheimnis des Menschen** in:

MICHAELA GLÖCKLER (HG.)
Erlebnis «Faust»
Anregungen zur Vertiefung
Mit Beiträgen von Michaela Glöckler, Martina Maria Sam, Sergej O. Prokofieff und Johannes Kühl

2004, 144 S., Abb., Kt., ISBN 3-7235-1211-9